Zachée Kondemo Mum' Epondo

Mystique chrétienne africaine

Zachée Kondemo Mum' Epondo

Mystique chrétienne africaine

Piste de promotion humaine

Éditions Croix du Salut

Cover image: www.ingimage.com

Publisher:
Éditions Croix du Salut
is a trademark of
International Book Market Service Ltd., member of OmniScriptum Publishing Group
17 Meldrum Street, Beau Bassin 71504, Mauritius

Printed at: see last page
ISBN: 978-613-7-36482-6

DEDICACE

A mon cher père Anjimeka Mbongo
rappelé par le Seigneur en 2002,

A ma chère mère Ndumbusa Djekule,

A ma chère épouse Wanja Bainenge,

A mes chers enfants et ma petite fille,

Je dédie ce travail.

AVANT-PROPOS

Ce livre contient le texte intégral d'une thèse de doctorat soutenue à l'Université Protestante au Congo en Théologie Systématique, en juillet 2005, sous le titre *Mystique chrétienne africaine. Piste de promotion humaine.* Cette thèse rend entièrement compte de la gravité de la situation dramatique du continent africain. Plus n'est besoin pour nous de démontrer que l'Afrique vit dans une pauvreté absolue et ses populations s'enfoncent davantage dans une misère intolérable. Elle bas tous les records négatifs dans tous les domaines. Plusieurs voies de sortie ont été élaborées par des analystes et penseurs africains reprenant en leur compte le souci d'humanisation du continent noir. De fait, le regain d'intérêt porté aujourd'hui à l'héritage culturel africain et à son dynamisme dans notre quête des perspectives promotionnelles a retenu notre attention. Il ne peut y avoir aucun doute que l'échec des théories et projets élaborés en vue de promouvoir le mieux-être et le plus être en Afrique s'explique, pour une bonne part, par le fait qu'ils le sont en marge de la trame de l'être africain paupérisé. Si la vie en Afrique s'agite dans une gangue des structures endogènes et exogènes qui la retiennent longtemps dans des conditions de précarité aiguë, elle s'agite également et surtout dans un manque de dialogue sincère avec la trame de l'être africain. En raison donc de l'inefficacité des pistes mises jusqu'ici à la disposition de l'homme africain noir notamment, les différents mouvements et systèmes de pensée et de revendication de la promotion de l'identité culturelle, la mystique africaine est posée comme préalable à la problématique sur le «fait promotionnel ». En tant que vertu maïeutique d'humanisation, l'on comprend la nécessité de considérer la vie mystique comme une meilleure piste d'issue de la crise africaine à dimensions multiples ou tentaculaire. Elle est, dans cette perspective, une nouvelle pédagogie qui initie au dynamisme d'action en vue d'arracher l'Afrique du traumatisme biopsychique délirant.

En effet, pour un élan théologico-cosmique et socio-anthropologique, la thèse s'est articulée sur deux axes principaux, la mystique, d'une part, et, la christologie, d'autre part, pour une action dialectiquement promotionnelle. En découle donc de l'interprétation réciproque, le résultat promotionnel de la mystique chrétienne africaine orientée vers le réel et mystérieux Christ du centre (mystique christocentrique) et de la récupération de la logique promotionnelle des ancêtres dits de cœur. La christologie comparative ou de supériorité qui présente un Christ toujours «plus grand », «plus puissant » ou supérieur aux catégories spirituelles inférieures est un apport important qui aide l'homme africain profondément paupérisé à reconquérir en lui son identité de la plénitude. Il s'agit, bien évidemment, d'un dépassement des christologies qui nous offrent tour à tour le visage d'un Christ fluctuant, étrangement ressemblant à l'artiste qui l'a composé. Ce qui préserverait certes l'homme africain de continuer à arroser les murs de lamentation, à recenser les boucs émissaires et à se complaire de transfert de responsabilité. Ce qu'on souhaite notamment, c'est de voir s'installer en Afrique un ordre nouveau d'existence qui fera écho à l'ordre de la rédemption où Christ réalise la relation cosmothéandrique, relation tripolaire spécifique entre l'homme africain, son univers socio-cosmique et l'Etre suprême. Les résultats obtenus à partir de l'analyse descriptive des éléments constitutifs et des traits distinctifs à l'aide des pratiques mystiques existantes montrent comment la mystique africaine est censée être un meilleur projet d'humanisation. Ou bien évidemment, une bouée de sauvetage. C'est là que le Christ du centre, critère ultime d'humanisation, brise les ficelles qui se trament dans l'ombre et perturbent le principe christique de cohérence de toutes choses. C'est là aussi qu'il suscite un nouveau style de vie d'autonomie de créativité et décapite les structures démoniques ou hétéronomiques qui paraissent nuisibles.

Tout notre effort en remettant en cause l'identification de l'homme africain aux entités spirituelles inférieures est de pouvoir indiquer à l'homme africain, dans le contexte holistique de l'histoire du salut, le nouveau lieu de redynamisation de la conscience amoureuse cosmique et promotionnelle de la mystique africaine en vue de son intégration dans le grand projet de Dieu d'humanisation. Il s'agit, concrètement, de réaliser une rencontre dialoguée promotionnelle entre la mystique africaine et le mystérieux Christ du centre. En prenant en compte les deux niveaux d'approche théologico-cosmique et socio-anthropologique, nous voudrons élaborer pour l'homme africain les perspectives d'un nouveau partenariat dynamique. Il est évident qu'en réalisant la promotion de l'humanité dans son humanité, Christ fait jouir l'homme africain de la plénitude de la présence communielle glorieuse de Dieu.

Une telle réalisation ne peut être possible sans le concours indéfectible de notre Dieu que nous tenons d'abord à remercier de tout cœur. Notre gratitude se veut vive envers le Professeur Mushila Nyamankank pour avoir accepté la direction de cette thèse en dépit de ses multiples occupations. Son ouverture d'esprit, sa perspicacité et sa rigueur scientifiques nous ont profondément marqué. Sa démarche et ses précisions sur les expressions en rapport notamment avec la mystique nous ont permis de travailler intensément pour une contribution réelle de la mystique africaine comme projet d'humanisation. En lui disant merci, nous demandons en même temps au Seigneur de lui être infiniment agréable. Nous pensons à tous ceux qui nous ont accueillis à la Faculté Universitaire de Théologie Protestante de Bruxelles (FUTPB) lors de notre séjour d'une année de complément de recherches. Nous disons grand merci au Professeur Bernard Hort, alors Doyen de la section francophone de la Faculté, pour avoir accepté de lire notre manuscrit et pour également nous avoir témoigné de son attachement indéfectible. Il n'a cessé de nous stimuler et de nous apporter des remarques constructives pour la réussite de cette thèse. Nous exprimons notre profonde reconnaissance à la Mission Evangélique Unie (MEU) de l'Allemagne pour son soutien financier. Nous sommes reconnaissant à Jean-Victor Ngaie pour avoir lu avec une grande attention notre texte. Nous remercions, enfin, ceux et celles qui nous ont témoigné de leur profonde amitié notamment le couple Peter Gohl, Madame Margrit Werner-Läubli, Mademoiselle Hanni Grünig, Mademoiselle Rosemarie Jordi et notre beau-fils Jean Namuzinda Bimpa.

Zachée Kondemo Mum'Epondo.

INTRODUCTION

I. Problématique et objet du travail

Depuis plusieurs décennies, les chercheurs africains ne cessent de dénoncer de manière remarquable la paupérisation de l'être humain en Afrique et tous les traitements immondes qui en découlent. Dès lors, par l'affirmation de l'identité culturelle et la formation de la conscience historique, ils tentent de désencombrer l'homme africain victime des idéologies de tout bord et des injustices flagrantes qui se sont installées comme des normes sociales. Quoi qu'il en soit, la situation de l'homme africain n'a guère évolué. Elle paraît jusqu'en ces jours comme celle d'«un être encombré dans une marche vers une plénitude toujours différée »[1], paralysante. La responsabilité de cet échec revient-elle à la culture traditionnelle africaine à cause de son incompatibilité congénitale avec la rationalité scientifique occidentale ou de la paresse et de l'absence de l'esprit de profit et de compétition qui la caractériserait tout naturellement ? Ou plutôt au christianisme pour avoir affaibli les hautes valeurs spirituelles et morales qui auraient consolidé les communautés des peuples d'Afrique ? La responsabilité, en fait, revient-elle à l'Occident qui a réussi à écarter le Noir, croit-on, de la construction rationnelle du monde ? Pourquoi l'Afrique est-elle reconnue être généralement incapable de maîtriser son destin ? Pour quelles raisons les théories et projets de développement élaborés en Afrique n'aboutissent-ils toujours pas ? Telles sont entre autres les questions que se posent plus d'un Africain qui se rend compte de l'infirmité chronique de son continent.

En effet, l'Afrique évolue et s'agite dans une gangue de structures endogènes ou exogènes qui la retiennent, longtemps dans des conditions de précarité aiguë. On ne s'est pas arrêté uniquement au niveau du simple constat. C'est ainsi que plusieurs voies de sortie ont été élaborées par des analystes et penseurs africains reprenant en leur compte le souci d'humanisation de l'Afrique. Rappelons-en brièvement quelques-unes. Radicalement en manque de toute réflexion épistémologique, l'Afrique traditionnelle considérée comme préscientifique, doit se convertir à la rationalité scientifique occidentale, c'est-à-dire qu'elle doit se débarrasser de l'originalité folklorique qui s'oppose au progrès des sciences et de l'esprit scientifique en vue de bâtir la société africaine nouvelle sur des valeurs perçues au contact avec l'Europe[2]. Nkombe Oleko propose de faire passer la science par le baptême africain, c'est-à-dire d'africaniser la

[1] KUETE Nyimi Bemuna, «Tradition et libération », in *Tradition, spiritualité et développement.* (Actes de la XIIIe semaine philosophique de Kinshasa du 05 au 11 avril 1992), Kinshasa, FCK, 1993, p.217. Pour lui, cet encombrement résulterait de l'incapacité de l'auto-compréhension totale, de la saisie des significations profondes du monde et de la société en perpétuelle mutation, d'un manque de maîtrise de l'histoire dans un projet global de sens, de l'inintelligibilité totale du monde et des structurations toujours fluctuantes de la réalité sociale, de rencontre réductrice des trajectoires historiques des peuples, de manipulation idéologique, de phagocytose des traditions culturelles et de l'altruisme naïf.

[2] Cf. DJONGONGELE Otsudi, «La récupération épistémologique de la tradition : un préalable pour le développement de l'Afrique », in *ibid*, p.105. C'est le condensé de la piste d'issue proposée notamment par ELUNGU Pene Elungu et par ceux que I. KIMONI qualifie d'extrémistes. De fait, DJONGONGELE Otsudi dénonce le fait que la tradition africaine soit présentée comme l'antipode à la rationalité scientifique. Disqualifiée, elle est reléguée au domaine de l'illogique sans aucune valeur épistémologique. Il s'agit de l'infériorité innée du monde noir (Gobineau), de l'infantilisme de la race noire (Spencer), de la mentalité prélogique du nègre (L. Lévy-Bruhl), de l'incompatibilité de la tradition africaine avec la rationalité scientifique et manque de l'esprit critique dans la tradition africaine avec la rationalité scientifique et manque de l'esprit critique dans la tradition africaine (M. Towa), etc.

rationalité scientifique d'autant plus que l'Afrique reconnaît l'existence de la «raison théorique » constituée par l'ensemble des connaissances tirées de l'expérience vécue dans le cosmos, dans la société et dans les rapports avec le passé[1]. Par ailleurs, rejetant les deux préjugés qui attisent la tension entre la tradition africaine, elle constituerait un frein au développement de l'Afrique et de la civilisation occidentale, elle serait la cause de l'aliénation de l'Africain, Djongongele Otsudi entend bâtir tout discours et toute politique de développement de l'Afrique sur deux pivots qu'il faudra conjuguer harmonieusement, à savoir la récupération de l'épistémologie de la tradition africaine et l'ouverture à d'autres cultures en vue de construire une société africaine épanouie, plus prospère et humaine[2]. Incontestablement, la civilisation occidentale a conquis des connaissances pour le bien-être de l'homme. De fait, en raison des torts qu'elle ne cesse d'infliger à l'humanité, «notre société de 'progrès' actuelle court un danger d'autodestruction - lente ou brutale - »[3]. Ngoma-Binda trouve la nécessité pour l'Afrique de «susciter et d'entretenir la morale, plus exactement de *forcer les grandes puissances mondiales à êtres justes, à respecter et à aimer l'homme, tout homme, de notre nation et de toute race* »[4]. Pour cette même raison, il nous incite résolument à faire recours aux valeurs d'humanisation de nos sociétés traditionnelles en voie d'extinction, donc à précéder l'Occident au village, c'est-à-dire à redescendre au village méta-industriel ou métaphysique comme symbole, vœu d'une vie accordée aux puissantes vertus de modeste solidarité, de l'amour de l'homme et d'économie des pouvoirs de vie[5]. Ce regain d'intérêt porté à l'héritage culturel africain dans notre quête des perspectives promotionnelles en Afrique a retenu tout particulièrement notre attention.

En effet, le constat fait par Mundaya Baeta au sujet de l'héritage culturel africain est révélateur de sens. Pour lui, «l'échec de tant de projets et théories élaborés en vue de promouvoir le mieux-être de l'Africain s'explique, pour une bonne part, par le fait qu'ils le sont en marge de la trame de l'être africain »[6]. C'est un fait indéniable. De toute évidence, cette trame, cette âme de l'être africain, suprêmement fragilisée, extrêmement vulnérable, est bien la tradition culturelle africaine qui «constitue le lieu de régulation du savoir, de l'agir même de l'être et d'intégration de diverses valeurs en vue du mieux-être de l'homme »[7]. Les puissantes vertus spirituelles et morales à récupérer pour la consolidation des communautés des peuples d'Afrique se trouvent, de toute évidence, dans le registre des vertus de la tradition culturelle africaine. Certes, la vie en Afrique évolue et s'agite aussi dans un manque de dialogue sincère avec la trame de l'être africain. Il n'est pas question, comme le fait observer J.-M. Van Parys, de manque de cerveaux, c'est-à-dire de manque de générations compétentes ou de gros capitaux pour l'émergence du continent africain. Ce qui manque, pour lui, c'est l'esprit démocratique, l'esprit d'égalité, l'esprit de service et de désintéressement[8].

---

[1] NKOMBE Oleko cité, *Tradition, Spiritualité et développement*, p.107. Pour lui, les progrès de la science et des techniques de pointe doivent continuellement être maîtrisés pour qu'ils deviennent les éléments de la culture africaine.
[2] Ibid., pp.109-100.
[3] H. KÜNG, *Le christianisme. Ce qu'il est et ce qu'il est devenu dans l'histoire*, (traduit de l'allemand par F. Feithauser) Paris, Seuil, 1999, p.1029. La foi dans le progrès a perdu sa crédibilité à cause des effets néfastes qu'il cause.
[4] NGOMA-Binda, «Culture traditionnelle et sous-développement de l'Afrique. La position viciée d'une question de pouvoir », in *Tradition, spiritualité et développement*, p.100.
[5] Ibid., pp.88 et 100.
[6] MUNDAYA Baeta, «Tradition, rationalité et développement », in *Tradition, Spiritualité et développement*, p.119.
[7] Ibid., p.119.
[8] J.-M. VAN PARYS, «Foi chrétienne et développement », in *Tradition, spiritualité et développement*, p.62.

Eu égard à ce qui précède, il nous a donc paru évident que l'homme africain se débat comme dans un cercle hermétiquement fermé, cherchant une issue. En effet, tel un arbre, la trame de l'être africain comporte de nombreuses ramifications et la plus importante, cependant, en vue de promouvoir le mieux-être en déliquescence est bien la mystique africaine. Parler de la mystique africaine en ce temps de renversement décisif des perspectives en Afrique est une démarche apparemment sans avenir. Sans avenir, parce que d'aucuns estiment qu'il s'agit là tout simplement d'une expression nostalgique de la vie de l'Afrique profonde, primitive et de ses pratiques magico-religieuses qui n'avaient apparemment rien à voir avec la modernité occidentale. Même si l'homo religiosus négro-africain ne rencontre au bout de sa tension spirituelle les unes que les autres, comme l'affirme I.-P. Laleye, il reconnaît cependant, qu'ils ne sont pas le Dieu véritable[1]. A vrai dire, l'homo religiosus négro-africain expérimente lui aussi l'intimité de communion et l'immédiateté intense avec l'invisible. Ainsi, le phénomène de la ruée des Africains qu'on enregistre aujourd'hui vers les mouvements spiritualistes importés n'est pas, comme on le prétend, une résurgence des religions ancestrales et des sociétés secrètes traditionnelles[2].

S'inspirant de l'expérience du «buisson ardent », A. T. Sanon trouve dans la survivance de ce trésor religieux en Afrique, un défi lancé au chercheur mystique notamment, d'«ôter les sandales », signe d'un avoir, d'une sécurité ou d'une supériorité à cause justement de la sainteté de la trame de l'être africain. Dieu n'a-t-il pas déposé ici les germes de vie, de survie ?[3] Grâce à la mystique africaine, nous devrions retrouver les hautes vertus spirituelles et morales d'humanisation et d'action qui aident suffisamment l'homme africain noir à récupérer tous les repères perdus : historique, théologique, épistémologique, physique, métaphysique et ontologique en vue de la réalisation de ses rêves, de ses attentes et aspirations, au-delà de ce qu'on peut dire. Dans cette perspective, la mystique africaine, témoin de la religiosité sublime, celle qui désencombre a bien été désignée comme le lieu herméneutique de la réalité sociale africaine, «le lieu de la réconciliation vécue, le lieu où se trouve honorées et prises en compte, de sa puissance signifiante, les tensions et les contradictions de l'existence »[4] en dépit notamment de manque «d'une grille d'interprétation qui fasse offrir des repères incontestables et valables pour tous »[5]. Ainsi, tout notre effort a consisté à interpréter cette réalité africaine et les impératifs y afférents pour l'émergence d'une société meilleure et dynamique, c'est-à-dire «percer le mystère de la réalité africaine et tenter de découvrir les faits et les signes sur lesquels il est possible de bâtir une espérance de vie et d'engagement »[6]. Il était aussi question de promouvoir l'esprit de pouvoir laisser un héritage matériel et spirituel pour les générations futures. Ainsi que l'a concrètement formulé le colloque œcuménique et interreligieux organisé à Batié au Cameroun en juin 1996 par le Cercle International pour la Promotion de la Création (CIPCRE) sous forme de Manifeste fondamental,

'Nous ne pouvons pas laisser à la génération qui vient une Afrique

[1] Cf. I.-P. LALEYE, «De la quête spirituelle de l'Afrique contemporaine. Repérage de fondement pour une évaluation critique », in *L'Afrique et ses formes de vie spirituelle. Actes du deuxième colloque international, Kinshasa* 21-27/11/1983, Kinshasa, FCK, 1990, p.68.

[2] Cf. M. P. HEBGA, «Interprétation des mouvements mystiques », in *ibid*, p.69.

[3] A. T. SANON, «Quête spirituelle de l'Afrique contemporaine et mouvements mystiques », in *ibid*, pp.37-38.

[4] NGIMBI Nseka, «Mystique et spiritualité comme âme du développement en Afrique », in *Tradition, spiritualité et développement*, p.296.

[5] NGWEY Ngond'a Ndenge «Le spirituel dans la culture traditionnelle africaine », in *ibid*, p.262.

[6] A. KARAMAGA, «La théologie négro-africaine », in *Les Cahiers Protestants*, n°4, août 1988, p.9.

écologiquement naufragée
économiquement sinistrée
politiquement disloquée
socialement désintégrée
moralement désorientée
spirituellement désespérée'

Le seul héritage que nous devons laisser à nos enfants pour le siècle qui vient, c'est :

'l'Afrique de la Vie
l'Afrique de l'Humain
l'Afrique de l'Espoir'

Promouvoir la Vie, construire l'Humain et édifier l'Espoir, telle est notre responsabilité face à l'avenir, notre mission face aux générations futures[1].

L'esprit de Jésus, c'est donner la vie et laisser être. Pour la réalisation de ce merveilleux projet, nous devrions compter surtout sur l'éclosion de cette logique christique, source des vertus les plus fondamentales d'humanisation et d'action au cœur de la vie en Afrique. Cette noble tâche, complexe cependant a été confiée aux mystiques africains qui sont, à juste titre, des hommes d'idées et d'action sur le monde. Car, comme le précise Ngimbe Nseka, «la mystique africaine qui se place au sommet de la spiritualité africaine, a, en plus de sa dimension verticale de l'union avec Dieu ou les dieux, une fonction éminemment sociale »[2]. Il s'agit, pour reprendre l'expression de R. Reich au regard de la mondialisation, des «manipulateurs des symboles », cette catégorie de personnes capables de simplifier «la réalité en la réduisant à des images abstraites qui peuvent être réarrangées, avec lesquelles ils peuvent jongler, qu'ils peuvent tester, communiquer à d'autres spécialistes, et finalement transformer à nouveau en réalité »[3]. Les manipulateurs des symboles africains sont, en fait, cette catégorie de personnes qui ont la capacité de démêler les fils de l'écheveau, c'est-à-dire de décrypter les signifiants et les divers messages que leur transmet le cosmos, de dissiper les éclipses de l'histoire qui ombragent l'homme africain noir et de démanteler les icebergs qui handicapent la bonne marche de la machine économico-politique et sociale en dérive.

En raison de l'inefficacité des pistes thérapeutiques mises jusqu'ici à la disposition de l'homme africain noir, notamment les différents mouvements et systèmes de pensée ou de revendication de l'identité culturelle, nous avons pu réaliser que la meilleure qui mènerait évidemment à un ordre béatifiant se situe dans la sphère de l'action du Christ sur la vie mystique de l'Afrique. L'idée bergsonienne que répercute Ngimbi Nseka selon laquelle «les vrais mystiques sont des êtres exceptionnels par leurs qualités de bon sens et la fécondité de leur action »[4], trouve ici tout son sens. Les mystiques africains sont appelés à rester très attentifs au *daïmon*, c'est-à-dire à l'esprit devin, d'où ils pourront recueillir des instructions, des principes, des théories, des projets et une meilleure signification des symboles de vie et de survie, parsemés dans la nature par Dieu, l'architecte par excellence pour sortir l'Afrique de sa léthargie.

---

[1] KÄ MANA, *La nouvelle évangélisation en Afrique*, Paris, Karthala, 2000, p.26.

[2] NGIMBI Nseka, «Mystique et spiritualité comme âme du développement en Afrique », in *Tradition, spiritualité et développement*, p.289.

[3] R. REICH, *L'économie mondialisée* (traduit de l'anglais par D. Teman), Paris, Dunod, 1993, p.163.

[4] H. BERGSON cité par NGIMBI Nseka, «Mystique et spiritualité comme âme du développement », in Tra*dition, spiritualité et développement*, p.298.

Au centre de la mystique chrétienne, se trouve Christ fait homme, sa personne et son œuvre. De même aujourd'hui, Christ occupe la place axiale dans la vie mystique chrétienne africaine. L'homme le plus proche et compatissant, c'est lui, qui dès lors, réconforte les Africains et leur parle à cœur avec amitié auprès du Père. Il s'agit de l'existence d'une nouveauté de vie qui se trame autour du mystère pascal. En réalité, la mort n'a pas réussi à arracher à Christ le merveilleux projet rédempteur de l'humanité entière. Parler donc de sa résurrection, c'est annoncer sa victoire sur ce qui nous aliène naturellement. De fait, la résurrection quotidienne qui se manifeste à travers la liesse de la célébration liturgique, qui fait de nous ses contemporains, est une conséquence logique de la résurrection du Christ. Cette nouvelle perception du Christ, le secret de la vie de l'existence, est salutaire pour l'Afrique privée de plénitude. En pénétrant profondément l'éthos culturel complexe de l'Afrique, Christ devient ipso facto le télos au sens d'«intention divine dirigeant les faits de cohérence et d'incohérence de l'homme et de son histoire »[1]. Le Logos johannique identifié au Christ préexistant, a joué le rôle médiatique dans l'ascension vers le monde véritable. En appelant ainsi toutes choses dans leur multiplicité, il les a, de la même manière, menées à l'unité. Cette notion de l'unité de toutes choses qui provient du stoïcisme envisageait l'univers comme un ensemble divin et cohérent[2]. En effet, ce noble principe de cohérence recèle un sens profond dans le Nouveau Testament. Portant de fait un cachet spécifique du mystère de la rédemption, il reçoit ainsi, fait-on observer, le visage d'une personne, celui du Christ, lui en qui tout subsiste et se maintient, en lui toutes les créatures trouvent leurs meilleures conditions d'existence (Col 1,17 ; He 1,3 ; Jn 1,3). En raison de l'importance de son œuvre, Christ paraît être, pour O. Bimwenyi Kweshi, le *pôle d'attraction* ou la *christofinalisation* de toutes choses[3]. C'est autour de lui que gravitent tous les enjeux du devenir de l'Afrique contemporaine, «une Afrique au patrimoine culturel riche mais culturellement très extravertie »[4]. C'est que, au-delà des contingences historiques en Afrique, Jésus-Christ, «la vérité de l'être »[5], est rencontré dans sa glorification. Maintenant étroitement solidaire de l'homme africain, Christ initie de ce fait une anthropologie ouverte d'immédiateté et de réciprocité qui offre bien évidemment la possibilité d'une humanité authentique. De cette façon, les mystiques africains que l'esprit du Christ transporte «au-delà du tourbillon et du remous de l'actualité »[6], marqueront tout autrement l'histoire du continent noir au cours du troisième millénaire.

Nous avons relevé qu'il est pratiquement faux de considérer la mystique africaine comme une idée relativement négative à l'épanouissement des communautés africaines. On le sait, la mystique est à peine explorée en Afrique noire. Ainsi que nous l'avons clairement indiqué, en tant que vertu maïeutique d'humanisation, l'on comprend la nécessité de reconsidérer la mystique africaine comme une meilleure piste d'issue de la crise africaine. En dépit de réactions les plus diverses que suscite ce projet, nous devrions démontrer comment la

---

[1] G. VAHANIAN, *La mort de Dieu. La culture de notre ère post-chrétienne*, Paris, Buchet/Chastel, 1962, p. 158.
[2] Cf. B. STUDER, *Dieu sauveur. La rédemption de la foi dans l'Eglise chrétienne*, (traduit de l'allemand par J. Hoffmann), Paris, Cerf, 1989, p.30.
[3] O. BIMWENYI Kweshi, «Le Christ, pôle d'attraction de toutes choses », in *Revue du Clergé Africain*, t. XXV, n°1, janvier 1970, pp. 3-9.
[4] B. KOSSOU, «L'identité culturelle africaine », in *L'affirmation culturelle et la formation de la conscience nationale dans l'Afrique contemporaine*, Vendôme, PUF, 1981, p.118.
[5] JEAN-PAUL II, *Fides et Ratio. Lettre encyclique aux évêques de l'Eglise Catholique sur les rapports entre Foi et Raison*, Kinshasa, MediasPaul, (s.d.), p.8.
[6] ATAL Sa Angang, «Adresse de bienvenu », in *L'Afrique et ses formes de vie spirituelle*, p.11.

mystique africaine peut guérir l'homme africain noir de la crise ontologique et l'inciter à une action positive dans le monde. Nous sommes tous conscients aujourd'hui, comme l'a bien remarqué Diamandja Eluy'a Kondo, que «nous traversons une méga-crise qui affecte de façon radicale et dramatique, nos relations à nous-mêmes, nos rapports aux autres hommes et aux autres peuples et notre situation et dans notre environnement »[1]. Dire en fait que l'Afrique handicapée n'a pas grand-chose à offrir au monde, c'est cautionner la thèse de son excroissance, c'est tenir un langage qui ne fait qu'engluer le continent noir dans un pessimisme fataliste. En effet, l'intégration du Christ dans l'ethos culturel africain ouvre de nouvelles perspectives pour la plénitude de vie en Afrique noire. La distance désormais abolie, l'homme africain devient le partenaire dynamique de Dieu, son véritable co-architecte. Loin de nous l'idée de considérer la mystique africaine comme un arbre fétiche où le tout germerait pour une Afrique de vie, de l'humain et de l'espoir sans la logique christique de service, de partage et de responsabilité. Il s'agit plutôt d'indiquer ce merveilleux creuset de tradition dynamique d'humanisation car, il est vrai, les virtualités et les potentialités déterminantes de ce paradigme de plus haute actualité garnissent l'espace vital négro-africain. On s'en perçoit, l'objet de notre étude a été de préciser l'importance promotionnelle de la mystique africaine. Pour cela, notre effort a consisté à inviter l'homme africain à pouvoir réaliser la proximité du Dieu miséricordieux en vue de son intégration dans son grand projet d'humanisation. En tant que chef-d'œuvre de Dieu, il était aussi question d'inviter l'homme africain à l'intégration avec l'univers dont il se sent intimement lié dans le plan du salut universel. L'objet que nous venons de formuler fait de la mystique africaine un grand projet d'épanouissement intégral de l'homme. Plutôt que de se laisser influencer et abuser par une sorte de vision réductrice et une attitude rigoriste et schématique[2] de la mystique africaine, il importe pour l'homme africain noir de se lancer dans des recherches passionnées et transcendantes. C'est une invitation pour l'homme africain noir de savoir se prendre en charge dans tous les domaines de la vie et de maîtriser son devenir. Il s'agit de réaliser une nouvelle perspective prospective en vue de l'émergence du continent noir dans une forme de conscience compatible avec la foi chrétienne. De ce fait, la mystique africaine évitera de pactiser avec les pratiques et expériences mystiques démoniques au sens tillichien de détérioration du divin notamment l'idée de réincarnation répandue en Afrique, la mentalité sorcelleresque, la rationalité maraboutique, la mystique des intermédiaires ou d'identification avec les catégories spirituelles inférieures pour repenser correctement le nouveau centre de convergence de la mystique africaine. Tout compte fait, la théologie et l'Eglise africaines retrouveront ensemble la force de relever les nombreux défis et d'élaborer les projets d'humanisation.

[1] DIAMANDJA Eluy'a Kondo, «'Sapere Aude' ou les enjeux de la revue 'Les nouvelles Rationalités' », *Philosophie africaine*. Actes de la XIVe Semaine Philosophique de Kinshasa (du 24 au 30 avril), Kinshasa. FCK, 1994, p.50.

[2] D. MÜLLER, «Spiritualité », in *Encyclopédie du protestantisme*, Paris, Cerf, 1995, p.1473. Le protestantisme a payé un lourd tribut de peur de tomber dans le confusionnisme et dans le syncrétisme. Il s'est souvent rendu incapable d'entendre et de relever les défis aigus posés par les spiritualités des autres traditions chrétiennes, des religions orientales et des nouveaux mouvements religieux.

II. Hypothèse du travail

Il appartient à l'homme africain de se défaire du cauchemar qui occulte son intelligence et paralyse servilement sa liberté d'action sur le monde. De fait, en reconsidérant le merveilleux mandat de s'«occuper de la terre, de la mettre en place »[1] confié par Dieu à l'homme, qui trouve son plein sens dans le Christ, personne aujourd'hui ne doute qu'un peuple donné ne puisse connaître des jours radieux que grâce à une alliance réelle qu'il réalise entre sa vie mystique et l'action sur le monde. La mystique africaine est posée ici comme préalable à la problématique sur le «fait promotionnel ». Ainsi, les propositions ci-dessous constituent l'hypothèse de notre étude notamment sur la quête d'une piste thérapeutique adéquate de la dérive.

1. Le retard millénaire de l'Afrique s'explique, pour une bonne part, par le manque d'un dialogue fécond entre la pauvreté anthropologique et l'expérience mystique africaine.
2. Le mieux-être et le plus-être tant attendus en Afrique contemporaine ne peuvent être obtenus en dehors du support et des acquis d'une vie mystique équilibrée et proportionnelle à la réalité présente.
3. Ce mieux être et ce plus-être peuvent être obtenus grâce à la piste thérapeutique qui naît précisément de l'action féconde du Christ sur la vie mystique de l'Afrique.

III. Intérêt du travail

Pour peu que l'on puisse dire, le spectre de la misère de l'être humain en Afrique paralyse gravement tous les secteurs de la vie. Et cela va sans dire, les pays africains traversent d'extraordinaires vicissitudes. Le langage et les idées changent. Les partis et les nouvelles institutions réapparaissent. En effet, la perte de pertinence des pistes élaborées jusqu'ici pour tirer l'homme africain noir de la gangue de structures et idéologies qui rendent méconnaissable l'Afrique, nous a donc permis d'envisager une nouvelle piste à cause, justement, des preuves éloquentes sur le terrain de ceux qui l'ont méticuleusement adoptée. Il s'agit, comme nous l'avons signalé, de savoir maintenant compter pleinement sur le résultat de l'action du Christ sur la vie mystique de l'Afrique. Pour s'en convaincre, nous nous sommes inspiré de la civilisation européenne concernant précisément l'alliance réalisée entre la vie mystique et l'action sur le monde, grâce au renversement radical produit par la présence du Christ. Comme l'affirme H. Bergson, «la civilisation européenne, issue du principe chrétien, a su bien allier la mystique religieuse et l'action sur le monde, par conséquent la 'mécanique' »[2]. Commentant ainsi ce propos, T. Tshibangu Tshishiku écrit :

> On reconnaît avec les grands analystes et penseurs que le Christianisme a fait corps avec les peuples d'Europe dont il a modelé la civilisation, intégrant la foi en la transcendance divine et celle en la valeur positive de la création - homme et créatures inférieures, animales et inanimées compris, - a fait preuve d'une grande

[1] C'est de cette façon qu'A. MAILLOT, *L'épître aux Romains. Epître de l'œcuménique et théologie de l'histoire*, Paris, Centurion 1984, p.220, comprend le mandat que Dieu a confié à l'homme dans Gn 1,28.

[2] H. BERGSON cité par TSHIBANGU Tshishiku, T., «Existence humaine et spiritualité », in *L'Afrique et ses formes de vie spirituelle*, p.30.

fécondité et a produit de grands progrès de réalisations humaines sur tous les plans : matériels, techno-scientifiques, et éthiques[1].

Sans cette action féconde du Christ, beaucoup de zones d'ombre qui torpillent l'émergence du bien-être et du plus-être en Afrique subsisteront. Comme l'a reconnu L. Lévy-Bruhl, l'inventeur du concept de mentalité primitive ou prélogique, dans ses carnets posthumes publiés en 1949 par M. Leenhardt[2], la pensée mystique est aussi présente chez l'homo religiosus négro-africain. La lacune documentaire, cependant, a constitué la grosse difficulté qui avait occulté constamment son appréhension. Lors du *Premier Congrès des Ecrivains et Artistes Noirs* en 1957, B. Dadié s'est exprimé en ces mots :

> Nombreux sont les pays qui, grâce à l'écriture, ont consigné leur histoire dans des ouvrages anciens ou modernes, l'on gravée dans l'airain des monuments, sur les plaques des rues ou dans les noms donnés aux places publiques. Ces peuples enracinés dans leur passé savent où ils vont, même lorsque soufflent les plus terribles orages. Ils ont confiance en eux, parce qu'ils savent ce qu'ils sont, et chaque jour ils revivent leur histoire [...]. L'Afrique noire faute d'écriture a en effet cristallisé sa sagesse dans la littérature orale[3].

En évoquant cette même difficulté au cours du premier colloque organisé en 1963 par l'Université de Strasbourg sur la mystique africaine dans la perspective de la réincarnation, G. Parrinder s'est interrogé : «Puisque les religions autochtones de l'Afrique noire n'ont point de biographies des saints, comment pourra-t-on aborder l'étude de la mystique ? »[4]. La tendance aujourd'hui, comme nous le verrons dans le premier chapitre au point consacré à la mystique africaine, est de reconnaître que cette difficulté n'est donc pas insurmontable. Dans le contexte qui nous occupe, le vent de la colonisation qui a soufflé à travers l'Afrique noire n'a pas épargné grand-chose. Les considérations pseudo-scientifiques anti-noires ont fait perdre à l'homme africain la confiance en soi et le respect de soi. Dans cette perspective, il ne pouvait redire respectueusement son histoire mystique qui reste cristallisée, faute d'écriture, dans la littérature orale. C'est assurément une lacune grave que d'omettre d'évoquer l'expérience mystique comme meilleure piste promotionnelle de l'homme africain. Le colloque de Strasbourg en 1963, celui de Kinshasa en 1992 et sa relecture qui a constitué l'objet de la thèse doctorale de D. Ngondo Dishono Kalala en septembre 1999 à l'Université Laval sont, de toute évidence, une tentative de relever d'une part, le défi de cette rareté documentaire et de tracer, d'autre part, pour l'homme africain l'itinéraire de sortie de la crise globale qui le frappe. C'est à cause justement de la rareté d'écrits en mystique africaine, du début de déclin des religions africaines traditionnelles et de la perte de pertinences des pistes thérapeutiques élaborées

---

[1] Ibid.

[2] Cf. N. SPENETO, «Le mythe » (traduit de l'italien par P. Michel), in *Encyclopédie des religions*, t.2, Nouvelle édition, Leck, Bayard, 2000, p.2209. En modifiant en partie sa théorie, c'est une sorte de mea culpa fait par L. Lévy-Bruhl peu avant sa mort, en reconnaissant que la mentalité prélogique n'est pas le propre des peuples primitifs. Voir également L. S. SENGHOR, préface sur *La pensée africaine. Recherches sur les fondements de la pensée négro-africaine*, Dakar, Les Nouvelles Africaines, 1983, p.14.

[3] B. DADIE, «Le rôle de la légende dans la culture populaire », in *Premier Congrès des Ecrivains et Artistes Noirs*, Présence Africaine, n°XIV-XV, juin-septembre 1957, p.165

[4] G. PARRINDER, « Le mysticisme des médiums en Afrique occidentale », in *Réincarnation et vie mystique en Afrique noire. Colloque de Strasbourg (16-18 mai 1963)*, Paris PUF, 1965, p.131.

jusqu'ici que s'explique l'intérêt de ce travail. A cet égard, la relecture de ce don suprême de Dieu pour son peuple paraît être ici une propédeutique aux études ultérieures dans la quête d'un style de vie plus humaine en Afrique noire.

IV. Méthode et techniques du travail

La méthode est la clef de voûte qui fournit aux chercheurs des normes et des critères pour une collection adéquate des données. En prétendant être une discipline thérapeutique et promotionnelle du continent noir, la mystique africaine en émergence ne saurait atteindre ce but ultime que grâce à une méthode visant saisir les objectifs poursuivis. C'est pour cette raison qu'au cours du colloque de 1992, D. Zuazua avait trouvé la nécessité de mettre à la disposition des chercheurs en mystique africaine une orientation méthodologique spécifique qui puisse les guider dans leur collecte des données et les aider à atteindre les objectifs poursuivis[1]. Il en propose trois pistes. Une quatrième a été préconisée bien auparavant par C.-A. Keller. L'une ou l'autre de ces quatre voies d'accès retenues permet aux chercheurs en mystique africaine de rassembler les données et d'approfondir l'étude.

La première donne priorité au recueil et à l'étude des cas et des faits de la phénoménologie mystique. Elle privilégie l'oralité car, on s'en souvient, l'Africain a toujours cultivé la mémoire. Grâce à l'oralité, les souvenirs qui n'ont pas disparu peuvent enrichir l'étude de la vie mystique en Afrique noire. Il y a lieu de nous rappeler ici de l'étude d'une tradition vivante réalisée en 1990 par A. Waswandi Ngoliko intitulée *Culte sacrificiel à Dieu Nyamuhanga chez les Nande du Zaïre et la signification du sacrifice*. Nous rappelons également *La révélation du Tiakani* de Mabika Kalanda. Ce sont là deux exemples parmi tant d'autres d'une tradition vivante à explorer.

L'expérience enregistrée par R. Bastide constitue la deuxième piste de prospection. Il a relevé les accents de la mystique en Afrique noire et décrit ses nuances, ses demi-teintes et ses lignes méthodiques. Sans doute, a-t-il trouvé chez les Yoruba ou les Fon toute une civilisation du cœur à côté de celle du bois gravé et des bronzes du Bénin. De fait, par manque d'écriture, l'Africain qui ne se livre pas à décrire comme Thérèse d'Avila les diverses demeures de son «château intérieur », dispose d'un autre langage, le langage par gestes notamment. Il est donc possible pour lui d'atteindre, à travers une psychologie du comportement, l'intimité de l'expérience vécue. A. Samb reconnaît justement que «l'omniprésence des forces vitales engendre tout un ensemble de croyances, donc des cultes. Chaque geste revêt un caractère rituel et cérémoniel »[2].

Pour le fait d'avoir réussi à conserver vive et fraîche la mémoire de leurs traditions, de leurs origines, de leurs familles et de leur histoire, l'intérêt porté aux descendants des anciens déportés de l'Afrique noire en Amérique constitue la troisième voie d'accès à la mystique africaine. A ce propos, A. Samb affirme : «les croyances ancestrales d'origine négro-africaine conservent encore de nombreux adeptes avec leurs lieux de culte, leurs rites et leurs manifestations cérémonielles »[3]. Le vaudou, par exemple, garde sa vigueur dans le Bénin

[1] Cf. D. ZUAZUA, «Saint Jean de la Croix, mystique universel », in *La mystique africaine.* (Actes du colloque international à l'occasion du IVe centenaire de la mort de saint Jean de la croix), Kinshasa, Baobab, 1993, pp. 41-42.
[2] A. SAMB, «Dimensions socioculturelles et religieuses », in *Présence Africaine*, n°117/118, 1981, p.135.
[3] Ibid., p.136. Ce sont des confréries mystiques musulmanes. De nos jours, les Black Muslims sont en train de propager l'islam aux Etats-Unis d'Amérique.

comme chez les Afro-américains ainsi que les cultes d'*Umbanda* d'origine congolaise au Brésil.

A cause justement du caractère mystique ésotérique et initiatique en Afrique noire, la quatrième piste, qui nous a paru aussi importante, vise exclusivement les mystiques eux-mêmes, leur intériorité, donc le non-dit, l'invisible car le véritable *homo socialis*, disait D. Zahan, est un être fermé[1]. Il est évident que l'expérience mystique ne nous est accessible que dans la mesure où ceux qui la pratiquent, parlent ouvertement, nous mettent au courant de ce qui échappe naturellement à notre conscience normale.

L'histoire de la mystique nous apprend que, pour le fait de n'avoir pas su reconsidérer les psychologies développées par les mystiques eux-mêmes, les théories de la psychanalyse moderne ont tenté, dès la seconde moitié du XIXe siècle, d'élargir le champ d'investigation du phénomène de mystique. Elles ont confondu les états mystiques avec les états autres, Altered States of Conciousness, les «A.S.C. », qui proviennent des pratiques non religieuses. Ces «A.S.C. » s'obtiennent grâce aux procédés à la fois psychologiques et psychiques. Dès lors, la mystique est accessible à un grand nombre de personnes, c'est un état d'esprit qui peut frapper n'importe qui, n'importe quand[2]. Ainsi, on ne peut comprendre rationnellement la mystique, affirme F. Staal, qu'en se soumettant aux mêmes techniques d'entraînement que les mystiques. C'est pourquoi, après un jugement sévère porté contre toutes les approches traditionnelles de la mystique, F. Staal préconise une méthode qui consiste en tout premier lieu à devenir soi-même, dans une certaine mesure, mystique[3]. Dans cette perspective, il a été salutaire d'interroger les mystiques africains eux-mêmes et de savoir écouter et interpréter le témoignage de leur rencontre spéciale avec l'Etre suprême pour être du moins au courant de ce qui échappe à notre conscience normale, claire ou sensorielle. Telles ont été les principales approches méthodologiques qui s'offraient à nous.

Qu'en était-il de notre démarche méthodologique comportant deux niveaux solidaires d'analyse, l'un descriptif et l'autre interprétatif ? Se rattache-t-elle indéfectiblement aux quatre pistes retenues à l'attention de ceux qui s'intéressent à la mystique africaine ? Axée essentiellement sur l'élaboration dans un fond christologique d'une piste thérapeutique et promotionnelle de l'homme africain noir, notre démarche a voulu se dépasser d'une simple description de la réalité africaine menaçante. Grâce aux données que lui fournissent cette piste élaborée et surtout aux réponses que Christ donne à la situation dramatique qu'endure l'Afrique depuis plusieurs décennies, il s'agit dans cette démarche d'éveiller la conscience amoureuse cosmique et de redynamiser l'élan émotif dès lors que l'on veut parler de manipulation des symboles, c'est-à-dire la connaissance et l'action sur la nature.

A la croisée des chemins, empêtrée dans le spectre de la misère de l'être, l'Afrique ne manifeste jusqu'ici aucun moindre signal de décollage. Comme des faibles et paresseux en marche pénible dans le désert des épreuves du temps et de l'espace sans point de repère possible, c'est là que le pasteur camerounais Mounz Diboundou mort en 1945 la veille de l'Armistice, a reconnu l'état précaire des Africains, la stagnation, la lenteur de l'évolution,

---

[1] D. ZAHAN, *Religion, spiritualité et pensée africaine*, p.174.

[2] C.-A. KELLER, *Communication avec l'Ultime*, Genève, Labor et Fides, 1987, pp.131-135. Son approche de la mystique consiste à éliminer les A.S.C. et les mutations de la conscience qui surviennent en dehors des pratiques religieuses. Car, il est difficile d'établir le rapport entre un état mystique par l'usage de drogues, la mescaline, les pratiques sexuelles, etc., avec les états mystiques de saint Jean de la Croix ou de Maître Eckhart, par exemple.

[3] F. STAAL cité, *ibid.*, p.134.

l'assujettissement à leurs coutumes et à leurs croyances[1]. Il paraît donc évident que l'Afrique noire, continent des catastrophes et des scenarios, est en exil. Spoliée de ses richesses culturelles, son identité remise en question, elle est souvent manipulée et téléguidée de l'extérieur[2]. De cet état de fait, on se demande si l'Afrique noire peut encore espérer s'assurer d'un avenir prospère. Cela implique, évidemment, la description dans un fond christologique du phénomène de la mystique africaine que nous reconsidérons comme un courant rénovateur de l'Afrique, une cotte de mailles, donc une puissance de résistance aux remous sociopolitiques suicidaires, aux pouvoirs dictatoriaux et oligarchiques avilissants et aux idéologies paupérisantes. Il faudra de fait une description méticuleuse pour éviter, comme le fait observer H. Mendras, «d'accumuler un fatras de choses qui risquent de paraître tout à fait inutiles »[3]. Décrire, c'est savoir représenter les réalités observées. C'est en fait chercher à pénétrer et à bien situer dans un contexte intégral le rôle dynamique que doit jouer aujourd'hui la mystique en Afrique. Découle sans doute qu'une telle description qui permet d'élaborer de nouvelles perspectives et théories va au-delà d'un simple repérage des apparences les plus superficielles qui se laissent facilement représentées et manipulées grâce aux données rassemblées par d'autres chercheurs de la mystique africaine à notre disposition. Il s'agit notamment de conséquences apparentes menaçantes des structures endogènes ou exogènes instaurées en Afrique noire. Ce qui importe pour l'heure est de déceler les lames de fond qui provoquent des remous dans les communautés des peuples d'Afrique en quête inlassable de plénitude de la vie. Il ne suffit pas tout simplement de savoir recenser en décriant les structures aliénantes et de décrire l'échec qu'ont connu les différentes pistes thérapeutiques élaborées jusqu'ici pour sortir l'Afrique de l'alcôve de la misère et de la souffrance.

Force était donc de démontrer aussi que la mystique chrétienne dans laquelle s'incorpore la mystique africaine est une mystique de la rencontre face à face avec le Ressuscité, une mystique du salut de Dieu en Jésus-Christ. De fait, l'action féconde du Christ dans le monde ne devra-t-elle pas répandre en nous la conscience amoureuse cosmique en vue de l'aménagement intégral de notre environnement ? C'est pourquoi en commentant saint Jean de la Croix qui donne à la haute vertu d'Amour des dimensions cosmiques, M. Ballester affirme : «Cette conscience amoureuse cosmique transforme l'idéal de celui qui prie en profondeur en un idéal d'intégration avec l'univers, avec lequel il se sent lié dans le plan du salut universel »[4]. Cette prise de conscience ne peut porter le fruit escompté en Afrique que dans la mesure où la rencontre entre mystique et Christ est considérée comme un terreau d'épanouissement, une voie de libération. C'est là que l'Africain noir «pour se libérer, doit reprendre l'initiative, se faire violence dans sa passivité et retrouver toute sa créativité en tant que source d'action responsable »[5].

Un tel découpage descriptif, pour l'harmonie et l'équilibre, la continuité et la permanence de la société africaine ne peut réaliser seul l'hypothèse sur le fait promotionnel. Cela a nécessité le concours d'un outil d'exploration plus efficace qui devait aider à récupérer de l'intérieur même tous les repères en perdition qui sont, pour une bonne part, les éléments

---

[1] M. FARELLY, *Africain d'hier et de demain*, Neuchâtel, Delachaux et Niestlé, 1967, p.7.
[2] Cf. B. BUJO, *Dieu devient homme en Afrique noire*, Kinshasa, Paulines, 1996, pp.38-39 et 75-82.
[3] H. MENDRAS, *Eléments de sociologie*, 4e édition, Paris, Armand Collin, 1996, p.12.
[4] M. BALLESTER, *La prière qui transforme la vie. Un chemin d'intégration*, Kinshasa, Saint Paul Afrique, 1985, p.14.
[5] NGWEY Ngond'a Ndenge, «Editorial », in *Revue Philosophique de Kinshasa*, vol.IV, n°6, juillet-décembre 1990, p.7.

constitutifs de la trame de l'être africain profond. Il s'agit de l'interprétation réciproque, précisément entre Jésus-Christ, Dieu en personne qui est venu camper avec nous, et la vie mystique africaine. En pénétrant ainsi l'éthos culturel complexe africain, l'action du Christ qu'il est censé parachever, va certes au-delà du phénomène directement apparent. Son action qui vise notre contemporanéité avec lui, pénètre, de toute évidence, les réalités invisibles, c'est-à-dire les logiques sous-jacentes et les mécanismes non apparents. C'est là que Christ brise les ficelles mortifères qui se trament dans l'ombre et perturbent à coup sûr le principe christique de la cohérence de toutes choses. C'est là aussi qu'il suscite un nouveau style de vie et dissipe, si l'on veut, les structures démoniques ou hétéronomiques qui paraissent nuisibles. En vue de concocter une perspective pleine de vitalité, il convient de signaler que nous voulions établir une corrélation entre Jésus-Christ et la vie mystique africaine. A vrai dire, le salut que l'on cherche en Afrique ne peut dépendre uniquement de seules démarches de l'homme africain, mais aussi et surtout de l'action du Christ sur la vie mystique africaine. De toute évidence, la chance est réciproque. C'est le sens même de l'ouvrage de F. Kabasele Lumbala[1]. Cette expression judicieuse forgée par P. Bühler dans son article intitulé «Jésus-Christ le thérapeute », ouvre de nouvelles perspectives en vue de promouvoir le mieux être en Afrique. Tout notre effort a consisté à conjuguer étroitement ces deux niveaux solidaires d'analyse. Dans cette perspective en effet, la *description* des constituants fondamentaux de la trame de l'être africain à l'*interprétation réciproque* entre les expressions récentes du Christ et ce qui résulte de ce découpage descriptif, l'Afrique a toute la chance de retrouver le chemin de plénitude et, de surcroît, le sens à la vie à partir des réponses que Christ donne à sa situation dramatique.

Les techniques de recherche sont des outils d'investigation qui nous ont permis de rassembler des informations recherchées relatives à notre projet d'étude. Comme nouvelle discipline, la mystique africaine, nous l'avons dit, représente aujourd'hui un domaine de recherche très important, un lieu herméneutique de récupération des principes, des théories et des valeurs spirituelles et morales pour une société africaine plus humaine. Fort malheureusement, ce patrimoine des plus importants n'est pas suffisamment exploré. L.-V. Thomas et R. Luneau font le même constat : «et pourtant, la perte de vitesse indiscutable qu'accusent les croyances traditionnelles et le désintéressement des nouvelles générations à leur endroit doivent inciter les africanistes d'aujourd'hui à interroger les vieux, uniques dépositaires de la sagesse populaire, avant qu'ils ne disparaissent définitivement avec leurs secrets »[2]. A. Hampaté Bâ n'avait-il pas dit : «en Afrique, un vieillard qui meurt c'est une bibliothèque qui brûle » ?[3] Ainsi donc, l'oralité maintenant comme dans un navire en dérive doit être sauvée par un transfert dans celui de l'écriture à l'instar de l'art africain[4].

Nous nous sommes, en effet, rendu compte que l'expérience mystique africaine était la planche du salut pour l'Afrique. Mushila Nyamankank a été le premier à nous mettre au courant de l'importance grandiose que revêt le phénomène de mystique pour l'épanouissement intégral de l'homme dans son cours de *Théologie et Mystique* dispensé en 1996 à l'Université Protestante au Congo aux étudiants inscrits au programme de Diplôme d'Etudes Supérieures

---

[1] F. KABASELE Lumbala, *Le Christianisme et l'Afrique. Une chance réciproque*, Paris, Kathala, 1993.

[2] L.-V. THOMAS et R. LUNEAU, *Les religions d'Afrique noire. Textes et traditions sacrés*, Paris, Librairie Arthème Fayard, 1969, p.19.

[3] A. HAMPATE BA cité par A. SAMB, art. cit., p.134.

[4] Cf. Ibid., p.137. Pour lui, chaque œuvre d'art africain se révèle comme un livre : danse, musique, architecture, sculpture, chant, statuette, simple poids à mesure d'or.

(D.E.S). C'est grâce à la lecture des publications disponibles à ce sujet que nous avons mûri notre problématique.

Il y a lieu de signaler dans le contexte de la mystique africaine trois essais les plus marquants. On situera au premier rang le colloque organisé par l'Université de Strasbourg en 1963 consacré au thème de *Réincarnation et vie mystique en Afrique noire*. Vingt-neuf ans plus tard, fut organisé à Kinshasa en 1992 un autre colloque de facture internationale, sur la mystique africaine. L'ouvrage est une analyse africaine de saint Jean de la Croix. Et plus récemment, la thèse doctorale de D. Ngondo Dishono Kalala à l'Université Laval au Canada en septembre 1999 qui est une relecture du colloque de Kinshasa sur la mystique africaine. C'est grâce également à une réflexion personnelle et à la reconsidération de quelques pratiques existantes y afférentes que nous nous sommes efforcé de pénétrer l'action féconde du Christ que nous avons accueilli avec empressement en Afrique.

Comme on peut s'en rendre compte, nous avons réparti les publications consultées en deux rubriques, à savoir sources primaires, ouvrages et articles, produits par les africanistes africains et non africains qui traitent directement du thème central de notre étude et sources secondaires, ouvrages et revues qui abordent indirectement ce thème central. Toutes ces publications nous ont été d'une grande utilité car elles nous ont permis d'élaborer adéquatement l'état de la question sur la vie mystique et l'annonce du Christ en Afrique, de vérifier notre hypothèse de travail et la méthode ainsi adoptée pour mener à bien notre étude. De fait, nous sommes nous efforcé de déceler l'impact de la présence du Christ sur la vie mystique de l'Afrique.

V. Division du travail en parties et en chapitres

Le présent travail s'est articulé sur trois grandes parties comprenant chacune deux chapitres. La première essentiellement consacrée à la vie mystique en Afrique, a prétendu saisir son originalité profonde. L'analyse des éléments constitutifs et des traits distinctifs à l'aide notamment de pratiques mystiques existantes en Afrique nous a permis, en dépit de la présence de quelques écueils, d'établir des perspectives nouvelles pour une société africaine épanouie et dynamique.

La deuxième partie qui s'est particulièrement intéressée aux expressions récentes du Christ en Afrique, a rendu compte de renversement radical suscité par sa présence. Grâce à l'acte salutaire d'incorporation sociologique, Christ est devenu, pour ainsi dire, la plaque tournante pour un ordre nouveau d'existence en Afrique. Car, c'est en lui, par lui et avec lui que l'homme africain noir réalise une action féconde sur le monde.

La troisième partie qui s'est penché sur l'évaluation de la rencontre entre mystique et Christ en Afrique, a tenté de signaler à deux niveaux d'approche, théologico-cosmique et socio-anthropologique, la piste thérapeutique de la dérive. Il était évidemment question de recueillir les éléments positifs, fruits de l'action considérable du Christ sur la vie mystique en Afrique.

Une conclusion générale nous a permis de reprendre à grands traits notre contribution dans ce domaine. Grâce aux résultats obtenus, deux pistes fondamentalement prospectives pourront aider les chercheurs en vue de la promotion effective de la mystique africaine.

Première partie

DE LA MYSTIQUE EN AFRIQUE

Introduction

Notre souci de légitimation et d'approfondissement de la mystique africaine n'est pas une simple accommodation au goût du jour ou tout simplement une tentative d'explication consolante face à la réalité africaine extrêmement complexe, ni un essai de rationalisation ou de moralisation, visant à montrer que les Noirs ne sont pas de simples superstitieux. Ce n'est pas non plus, comme le relève fort justement D. Ngondo Dishono Kalala, «un divertissement de mauvais goût et certainement pas une fuite au-delà du temps et de ses contingences »[1]. Il s'agit plutôt de partir de la dynamique interne et fondamentale, là où s'impose le rouage capable de surmonter l'angoisse de l'être et de la mort. C'est en fait «rencontrer l'homme là où son être tout entier peut s'exprimer »[2]. Car, en tant que projet de promotion humaine, la mystique africaine prétend être une réponse adéquate aux attentes et préoccupations légitimes de l'Afrique actuelle. En effet, outre la dimension verticale de l'élévation mystique de l'âme, de l'épanchement à Dieu nous reconsidérons la dimension horizontale, c'est-à-dire le rôle socio-économique et politique que pourrait jouer le mystique africain en vue d'«une action coordonnée qui tend à favoriser l'épanouissement harmonieux et l'élévation de l'homme sur les plans spirituel, moral, social et matériel »[3], il n'est pas exclu que le continent noir trouve ici une meilleure voie d'accès aux béatitudes présentes.

Cette partie du travail qui s'intéresse aux considérations préliminaires comprend deux chapitres. Le premier entend saisir la mystique africaine dans ses figures, ses significations et ses articulations. Ce chapitre se propose de dissiper les éclipses historiques et théologiques qui occultent la meilleure intelligence de la mystique africaine. Grâce à l'analyse descriptive des constituants fondamentaux, le deuxième visera à récupérer les vertus sociales et religieuses et les repères d'humanisation. Il est maintenant acquis que, au-delà de la misère exponentielle de l'être et de la profonde agitation de son univers socio-cosmique, l'homme africain peut réaliser une marche en avant qui rompt les liens qui l'attachent, même à certains instants suprêmes, pour le renforcement d'un dialogue fécond et constructif entre la trame de l'être fragilisée et la mystique comme vertu maïeutique de promotion humaine.

---

[1] D. NGONDO Dishono Kalala, Mystique africaine et mystique de Saint Jean de la Croix. Relecture du colloque international de Kinshasa 13-16 janvier 1992, thèse de doctorat, Université Laval, septembre 1999, p.6.

[2] Ibid.

[3] LENGELO Muyangandu, «Foi chrétienne et promotion humaine », in *Ethique chrétienne et sociétés africaines. Actes de la Seizième Semaine Théologique de Kinshasa 26 avril -2 mai 1987*, Kinshasa, F.C.K., 1987, p. 159.

Chapitre premier

CONSIDERATIONS PRELIMINAIRES

Ce premier chapitre a pour tâche de baliser le terrain de prospection de l'étude. Trois points le composent. Il s'agit premièrement de faire un état de la question en vue de recueillir les éléments constitutifs fondamentaux rassemblés par les chercheurs de la mystique africaine. Ces éléments qui environnent la problématique retenue permettent de dégager la pertinence de ce travail qui s'inscrit dans le cadre de recherche d'une piste promotionnelle de l'homme noir. Il sera deuxièmement question de déceler la signification profonde que la mystique revêt aujourd'hui en Afrique noire à partir du sens que nous proposons de lui donner dans ce travail afin de permettre la réalisation du rêve de la promotion effective de l'homme noir et de son univers socio-cosmique.

1.1 Etat de la question

Il n'y a pas de religion sans mystique. Sans la mystique, le principe vital et l'horizon ultime vers lequel elle tend à s'épanouir[1], la religion se dessèche, elle perd le sens d'être une tentative de dépassement des limites naturelles. Si la philosophie est souvent considérée comme un passage à la limite, la religion comme première manifestation de la raison paraît être un dépassement de cette limite[2]. Comment peut-on s'intéresser à la vie religieuse pour un peuple qui cherche à dire son humanité sans qu'on examine à fond la mystique considérée comme lieu de régulation de l'être, du savoir et de l'agir pour le mieux-être ? C'est le cas notamment de l'Afrique noire. En effet, pour peu qu'on en ait parlé, la vie mystique d'Afrique était naturellement considérée comme faisant partie intégrante de la mentalité superstitieuse idolâtrique ou magico-religieuse des primitifs. C'est pourquoi il en résulte le plus souvent des confusions flagrantes et des propos intempestifs. Ce constat est parfaitement fondé. Les chercheurs dans le domaine de la mystique africaine doivent toujours en être interpellés. Bien que l'état de la question ne soit pas encore suffisamment large, on reconnaît dès lors que la recherche sur la mystique captive la curiosité de plus d'un Africain. Recherche très fondamentale qui ambitionne de démystifier la réalité africaine menaçante. Concernant les essais les plus marquants qui prennent en compte la mystique africaine, on peut retenir deux colloques, Strasbourg (1963) et Kinshasa (1992) et la thèse doctorale de D. Ngondo Dishono Kalala (1999). Compte tenu de leur importance aujourd'hui dans le domaine de recherche sur la mystique africaine, nous procéderons par leur analyse, l'un après l'autre, à la lumière de notre hypothèse du travail. Il s'agit, en effet, d'un effort d'approfondissement de la pertinence de la problématique critique de la vie mystique en Afrique en vue de l'intégration de l'homme africain dans le grand projet de Dieu d'humanisation.

---

[1] NGIMBI Nseka, «Expérience de soi et religion traditionnelle en Afrique », in *La mystique africaine*, p.85 et NTEDIKA Konde, «La mystique africaine traditionnelle », in *La mystique africaine*, p.65.

[2] J. CHEVALIER (s. dir.), *Le dictionnaire du savoir moderne. Les religions*, Paris, Centre d'Etude et de Promotion de la Lecture, 1972, pp.426-427.

1.1.1 Colloque de Strasbourg

Le colloque de Strasbourg tenu du 16-18 mai 1963 a posé les jalons de prospection de la vie mystique en Afrique noire dans la perspective de la réincarnation, thème qui constitue pour les historiens des religions et ethnologues africains «un carrefour pour la compréhension de l'homme noir et de sa culture »[1]. La réincarnation est la croyance à la transmigration des âmes ou au retour des esprits des morts dans des corps matériels humains ou même dans des animaux et des végétaux. Dans le fond, la réincarnation est, pour l'Africain, une explication consolante car, d'après le poète sénégalais B. Diop, les morts qui ne sont jamais partis, qui ne sont pas morts, interviennent dans le monde des vivants[2]. Dans ce poème, Diop tient compte du rôle sacré de la nature dans la religion négro-africaine. C'est ainsi qu'il fait appel en l'invitant à prendre connaissance du rôle ésotérique et mystique de la nature[3]. Cette omniprésence des défunts ancêtres dans l'ombre qui s'épaissit, l'arbre qui frémit, l'eau qui coule et dort, la case et la foule, expression de la proximité du monde visible et du monde invisible, paraît être une célébration liturgique de la victoire de la vie sur la mort. La réincarnation supprime en quelque sorte l'angoisse de la mort, car la mort est participation à la vie. A propos des Dogon, par exemple, où le culte des ancêtres est fort développé, G. Dieterlen souligne clairement le rôle invisible que ces catégories jouent pour le bien-être de leurs descendants : distribuer la force vitale qui circule avec le sang jusqu'à la cinquième génération et favoriser la procréation et la progéniture[4].

Liée essentiellement à la notion du salut de l'homme par l'homme, la croyance à ce phénomène belvédère n'est pas seulement une tradition africaine d'explication consolante et d'expérience religieuse. Elle est aussi pour l'homme africain un lieu privilégié de dialogue fécond entre la vie et la mort pour le bien-être et le plus-être là où il est en harmonie avec lui-même. Elle est, pour ainsi dire, l'expression d'une consolation ouverte, de la vocation de l'Africain, «d'assurer la victoire de la vie sur la mort »[5] au sein de son univers socio-cosmique.

Après le mot d'ouverture de M. Nédoncelle, un tour d'horizon général a été fait par les intervenants jusque chez les descendants d'esclaves noirs. Ils ont relevé quelques pratiques et expériences religieuses où s'observent quotidiennement en Afrique et chez les Noirs esclaves une intense interaction entre les vivants et les morts, entre le monde visible et le monde invisible. R. Bastide reconnaît que cette tradition religieuse et sociologique touche aux phénomènes les plus divers allant du morphologique à la métaphysique : phénomènes démographiques et sociaux, genre de vie, totémisme et culte des ancêtres, psychologie et conception du temps. Il souligne deux aspects essentiels de la vie mystique africaine de réincarnation, la fidélité des Afro-américains à l'Afrique qui se manifeste à travers la survivance des croyances et des rôles liés à la mort et la double métamorphose de la conception

---

[1] D. ZAHAN, Présentation du colloque de Strasbourg sous sa direction sur le thème de *Réincarnation et vie mystique en Afrique noire*, Paris, PUF, 1965.
[2] Cf. B. DIOP cité par L.-V. THOMAS et R. LUNEAU, *op.cit.*, p.1. Précisément, les morts qui ne sont jamais partis, qui ne sont pas morts, sont dans l'ombre qui s'épaissit, sous la terre, l'arbre qui frémit, l'eau qui coule, l'eau qui dort, dans la case, dans la foule, etc.
[3] W. A. UMEZINWA, *La religion dans la littérature africaine. Etude sur Mongo Beti, Benjamin Matip et Ferdinand Oyono*, Kinshasa, PUF, 1975, p.80.
[4] G. DIETERLEN, «La réincarnation chez les Dogon », in *Réincarnation et vie mystique en Afrique noire*, p.63.
[5] E. MVENG, «L'art d'Afrique noire, liturgie cosmique et langage religieux », in *Bulletin de Théologie Africaine*, vol. 1, n°1, 1979, p.100.

africaine de réincarnation au contact avec le catholicisme et la pensée occidentale. L'idée la plus dominante, cependant, est la réincarnation de l'homme dans un autre homme au sein de sa propre descendance et dans la descendance de son clan et de son lignage. La réincarnation des parents défunts en constitue le trait culturel particulier conservé. Le *ninseky*, c'est-à-dire l'homonyme de l'homme - il se confond avec l'*akra* ou l'âme - qui se réincarne serait l'un des ancêtres de la même famille ou d'ailleurs. Il ne s'agit pas de l'homonymie dans le cas où le *ninseky* demeure dans 2, 3 ou 4 personnes qui portent des noms différents. Il existe, en effet, un certain nombre d'indices qui permettent de reconnaître la personne qui se réincarne : apparition en rêve pendant la grossesse, manifestation de quelques traits physiques et du caractère de celui qu'il continue, désignation de nom, etc. Une femme ne se réincarne que dans une femme et un homme dans un homme. L'esprit d'un être malheureux se cache et ne se révèle pas. Ce premier trait, expression de fidélité à l'Afrique, est fondamentalement important car, d'après H. Aguessy, les dimensions spirituelles de la vaste communauté noire dispersée dans les quatre coins du monde constituent la boussole permettant de déceler le message le plus inaltérable des cultures et civilisations négro-africaines. Dans la perspective de leur manifestation, il relève des traits caractéristiques spécifiques qui sont les mêmes partout, traduisent la vitalité des religions africaines traditionnelles : elles sont en un sens, l'effet et la source de la civilisation de l'oralité, donc leur rôle de substitut vivant à défaut du livre (mythe, symbole) ; elles disposent de sens du savoir prodigué (l'initiation apprend à bien vivre) ; elles assurent la fonction sociale et politique (combat contre la domination et l'asservissement de l'homme noir et l'organisation sociale)[1]. Pour faire passer leurs dieux de Cuba au Brésil, la croyance des Noirs esclaves à la réincarnation a été soumise à une double métamorphose. Il s'agit, dans la première de l'idéologisation du dogme catholique des saints[2] que Bastide considère comme une rationalisation savante que les Noirs esclaves d'en bas ignorent. C'est au fond, l'expression d'une prise de conscience par les membres élevés de la hiérarchie en vue de surmonter la contradiction entre les deux religions syncrétisées et de la justifier devant la pensée logique. La deuxième métamorphose concerne le spiritisme répandu en 1870, idée proche de la pensée et de la sensibilité africaines : rapprochement entre les esprits qui descendent dans le corps des médiums et les ancêtres, entre les esprits obsesseurs et les âmes vagabondes qui causent du tort à la société. C'est dans le spiritisme de *Umbanda*, branche africaine en opposition avec le kardécisme d'Allah Kardec, branche euro-américaine surtout que cette réinterprétation de la réincarnation négro-africaine a pris le plus de force. A cause de l'urbanisation, la réincarnation a été de fait transposée du plan ethnique au plan éthique de façon à montrer que les Noirs ne sont ni des barbares ni des superstitieux mais que leur religion est fondée sur la raison. Il s'agit donc d'une tentative de rationalisation et de moralisation des croyances négro-africaines et la réincarnation comme conséquence de leurs actions. C'est pourquoi dans le *Catéchisme de Umbanda*, la réincarnation remplit une triple fonction : 1) payer les erreurs et les fautes commises au cours d'une vie ; 2) évoluer, progresser spirituellement en vue de la perfection qui a lieu dans la Lune, Mars, Jupiter et Saturne ; 3) accomplir certaines missions importantes données par le créateur, car tout le monde se réincarne, croit-on, et cela pour le bien de tous.

[1] H. AGUESSY, «Les dimensions spirituelles : religions traditionnelles africaines », in *Présence Africaine*, n°117/118, 1981, pp.138-140.
[2] Chez les Yorouba, les oricha, dieux protecteurs, rois et princesses africains réincarnés en Europe sont des Blancs, orisha tout-puissants qui ont opéré des miracles extraordinaires. Syncrétisés avec les saints catholiques par les Noirs esclaves, Shangô est saint Jérôme, Oshossi est saint George, Yemanja est Notre-Dame du Rosaire.

Dans le cadre de la réorganisation urbaine des religions africaines et la lutte entre les Noirs qui veulent monter dans la société et les Blancs qui veulent garder leurs postes de commande et de leur contrôle, l'*Umbanda* a pour finalité de faire diminuer la souffrance. Le rôle des médiums est d'alléger les pensées quand l'astral des Blancs vient posséder un médium d'*Umbanda* par des discours de morale sur la souffrance régénératrice. Dans cette perspective, l'*Umbanda* serait l'une des méthodes par lesquelles l'Africain se considérait comme un Asiatique, c'est-à-dire appartenant à une race qui a eu à un moment donné, une civilisation supérieure à celle des Européens.

Les divers traits caractéristiques recueillis qui varient selon les tribus témoignent de l'importance que les Africains accordent à la réincarnation. Qu'est ce qui se réincarne généralement après la mort ? Est-ce la totalité de l'âme ou l'esprit du défunt, c'est-à-dire l'émanation de l'âme ou la force corporelle qui revient dans le fœtus d'une femme pour renaître ? S'agit-il du souffle divin qui permet la vie, lieu où le Dieu de vie rencontre l'homme et le laisse vivre ? Ou bien du souffle invisible des ancêtres, comme on l'a vu dans le poème diopien, c'est-à-dire de l'âme-souffle ou l'âme-ombre comme partie indestructible de l'homme africain qui garantit son existence ? On ne saura trancher avec exactitude sur ces deux hypothèses fondamentales. L'âme ou le double, ou l'esprit du défunt, c'est l'élément psychique qui est présumé se réincarner après la mort. En plus de cette explication métaphysique qui s'intéresse au problème de la connaissance de l'être qui se réincarne après la mort et l'attitude que l'homme africain adopte pour assumer son existence, on peut relever l'explication anthropocosmique liée essentiellement au symbolisme animalier. On retrouve ici l'idée de réincarnation dans le clan-animal totémique. Cette réincarnation se produit le plus souvent là où le clan se nomme d'après un animal duquel croient descendre, d'une façon unilinéaire, les membres du clan. Généralement, dans les traditions africaines, l'homme noir s'est souvent identifié au lion, au léopard, au serpent, etc., qui présentent des traits particuliers pour la réincarnation des esprits des nobles. Et si l'on en croit l'idée de Fanany rencontrée en Afrique australe et à Madagascar, les sécrétions des cadavres des nobles se forment en serpents, lions, léopards, crocodiles et chiens. Le serpent est présenté en Afrique à la fois comme agent de bonheur et de malheur[1]. Chez les Dogon, en effet, «chaque patriarche est prêtre pour sa famille. Le Hogon est le personnage sacré du groupe. Chaque nuit, le grand ancêtre, le serpent Lébé, vient lui lécher le corps pour lui donner la force de vivre encore un jour. La salive du Hogon donne l'humidité. Aucune sueur ne doit couler de son corps ; elle emporterait ses forces »[2]. Pour les Venda en Afrique du Sud, le python est le symbole du créateur. Il procéda par vomissement à la création de toutes les créatures[3]. Participant de la nature divine chez les Luba, le python symbolise l'alliance entre les forces du ciel et celles de l'eau, de la paix et de l'union cosmique[4]. Le même serpent est, pour les Peda dans le Sud-Togo et le Bénin, un agent de

[1] Pour C. M. FAÏK-NZUJI, *La puissance du sacré. L'homme, la nature et l'art en Afrique noire*, Bruxelles, La Renaissance du Livre, 1993, p.99.

[2] H. DESCHAMPS, *Les religions d'Afrique noire*, Paris, PUF, 1997, p.36. Lébé est le 8e ancêtre, maître de la parole Mort, il était avalé par le serpent, le 7e ancêtre qui le déglutit sous forme de pierres. Le Lébé réincarné, c'est une nouvelle création.

[3] J. ROUMEGUERE-EBERHARDT cité par C. M. FAÏK NZUJI, *La puissance du sacré. L'homme, la nature et l'art en Afrique noire*. p.99.

[4] *Ibid.*, p.100. Ayant été à l'origine de la chute de l'homme, cette créature fut métamorphosée en deux serpents, l'un mâle, l'autre femelle, furent chassés du ciel en même temps que de la terre.

protection auprès d'un enfant endormi[1]. Le caractère négatif apparaît également dans l'utilisation symbolique du serpent. Il peut être le symbole du danger, de la sorcellerie, de la malveillance. En Angola, par exemple, le serpent représenté par sa tête, fait partie du panier divinatoire, où il est considéré comme médiateur du sorcier[2]. Comme partout ailleurs, les Africains imitent le lion, symbole de force et de puissance. C'est dans le corps du lion que le guerrier rêve se réincarner lors de la nouvelle vie. En rapport avec le lion, les Tutsi pratiquaient à l'époque coloniale une mystique spéciale quand le roi mourrait. On dépouillait vif un taureau et on plaçait le corps du roi défunt dans la peau encore chaude. Le cadavre bien ficelé était mis sur une claie et sa décomposition était attentivement surveillée par les prêtres. On attendait avec un respect religieux la sortie du premier ver car il contenait l'âme du roi défunt. Ce premier ver recueilli, était engraissé avec du lait. Inhumé en grande pompe, il se métamorphosait la nuit suivante en lion dans un grand concert d'esprits[3]. A cause de la réincarnation de l'esprit du grand chef dans un léopard, les Ngbandi sont interdits de tuer cet animal-totem et de consommer sa chair. C'est également un tabou pour les Guissiga du Cameroun de tuer un lion. Si un Guissiga découvre sa dépouille, il signale le fait sans tarder. La tribu organise les funérailles de ses restes qui sont inhumés après un cérémonial exceptionnel[4]. Aujourd'hui encore, il existe des gens de la brousse qui se métamorphosent de leur vivant en léopard afin qu'au cours d'une chasse, ils aient un butin important de gibiers. Le crocodile contient des puissances magiques qui font de lui, d'après C.M. Faïk-Nzuji, un animal royal. Il symbolise pour les Venda, par exemple, la royauté et l'union de l'homme et de la femme, union régénératrice de la rivière qui féconde la terre. Négativement, le crocodile figure le sorcier et symbolise les forces maléfiques[5].

En effet, la réincarnation sur le plan purement humain est plus importante que celle qui a lieu dans un animal-totem, considérée, sauf pour les méchants, comme une période transitoire pour revenir finalement dans un homme. Le totem est un principe d'appartenance indiquant la consubstantialité mystique entre ceux qui portent le nom de l'animal-totem, lui vouent un culte et se reconnaissent ancêtres[6]. Cette consubstantialité mystique qu'on peut considérer comme une mystique d'identification aux animaux-totems n'est pas vide de sens pour ceux qui y adhèrent. Comme le remarque J. Lantier, «dans la société totémique, l'alliance avec l'animal-totem est le ciment qui unit les membres de cette société les uns aux autres-morts et vivants »[7]. Il s'agit encore là pour l'homme africain de l'incessante tentative de se dépasser de la fatalité de l'impasse de la mort. De toute évidence, en effet, les acculturations successives ne nous permettent pas de retrouver les sociétés totémiques à l'état pur.

A la lumière de la morphologie de *ginna*, grande maison de famille ou du lignage qui reproduit la position d'un personnage couché à bas ventre, la tête au nord et les jambes allongés sur le sol, G. Dieterlen examine l'idée de réincarnation chez les Dogon. L'accent est mis sur le

---

[1] Pour E. SENAH cité par C. FAÏK-NZUJI, *ibid.*

[2] M. L. RODRIGUES DE ARIA cité par C. M. FAÏK-NZUJI, *ibid.*, p.101.

[3] J. LANTIER, *La cité magique. Magie et sexualité en Afrique noire*, Paris, Arthème Fayard, 1977, p.36.

[4] *Ibid.*, p.30. Le mythe fait remonter cette tribu à une date lointaine où un lion fabuleux s'empara d'un jeune garçon qu'il livra en pâture aux siens. La lionne attendrie par la beauté de l'enfant, lui laissa la vie sauve en le donnant pour compagnon à un lionceau. Le lion lui déroba une jeune femme pour le mariage. Il déroba également pour lui les arcs et des flèches. En raison de sa dangereuse supériorité, il le contraint de s'éloigner de lui. Dès lors, ces descendants appellent leurs enfants Mabor, fils du lion.

[5] Cf. C. M. FAÏK-NZUZI, *La puissance du sacré. L'homme, la nature et l'art en Afrique noire*, p.103.

[6] Cf. C. RIVIERE, *Socio-anthropologie des religions*, Paris, Armand-Colin/Masson, 1997, p.30.

[7] J. LANTIER, *op.cit.*, p.35.

symbolisme de son architecture et de son rôle au sein de la société. Cette morphologie consiste en une représentation d'un corps humain et de ses organes, le cheminement du Verbe divin à l'intérieur de ce corps qui contient, dirige et conduit les divers principes spirituels animant l'individu : âmes ou *kikinu* au nombre de huit et la force vitale ou le *nyama*, fluide qui circule dans le sang. Ces principes spirituels sont conférés à l'enfant au moment de l'octroi des noms par les patriarches et par le prêtre totémique du clan[1]. L'homme possède également un contenu claviculaire fait de huit graines symboliques créées par *Amma* après le *fonio*. Les clavicules sont les premiers os formés avec le crâne dans le fœtus. Le récit qui raconte la création de l'ancêtre mythique *Nommo*, montre à quel point, d'après Dieterlen, l'image de l'homme est à la fois cosmique et biologique. Bien que cela soit pensé sur le plan d'une spiritualité profonde, il ne s'agit pas ici, comme elle l'indique, de réincarnation au sens propre du mot qui fait intervenir l'ensemble de la personne spirituelle. Intimement lié à son lignage pour achever son travail sur la terre, le défunt «ne lègue pas ses âmes qui restent entre les mains de Dieu, mais donne sa force vitale ; théoriquement, pendant cinq générations, il doit animer huit descendants, car il a possédé huit 'âmes', huit graines claviculaires, donc huit 'paroles', image de complétude divine. Il passe ensuite au rang d'ancêtre.

L'idée de réincarnation est aussi intimement liée aux structures de parenté. Organisés en système matrilinéaire, les *Nzima* du Ghana reconnaissent l'existence des trois principes spirituels. D'après V. L. Grottanelli[2], l'enfant qui naît reçoit de sa mère, la chair et les os, et, de son père, le sang. Il reçoit également du père lors de la conception, le *mora*, principe vital tandis que de Dieu au moment de la naissance, l'*akela* ou l'âme, essence spirituelle. L'*ekela* est immortel. Le *mora*, apparenté au souffle, s'éteint dès que la respiration cesse. L'*ekela* retourne à Dieu. Elle ne suit pas l'individu dans l'*ebolo*, l'au-delà où il survit en *ngomenle*, esprit corporel, et sera vénéré comme esprit d'ancêtre ou de revenant. Lors de la mort, c'est l'*ekela* qui quitte l'au-delà pour se réincarner dans un enfant. D'autres enfants, précise Grottanelli, viennent au monde par des conceptions exceptionnelles, rôle exclusif que jouent les divinités locales ou même le Dieu céleste.

Les quatre exposés que nous venons d'examiner se sont intéressés exclusivement au problème de l'origine de la vie et de la survie post-mortem. Cela permet d'ailleurs de mieux comprendre que la réincarnation fait partie intégrante de la mystique africaine d'identification et de communication. Il s'ensuit que la mystique africaine de réincarnation est aussi une mystique médiumnique comme nous le verrons dans les exposés de L. Molet, G. Parrinder et A. Lopasic.

Molet reconnaît pour les Malgaches l'existence de l'âme et son inhérence dans la chair humaine. La vie mystique d'autrefois était rendue nécessaire par le désir des ancêtres de se réincarner et de vivre de façon discontinue dans leurs descendants de génération en génération, ce qui justifie la vieille pratique de la réincarnation grâce à la manducation des morts. On prélevait sur les défunts des lanières de chair que l'on faisait boucaner pour les conserver comme les os dans de petites corbeilles suspendues au nord-est dans la case, dans le coin dit des ancêtres. Ces lanières de chair étaient consommées lors de grandes occasions : mariage,

---

[1] Les Dogons connaissent les cultes totémiques (binu). Associés aux vingt-deux articulations du Nommo créateur des hommes, il y a ainsi vingt-deux totems (animaux, végétaux, objectaux) répartis entre les quatre clans dogons. Le totémisme dogon n'est en fait que l'expression des liens entre les différentes catégories et l'homme. Le pancréas de celui qui est mort pour purifier le monde et ressuscité, par exemple, est le totem. Il est donc lié à l'homme cosmique, au sacrifice et ressuscité, ancêtre des hommes et père de l'humanité.

[2] V. L. GROTTANELLI, «La vie, la mort et l'au-delà dans les croyances des Nzima », in *Réincarnation et vie mystique en Afrique noire*, pp.69-86. Nous devons la traduction de ce texte en allemand à Mushila Nyamankank.

adoption et fête annuelle du Fandroana. L'inhérence de l'âme au corps donnait la possibilité de réincarnation fractionnée de l'ancêtre en ses descendants. Deux faits fondamentaux tiennent à cette croyance : la crainte d'être abandonné des vivants et d'être exclu du tombeau familial ou ancestral et la transformation de la fête du Fandroana familial en celle du Fandroana royal pour la consolidation de l'Etat. Parrinder[1] poursuit dans son exposé cette même question de possession des fidèles par leurs dieux, ancêtres et esprits. La mystique africaine qu'il intègre dans la définition de la mystique d'A. H. al-Ghazâli[2], doit être orientée, croit-il, vers les phénomènes de possession par des esprits des dieux et des ancêtres. Les états de possession qui en résultent ont beaucoup de parallèles et une longue histoire dans toutes les religions. On les trouve également dans le judaïsme et l'islam. Parrinder pense qu'il serait utile de reconnaître le contexte universel de l'état d'extase lorsqu'on aborde l'étude de la mystique des médiums en Afrique noire. Dans cette perspective, il considère comme axiale, l'idée selon laquelle le médium est une épouse. Cela signifie que la divinité a la propriété de posséder celui ou celle qui la sert. Elle l'inspire et utilise comme intermédiaire au cours des cérémonies tenues en son honneur. Les messages bien pratiques ont une valeur sociale et religieuse. Lors de la discussion qui a eu lieu à la fin de son exposé, Bastide réagit en distinguant en trois traits caractéristiques la mystique africaine de la mystique à verticalité descendante, une mystique des intermédiaires et un phénomène sacré, c'est-à-dire une religion sociale. En décrivant les masques du culte d'*Epko* qui représentent les différents personnages, dieux et les animaux mythiques dans le riche panthéon Bini du Bénin, Lopasic[3] fait jouer à ceux-ci le même rôle à l'égard de leurs fidèles. Dans le système religieux des Binis, l'*Epko* est un *Juju*, un esprit protecteur. Il protège les jeunes gens du village contre les mauvais esprits et les maladies, surtout contre la variole qui fait peur. L'*Epko* qui insiste sur l'importance des jeunes générations, réconforte aussi la morale. *Ohekpo*, prête, sacrifice à l'*Epko* pour le bien-être de ses danseurs couverts des feuilles de palmier et des masques du panthéon *Bini*.

La tentative de divination de l'homme ou l'effort de le hisser au niveau du divin est le dernier trait caractéristique de la mystique africaine réincarnationnelle qu'il faudra souligner. G. Gollnhofer et R. Sillans ont perçu cette forme de mystique chez les Mitsogo du Gabon, précisément dans le culte initiatique du Bwiti. Il en constitue l'élément le plus important de la vie religieuse des Mitsogo. Dans ce culte, on apprend selon les degrés des adeptes à connaître la nature de l'homme, sa place exacte au sein du cosmos, le mystère de la vie et de l'univers, le caractère transcendantal du principe spirituel de la nature humaine. Le nouvel initié et le mystique sont persuadés tous deux de la même réalité, l'existence du plan cosmique sous un double aspect, l'un impersonnel (énergie cosmique), l'autre physique, personnifié (ancêtre, Etre suprême). L'ancêtre, intermédiaire entre les plans cosmique et physique, aux fonctions limités ; l'Etre suprême, détenteur de l'éternelle sagesse, créateur et maître de toutes choses, aux fonctions illimités ; l'énergie cosmique universelle, essence animique, consciente et omniprésente, source première de toute existence, mais sans fonctions précises. Ces trois niveaux de la structure du Bwiti constituent les attributs d'une trinité cosmique. L'ancêtre vient au premier degré d'ascendance vers le cosmique. C'est en lui que s'intégrera l'initié libéré des

---

[1] G. PARRINDER, «Le mysticisme des médiums en Afrique occidentale », in *ibid.*, pp.131-142.

[2] Pour A. H. al-Ghazâli, le mysticisme comme phénomène humain, d'ordre spirituel est une «introspection méthodique de l'expérience religieuse et de ses résultats chez le croyant qui le pratique ».

[3] A. LOPASIC, «Le panthéon 'Bini' vu à travers les masques du culte d' 'Epko' », in *Réincarnation et vie mystique en Afrique noire*, pp. 101-106.

contraintes de la matière. Il remplit, sur le plan physique, la fonction de toute-puissance cosmique. Il peut dès lors intercéder auprès de la suprême conscience[1]. L'absorption de l'*iboga*, substance psychotrope hallucinogène procurée par les Pygmées, «permet d'accéder à la vision du monde d'Eboga, le monde des figures ancestrales et divines, et à la connaissance des secrets de la vie et de la mort »[2]. Bien que cela ne soit pas le premier moyen utilisé dans la technique de la mystique *tsogo*, cette absorption prépare néanmoins à la mystique intérieure. Le néophyte qui absorbe l'*iboga* «voit le village du soleil et l'arbre Motombi, chargé de symboles qui lui révèlent l'identité du plan physique et cosmique. L'être et Dieu ne font qu'un »[3]. Il est naturellement conscient de la présence du monde cosmique. Dès lors, il devient le médium entre le monde visible et le monde invisible, entre le plan physique et cosmique.

Cet effort de divination de l'homme se rencontre également dans la vie mystique réincarnationnelle des Bambara[4]. Pour mieux comprendre l'idée de réincarnation chez les Bambara, Zahan analyse la notion de personne envisagée à deux moments de sa vie, avant et après la circoncision ou l'excision en établissant les rapports qu'elle entretient avec les éléments cosmiques et avec la divinité. Avant la circoncision ou l'excision, l'homme est considéré comme un être androgyne. Il naît pourvu de quatre principes spirituels distincts du corps, deux *ni* ou deux doublés, représentent tout l'aspect inconscient de la personne et deux *dya* ou deux ni ou deux doublés, représentent tous les aspects conscients de l'être humain (facultés intellectuelles, volonté). Les deux *ni* et les deux *dya* connotent la complétude de l'être humain. Un *ni* et un *dya* sont censés demeurer dans le prépuce ou dans le clitoris. L'autre *ni* et l'autre *dya* habitent dans le reste du corps. Avant la circoncision ou l'excision, la personne humaine jouit d'une double personnalité, l'une globale, actuelle et l'autre sociale, latente, contenue virtuellement dans la personnalité globale. Avec l'ablation de prépuce ou clitoris, l'on perd un *ni* et un *dya*. Ainsi, la personnalité sociale est actualisée et valorisée. Les Bambara pensent que les éléments spirituels ainsi que leurs rapports matériels subissent des sorts parallèles. Le prépuce enterré, se sublime après avoir été consommé par les vers. Un *ni* (principe femelle) et un *dya* (principe mâle) contenus dans le prépuce sont acheminés lors de la circoncision vers une réserve cosmique de vie, Faro[5], le génie de l'eau. Les deux autres éléments contenus dans les cheveux sont libérés lors de la mort et se dirigent vers la divinité dont ils épousent les principes correspondants. Concernant la jeune fille, un *ni* (principe mâle) et un *dya* (principe femelle) contenus dans le clitoris sont également acheminés vers le Faro. Le clitoris prélevé est jeté dans l'habitation respective, grignoté par une souris mâle, le premier enfant qui naîtra sera une fille. S'il est mangé par une souris femelle, l'enfant sera un garçon. Lors de sa mort, les deux autres

---

[1] G. GOLLNHOEFER et R. SILLANS, «Recherche sur le mysticisme des Mitsogo, peuple de montagnards du Gabon central (Afrique équatoriale) », in *ibid.*, pp. 143-173. En fusionnant ces trois niveaux en un seul principe suprême, on est là en présence d'une théosophie où semblerait se dessiner la manifestation du cycle des réincarnations, du Grand Retour ou de la Réintégration des Etres.

[2] A. MARY, «Le bwiti d'Afrique équatoriale », in *Encyclopédie des religions*, t.1, p.1192.

[3] R. SILLANS et G. GOLLNHOFER cités par H. DESCHAMPS, art.cit., p.51. Selon MAKANZU Mavumilusa, *Quand Dieu te gêne...*, t1, Wuppertal, VEM, 1985, p.186, le yohimbi et l'iboga sont bus en Afrique par les candidats prophètes. A. Roulier parle des plantes divinatoires et sorcières. On trouve des plantes divinatoires dans la paléopharmacie qui ont un pouvoir métaphysique.

[4] Ibid.

[5] H. DESCHAMPS, *op.cit.*, pp.30-31. Dieu de l'eau, Faro est vainqueur de la matière et du désordre et l'organisateur du monde. Etre aquatique, mi-albinos mi-cuivre, androgyne, on se le représente comme une sorte de sirène, avec une tête de femme blanche, deux nageoires pour oreilles, les mains et la queue palmées. Il consomme le sang, les tomates, la bouillie de mil. La stérilité est l'un des signes de son mécontentement. Le sang menstruel ne doit pas souiller sa demeure ; Il répond aux demandes par l'intermédiaire des devins.

éléments rejoignent la divinité et s'unissent aux parties correspondantes. Circoncis, le prépuce est un organe femelle ou excisé, le clitoris est un organe mâle, l'être humain perd son androgynéité et acquiert ainsi la monosexualité indispensable à la vie sociale. La conséquence fondamentale de cette perte trouve son expression dans le désir toujours inassouvi de recherche du sexe perdu, c'est cela qui favorise les alliances, le mariage et la procréation. Une question de fond, cependant, est celle de la personnalité propre que garde la personne à laquelle on est uni au mariage. On éprouve toute la vie la nostalgie du sexe dépossédé jusqu'au moment où l'on trouve en s'unissant à la féminité de dieu, son rapprochement, voire l'union à la divinité, elle s'intéresserait aussi bien à la question du retour parmi les humains qu'il a abandonnés lors de sa mort. En effet, le grand problème que soulève Zahan est celui de la non-conformité de la proportionnalité entre l'homme naturel qui meurt et se réincarne plusieurs fois et la divinité qui l'absorberait définitivement. L'institution du *korè* en tant que sacrement de l'immoralité de l'homme empêche cette absorption. La partie consacrée à ces spéculations théologiques est résumée par le rite du larcin qui présente allégoriquement la situation de l'homo religiosus, image de la réincarnation en voie d'extinction[1]. Le *korè* se propose donc de diviniser l'être humain de son vivant, de le doter d'une autre nature qui l'identifierait avec la divinité. En l'attirant périodiquement vers elle, l'homme ne pourra jamais être définitivement absorbé. Les réincarnations sans fin permettent à l'homme de conquérir le privilège de la divinité. De fait, les mutilations sexuelles pratiquées en Afrique noire, la circoncision et la clitoridectomie, permettent de perdre un attribut anormal. Le prépuce est considéré comme un morceau de vagin et le clitoris comme une fausse verge. On coupe le prépuce pour symboliser la mort dans le clan de la mère et le passage définitif dans celui du père. Nombre d'auteurs ont vu dans la circoncision des motifs d'ordre moral, hygiénique et religieux[2]. Pour l'auteur de l'épître aux Colossiens, cependant, la circoncision physique n'enlève qu'un petit lambeau de chair. Ce qui compte pour lui, c'est la circoncision spirituelle qui avait été faite par le Christ. «C'est en lui que vous avez été circoncis d'une circoncision qui n'est pas de main d'homme, par l'entier dépouillement de votre corps charnel ; telle est la circoncision du Christ ; ensevelis avec lui lors du baptême, vous en êtes aussi ressuscités avec lui, parce que vous avez cru en la force de Dieu qui l'a ressuscité des morts » (Col 2,11-12). L'auteur établit ici une différence fondamentale entre la circoncision, rite accompli physiquement par un homme et le baptême, opéré spirituellement par la main de Dieu. Les traditions sociales et culturelles ont souvent une vision dépréciatrice de la femme. On compare le clitoris au museau de porc-épic. Faire l'amour avec une fille ayant conservé son clitoris risque de provoquer une maladie qui pique la verge comme si les pointes de l'animal étaient restées fichées dans la chair[3]. Nombre des tribus africaines

---

[1] D. ZAHAN, «Aspects de la réincarnation et la vie mystique chez les Bambara », in D. ZAHAN, (s.dir), *Réincarnatuion et vie mystique en Afrique noire*, p.179. Ce larcin rituel se pratique lors des préparatifs à l'initiation au korè. Pendant les six années qui précèdent les cérémonies du korè, les enfants du village vont une fois par an au marché pour voler, en s'amusant, les marchandises des colporteurs qu'ils déposent dans un endroit caché, derrière le village. Les colporteurs rachètent leurs pacotilles chez les chefs de cette institution moyennant quelques cauris. Cela présente la situation de l'homme naturel sur le plan religieux. Comme la pacotille des marchands, l'homme est volé par la mort. Il doit se rechercher lui-même pour se racheter. Il finit par se ruiner s'il est très souvent volé, à telle enseigne qu'il se retrouvera dans l'impossibilité de se racheter, il cessera d'exister parmi les vivants.

[2] J. LANTIER, *op.cit.*, p.99.

[3] J. LANTIER, *op.cit.*, pp.99-100.

attachent une importance magique et hygiénique à l'ablation du clitoris. De nos jours, cette pratique est universellement condamnée[1].

L'intérêt du colloque de Strasbourg provient du fait que l'idée de réincarnation, fort séduisante, est bien commune à tous les Africains, y compris ceux de la diaspora en dépit de l'absence d'uniformité. L'idée de réincarnation supprime en quelque sorte l'angoisse à l'égard de la mort, car elle permet de penser que les morts ne sont pas morts. C'est pourquoi, pour une personne qui meurt, on dit souvent chez les Ngombe, qu'«elle est perdue »[2], qu'elle est «rentrée » ou qu'elle a «rejoint les siens » dans le village des ancêtres qui l'attendent emportant les vœux et les messages de sa famille[3]. Le centre d'intérêt est la réapparition de certains éléments psychiques, l'âme ou le double, l'esprit de la personne décédée qui continue à exister jusqu'à la réincarnation de façon réelle ou symbolique dans d'autres personnes appartenant à la même famille ou au même clan, dans un animal-totem ou même dans un arbre. Cette idée religieuse qui constitue la dernière étape de transformation de la vie humaine fait partie intégrante de la vie mystique en Afrique noire. L'homme meurt, comme le relève la Communauté Evangélique d'Action Apostolique de Lomé, mais pour renaître à une vie plus parfaite, plus proche de celle des dieux. La vie créée immortelle rend l'homme divin[4]. Les obsèques permettent aux défunts d'intégrer la communauté des ancêtres qui atteindront à plusieurs générations l'état divin. C'est cela qui fait que dans la mystique africaine traditionnelle, les ancêtres et les dieux parviennent à assumer les mêmes fonctions invisibles sur les plans spirituel, physique, social et moral pour la cohésion et l'harmonie des communautés des vivants. La mystique et la réincarnation, deux notions intimement liées, sont dès lors le lieu de convergence de l'ensemble des populations noires. Quelques-uns de ceux qui adhèrent, racontent même des événements heureux qu'ils aient connus dans des rêves et révélations. Religieusement, l'idée de renaissance appliquée à des fins morales ne permet pas à tous les morts de devenir ancêtres. Comme le remarquent clairement J. Delumeau et S. Melchior-Bonnet, «Seuls, ceux qui ont vécu une existence irréprochable ou qui ont eu une importance historique ou sociale ont vocation à mériter le nom d''ancêtres'. Cette sanctification fait d'eux de véritables saints, dispensateurs de bonheur et de paix, et objets de cultes »[5]. A. Couture explicite à son tour l'idée de réincarnation en Afrique noire en la liant intimement à la notion de solidarité tribale qui s'étend jusqu'aux ancêtres, solidarité qui prend aussi le sens de sécurité des ancêtres et de leur paix[6]. La notion de solidarité se révèle ici une vertu par excellence pour le continent noir.

Faisant partie de l'héritage religieux, la morphologie de l'expérience mystique africaine de réincarnation est riche et complexe. Il convient, en effet, de reprendre les traits caractéristiques les plus marquants.

---

[1] Près de 100 à 400 millions de femmes endurent l'excision à travers le monde. Les conséquences irrémédiables sur leur santé peuvent être : les douleurs atroces pendant l'accouchement, les premiers rapports sexuels et les menstrues.

[2] E. DAMMANN, *op.cit.*, pp. 169-170.

[3] Pour L. KESTELOOT, «L'ancêtre dans les systèmes de pensée africains », in *Encyclopédie des religions*, t.1, Nouvelle édition revue et augmentée, Leck (Allemagne), Bayard, 2000, p.1970, ce village est appelé Pelimpuku (Burkina Faso), Allada (Bénin) et Lasara (chez les Malinké, en Afrique de l'Ouest).

[4] Communauté Evangélique d'Action Apostolique de Lomé, «Dimensions spirituelles des peuples noirs comme communauté de civilisation », in *Présence Africaine*, n° 117/118, 1981, pp. 155-156.

[5] J. DELUMEAU et S. MELCHIOR-BONNET, *op.cit.*, p.342. Voir aussi C. RIVIERE, *op.cit.*, p.29.

[6] A. COUTURE, «Transmigration et réincarnation », in *Encyclopédie des religions*, t.2, Nouvelle éd., Leck, Bayard, 2000, pp.1948-1949.

1. En dépit de la métamorphose au contact avec le catholicisme et la pensée occidentale, l'idée africaine de réincarnation des parents défunts dans leurs descendants proches ou lointains constitue, pour les Afro-américains, le trait culturel particulier conservé. Le *ninseky* ou l'homonyme du défunt qui se réincarne serait l'un des ancêtres de la même famille ou d'ailleurs.
2. La réincarnation sur le plan purement humain se révèle plus importante que celle qui a lieu dans le clan-animal totémique.
3. L'ancêtre ne lègue pas son âme mais transmet aux descendants sa force vitale ou son *nyama* pour la cohésion et l'ordre social. Les Nzima du Ghana pensent plutôt que l'*ekela* ou l'âme venant exclusivement de Dieu est l'élément psychique qui se réincarne dans un enfant.
4. La vieille pratique de la manducation des morts à Madagascar donnait naturellement lieu à la réincarnation fractionnée des ancêtres dans leurs descendants. De fait, la substitution subséquente de la viande de bœuf à la chair humaine est étroitement liée à la structure sociale et du pouvoir politique. La réincarnation joue, pour ainsi dire, le rôle de consolidation de l'Etat ou de l'unité nationale. Un souverain-successeur, réincarnation de ses ancêtres, serait d'une essence autre que ses sujets. Les ancêtres princiers sont des intercesseurs entre les vivants et Dieu.
5. La réincarnation prend aussi le sens de possession des fidèles par les esprits, ancêtres et dieux, qui font d'eux des épouses. Les masques représentant différents personnages, dieux et animaux mythiques jouent le même rôle de possession des fidèles.
6. La réincarnation est aussi une tentative de divinisation de l'homme ou l'effort de hisser celui-ci au niveau du divin.

Tous ces traits caractéristiques qui vont du morphologique à la métaphysique permettent aux chercheurs de saisir la spécificité de la mystique africaine. C'est bien en ce sens que nous pouvons considérer l'idée de réincarnation comme faisant partie intégrante de la mystique africaine d'identification aux ancêtres, aux héros, aux esprits et aux divinités. Conçue de façon réelle ou symbolique, la réincarnation est aussi une mystique de communication avec ces mêmes catégories spirituelles. Comportant des implications pratiques et existentielles, la mystique de réincarnation aide les nombreuses personnes qui y adhèrent, à rechercher, selon D. Müller, «des explications et des solutions aux problèmes, aux interrogations, aux angoisses, au sentiment de frustration, aux échecs »[1]. Les Africains veulent rendre la mort plus acceptable en l'intégrant au cycle ininterrompu et imaginaire d'une existence qu'ils adorent. Elle est liée à l'idée de «l'eschatologie africaine qui ne prévoit pas la fin du monde et ne souhaite pas l'arrêt du cycle des vies. Elle vise au contraire à l'éternité sur terre »[2]. C'est par la réincarnation que les Africains croient pouvoir alléger ou annuler le traumatisme et les amères déceptions que leur causent la mort et ses alliés. Ils croient venir à bout des questions paradoxales et complexes que suscite la réalité africaine. Ils estiment avoir réussi à briser l'hiatus entre le monde visible et le monde invisible, entre les vivants et les morts ; ce qui leur donne le courage de vivre et de survivre. Au contact avec ces catégories spirituelles, les Africains entendent se dépasser de la tragédie humaine et de s'assurer de l'espace vital au sein de leur univers socio-cosmique. Dans cette perspective en effet, la mystique africaine de réincarnation prendra en compte «les

---

[1] D. MÜLLER, *Réincarnation et foi chrétienne*, Genève, Labor et Fides, 1993, p.9.

[2] L. KESTELOOT, «L'ancêtre dans les systèmes de pensée africains », in *Encyclopédie des religions*, t.2, pp. 1970-1971. Pour lui, la seule façon de s'éterniser sur terre est d'annuler la mort, en assumant au trépassé le même statut qu'au vivant, mieux, un statut supérieur, avec plus d'autorité, plus de puissance, plus de liberté, y compris celle de revenir en chair et en os sur cette bonne terre que personne n'a envie de quitter. C'est pousser à un degré extrême la mutation du cadavre impur et inerte en esprit sacré et actif, transformant ainsi la valence positive de l'ancêtre. De ce fait, la mort n'est pas terrifiante, on peut même choisir de se la donner.

éléments constitutifs des religions et de la vision négro-africaines que sont Dieu, la vie, la notion de communauté-solidaire et la souffrance »[1]. De fait, la reconsidération en 1963 de cette dimension de la vie mystique en Afrique noire dans une période aussi agitée que festive de son histoire constitue un matériau utile de travail pour les chercheurs dans ce domaine. La plupart des Etats accédèrent à l'indépendance et on note également la présence de quelques courants thérapeutiques de la réalité négro-africaine notamment le Panafricanisme qui, en recherchant la réhabilitation culturelle, débouchera sur des revendications politiques ; la Négritude qui redonnerait au Négro-africain, victime des préjugés de tous bords, la fierté légitime d'affirmer et de défendre l'ensemble des valeurs de civilisation, culturelles, économiques, sociales et politiques qui caractérisent le peuple noir[2] où qu'il se trouve et l'African Personality, en tant que mouvement idéologico-culturel, rejette tout ce qui dépersonnalise l'homme noir. On mentionnera également la *Philosophie bantoue* (1948) de P. Tempels qui s'était assigné pour tâche de comprendre «la vision globale de toute la réalité matérielle et spirituelle des négro-africains »[3], il s'est, en effet, assigné la tâche de comprendre les catégories mentales et les mécanismes explicatifs du monde après avoir constaté le quasi échec d'une évangélisation et d'une entreprise civilisatrice à laquelle les bénéficiaires semblaient imperméables et l'ouvrage collectif intitulé *Des prêtres noirs s'interrogent* (1956) qui a su dénoncer la complicité existant entre l'activité missionnaire, le colonialisme politique et l'impérialisme culturel. Comme l'indique A. Ngindu Mushete, «Le thème général du colloque, et c'est là pensons-nous, son principal mérite, est de nous contraindre à poser de manière nette et précise la question fondamentale de la théologie du siècle finissant : celle de la singularité chrétienne »[4]. N'était-il pas une occasion favorable pour y réfléchir déjà sérieusement en jetant des bases promotionnelles éclairantes sur les structures socioreligieuses et anthropologiques des sociétés africaines traditionnelles à partir des idées-forces que regorgent ces mouvements et ouvrages ? Dénonçant les séquelles de l'esclavage et de la colonisation, ces mouvements et ouvrages ont été comme des leitmotivs qui visaient déjà à la promotion de la personnalité africaine. N'aurait-il pas fallu réaliser par les vertus d'amour et de solidarité vitale marquée d'un sens fonctionnel de la figure de celui qui est vraiment ancêtre, de celui qui est vraiment le cœur des Africains, basée sur la notion de «communion, participation vitale »[5], le rêve des Afro-américains, par exemple, qui croyaient retourner en Afrique pour revivre par le moyen de suicide collectif ?

Ainsi qu'on s'en aperçoit, la foi à la réincarnation, thème fondamental dans les religions d'Afrique noire, reste un défi majeur pour les communautés africaines face à l'expérience traumatisante de la mort et de ses alliés. En effet, sa survivance même en présence du

---

[1] MUSHILA Nyamankank, «La mystique comme lieu de rencontre et redéfinition d'une nouvelle convivialité planétaire », in MUDIJI, T. (s. dir), *Religion africaine et mondialisation : enjeux identitaires et transculturels,* (Actes du VIIe colloque international du CERA), Kinshasa, FCK, p.114.

[2] Cf. V. MULAGO gwa Cikala, *La religion traditionnelle des bantu et leur vision du monde*, Kinshasa, FTC, 1980, p.9.

[3] NGEW Ngond'a Ndenge, «Rationalité comme impératif pour la libération de l'Afrique », in *'Philosophie africaine : Rationalité et rationalités'*. (Actes de la XIVe Semaine Philosophique de Kinshasa du 24 au 30 avril 1994), Kinshasa, FCK, 1996, p.385.

[4] NGINDU Mushete, «Les défis de la vie consacrée inculturée », in KALONGA Kabatuswila, J., (s.dir.), *Inculturation de la vie consacrée en Afrique à l'aube du troisième millénaire. Actes du cinquième colloque international*, Kinshasa, Carmel Afrique, 1998, pp.223-224.

[5] MULAGO gwa Cikala, «Solidarité africaine et coresponsabilité chrétienne à la lumière de Vatican II », in *Foi chrétienne et langage humain. Actes de la Septième Semaine théologique de Kinshasa (24-29 juillet 1972),* Kinshasa, FTCK, 1978, p.86.

christianisme qui l'a refoulée de son horizon, a d'ailleurs «fait triompher dans le monde la croyance en une nouveauté quasi absolue de chaque personne qui vient de naître ici-bas »[1], entrave et affaiblit les relations bienfaisantes qui devraient naturellement avoir lieu entre l'Africain et le Dieu personnel, Un et Trine. L'approche réincarnationnelle de la mystique africaine qui s'oppose au personnalisme biblique et, de surcroît, à la résurrection corporelle, comme intervention directe de Dieu, soulève pour la foi chrétienne des questions complexes telles que l'origine des âmes qui se réincarnent, le don de force vitale, l'intermédiation et les fonctions sociales des ancêtres, le culte qui leur est offert, la métensomatose (incorporation en succession), la métempsycose (animation en succession), la palingénésie (renaissance) qui occultent manifestement l'élaboration d'une théologie et d'une pastorale adéquates de la mort et de la résurection en Afrique noire. La révélation biblique est en totale opposition avec la réincarnation car ceux qui meurent ne reviennent pas. La dialectique mort-résurection est le mystère de Dieu : la résurrection des croyants pour la vie éternelle et celle des impies pour le jugement et la honte. Les gnostiques chrétiens croyaient à la réincarnation avant sa condamnation au deuxième concile de Constantinople (553). Certains textes bibliques comme Mt 11,14 ; 17,2, etc. ont été interprétés dès le IIe siècle au sens de transmigration. C'est, en fait, l'époque où les premiers Pères de l'Eglise, en l'occurrence, Justin et Tertullien ont condamné farouchement la métempsycose ou la palingénésie pour défendre l'originalité de la résurrection. On a prétendu qu'Origène (185-252) aurait défendu l'idée de réincarnation. On le sait, Origène avait soutenu la préexistence des âmes tout en refusant de croire que la même âme puisse renaître dans un autre corps dans un même monde. Ainsi trouve-t-on, dans son *Traité des principes*, des textes où il réfute explicitement l'idée de transmigration[2]. Ainsi, ni le *Tanak*, ni Jésus-Christ lui-même, ni les Apôtres, ni non plus les Pères de l'Eglise, ne soutiennent l'idée de réincarnation répandue dans le monde en général et en Afrique en particulier. «En s'incarnant, Dieu n'a pas joué la comédie »[3], dira B. Rey. La réalité, en effet, est que la variante africaine de la réincarnation est fort séduisante à bien des égards. Le colloque de Strasbourg l'a bien souligné. La consolation qu'offre pour sa part le christianisme est déterminante. La résurrection comme passage de la mort à la vie est, selon la révélation biblique, l'œuvre du Dieu, Un et Trine (Ac 2,24 ; Jn 2,19-21 ; Rm 6,4). Réduisant à l'impuissance la mort et ses alliés, la résurrection du Christ, garantie de la résurrection corporelle glorifiée, met en évidence la vie et l'immortalité. Le Saint-Esprit nous vivifiera à l'image du Christ (Rm 8,11). Bien qu'elle échappe à l'emprise de l'homme, on reconnaît que la mort, comme nous le verrons dans la deuxième partie de la recherche, n'est pas la fin de toutes choses. Car pour l'Africain, «la mort est relative à la vie ; ce qui meurt, tous participent, dans une certaine mesure à la vie »[4]. Le chant liturgique de la victoire de la vie sur la mort est bien le fondement de l'espérance chrétienne (1 Co 15,54-55). Pour répondre aux attentes légitimes de l'homme africain, le colloque pouvait bien indiquer au-delà de cette dimension de la mystique africaine la voie par excellence pour une issue heureuse au cri de l'angoisse du salut, donc, de la crise globale qui le frappe tout naturellement. Car, en tournant constamment les regards vers les catégories spirituelles inférieures, l'homme africain

---

[1] M. NEDONCELLE, «Ouverture du colloque », in *Réincarnation et vie mystique en Afrique noire*, p.6.

[2] A. COUTURE, art.cit, p.1948.

[3] B. REY, *Jésus le Christ*, Paris, Le Centurion, 1988, p.53. Pour lui, Constantinople II était convoqué pour l'interprétation autorisée des formulations de 451. Ce concile réaffirme vigoureusement l'unité de deux natures dans la personne concrète de Jésus : le Fils de Dieu et l'homme Jésus sont une seule et même personne.

[4] F.-M. LUFULUABO, «Mentalité religieuse africaine traditionnelle », in *La mystique africaine*, p.65.

paupérisé est indubitablement privé de la véritable source de vie et de plénitude. Et, comme l'affirme J. Ntedika Konde, «On ne peut concevoir, en effet, une vie mystique en plénitude, qui s'arrêterait au culte des ancêtres et des esprits et qui n'aurait pas comme objectif ultime la recherche, la quête inlassable de Dieu et finalement la rencontre avec lui en ce monde, par la connaissance et l'amour et, au terme de la vie terrestre, les retrouvailles avec celui dans le face à face de l'autre »[1].

L'idée de réincarnation est pour l'homme africain une hypothèse thérapeutique à sa situation dramatique en dépit de son rejet par le christianisme. Ne serait-il pas dès lors absurde de pouvoir compter sur la sympathie des ancêtres ou de leur exprimer un sentiment de dépendance ? Quel avantage tirera l'homme africain de cette idée qui enlève le sens à la promesse eschatologique de la résurrection des morts pour la félicité éternelle ? Le christianisme donne-t-il réellement satisfaction aux communautés africaines qui prétendent bénéficier de la présence constante et solidaire des ancêtres considérés comme des super-personnages ? Nous ne prétendons pas ici défendre cette idée culturelle victime d'acculturations successives en la confrontant avec la révélation biblique. Nous voulons tout simplement donner, à la rigueur, une ouverture qui redonnerait à l'homme africain la force de réaliser le mandat de l'action dans le monde. Car, quel sens peut-on donner, par exemple, à la mystique de *kombo* pratiquée chez les Ngombe, c'est-à-dire le fait de bénéficier de la sympathie d'un parent défunt en arrêtant virtuellement la pluie, pour avoir évoqué et invoqué son nom ou ses noms ? Les morts ne jouent-ils pas ici le rôle invisible en récompensant les différentes assistances matérielles qu'on leur avait fréquemment rendues (soins appropriés, habillement, nourriture, etc.) avant qu'ils ne rejoignent le village des ancêtres ? Il y va cependant, pour l'homme africain, non seulement de s'attacher confusément à cette idée religieuse mais de s'accrocher surtout à ce qui l'aiderait à réaliser ses rêves et visions. Cela nécessiterait un regard critique à cette tradition culturelle. Pour soutenir l'idée de la finalité externe, H. Bergson se pose une question de fond, celle de savoir où commence et où finit le principe vital de l'individu. De proche en proche, répond-il, on reculera jusqu'à ses plus lointains ancêtres. L'individu se trouvera solidaire de chacun d'eux. Faisant corps dans une certaine mesure avec l'ancêtre primitif, il est également solidaire de tout ce qui s'en est détaché par voie de descendance divergente. En ce sens, on peut dire qu'il reste uni à la totalité des vivants par d'indivisibles liens[2]. Les ancêtres font partie intégrante du corps social négro-africain. De ce point de vue, une piste prospective peut être envisagée dans la perspective de solidarité vitale qui fait certes partie des idées-forces de la réalité religieuse africaine avec les ancêtres qui constituent pour les Négro-africains le panel de révolutionnaires et de personnages providentiels. Ce qui importe donc, c'est le fait de savoir extraire de cette solidarité vitale ouverte, de cette étreinte indivisible avec les ancêtres géniteurs de la vie, l'idée qui permet d'anticiper sur un avenir promotionnel. Comme nous le verrons un peu plus loin, il s'agit de savoir modifier les attitudes et aptitudes, c'est-à-dire savoir perfectionner ou parfaire la véritable révolution d'humanisation amorcée par les ancêtres. N'ont-ils pas tenté de façonner à leur manière l'Afrique et son univers socio-cosmique ? Ne les ont-ils pas dotés des ressources naturelles, du savoir-faire, du sens de la vie, des relations d'échange avec l'étranger et initié, pour ainsi dire, l'attitude cosmomorphique, pour ne citer que ces exemples, qui offrent

---

[1] J. NTEDIKA Konde, «La mystique africaine traditionnelle », in *ibid.*, p.65.

[2] H. BERGSON, «L'évolution créatrice », in *L'évolution créatrice de Henri Bergson. Prix Nobel de littérature 1927*, Paris, Rombaldi, (s.d)., p.74.

évidemment aux descendants un espace de vie et de survie ? Jean-Baptiste est Elie, «doit être compris au sens fonctionnel et non pas au sens ontologique. Il occupe la fonction prophétique tenue jadis par Elie. De plus, l'enjeu de la comparaison porte sur celui que désigne le prophète : Jésus, le Messie et non pas sur l'identité du prophète »[1]. C'est comme dira un jeune Africain leader de l'Eglise, «Je serai M. Luther King ou rien ». C'est comme dira aussi un jeune Africain qui aspire aux meilleures destinées de son peuple meurtri durant plusieurs décennies : «Je serai N. Mandela ou rien ». Il ne s'agit pas là de l'identité individuelle réincarnée mais le fait de vouloir s'inspirer de la figure marquante de King ou de Mandela dans leur lutte contre les forces négatives d'oppression et d'exploitation, pour la promotion de l'homme noir. De tels personnages ne sont pas rassurants pour les Eglises et même pour les Etats. Ils sont une menace pour les pouvoirs dictatoriaux et oligarchiques avilissants. A l'instar donc de Jean-Baptiste qui agit avec l'esprit et la puissance d'Elie (Lc 1,17) et non Elie réincarné, c'est-à-dire animé du même ego qu'Elie, l'homme africain est invité à agir sous l'influence de l'esprit et de la puissance des ancêtres figurant dans les registres africains des chroniques. N'avions-nous pas dit que seuls ceux qui ont vécu une existence irréprochable ou qui ont eu une importance historique ou sociale ont vocation à mériter le nom d'ancêtres ? Ces éveilleurs de conscience dans l'action sont en Afrique, ils sont les ancêtres de cœur pour les Africains. Ce sont des mystiques, les *Mwukolé*, les initiés traditionnels du *Tiakani*, hommes parvenus au silence et au détachement, à l'égard des Esprits ou principes du Ciel du Sommet. Dotés d'une vraie vie, les mystiques *Mwukolé*, jouent plusieurs rôles pour le bien-être de la société luba : politique, éducation, communication, protection, soins, évolution, maintien, pour ne citer que ces exemples. Ils ont la possibilité des envols sublimes, grâce à l'initiation, aux ascèses appropriées pour avoir accès aux plans éternels de connaissance. Casseurs des interdits, ils mettent fin au charme magique[2]. Ce sont aussi des *Ekofo*, dignitaires ou notables chez les *Bakutsu* (Congo), reconnus par leurs qualités morales notamment le bon sens, la dignité, l'honnêteté, l'équité, la sagesse, le sens de responsabilité pour le bien de leurs communautés. Ils sont détenteurs des secrets de l'invisible, donc de l'au-delà, domaine de Dieu et des esprits des ancêtres. Ce sont des *Mfumu*, chefs investis chez les Kongo reconnus également par leur forte personnalité, la maîtrise de soi, la modestie, le calme, la douceur, etc. Le *Mfumu*, précise E. Ludiongo Ndombasi, «est un homme de caractère, qui poursuit un idéal guidé par des principes pratiques bien déterminés, par des maximes solides, bien établies et assimilées dans sa conscience par une fidélité sans faille à sa vocation, bref par des convictions inébranlables et une volonté très forte »[3]. L'Afrique d'aujourd'hui a certes besoin de la présence, dans tous les secteurs de la vie, de ces esprits et puissances mystiques pour sa profonde restauration. L'action, on le sait, reste la voie royale pour accéder aux béatitudes présentes. En ce sens, les ancêtres ne constitueront pas une menace pour

---

[1] P. BONNARD cité par D. MÜLLER, *op.cit.*, p.74. Dans la pensée juive, l'esprit et la puissance, sont conférées, dans Lc 1,15 par Dieu pour une intervention historique, et non pas des énergies autonomes attachées à l'Ego ou à l'esprit humain lui-même. Ainsi, pour G. Mc Gregor, J.- L. Siémons, la question n'est pas décidable sur le plan exégétique. Il s'agit avant tout, en effet, d'un problème doctrinal.

[2] MABIKA Kalanda, *Révélation du Tiakani*, Kinshasa, Lask, 1992. Tiakani est l'expression mystique d'une gnose authentique, la plénitude ou la science qui confère le pouvoir de connaître le bien et le mal. En expliquant à l'homme l'origine du monde et son aménagement et la place qu'il occupe, Tiakani fait de Mwunkolè (initié traditionnel), un mystique. La Terre se trouvait dans la Voie Lactée. Chassée avec ses habitants à la suite des fautes et des péripéties, l'homme qui avait au Ciel 12 pouvoirs, liés à 12 orifices de son corps en a perdu trois : la fontanelle, l'occiput et le creux épigastrique. L'accès aux connaissances devenu difficile, l'initiation permet la réouverture et, par là, l'homme accède aux envols sublimes donc, aux plans éternels de la connaissance.

[3] E. LUDIONGO Ndombasi, «La spiritualité des chefs investis chez les Kongo », in *La mystique africaine*, p.107.

l'Afrique comme la *Peste* d'A. Camus. Le propos de H. Bergson est éclairant à ce propos quand il dit : «Originellement, nous ne pensons que pour agir. C'est dans le moule de l'action que notre intelligence a été coulée. La spéculation est un luxe, tandis que, l'action est une nécessité »[1]. Pour lui, l'alliage entre mystique et technique, c'est la source du progrès, de développement ou d'humanisation. L'homme africain doit en être interpellé. Créature à l'image de Dieu, c'est aussi dans le moule de l'action que son intelligence a été coulée. Il a cette vocation de réaliser l'action féconde sur le monde. A ce titre, il s'essaiera d'allier les acquis de la mystique africaine avec la technique, d'entretenir le dialogue fécond et cela pour parfaire la révolution commencée par les ancêtres et répondre ainsi adéquatement aux exigences d'intégration dans le grand projet de Dieu d'humanisation du continent noir.

1.1.2 Colloque de Kinshasa

Le Colloque de Kinshasa, tenu du 13 au 16 janvier 1992 au centre Theresianum des Pères Carmes Déchaux, est la commémoration du quadricentenaire de la mort de saint Jean de la Croix (1591-1991). Il exprime à travers lui le profond souci de repenser la mystique vécue en Afrique noire mais non encore suffisamment explorée. En considérant saint Jean de la Croix comme l'un des témoins de la religiosité la plus élevée, il peut féconder et inspirer l'âme religieuse africaine. Et, à la lumière de son enseignement, de son expérience mystique et de sa doctrine, il serait donc possible pour D. Zuazua, de dépasser une certaine timidité en vue de pénétrer l'univers encore peu exploré de la mystique traditionnelle et chrétienne africaines[2]. Il en ressort de façon évidente que le colloque de Kinshasa est perçu comme le lieu privilégié de dialogue fécond entre la mystique chrétienne et la mystique africaine.

Outre les mots de salutation de J.-J. Sanchez et d'encouragement aux participants du Cardinal F. Etsou, suivis de ceux de D. Zuazua sur l'hommage qu'on rend à Jean de la Croix en terre d'Afrique comme mystique universel ainsi que l'exposé inaugural de R. de Haes sur la théologie de l'expérience mystique dans la tradition catholique[3], l'ouvrage issu de ce colloque comprend deux grandes parties. La première répond à une question de fond, celle de l'existence et de la nature de la vie mystique en Afrique noire. La deuxième partie consacrée essentiellement à l'œuvre de saint Jean de la Croix, présente sa mystique de façon à déceler ce qu'elle peut apporter à la mystique africaine et à déclencher une confrontation possible en vue de renouveau spirituel en Afrique.

La pratique religieuse est incontestablement attestée et unanimement reconnue en Afrique. Ainsi, l'existence tout entière de l'Africain peut avoir une signification religieuse : la vision du monde, l'expérience religieuse de l'univers, la croyance au divin, etc. Dès lors, les ancêtres qui jouent un rôle important traduisent une nouvelle signification de l'existence en Afrique. Ainsi, le culte qu'on leur voue ne constitue pas en soi, pense J. Ntedika Konde, un

---

[1] H. BERGSON, art.cit., p.75.

[2] D. ZUAZUA, «Liminaire », in *La vie mystique africaine*, p.9.

[3] Cardinal ETSOU, «Jean de la Croix, un guide spirituel toujours actuel », in *La mystique africaine*, pp.17-26, relève de l'enseignement de Jean de la Croix les aspects : foi, direction spirituelle, purification rénovatrice sous la direction du Saint-Esprit et l'harmonie entre la spiritualité et la vie quotidienne, entre la contemplation et l'action et ce qui fait son actualité. Pour D. ZUAZUA, «Saint Jean de la Croix, mystique universel », in *La mystique africaine*, pp.27-45, la référence à Jean de la Croix sera bénéfique pour la mystique en Afrique vécue mais ignorée et sous-analysée. Pour R. DE HAES, «La théologie de l'expérience mystique dans la tradition catholique », in *La mystique africaine*, pp.47-62, la mystique chrétienne est cette union d'amour qui se vit avec Jésus-Christ accueilli dans la foi.

obstacle dans la marche de l'Africain à la rencontre de Dieu, à moins qu'il soit accaparant et obsessionnel pour devenir un empêchement par le repliement sur soi. Ntedika Konde signale également l'existence de la vie consacrée institutionnalisée en Afrique traditionnelle notamment la religion initiatique des *Imandwa* et le monastère *Bê* au Togo. Sur le plan de l'intimité spirituelle, il reprend des exemples de dévouement, d'union et d'ouverture à Dieu dans l'amour. Il s'agit de l'expression du sacré et de la vie mystique des moines et d'autres croyants de l'ancienne Egypte pharaonique de race nègre[1] et des religions africaines traditionnelles qui concernent rarement Dieu : prières de demande, d'action de grâces et de louanges, expression de piété sincère et administrative. Présidant à l'ordre du monde, Dieu est l'horizon ultime dans les religions africaines. Il obtient donc, pour Ngimbi Nseka, la première place au sommet de la pyramide dans la structure des religions africaines. Ainsi, la mystique de soi, du regard sur soi ne prive pas l'Africain de contact avec Dieu dont dépend son existence. Pour s'en convaincre, Ngimbi Nseka se réfère au rite du *korè* des Bambara où l'initié qui aspire au contact avec la divinité, est transformé grâce à son incarnation en lui. A la dernière étape, l'initié parvient à la même identité avec la divinité. Le Négro-africain qui ne se reconnaît homme que dans la mesure où il incarne des éléments du monde surnaturel, s'ouvre à l'horizon ultime qui dépasse le cadre purement humain. Il relève le caractère social de la mystique africaine. Il n'est pas de fait question de l'isolement métaphysique. En s'isolant du groupe, le mystique africain s'entend plutôt à mieux se servir et à mieux s'y retrouver.

C'est dans cette perspective qu'il faudra comprendre les exposés de Ludiongo Ndombasi et de Kabasele Lumbala[2] où ils confirment, grâce aux expériences religieuses tirées du terroir, les affirmations sur l'existence de la mystique africaine naturelle ou surnaturelle. Ludiongo Ndombasi examine l'aspect de la spiritualité du rituel kongo de l'investiture du *Mfumu*, chef investi. Il s'agit du rituel *mfwa-nkita*, de la mort mystique qui ouvre la porte à l'initiation du candidat, *mfumu-tumba* où l'on prétend s'identifier avec l'ancêtre et réaliser l'unité. La réconciliation et la purification symbolique constituent le sommet de la spiritualité du *mfwa-nkita* car l'on se sent réellement et complètement régénéré. Pendant les deux ou neuf mois que durera l'initiation, le *Mfumu* apprendra les fonctions et le rite relatifs à sa charge sacerdotale, étudiera la langue et les proverbes des palabres, maîtrisera toutes les traditions de son langage et celle des lignages environnants, se forgera une personnalité à l'image de l'ancêtre dont il portera le nom, le bracelet et se réclamera la succession. La spiritualité du *Mfumu* investi qui trouve son fondement dans la normatique ancestrale, prescriptive et prohibitive, requiert une véritable ascèse. Initié, et, en vertu des convictions inébranlables et une volonté très forte, le *Mfumu* s'engage dans l'observation rigoureuse de ces normes et la pratique des vertus requises, ce qui suscite en lui l'admiration du commun des mortels. Il est donc possible, pour Kabasele Lumbala, de retrouver dans la symbologie africaine une démarche mystique à travers l'animisme, les initiations et la fonction des guérisseurs[3]. Le Muntu animiste a conscience qu'une puissance

---

[1] Nous épargnons nos lecteurs de la critique formulée contre lui pour le fait d'avoir puisé à cette partie d'Afrique si lointaine au lieu de se référer directement à l'Afrique noire traditionnelle. Pour J. NTEDIKA Konde, l'évolution de l'ancienne Egypte pharaonique si lointaine se justifie par le fait de parenté des mœurs, des coutumes, des traditions, du système de pensée et de la structure mentale avec l'Afrique noire suffisamment confirmée par des auteurs faisant autorité.

[2] E. LUDIONGO Ndombasi, art.cit., pp.97-115. F. KABASELE Lumbala, «Mystique dans la sémiologie africaine », in *La mystique africaine*, pp.117-128. Voir aussi son deuxième exposé sur «L'expérience mystique de nos communautés chrétiennes au Kasayi », in *La mystique africaine*, pp.129-143.

[3] F. KABASELE Lumbala, «Mystique dans la sémiologie africaine », in *ibid.*, pp.117-128.

invisible, plus qu'humaine, l'enveloppe. Il soupçonne la présence des êtres invisibles derrière les êtres visibles. Ce qui est temporel et passager est censé abriter l'intemporel et le définitif. Rien n'arrive par hasard car il y a toujours quelque part une responsabilité de tout ce qui arrive. Le monde visible est sous la juridiction du monde invisible qui lui est transcendant. On rencontre aujourd'hui en Afrique noire des initiations particulières où se dégage une mystique médiumnique et des guérisseurs où l'initié devient l'épouse de dieu et des esprits : le culte de *Lyangombe* comme recherche de communion avec le surnaturel, le culte du *Bwiti* où l'individu est en quête d'inhabitation par l'au-delà négro-africain et l'institution du *korè* comme liturgie de déification de l'homme vivant sur la terre. On fait ici l'expérience d'une aspiration continuelle à la plénitude et d'une union explicite avec les esprits ou dieux et avec la catégorie spirituelle la plus élevée, à savoir l'Etre suprême. La fonction des guérisseurs à l'instar de *Ba-Mua-Mulopo* du Kasaï, les guérisseurs-femmes, des personnes-symboles est essentiellement altruiste et sociale par l'action de l'au-delà. Dans la même perspective, il évoque dans son deuxième exposé le phénomène de la descente des saints, de l'inhabitation par des saints qui agissent sous la mouvance du Saint-Esprit dans la confirmation de l'œuvre du salut : soigner, prévenir, enseigner la communauté des fidèles.

De telles expériences favorisent la rencontre de la culture africaine avec le christianisme notamment les 16 mystiques de *Bilenge ya Mwinda*[1] où le Christ initié et initiateur occupe une place de choix. Ces 16 principes spirituels d'encadrement et d'éducation des jeunes visent à la connaissance de la haute personnalité du Christ. L'accent est mis sur l'amour de Dieu et l'amour des hommes, la foi en la Parole de Dieu qui crée et fait vivre, la pratique de la charité, le travail et la persévérance, le bon exemple et l'engagement à donner et la vie chrétienne comme combat contre le diable et ses sollicitations.

G. Iwele[2], lui, pose la christologie comme condition de possibilité d'une mystique chrétienne africaine. Partenaire puissant et compatissant, Jésus-Christ aiderait mieux l'homme africain à sortir de la crise, à réaliser en profondeur l'union transformante avec Dieu. De la sorte, il devient le critère définitif et la norme décisive du passage de la mystique africaine à la mystique chrétienne. Dès lors, l'élaboration d'une mystique africaine chrétienne se joue essentiellement dans l'articulation d'au moins trois voies : christologique, écologique et pragmatique. Les deux dernières voies, l'écologique et la pragmatique, sont à cheville avec la voie christologique. Iwele trouve dans la réflexion christologique africaine actuelle, selon le critère de la méthode, sept approches qui fructifient le dialogue entre la christologie africaine et la mystique chrétienne[3]. Inspirée par le caractère du christianisme lui-même, du judaïsme, de la tradition de l'Eglise et de l'anthropocosmogonie africaine, la voie écologique entend «embrasser dans un élan holistique le cosmos et l'ensemble du crée, pour y voir la maison de Dieu, c'est-à-dire des objets et des êtres pouvant élever l'âme à l'union à Dieu. C'est montrer, outre la dimension transcendantale de l'élévation mystique, la dimension essentiellement cosmique de toute mystique chrétienne »[4]. Car, d'après le Ps 19,1-7, le ciel et la terre et tout ce qu'ils renferment, racontent la gloire et la beauté de Dieu. Le cosmos pris spirituellement est une

---

[1] F. LUYEYE Luboloko, art.cit, pp.145-157.

[2] G. IWELE, «Mystique et christologie en Afrique », in *La mystique africaine*, pp.159-202.

[3] Il s'agit entre autres de l'approche *remythologisante* (J. Mbiti, K. Appiah-Kubi et E. J. Penoukou), de l'approche *démythologisante* (F. Eboussi Boulaga), de l'approche *titrologique* (B. Bujo, Ch. Nyamiti et F. Kabasele Lumbala), de l'approche *contextualisante* (T. A. Mofokeng), de l'approche *littéraire* (Mongo Beti et Thicaya U Tam's).

[4] G. IWELE, «Mystique et christologie en Afrique », in *La mystique africaine*, p.193.

liturgie cosmique. Ainsi, la création tout entière ayant été transfigurée par la mort-résurrection du Christ, est susceptible d'unir l'âme priante à Dieu. Pour rester fidèle à la vision africaine de l'homme et du monde, la mystique africaine fait nécessairement appel à la voie pragmatique. De ce fait, la mystique africaine est inséparable de l'action, de la transformation de soi, d'autrui et du monde. Cela est, de toute évidence, une conséquence logique de l'anthropologie et de la métaphysique africaines dont la mystique africaine sera tributaire. La longue prière *yaka* (Congo) qu'il reprend à la fin de son intervention paraît être un condensé de cette mystique africaine chrétienne tridimensionnelle. C'est une invitation solennelle de l'homme africain, comme dans le *Pater* - demandes en *Tu-Nous*, adressées directement à Dieu le Père, le *Tu* personnel, à l'intégration de tous - le *Nous* incorporatif - dans le grand projet de la promotion de son univers socio-cosmique, projet pour lequel Christ, expression de l'amour de Dieu pour le monde, est initiateur et médiateur. L'orant *yaka* demande instamment à Dieu le Père, perçu comme défenseur et protecteur de son peuple, d'assurer la protection de tout le village contre toutes les forces de destruction polymorphe, contre la mort et ses alliés, il sollicite la fécondité profonde de son action.

La deuxième série de conférences présente l'œuvre de Jean de la Croix où l'on envisage de déclencher une confrontation avec la mystique africaine en vue du renouveau spirituel en Afrique. Concernant son œuvre, on peut retenir au moins quatre interventions. La mystique baptismale (D. Poirot), les deux essais d'analyse structurale et théologique : Cantique Spirituel (M. Gutiérrez) et la Vive Flamme d'Amour (E. Dirven) et les traits caractéristiques de son anthropologie (J. V. Rodriguez)[1].

Dans le Cantique Spirituel, Jean de la Croix considère le baptême comme une alliance qui se situe à la croix. D. Poirot précise : «Au début de la marche de l'âme, contemporaine des épousailles du Calvaire, le baptême est la conséquence directe de la croix sur laquelle Jésus rachète et épouse l'humanité. Chaque baptisé reçoit cette grâce d'alliance au jour de son baptême. Toute sa vie en est l'exploitation et le déploiement »[2]. Dans le fond, les quatre métaphores majeures - Montée du Carmel, Nuit Obscure, Cantique Spirituel et Vive Flamme d'Amour - qui illustrent les étapes du chemin de la vie chrétienne, sont à mettre en parallèle avec les trois grandes étapes baptismales : baptême comme purification et illumination de toute la vie et baptême comme divinisation - mystagogie. Dans sa marche sur la vie quotidienne, l'amour purifié et illuminé, l'amour qui vient de Dieu - amour du Bien-Aimé et le désir de se savoir aimé - est le mobile du baptisé.

Saint Jean de la Croix charge de nouveaux contenus, les symboles connus du Cantique Spirituel, de la Nuit et de la Montée. Comme le précise M. Gutiérrez, le Cantique Spirituel peut être étudié à partir de la philosophie structuraliste. Ainsi, pour saint Jean de la Croix, les structures terrestres et humaines aboutissent à des fins spirituelles, les catégories humaines évoquent le divin. Il s'agit du mariage spirituel entre Dieu, Epoux et l'âme, épouse. L'analyse théologique montre comment l'âme cherche Dieu partout et désire ardemment le trouver. Pour M. Gutiérrez, la connaissance de Dieu à partir des créatures, l'*analogia entis*, est pauvre. C'est

---

[1] D. POIROT, «La grâce baptismale et les étapes de la vie spirituelle chez saint Jean de la Croix. Le baptême est une alliance avec Dieu », in *La mystique africaine*, pp.245-262 ; M. GUITIERREZ, «Le cantique spirituel : analyse structurale et théologique », in *ibid.*, pp.263-281 ; E. DIRVEN, «Actualité de la 'Vive Flamme d'Amour' », pp.283-300 ; J. V. RODRIGUEZ, «La mystique sanjuaniste : protagoniste de Dieu et protagonisme de l'homme », in *ibid.*, pp.301-320.

[2] D. POIROT, art.cit., p.261.

seulement dans sa foi, *analogia fidei*, que l'âme pourra rencontrer Dieu. Maintenant, épouse de Dieu, c'est dans le Christ, le Verbe de Dieu incarné, que l'âme l'embrasse. Elle reconnaît que Dieu le Père embellit le monde par la beauté de son Fils (He 1,3).

La Vive Flamme d'Amour, dernière grande œuvre de saint Jean de la Croix, qui décrit l'amour divin, l'expérience de la communication d'amour avec Dieu à son sommet, paraît être pour E. Dirven, une réponse à l'homme africain qui se sent démuni, dénudé, spolié et impuissant devant les forces néfastes qui l'envahissent et l'oppriment. L'homme qui aspire au bien-être subit l'attirance de l'Absolu et cherche à s'unir à un Dieu qui peut le protéger et l'aider à retrouver le paradis perdu. Ce Dieu est là présent dans l'homme historique Jésus-Christ qui chemine avec le Père dans le Fils par le Saint-Esprit (cf. Jn 1,18 ; 14,9). Symboliquement, selon les mots de Jean de la Croix, «l'œuvre d'amour est bien l'œuvre de la Trinité tout entière et chaque personne en particulier. La main du Père opère par l'Esprit la brûlure dans le cœur, mais c'est dans et par la touche du Fils que nous l'expérimentons »[1]. C'est un peu, précise E. Dirven, le fond théologique de l'expression du mariage spirituel entre Dieu et l'homme.

Le fondement le plus élevé de la dignité humaine est pour saint Jean de la Croix, la vocation de l'homme à la communion parfaite avec le Dieu personnel et trinitaire par échange d'amour. Ainsi, J. V. Rodriguez y découvre dans la mystique sanjuaniste les deux protagonistes indispensables qui se cherchent et se désirent mutuellement, Dieu comme amant principal dont la pleine révélation se fait en Jésus-Christ et l'homme, objet de l'amour de Dieu, créé par le même Dieu et le même Jésus-Christ en qui, par Lui et pour Lui, toute la vie de l'homme devient, pour ainsi dire, une expression liturgique, un psaume responsorial adressé à l'amour divin. Le protagoniste de l'homme est inclus dans le protagonisme économique de Dieu, «faisant référence à l'économie du salut ou à son histoire. Dieu, c'est le Sauveur, le Rédempteur, le Sanctificateur, se mettant en relation avec l'homme qu'il doit sauver, racheter et sanctifier. Le protagonisme de l'homme sera une réponse à ces actions divines »[2]. L'anthropologie sanjuaniste invite l'homme que Christ a épousé et uni à soi-même du haut de la Croix, à l'union avec Dieu qui se présente sous une forme dynamique et susceptible de transformer progressivement son existence.

Les cinq dernières interventions[3] s'essaient de rendre fructueuse la conformation entre la mystique africaine et la mystique chrétienne à la lumière de Jean de la Croix. K. Maes aborde la question de l'identification au crucifié qui constitue pour tout chrétien un programme de vie qu'il doit se renoncer et porter sa croix. La spiritualité de la croix entend vivre à fond le mystère pascal central pour notre salut. C'est ainsi que, pour lui, «la recherche de l'amour parfait, qui est le but de toute une vie chrétienne, est inséparable de la croix, des sacrifices, des renoncements, de la mort à soi-même comme condition de la plénitude de vie »[4]. On trouve que l'œuvre sanjuaniste est profondément imprimée de la spiritualité de la croix : la Montée du Carmel énumère les souffrances et les ténèbres pour celui qui aspire à l'union transformante ; la Nuit

---

[1] M. GUTIERREZ, art.cit., p.293.
[2] J. V. RODRIGUEZ, art.cit., p.311.
[3] K. MAES, «La spiritualité mystique de la croix et de la passion », in *La mystique africaine*, pp.205-215 ; M. W. LIBAMBU Muaso, «Le langage de l'expérience mystique », in *ibid.*, pp.217-232 ; J. BUKASA Kabongo, «Jean de la Croix sous le regard d'un croyant africain d'aujourd'hui », in *ibid.*, pp.233-243 ; E. MVENG, «La voie initiatique de saint Jean de la Croix », in *ibid.*, pp. 321-345 ; T. TSHIBANGU Tshishiku, «Saint Jean de la Croix, un messager de la vie mystique et religieuse pour notre temps », in *ibid.*, pp.347-352.
[4] K. MAES, art.cit., p.214.

Obscure insiste sur l'intervention de Dieu par les épreuves passives (mortification des penchants) et le Cantique Spirituel se termine par une nouvelle nécessité de la souffrance.

M. W. Libambu Muaso rapproche saint Augustin de Jean de la Croix à propos de l'union de l'âme à Dieu, Un et Trine que la tradition patristique a appelé la voie psychologique afin de découvrir la dépendance et l'originalité du langage sanjuaniste de l'expérience mystique. Ce langage est le passage du sensible au spirituel. Comme il est difficile d'exprimer l'expérience de l'âme éprise de l'amour de Dieu, Jean de la Croix recourt au langage symbolique : les symboles de la nuit comme la mortification de nos tendances et la foi, l'unique guide dans le voyage nocturne ; de la montée qui montre comment l'homme peut gravir la montagne de perfection en vue de l'union amoureuse avec Dieu Un et Trine, Christ est le chemin ; et de la rencontre qui exprime le désir de rencontre entre l'âme et Dieu dans une relation de profonde intimité. Ce symbole veut pénétrer le mystère du Christ, image de Dieu le Père. Dans cette perspective, Jean de la Croix contribuera, grâce à la libération, de la foi adulte et d'une sainteté authentique. Dieu-Liberté se communique à l'homme africain pour l'inviter à participer à sa divinité dans la liberté.

S'intéressant à l'aspect pastoral qui découle justement de la vie de sainteté de saint Jean de la Croix, J. Bukasa Kabongo invite les clergés africains, en profonde crise morale et spirituelle, à la réforme à l'instar de celle entreprise par Thérèse d'Avila. Saint Jean de la Croix, l'homme à la saveur divine, qui parle, travaille et vit pour l'amour, interpelle les clergés africains dans leur jeune chrétienté pour plus de fidélité au Christ en vue de répondre efficacement aux cœurs qui cherchent Dieu en Afrique. C'est dans cette perspective que Bukasa Kabongo voit la nécessité de repenser la centralité de la croix pour cette vie. La reconsidération de la valeur positive de toute souffrance est salutaire. La souffrance purifie et met sur le chemin de l'union avec Dieu. Ainsi, pour Jean de la Croix, aucune sainteté ne peut exister sans peine. Aimer et souffrir sont pour lui des termes synonymes. Sa vie même qui est, de fait, un océan d'épreuves et d'injustices, est un exemple éloquent.

E. Mveng situe, à son tour, la poésie mystique dans l'expérience mystique de la vie et de l'ensemble de l'œuvre sanjuaniste. L'unité profonde de cette expérience repose sur la double dimension : divine et humaine. La dimension divine, ineffable, est essentiellement biblique. Elle se situe entre le Sinaï et le Mont des Béatitudes. La dimension humaine est aussi riche et ne peut être négligée. On se rappellera de son expérience de vie si simple, si pauvre, si féconde et si dramatique conforme à Christ (voir son œuvre poétique et symbolique). Ce que Mveng voudrait souligner ici, c'est le fait de savoir lire la voie initiatique de Jean de la Croix à travers son expérience de vie à la manière d'Osiris, de *Lyangombe* ou du rite So des Beti du Sud-Cameroun. Il trouve en lui, grâce aux quatre étapes initiatiques, la vocation, la passion et la mort ; la résurrection ou la vie nouvelle ; l'union mystique ou l'identification au héros, un initiateur avisé au *Mimêma Christi* au sens de la reproduction par sa propre vie de la copie conforme de la passion, de la mort et de la résurrection du Christ pour le salut du monde. La similitude est aussi marquée dans la typologie d'amour. Saint Jean de la Croix privilégie le type conjugal où il s'agit de célébration cosmique des noces de l'Agneau et pour la mystique africaine, les trois à la fois, filial, consanguin et nuptial. Pour lui, la mystique de Jean de la Croix reconnaît les valeurs du monde matériel. Toute la poésie sanjuanienne est une vision christique de l'univers. La symbolique de l'épouse, c'est à la fois le cosmos qui soupire, avec l'humanité dans l'attente du Christ. L'époux divin et l'épouse sa créature qu'il a parée de la beauté de son visage.

Parvenu à l'expérience de la victoire sur le mal et la mort même, Jean de la Croix demeure très largement attaché à l'Afrique. De ce point de vue, T. Tshibangu Tshishiku considère en quatre points ce que la mystique sanjuaniste représenterait pour la mystique africaine. Elle permet : 1) d'endiguer le flot de la sécularisation grandissante, 2) de reconsidérer la dimension cosmique car toute la nature est le milieu divin, 3) d'imiter le Christ souffrant et d'initier au charisme de la contemplation infuse, 4) de prendre en compte les finalités telles que la capacité d'intégration du mal et de la souffrance par l'identification mystique au Christ, l'impulsion à l'action aux œuvres de progrès à l'humanité, de développement et de charité.

Ngondo Dishono Kalala est le premier chercheur qui ait fait une relecture critique du colloque en question pour comprendre ses pertinences et ses limites. Pour lui, ce qu'on lui reprocherait est le fait surtout d'avoir traité la mystique africaine par ricochet. On a voulu la repenser à partir d'un ailleurs. Il a fallu, insiste-t-il, se recentrer d'abord sur soi notamment en vue de relire l'autre avec ses propres lunettes, aller puiser directement à la source obligée, c'est-à-dire interroger l'homme africain lui-même qui en fait l'expérience et soutenir une telle approche par des textes sacrés du terroir[1]. Quoi qu'il en soit, l'ouvrage fait écho de l'approche théologale, l'amour de Dieu et l'amour du prochain qui sont «une seule et même vertu 'théologale' : c'est l'amour qui vient de Dieu et qui, par le consentement de notre cœur, se prolonge vers le prochain »[2]. En effet, provoquer une telle rencontre dans le but de pénétrer saint Jean de la Croix, sa personne et son œuvre et de poser en conséquence, en s'en inspirant, les pistes de prospection d'une spiritualité à la fois africaine et chrétienne, ne suffit pas en soi. L'élaboration d'une mystique africaine authentique qui germerait la vie et communiquerait le bien-être et le plus-être doit partir du terroir africain. Plusieurs traits caractéristiques spécifiques[3] qu'on peut relever de cette première série de conférences qui font d'ailleurs de la mystique africaine, nous l'avons déjà dit, une mystique de possession, d'intermédiaires, de communication, d'identification au héros, aux ancêtres, à la vie cosmique et à la divinité. Dans cette perspective, on devra tenir compte, avant toute autre considération, de l'anthropocentrisme comme le trait le plus marquant qui constitue, pour Ngimbi Nseka, «une base culturelle ou anthropologique solide pour le développement intégral de l'Africain dans une Afrique développée »[4]. De ce fait, un anthropocentrisme ouvert, inclusif et non exclusif du cosmocentrisme et du théocentrisme reste le trait dominant de la mystique africaine pour la promotion humaine. Ainsi, Ngimbi Nseka reconnaît la fonction éminemment sociale. Elle est perçue dans la mesure où elle permet à l'Africain de se réaliser pleinement dans ses activités quotidiennes et dans ses occupations habituelles, comme l'âme de développement, qui prend le sens de promotion des personnes dans une société qui respecte les droits fondamentaux[5]. Voici en quelque sorte, la réponse à la question sur l'identification de la nature de la mystique africaine. Tout semble donc indiqué que l'homme africain vit proche de la nature «dans un

---

[1] D. NGONDO Dishono Kalala, thèse citée, pp.20-22.

[2] E. SCHILLEBEECKX, *La politique n'est pas tout*, Paris, Cerf, 1988, p.86.

[3] Proximité des deux mondes, visible et invisible ; l'homme africain projet de vie en perpétuel accomplissement ; toute son existence a une signification religieuse, la vie mystique en Afrique n'est pas isolement métaphysique ; elle a la vocation d'être une mystique tridimensionnelle (christologique, écologique et pragmatique).

[4] NGIMBI Nseka, «Mystique et spiritualité comme âme du développement en Afrique », in *Tradition, spiritualité et développement*, p.289.

[5] Ibid., pp.290-297. Voir aussi J. KALONGA Kabatuswile, «Le substrat anthropologique de l'expérience religieuse, comme fondement de la culture négro-africaine », in *Inculturation de la vie consacrée à l'aube du troisième millénaire*, pp.55-59.

réseau de relations visibles qui l'unissent au monde des êtres visibles et invisibles, des hommes et des choses »[1], ne perçoit pas uniquement, comme on le prétend, les forces mystérieuses du mal qui la parsèment mais aussi et surtout la beauté de Dieu et celle de ses créatures dont le Christ est, selon S. Weil, «le médiateur et l'ordonnateur »[2]. Car il s'agit d'abord, pour l'homme africain, de découvrir les symboles d'humanisation que Dieu, l'architecte par excellence, a su mettre à sa disposition. Dès lors, il lui revient de témoigner d'une conscience amoureuse cosmique. Il s'agit dans le fond, de la mystique de contemplation ou recherche d'une voie théocentrique comme source de bonheur, Dieu est placé au centre des préoccupations de l'homme et on ne l'atteint que lui-même, et, de mystique d'action où l'on avance vers Dieu en conduisant le prochain pour qu'il accède lui aussi aux béatitudes divines, à la sainteté et à la perfection. L'humanisme négro-africain prétend libérer spirituellement, économiquement, politiquement, socialement, culturellement, et l'homme africain de tout ce qui déshumanise en lui rendant toute sa dignité. Pratiquement, l'humanisme a pour but, «de sauver, avec l'homme concret, le monde, toujours exposé à la folie des dictatures et des bombes atomiques »[3]. Il s'agit d'un humanisme qui rejette l'exploitation de l'homme par l'homme pour bâtir une société qui baigne naturellement dans l'action réanthropologisante. Cette double approche en perspective théologale permet à l'homme africain de se réaliser pleinement en conciliant la verticalité et l'horizontalité. En outre, le rapprochement de la mystique africaine et de la christologie qu'a su esquisser le colloque de Kinshasa, est une bonne nouvelle pour le continent noir en proie à l'angoisse de l'être. Un tel rapprochement qui imprime aujourd'hui dans la conscience de l'Africain un message d'espérance et d'action, initie d'entretenir la relation tripolaire cosmothéandrique qui culmine, bien évidemment, en rapport avec la voie écologique de la mystique africaine chrétienne à l'embrasement dans un élan holistique, le cosmos et l'ensemble du créé. C'est une tentative de montrer, outre la dimension transcendantale de l'élévation socio-cosmique négro-africain qui est en quelque sorte sacré et sanctifié par la présence de Dieu, raconte sa gloire et sa beauté. Les choses et les êtres muent plutôt en symboles d'humanisation. Tout semble indiqué que l'homme africain ne perçoit pas seulement à travers les êtres et les choses le souffle des ancêtres. Ce rapprochement est ainsi perçu comme une mine ouverte non encore profondément perforée où les Africains doivent continuellement extraire des pierres précieuses en vue d'établir un ordre réellement nouveau en Afrique. En transcendant la réalité africaine, ce rapprochement qui épanche maintenant l'âme à Dieu et au cosmos, dégage admirablement l'anthropologie négro-africaine de structures paupérisantes.

En dépit de ses limites, notamment le présupposé chrétien dans son empressement d'emmener la mystique africaine au baptistère, l'erreur méthodologique, le principe du genre «nous-aussi », ainsi que les contradictions dans les témoignages concernant le culte de Dieu, nous croyons que le colloque international de Kinshasa peut être, à la suite de Strasbourg qui a mis en branle l'étude de la mystique en Afrique noire, une remarquable contribution aux préoccupations théologiques et pastorales de l'heure. Et cela peut être en rapport surtout avec le profil que se fixe le chercheur en mystique africaine, profil qui tient compte des réalités

---

[1] F. -M. LUFULUABO, «Mentalité religieuse et christianisme », p.91.

[2] S. WEIL cité par F. RAFFIN et L.-M. MORFAUX, *L'homme et le monde*, Paris, Armand Colin, 1977, p.12. Pour lui, la beauté du monde est la marque d'échange d'amour entre le créateur et la création ; c'est le sourire de tendresse du Christ réellement présent dans la beauté universelle.

[3] L. S. SENGHOR cité par MADIDI Sumb'a Mundedi, «Le concept de 'l'homme créateur' chez L. S. Senghor », in *Revue philosophique de Kinshasa*, vol. IV, n°6, 1990, p.27.

quotidiennes présentes en nous. Une telle approche de la mystique africaine qui envisage de réconcilier la verticalité et l'horizontalité et, de surcroît, l'intégration du Christ en qui tout subsiste, dans l'univers socio-cosmique négro-africain, semble être un meilleur projet d'épanouissement intégral. Qu'il s'agisse de la mystique d'identification, de communication, d'intermédiaires, de quête d'harmonie cosmique, etc., le résultat escompté ne peut être obtenu sans l'intégration du Christ qui est aujourd'hui perçu comme partenaire puissant et compatissant pour l'Afrique. Il a la capacité de redonner à l'homme noir la force de lever le voile sur son mystérieux destin, à transcender toute épreuve de la misère et de la souffrance.

La confrontation envisagée par le colloque de Kinshasa ne peut pas être compris uniquement dans la logique qui supposerait un vainqueur et un vaincu. Elle s'inscrirait aussi dans la logique qui favorise la comparaison ou l'idée d'une rencontre dialoguée entre les deux mystiques pour une chance réciproque, précisément entre la mystique chrétienne pour laquelle Jean de la Croix a su révéler celui qui constitue le lieu de convergence des constituants fondamentaux d'humanisation de la mystique négro-africaine en sorte que soient élucidées les similitudes et les différences. En d'autres termes, «Appelés à se rencontrer plutôt qu'à s'affronter, Jean de la Croix et le mystique négro-africain peuvent s'enrichir de leur diversité étant tous deux immergés dans les eaux du confluent où la provenance propre des eaux fluviales et des eaux maritimes est à peine perceptible »[1]. C'est dans la logique de complémentarité et d'harmonie vivante que Jean de la Croix apporte sa contribution à l'élaboration de la mystique africaine. De fait, parmi plusieurs traits spécifiques que présente la mystique sanjuaniste christocentrique, deux donc, qui nous paraissent fondamentaux, retiennent l'attention. Premièrement, Jean de la Croix aide la mystique africaine à enrichir de nouveaux contenus les innombrables symboles et pratiques socioculturels et religieux négro-africains. Ne l'a-t-il pas fait lui-même avec les symboles-cadres connus de la nuit, du nuptial et du feu ? Sa vie même qui était un océan d'épreuves et d'injustices permet justement à l'homme africain de dégager un espace d'universalité en vue de l'élaboration du grand projet d'une Afrique de vie, de l'humain et de l'espoir. Nous citerons, par exemple, le symbolisme de la croix dans le cimier d'initiation, la croix est centrale pour s'assurer la victoire de la vie sur la mort et sur la souffrance et celui de nœuds, utilisation magico-religieuse comme technique meurtrière des sorciers, mystique de blindage, de défense et de protection contre les forces de destruction ; la pratique de *Mosingo* chez les Ngombe de Bolomba (Congo), qui vient de *mosinga*, c'est-à-dire l'invocation d'*Akongo* ou *Ibanja*, le Dieu tout-puissant et bon qui veille sur les vivants par le biais des ancêtres, c'est un mouvement qui envisage un type de bonheur paradisiaque et de *Mondungbo*, pratique rituelle très horrible où l'on introduit une lance de l'anus d'un esclave jusqu'à la gorge pour la réconciliation de deux clans ou groupes ethniques en perpétuels conflits. Deuxièmement, il s'agit de la place axiale que Jean de la Croix a su accorder au mystère pascal comme condition primordiale pour la plénitude de vie. Dès lors, l'identification au crucifié est une véritable reprise du grand projet de Dieu d'humanisation de l'homme africain. Nous reviendrons sur ces aspects dans les parties suivantes.

1.1.3 Thèse doctorale de David Ngondo Dishono Kalala

[1] D. NGONDO Dishono Kalala, thèse citée, p.357.

Le dernier essai en date sur la mystique en Afrique noire est la thèse doctorale de Ngondo Dishono Kalala présentée et soutenue en septembre 1999 à l'Université Laval au Canada. Intitulée *Mystique africaine et mystique de saint Jean de la Croix. Relecture du colloque international de Kinshasa 13-16 janvier 1992*, cette thèse, on le voit, tire son origine du colloque de Kinshasa et de son thème. En effet, outre la mystique sanjuaniste d'y voir par ce moyen dans un contexte un peu plus large la rencontre entre le christianisme et l'Afrique, le colloque international de 1992 ne pouvait épuiser la problématique suscitée par cette rencontre. Il a remué des questions qui ouvrent la porte à des recherches ultérieures. En relevant la pertinence et les limites du colloque, l'objectif primordial poursuivi ici est précisément l'effort de se départir des présupposés chrétiens dans son approche de la mystique africaine traditionnelle, de dénoncer l'erreur méthodologique et le schéma préétabli, le concordisme, le *kabidialisme* et les contradictions des témoignages concernant le culte de Dieu. Ces faits n'ont pratiquement pas aidé les intervenants à reconsidérer la source obligée pour mieux envisager l'avenir. Pour l'auteur, « l'organisation d'un pareil colloque en terre africaine est une innovation qui déborde un simple cadre festif pour rejoindre les efforts que la Théologie africaine en plein essor déploie depuis des années, pour promouvoir l'inculturation du message chrétien et pour s'ouvrir résolument aux problèmes de développement intégral des peuples d'Afrique et à l'œcuménisme »[1]. Cet objectif donc a permis à l'auteur de la thèse de dévoiler la véritable parenté qui fait de la compréhension de l'une des deux mystiques une précompréhension de l'autre en vue de mettre en évidence Jésus-Christ, le médiateur par excellence et l'unique révélateur d'authenticité. La thèse se subdivise en cinq parties qui se complètent.

La relecture du colloque de Kinshasa en vue de pénétrer son esprit, d'apprécier ses propositions et ses idées sur la mystique africaine et la mystique sanjuaniste, constitue l'objet de la première partie de la thèse. En dénonçant le procès intenté à la mystique africaine, l'auteur décèle ce qu'on reproche à la mystique africaine traditionnelle et cela pour rendre compte si ces accusations sont fondées ou pas. Suivant la logique interne des textes, il procède, dans un premier temps, à une analyse critique des quatre premières interventions à propos notamment de la mystique africaine traditionnelle. Il s'agit des interventions de Ntedika Konde sur la nature et la spécificité de la mystique traditionnelle, de Ngimbi Nseka sur la possibilité d'une expérience de soi, base de sa religion traditionnelle, de Ludiongo Ndombasi sur la spiritualité fondamentale en Afrique noire à travers la vie quotidienne de l'homme africain et de Kabasele Lumbala sur l'existence de l'expérience du divin chez les Bantu axée sur les trois piliers de l'animisme, de l'initiation et de la guérison et divination. Il aborde dans un deuxième temps, les trois autres interventions qui offrent l'analyse des expériences religieuses concrètes du terroir en contexte chrétien qui ne constituent pas pour lui les interpellations de la mystique africaine traditionnelle. La deuxième intervention de Kabasele Lumbala est une expérience où les jeunes filles et les jeunes gens entraient en transe dans une paroisse catholique, Cijiba. L'exposé de Luyeye Luboloko esquisse les efforts des jeunes gens aux valeurs évangéliques et l'intervention d'Iwele pose la christologie comme condition de possibilité d'éclosion d'une mystique africaine chrétienne authentique. Il examine, dans un troisième temps, enfin, les quatre interventions tirées de la deuxième série de conférences du colloque où les intervenants ont essayé de déceler ce qui manque à la mystique africaine et ce que l'homme de Fontiveros lui apporterait : la libération de l'homme du péché par la grâce de Dieu, de foi adulte et de sainteté authentique

[1] D. Ngondo Dishono Kalala thèse citée, p.6.

(Libambu Muaso), la sainteté de vie (Bukasa Kabongo), l'initiation au *Mimêma Christi* et la typologie d'amour utilisée (E. Mveng) et la capacité de compréhension du support d'intégration du mal et de la souffrance, la contemplation infuse, l'imitation du Christ et l'ouverture à Dieu par amour (Tshibangu Tshishiku).

Brièvement, l'auteur de la thèse reproche au colloque de Kinshasa d'être un mouvement du procès à l'égard de la mystique africaine traditionnelle, de confondre les expressions à propos de deux questions de fond, l'horizon ultime et la médiation des ancêtres, d'envisager la possibilité de voir la mystique africaine traditionnelle se poser comme réalité ce qui lui a permis de mettre en compte le préjugé chrétien qui s'empresse de mener au baptistère la mystique africaine traditionnelle, la méthode historique utilisée qui répète ce que les autres ont dit et écrit sur d'autres personnes mais sans elles, au lieu de faire l'herméneutique des textes existants du terroir et faire parler des personnes le moins impliquées dans le métissage culturel et les contradictions des témoignages réduisent la possibilité de retour à la source obligée et de considérer l'anthropocosmologie comme condition préalable à la compréhension de la mystique africaine traditionnelle supplantée par la mystique chrétienne et pour faire de la mystique africaine chrétienne, Christ doit y trouver sa place.

Intitulée «La mystique : complexité d'un terme du sens strict au sens heuristique », la deuxième partie est entièrement consacrée à la description de la mystique africaine. L'auteur s'en prend ici à la prétention du colloque d'avoir voulu utiliser le terme mystique au seul sens strict, scientifique et pratique qu'il a chez saint Jean de la Croix perçu comme l'unique point de référence du sens que peut avoir le mot. Dans le but de trouver une définition de type heuristique destinée à préciser la direction vers laquelle la recherche et la réflexion sur la mystique doivent être orientées, il examine, premièrement, les différentes définitions proposées par le colloque. Entraînant des contradictions, il est difficile de s'en tenir au seul sens strict. Le phénomène mystique demeure une expression aux contours incertains. De cet amalgame des définitions, un seul aspect donc, l'«expérience du divin », définition-description au sens philosophique et religieux paraît être pour lui une expression heuristique et conciliatrice de toutes les tendances mystiques. Elle permet de circonscrire la recherche. Pour s'en convaincre, Ngondo Dishono Kalala interroge la révélation biblique à travers notamment les expériences de Moïse de feu du «buisson ardent » (Ex 3,1-21 : point de départ de sa vocation) et du Mont Sinaï (Ex 19 ; 33, 18-23) et de l'apôtre Paul sur le chemin de Damas (2 Co 12,2-7). Ces expériences qui lui révèlent la base anthropologique de toute mystique, en l'occurrence, l'altérité vérifiée dans les deux expériences, relèvent de la mystique qui donne à ces deux personnages l'occasion de se sentir en présence de Dieu et de l'écouter. Deuxièmement, il interroge à grands traits, l'histoire de la spiritualité chrétienne depuis les premiers siècles du christianisme en passant par le Moyen Age jusqu'à notre époque reconnue comme celle de haute technologie, de la grande sécularisation et de la mondialisation. A la fin de ce survol historique, il reconnaît que le *sentir*, comme *expérience du divin* prime sur la vision directe de Dieu.

A l'instar donc de la théologie africaine, l'auteur tire du registre de la mystique africaine trois types de mystiques qui font d'elle une mystique à la fois ascendante et descendante. Il y réapparaît, certes, une sorte de dialectique cri-réponse.

Comme mystique des *médiums*, le «culte des *Mikendi* » ou des esprits *mikendi* chez les Luba du Kasaï Oriental (Congo) englobe la divination et la thérapie en vue de la promotion humaine. Le culte des *Mikendi* est parti d'un mythe du chasseur *Mukendi Kalobu* qui s'est trouvé totalement encerclé par un point d'eau auprès duquel il voulait étancher sa soif au cours d'une partie de chasse. Ce point d'eau devenu de plus en plus grand et ne pouvant se sauver, ils furent engloutis par les eaux, lui et ses chiens. Il revint sous forme d'esprit dans le corps de sa mère qui s'installa dès lors au bord d'un mystérieux étang appelé aujourd'hui *Ndinga* où demeure *Mukendi*. Son Père mourut pour avoir refusé de sacrifier trois poules blanches et trois moutons blancs que l'esprit *Mukendi* réclamait. La mère de *Mukendi Kalobu* et d'autres femmes qui la rejoignirent en rentrant au village, ont eu le pouvoir de faire la divination, de guérir, de connaître les causes de la stérilité féminine, des maladies et de la mort. C'est la raison pour laquelle les initiés sont en majorité des femmes, les *ba-mwa-Mulopu*. Le mythe place l'homme de la société traditionnelle africaine devant deux mondes. Le monde à haut risque caractérisé par la soif, symbole de la stérilité, de la souffrance, de la mort. C'est le monde des fauves qui symbolisent toutes les forces maléfiques contre lesquelles l'homme doit lutter pour préserver la vie. Le chasseur lui-même est le symbole de l'habileté, de la force de frappe et de la virilité. Le monde des eaux est le second, symbole de la fertilité et de la vie. Ces eaux qui constituent la voie initiatique, donnent à toute personne habitée par l'esprit *Mukendi* la même force de dépister les causes du mal, chasser et vaincre les forces du mal et opérer la guérison et la divination. Ce culte est, d'abord, une mystique des esprits ou des intermédiaires et non de Dieu. A aucun endroit, les 18 chants collectés par Ntole-Kazadi ne s'adressent pas particulièrement à l'Etre suprême. Il est ensuite, une institution sociale car ces esprits sont invoqués et évoqués en vue du bien de la société. En outre, ces chants font penser au pragmatisme et à l'anthropocentrisme de la mystique africaine traditionnelle. Il est, enfin, une mystique d'inhabitation par les esprits, subie ou provoquée, d'identification avec les esprits. Le mouvement est à la fois descendant (descente des esprits) et ascendant (chants et attitudes au moment de l'initiation).

Le rite d'*initiation So* chez les Beti du Cameroun décrit auparavant par le prêtre camerounais P. Mviena a été perçu comme lieu d'éclosion d'une mystique africaine d'identification au héros, à ceux qui ont réussi dans la vie, aux ancêtres et à l'esprit protecteur de telle ou telle autre corporation. Le *So* symbolisé par l'antilope-totem ; c'est le rite de passage de l'adolescence à l'âge adulte et de purification pour la restauration de la justice. Etant la voie du bonheur, celle de la rencontre et de l'union avec le sacré, l'idéal qu'on vise est de faire de l'homme le *Soso*, le juste, l'homme renouvelé et capable d'entrer en communication avec le sacré pour une vie de solidarité et d'unité claniques. Les trois idées qui ressortent des paroles d'absolution que prononce le *Zomloa*, grand féticheur, sont pour Ngondo Dishono Kalala, denses de significations car elles donnent respectivement le sens de la vie comme une lutte, de la condition malheureuse de l'homme et de l'obtention du salut recherché. Les *Mkpangos* sont les maîtres-initiateurs de *Mvon* ou novices à être initiés dans ce rite beti. La véritable initiation commence avec les diverses brimades de purification et d'expiation qui constituent tout un programme ascétique : manducation de la graisse du *So* assaisonnée d'excréments humains, lavage des yeux au jus de piment, capture du *galago* dans des nids bourrées d'épines, coups durs sur les doigts posés sur un tronc d'arbre, morsure de la main de chaque novice par un novice, recherche de deux figures du serpent, le rotin et le lierre, sans machette ni couteau, le fait d'entraîner un objet lourd qu'on attache au scrotum, preuve de la cueillette de colas, entrée au caveau de la mort de 20m de long où règne la nuit totale de ténèbres. Le passage à travers le tunnel résume le sens du *So*, mourir à la vie passée pour renaître à la vie nouvelle transformée, dynamique.

Trois traits caractérisent ce rite national du *So*. C'est un rite ascétique pour la maîtrise du corps, un rite de passage du monde profane au monde sacré en vue de renforcement de la vie de ses membres en butte au mal et à ses alliés (voir le transport de *Ndom* et le passage à travers le tunnel), une occasion privilégiée qui initie au code moral des ancêtres pour la contribution de l'individu à la vie clanique.

La mystique de l'*orant* est le troisième lieu d'éclosion de la mystique africaine. L'auteur de la thèse trouve ici des fragments des prières et des chants religieux ayant une profondeur mystique insoupçonnée. Ils dévoilent pour lui la percée toujours inassouvie de l'Autre pour une vie de plus en plus forte ; ce qui justifie leur caractère mystique. Trois fragments des prières négro-africaines analysées auparavant par Bimwenyi Kweshi lui ont servi d'exemple. La première est adressée à Dieu, *Mvidi Mukulu*, origine et source de tout ce qui existe, est rattachée à la chasse pour qu'elle soit fructueuse. La seconde prière adressée à la fois à Dieu *Mulopo Naweji Nangila* maître de vie et les ancêtres, adjuvants et protecteurs de cette vie transmise à la descendance par le père de la famille ou le chef du clan pour y mettre fin à la stérilité, écueil inexplicable, ennemie de la stabilité des foyers. La troisième, expression de louange et d'adoration, est adressée à Dieu, *Mvidi Mukulu Naweja Nangila*, Dieu de générosité et d'amour, *Mvidi Mukulu wa Bankambwa*, Dieu le Père-créateur qui a engendré les ancêtres. C'est à travers cette prière rythmée de genre *Kasala*, parole parlée et rythmée, créée par Dieu, voix intérieure, symbole du Verbe que l'orant mystique exalte Dieu pour son intervention en faveur des hommes qui souffrent. L'orant mystique emporte dans sa prière le cosmos, la communauté avec ses peines et ses joies. Sa prière est écologique et holistique.

En vue d'une réciprocité de compréhension avec la mystique africaine, la quatrième partie de la thèse est consacrée à l'approche de la mystique sanjuaniste à travers notamment les trois poèmes majeurs et leurs commentaires[1]. Toute la destinée de Jean de la Croix a été émaillée d'atroces souffrances et fortement marquée par les expériences de pauvreté et d'austérité de la vie. De fait, comme relation désirante, l'union mystique est pour l'homme de Fontiveros, un exode de soi à la recherche du Dieu Un et Trine : Dieu comme Fils pour le Cantique Spirituel, Dieu comme Saint-Esprit pour Vive Flamme d'Amour et Dieu comme Père et créateur, le Tout qu'il faut désirer et rechercher pour Nuit Obscure. En effet, cette relation désirante fait sortir l'homme de lui-même à la recherche des autres êtres hommes, animaux, plantes, minéraux, eau, etc. C'est à travers ces trois poèmes que se chantent à la fois l'union dans l'amour avec sa jouissance et ses délices (Cantique Spirituel) et le plus haut degré de cette union ici-bas (Vive Flamme d'Amour). Dans la Nuit Obscure identifiée à la purification de l'âme se trouvent la théologie et l'anthropologie dualiste sanjuanistes. Le divin (Dieu, le Tout) et l'humain (l'homme, le rien) s'unissent. C'est là que l'homme découvre sa vraie identité dans l'union d'amour du Tout.

Les quatre parties précédentes ont permis de saisir les données propres de mystiques sanjuaniste et africaine[2]. Elles n'ont pas rejoint l'effort de confrontation déployé par le colloque.

---

[1] A part celui d'E. MVENG où l'on décèle quelques éléments biographiques et bibliographiques, l'auteur de la thèse se rend compte que les autres exposés ne traitent pas de la vie et des œuvres de Jean de la Croix.

[2] Un triple objectif, comme l'indique l'auteur de la thèse lui-même, a été poursuivi dans les quatre premières parties : saisir les enjeux du colloque de Kinshasa qui voit en Jean de la Croix, révélateur d'authenticité pour la mystique africaine ; comprendre la mystique africaine à partir des terrains mentionnés par le colloque et appréhender la mystique sanjuaniste à travers les trois poèmes majeurs. Pour parvenir à la notion heuristique d'«expérience du divin », dont le point d'Achille est bien l'altérité, il a fallu procéder par une approche globale de la mystique tant dans la Bible que dans l'histoire de la spiritualité chrétienne.

Cette dernière partie se veut la charnière de toute la recherche. Il s'agit de trouver les bases anthropologiques et phénoménologiques de deux mystiques, car la compréhension de l'une constitue une pré-compréhension de l'autre. Au lieu d'envisager une confrontation, cette partie se situe, dans le cadre des rapports de circularité pour mieux comprendre les deux mystiques en partant des résultats des parties trois et quatre. Trois traits constituent les points de mire sur lesquels s'articule son argumentation. Le premier tient à la démonstration relevant du langage comme premier adhésif caractérisé par le double procédé de métaphorisation, par exemple, les symboles de nuit, du nuptial et de flamme pour Jean de la Croix et le symbole solaire pour le Négro-africain et l'auto-implication, il se révèle une connexion entre l'expression et l'expérience. Le langage paraît être un lieu commun pour les deux mystiques, où l'individualité et l'universalité cohabitent à l'instar du néant et de l'être. Parce que le langage, qu'il soit symbolique ou auto-implicatif, ne suffit pas pour révéler l'authenticité ou dire l'expérience mystique, l'auteur revient dans le second point à la question du contenu de l'expérience mystique ou l'horizon ultime traité au cours du colloque pour le fait qu'on n'ait pas tenu compte de la notion de bi-dimensionnalité (Dieu et esprit) qui découle naturellement de la mystique comme «expérience du divin ». L'altérité fait que les deux mystiques se dévoilent l'une après l'autre, le mouvement est ascendant. Au cours du colloque de Kinshasa, la mystique africaine était en procès. De ce fait, Jésus-Christ, sa personne et son œuvre, était posé comme critère définitif et norme décisive pour l'émergence d'une théologie et d'une mystique chrétiennes africaines. C'est pourquoi le troisième point aborde la question christologique en vue de dénoncer cette subordination de la mystique chrétienne africaine à une christologie africaine à la lumière de Jean de la Croix. L'auteur a voulu affirmer ici l'antériorité de l'expérience mystique par rapport aux élucubrations théologiques et christologiques.

En s'appuyant ainsi sur le colloque de 1992, Ngondo Dishono Kalala s'essaie, grâce à une approche critique, à le dépasser en vue de se départir du présupposé chrétien dans l'approche de la mystique africaine. Il est tout à fait évident que le colloque de Kinshasa ne pouvait pas épuiser la problématique de la rencontre entre Jean de la Croix et le Négro-africain. Il ne pouvait pas non plus réussir à explorer en un temps relativement très limité ce riche patrimoine socioculturel et religieux des plus importants. La quête d'une piste promotionnelle de l'homme noir exige un approfondissement de la vie mystique en vue de déceler les nouveaux paramètres reposant notamment sur la volonté de Dieu le Père perçu comme le *pater familias*[1]. Ce faisant, nous apprécions l'effort de retour à la source préconisé par Ngondo Dishono Kalala, c'est-à-dire le fait de reprendre le chemin du bosquet, de rejoindre l'Africain là où il est en harmonie avec lui-même pour lui permettre de repenser respectivement son expérience mystique avant d'envisager une quelconque rencontre d'autant plus que la mystique africaine est jusqu'ici mal perçue et connue. Nous avons déjà relevé ici et là quelques écueils notamment la notion de bi-dimensionnalité qui ne permet pas à l'homme africain de se déployer normalement depuis plusieurs décennies et le manque d'un esprit critique sur sa propre tradition qui ne permet pas à l'Africain d'envisager de meilleurs projets d'humanisation. Qu'en est-il de la mystique perçue comme «expérience du divin » au sens philosophique et religieux dans la perspective du *Deus otiosus* et du *Deus absconditus* ?

---

[1] D'après R. P. WEILAD, «La notion de Dieu dans le Nouveau Testament », in *Dieu, idoles et sorcellerie dans la région Kwango Bas-Kwilu.* (Rapport et compte rendu de la II [e] semaine d'études ethno-pastorales Bandundu 1996), série 1, vol .1, PCEE, Bandundu, 1968, p.94, le mot «Père » est au sens physique (engagement, principe) et moral (autorité, sollicitude).

De toute évidence, ces trois essais sur la mystique africaine ont débroussaillé le terrain de prospection par l'analyse d'un certain nombre de notions dont le contenu a été mal perçu. Ce qu'on a de fait retenu de cet état de la question donne davantage le goût de poursuivre à travers lui notre quête d'une piste promotionnelle de l'homme noir. Il initie au changement de paradigme qui briserait l'arrosoir du mur des lamentations et de l'afro-pessimisme fataliste. Il interpelle la conscience de l'Afrique d'aujourd'hui et de demain sur le rôle prépondérant que peut jouer la mystique africaine grâce aux idées-forces de transformation sociale et humaine qu'on a su évoquer. Les différentes approches qu'ils ont mises à la disposition des chercheurs imposent l'élaboration des projets promotionnels. C'est une urgence. Et c'est bien cela le point de vue que partage Ngondo Dishono Kalala quand il dit en conclusion de sa thèse doctorale, «Sur le plan socio-économique, il est plus qu'impératif de voir comment la mystique peut guérir le négro-africain de la pauvreté anthropologique et l'inciter à l'action pour le bien-être intégral de tous. Sinon, elle ne sera qu'opium et fuite des problèmes quotidiens des peuples de ce continent »[1].

Après l'exposé de l'état de la question, il nous revient maintenant de préciser le sens que nous aimerions donner au vocable mystique, sens qui puisse nous orienter dans notre quête d'une piste promotionnelle de l'homme noir.

1.2 Description du vocable mystique

Qu'est-ce que la mystique ? Quel sens pouvons-nous lui donner dans ce travail où il s'agit de réaliser une approche objective et rationnelle de la mystique africaine qui inciterait à la participation féconde de l'homme noir à l'économie de son univers socio-cosmique ? Quel est donc le sens qui éviterait de barricader les champs de recherche de ce phénomène riche et complexe, perçu dès lors en Afrique noire comme une nouvelle pédagogie qui initie au dynamisme de l'action en vue de l'arracher du traumatisme biophysique ? Comme l'a remarqué C. Rivière, «toute définition est un résumé simplificateur à but pédagogique. Elle a souvent le tort de barricader des champs, de manière partielle parce qu'elle ne dit pas tout, et partiale parce qu'elle privilégie un modèle »[2].

Partant de l'étymologie, le terme mystique qui vient du grec «*mystikos*, 'qui concerne les mystères', issu lui-même de *mystès*, 'l'initié ou l'initiateur aux mystères »[3], se révèle difficile à lui trouver une définition précise, passe-partout qui solliciterait l'adhésion de tout chercheur dans ce domaine. Cela justifie la tentation à laquelle l'on succombe d'en offrir toujours davantage, ce qui relance et fait résolument poursuivre le débat[4]. La question que pose Ngondo Dishono Kalala de savoir ce qu'on peut finalement retenir du mot mystique face à la multiplicité de définitions, après sa relecture du colloque de Kinshasa, est, de fait, pertinente. Car, pour lui, «la multiplicité des définitions entraîne la multiplicité de sens et démontre ainsi cette complexité qui rend la notion de 'mystique' imprécise »[5]. Il ne cesse de revenir en insistant sur la réalité multidimensionnelle et difficile à définir la mystique.

---

[1] D. NGONDO Dishono Kalala, thèse citée, p.362.

[2] C. RIVIERE, *Socio-anthropologie des religions*, Paris, Armand Colin/Masson, 1977, p.8.

[3] J. BROSSE, *Les maîtres spirituels*, Paris, Bordans S.A, 1988, p.141.

[4] Cf. C.-A. KELLER, *Communication avec l'Ultime*, Genève, Labor et Fides, 1987, reconnaît d'ailleurs que les définitions du terme mystique sont plus nombreuses que celles proposées pour le terme religion et aucune n'a l'heur de rallier tous les suffrages.

[5] D. NGONDO Dishono Kalala, thèse citée, p.75.

Ayant connu la même difficulté, car, dit-il «cependant, la prétention de clarifier cette notion est à exclure. Pour moi, elle reste sujet à la fluctuation aussi longtemps qu'elle se voudra expression d'une expérience personnelle, subjective et presque indicible »[1], nous ne prétendons pas à notre tour trouver une définition qui aurait l'heur de rallier tous les suffrages en Afrique noire où l'on décèle la profonde complexité de l'expérience mystique et trancherait le débat. Nous risquons dans une telle démarche de sombrer certes dans le tourbillon de définitions les plus diverses et de susciter des dissentiments irrécusables, ce qui nous entraînerait loin de la finalité de cette dissertation. Pour éviter de nous perdre dans la recherche d'une définition idéale, nous nous sommes proposé, en rapport surtout avec notre méthode et notre hypothèse de recherche, une définition qui vise, comme déjà signalé, au dynamisme de l'action pour la participation de l'Africain à l'économie de son univers socio-cosmique. Que comprenons-nous par l'expression *oikonomia* dans la perspective de la mystique négro-africaine ? Dans sa doctrine de *Salus carnis*, Irénée présente l'incarnation du Christ en référence au salut intégral de l'homme. De là, il s'évertue de comprendre le thème de l'économie du salut par Dieu qui est unique et englobe toutes choses : la création, le monde, l'homme, la rédemption, l'Ancien et le Nouveau Testament. Avec le thème de la récapitulation, il approfondit davantage le sens. En récupérant l'acte d'Adam, Christ a rassemblé en lui-même la totalité du genre humain en réalisant le progrès dans la liberté spirituelle de l'homme. C'est en tant qu'êtres libres seulement, conclut-il, que les hommes prouveraient la grandeur de la grâce[2]. Il s'agit en d'autres termes de «propos de Dieu de se communiquer aux hommes ; c'est-à-dire de les assumer en sa propre vie divine ; elle réalise par l'interpellation de la Parole de sanctification de l'Esprit »[3]. Le Christ, mystère de Dieu, partenaire puissant et compatissant accueilli avec empressement en Afrique, vient pour sauver l'homme africain et son univers socio-cosmique. Il vient pour lui communiquer les réalités divines, proclamer sa libération et lui assurer la victoire de la vie sur la mort.

Pour cela, nous avons estimé utile de revenir sur la définition proposée par Ngondo Dishono Kalala, car elle s'adapte, estime-t-il, à chacune des définitions données au cours du colloque de 1992 et a, de fait, l'avantage d'être une donnée heuristique et conciliatrice de toutes les tendances au sens philosophique et religieux. Cet exercice qui n'est pas une simple répétition, nous semble-t-il, est éclairant. Ainsi, à la lumière de la prière que Jésus a enseignée à ses disciples, le *Pater*, traduit dans quelques-unes des langues africaines en *ngambaï* notamment, une langue parlée au Tchad, nous tenterons de spécifier le sens que nous entendons donner à ce vocable dans cette recherche. En raison donc du «caractère fuyant, insaisissable, controversé »[4] qui sombre souvent les chercheurs dans l'imprécision, Ngondo Dishono Kalala opte, on l'a dit, pour une description-définition en vue de l'interférence des deux mystiques, sanjuaniste et africaine. A ce propos, il écrit :

---

[1] Ibid., p.71.
[2] B. STUDER, *Dieu sauveur. La rédemption dans la foi de l'Eglise ancienne…* (traduit de l'allemand par J. Hoffmann), Paris, Cerf, 1989, p.83. Voir aussi O. CULLMANN, *Le salut dans l'histoire. L'existence chrétienne selon le Nouveau Testament* (traduit de l'allemand par M. Kohler), Neuchâtel, Delachaux et Niestlé, 1966, pp.70-71. Au sens profane, ce mot inclut l'idée du plan, de l'administration, de l'économat et ceci dans les deux sens actif et passif de la tenue du ménage et du ménage qui est tenu.
[3] G. LAFONT, *Peut-on connaître Dieu en Jésus-Christ ?*, Paris, Cerf, 1998, p.254.
[4] C.-A. KELLER, *op.cit.*, p.257.

Face à l'inflation des expressions employées pour définir le phénomène mystique, il m'a fallu ensuite procéder à une triple investigation : du colloque, de la Bible et de l'histoire de la spiritualité chrétienne, pour trouver une description-définition qui serait une donnée heuristique et conciliatrice de toutes les tendances. La mystique comme expérience du divin, m'a semblé en définitive mieux placé pour répondre à ce souhait[1].

Ne s'agissant pas d'expérience au sens des sciences empiriques et exactes mais plutôt au sens philosophique et religieux, expérience sui generis, celle-ci a l'avantage, insiste-t-il, de s'adapter à chacune des définitions qui ont été formulées au cours du colloque de 1992. Elle réconcilie ceux qui prennent Dieu pour objet et restent ouverts à lui ou à d'autres divinités et en tant que phénomène, elle s'applique à tous les aspects qui caractérisent la mystique. Il est justement question dans cette définition d'une expression de relation béatifiante tripolaire cosmothéandrique. Dans *L'expérience du divin. Fondements d'une anthropologie religieuse* (1988), M. Meslin tente de trouver le juste sens de l'expérience humaine du divin. C'est en s'ouvrant à l'autre, donc au contact du mystère de Dieu que la personne humaine connaît un réel épanouissement. Evidemment, Mushila Nyamankank reconnaît que la mystique comme «expérience du divin » ne couvre pas ce phénomène tel qu'il est observé dans les religions africaines, dans les spiritualités des peuples américains anciens et dans le bouddhisme. S'inspirant de l'héritage spirituel légué par les grands mystiques à l'humanité et se référant à la longue tradition de la théologie mystique chrétienne, il propose d'élargir cette définition de la mystique en parlant de l'«expérience du divin », du cosmique et de l'humain. A ce propos, il écrit : «Au regard de ce qui précède, il importe de ramasser en un énoncé les termes équivalents du vocable et de la notion en question. La mystique est donc 'l'expérience du *divin*', du *cosmique* et de l'*humain*. Elle est *passive* lorsque le premier trait caractéristique est mis en relief, *active* quand les deux autres sont soulignés. Elle est verticale et/ou horizontale. Elle peut être individuelle et/ou communautaire »[2].

La mystique comme vertu maïeutique de réanthropologisation appartient virtuellement à la philosophie et à la religion. Elle accompagne l'homme pour l'aider à surmonter dignement les mêmes questions fondamentales, si on en croit F. A. Schaeffer, notamment la métaphysique qui s'occupe de l'être, de l'existence ; la morale qui traite de la cruauté et de la finitude de l'homme et l'épistémologie qui s'occupe de la connaissance, c'est-à-dire de moyens qu'à l'homme de connaître[3], la philosophie et la religion jouent aujourd'hui en Afrique noire un rôle beaucoup plus significatif, intégratif ou contestataire. Elles tentent de sauver l'homme africain de différents traquenards historiques et maux qui portent atteinte à sa vie : ignorance, pauvreté ou misère anthropologique et maux qui portent atteinte à sa vie : ignorance, pauvreté ou misère anthropologique, injustices sociales, etc. L'homme africain ne peut se passer de la philosophie qui se «présente, partout et toujours, répandue dans le public par les proverbes traditionnels, les formules de la sagesse courante, les opinions admises, comme également le langage des gens instruits, les conceptions politiques, et surtout, dès les premiers âges de l'histoire, par les

[1] D. NGONDO Dishono Kalala, thèse citée, p.358.

[2] MUSHILA Nyamankank, «La mystique comme lieu de rencontre et de redéfinition d'une nouvelle convivialité planétaire », pp.116-117.

[3] F. A. SCHAEFFER, *Dieu - ni silencieux ni lointain. Une philosophie chrétienne*, Rhein, Trobish, 1979, p.12.

mythes »[1]. Les nombreuses publications et les divers colloques organisés ici et là par des philosophes et historiens des religions en rendent constamment compte. On peut le trouver, par exemple, dans *La thérapeutique philosophique : mythe ou réalité ?* (1996) où Mbolokala Imbuli suit, comme il le précise lui-même, les méandres de l'évolution de la conception de la philosophie en elle-même et dans ses rapports avec le bien-être de l'homme de l'Antiquité grecque jusqu'à l'époque contemporaine, en passant, évidemment, par le Moyen Age, et les Temps modernes. Il est clairement indiqué que Mbolokala Imbuli invite instamment l'homme africain à reconsidérer la philosophie comme hypothèse thérapeutique des communautés africaines rongées par divers maux. Quand à la religion Bilolo Mubengayi reconnaît en fait que la religion africaine n'est pas morte[2]. Elle est omniprésente. Accompagnant l'homme africain où qu'il se trouve, en Afrique ou ailleurs, elle agit et détermine la pratique historique. Il fonde cette affirmation sur les données des trois registres : le registre sociologique où la religion africaine se métamorphose, elle secrète sa propre néguentropie ou son pouvoir de régénération ; le registre pratique où il s'agit de la programmation du réel à la lumière des valeurs religieuses africaines et le registre théorique ou le point de vue philosophique où la techno-science qui relève du registre des moyens, de l'outillage et la religion africaine qui relève du domaine des finalités, du sens, des buts, des valeurs, sont une chance réciproque. La philosophie et la religion africaines sont perçues dès lors comme amies et servantes de l'homme africain qui lui feront découvrir les virtualités réanthropologisantes. Méconnaître la prépondérance d'un tel rôle, c'est manquer, dit-on, d'honnêteté intellectuelle. Or, il faut, si l'on veut être conséquent, c'est-à-dire intellectuellement plus honnête, reconsidérer aussi cette réalité dans un contexte beaucoup plus large de la vie mystique en Afrique. Il aurait donc été préférable que Ngondo Dishono Kalala dénonce avec E. Messi Metogo l'indifférence religieuse et l'incroyance, perçues en Afrique noire. Au lieu que les Africains se complaisent uniquement dans des propos tels que «l'Africain est doué d'un sens naturel de la présence de Dieu », «l'Africain est un être incurablement religieux », Messi Metogo trouve ici la nécessité d'aller au-delà des traditions les mieux assurées et de se poser clairement un certain nombre de questions, qui paraîtront peut-être à certains inopportunes, mais dans la vie quotidienne des villes et des campagnes africaines révèle aujourd'hui l'urgence[3]. L'«expérience du divin » peut, certes, susciter des réactions aujourd'hui en Afrique noire. Elle ne rend que partiellement la réalité africaine.

A la suite de P. Tempels qui tenta après le constat d'échec d'une évangélisation et d'une entreprise civilisatrice, de définir, dans *La philosophie bantoue*, l'identité africaine, l'activité philosophique qui s'intensifie en Afrique consiste à ébranler, si on en croit Messi Metogo, le syllogisme raciste qui refuse aux Noirs la preuve de l'humanité et de rationalité en vue de légitimer l'esclavage et la colonisation. L'homme, dit le syllogisme, «est un être essentiellement pensant, raisonnable. Or le nègre est incapable de pensée et de raisonnement. Il n'a pas de philosophie, il a une mentalité prélogique, etc. Donc le Nègre n'est pas vraiment un homme et peut être, à bon droit, asservi, traité comme un animal »[4]. En parlant de démarche négro-africaine du genre « moi-aussi », l'Occident a une philosophie, le muntu aussi, Ngwey Ngond'a

[1] K. JASPERS, *Introduction à la philosophie*, (traduit de l'allemand par J. Hersch), Paris, Librairie Plon, 1987, p.10.
[2] BILOLO Mubengayi, «La religion africaine face au défi du christianisme et de la techno-science », in *Présence africaine*, n°119, 1981, p.37.
[3] Cela se trouve dans l'endos de son ouvrage intitulé Dieu peut-il mourir en Afrique ? Essai sur l'indifférence religieuse et l'incroyance religieuse en Afrique noire.
[4] Cf. M. TOWA et repris par E. MESSI METOGO, *op.cit.*, p.71.

Ndenge attire justement l'attention sur ce qui parait être une taquinerie cruelle que l'homme noir porte comme une tare historique[1]. La philosophie africaine et bien d'autres disciplines scientifiques tentent de l'en débarrasser depuis plusieurs décennies. Le résultat de cet effort du Négro-africain est qu'on a débouché, pour dire l'Afrique, sur l'ethnophilosophie, présentation du système collectif des Africains sous forme philosophique des données culturelles disparates recueillies par l'ethnologue. Ce courant est aujourd'hui diversement apprécié. Si Mveng incite la conscience de l'homme africain à la vigilance épistémologique de l'Africain pour éviter de confondre la réalité ethnique et l'héritage culturel[2], Messi Metogo, lui, attire l'attention sur le fait que l'incapacité de porter un regard critique sur sa propre tradition et de réfléchir sur son rapport actuel au monde livrerait l'Afrique à la dictature et à l'exploitation[3].

Il nous apparaît que les contes négro-africains remplissent des fonctions sociologiques incontestables. On ne raconte pas seulement pour amuser mais aussi pour instruire, pour faire adopter aux membres des communautés des peuples d'Afrique, d'une génération à l'autre, un certain nombre de vertus sociales et religieuses qui leur permettraient de s'affirmer face aux forces maléfiques et à l'éthique de situation changeante. De fait, en proposant d'étudier la littérature orale telle qu'on peut encore la recueillir auprès des Africains vivants dans le milieu de la vieille tradition, l'objectif manifeste que visait M. Towa, d'après Messi Metogo, était d'enseigner la ruse, la prudence et la réflexion. Ainsi, après l'étude du cycle des contes Kulu-la-tortue, Leuk-le-lièvre et Guizo-l'Araignée, par exemple, dans *Le pagne noir*, recueil de contes de Dadié, l'Araignée déclare : «Dieu on peut le tromper. Il suffit d'avoir du cran. Dieu, Dieu, mais on peut le tromper. Il est vieux qu'il ne voit goûte »[4]. Quel est ce Dieu, parce qu'affaiblit par la vieillesse, n'y voit goûte, celui qu'on peut tromper ? Il s'est avéré à travers cette déclaration de l'Araignée qu'on est parvenu à refuser de reconnaître à Dieu, le monopole de l'intelligence et de la perfection éthique voire sa bonté ainsi que la perfection de la création. Sans doute, peut-on admettre, à cet égard, que ces contes philosophiques exaltent l'intelligence au détriment de la croyance au surnaturel et à la magie[5].

L'homme de la société traditionnelle africaine prétend s'y faire et s'y dépasser «dans une relation constructive avec Dieu, par la médiation des puissances intermédiaires, ancêtres, génies, esprits »[6] qui peuplent son univers. L'expérience mystique africaine que l'on peut considérer «comme l'ultime degré de l'expérience religieuse »[7] perd dès lors sa dimension fondamentale de l'expérience humaine du Dieu trinitaire, personnel et infini, qui n'est ni silencieux ni indifférent. Généralement, le Dieu suprême, inaccessible, omnipotent et autosuffisant, n'est pas représenté en Afrique noire. Il n'a ni culte si ce n'est à travers les divinités secondaires. Ce manque de représentation renforce l'idée selon laquelle Dieu s'est éloigné de l'homme noir. Bien qu'il lui revienne quelquefois de chercher à reconnaître son visage, ou mieux, comme dit I.-P. Laleye, à

[1] NGWEY Ngond'a Ndenge, «Rationalité comme impératif pour la libération de l'Afrique », p.384. Pour lui, le courant ethnophilosophique fait partie d'autres courants notamment les courants idéologique, herméneutique et critique qui sont marqués par la préoccupation du genre «nous-aussi », il s'agit pour d'autres de l'existence d'une manière de penser proprement et uniquement africaine.

[2] E. MVENG cité DJONGONGELE Otsudi, art.cit., p.110.

[3] E. MESSI METOGO, *op.cit.*, p.72.

[4] B. DADIE cité par E. MESSI METOGO, op.cit., p.75. D'après A. KAGAME, «La place de Dieu et de l'homme dans la religion des bantu », in *La philosophie bantu comparée*, Paris, Présence Africaine, p.215, le Dieu des Bantu «n'est ni homme, ni chose, ni lieu-temps, ni manière d'être ».

[5] Ibid.

[6] A. BOULANGER, « Religions d'Afrique Noire », in *Dictionnaire des religions*, Paris, PUF, 1984, p.12.

[7] M. MESLIN, *L'expérience du divin. Fondements d'une anthropologie religieuse*, Paris, Cerf, 1988, p.106.

«le toucher pour ainsi dire, du doigt, mais avec les doigts de l'esprit, naturellement »[1], cette absence ne semble pas l'inquiéter profondément. L'homme africain se contente manifestement de l'aide et du service que lui rendent les fétiches, les génies et d'autres forces vitales intermédiaires dans sa quête de plénitude. Ces va-et-vient constants qui impriment dans sa conscience, l'indifférence religieuse, l'incroyance et autant dire l'éloignement, remettent certes à flot la notion de bi-dimensionnalité : ou bien Dieu ou bien d'autres divinités, ce qui constitue certes un frein à son humanisation. Ngondo Dishono Kalala l'exprime clairement, en se référant à la notion de mystique comme «expérience du divin » qui, pour lui vient établir la chaîne vitale dont les maillons sont inséparables :

> Elle inclut dans le terme 'divin', non seulement Dieu mais aussi les esprits parmi lesquels, les fondateurs, les génies et les ancêtres qui ont marqué et marquent encore la vie de leurs descendants. De là découle la bi-dimensionnalité de la mystique négro-africaine qui se déploie bien entendu dans l'unique sens vectoriel à deux station : celle des esprits et celle de Dieu. Les orants, les médiums et les initiateurs mkpangos n'échappent pas à cette bi-dimensionnalité[2].

Cette notion de bi-dimensionnalité ne conduit-elle pas l'homo religiosus négro-africain au culte qui le prostituerait avec les catégories spirituelles inférieures ? La mystique africaine perçue comme «expérience du divin » dans la perspective d'un *Deus otiosus* ou d'un *Deus absconditus*, offre-t-elle à l'homo religiosus négro-africain la possibilité d'escalader la pente périlleuse et parvenir à le saisir, à «le retenir en quelque sorte par le pan du manteau pour le mieux comprendre et l'expliciter »?[3] L'homme africain noir réussira-t-il à réaliser parfaitement ses aspirations et attentes au-delà des contingences historiques contraignantes ? Ces questions fondamentales méritent une attention particulière pour quiconque se sent interpellé par la misère exponentielle de l'être en Afrique noire. Cela va sans dire, il s'agit dans le *Deus incarnantus*, de l'expression de profonde proximité de l'homme et de Dieu qui lui est vraiment proche qu'on ne le pense (Ac 17,27), solidaire et compatissant. Cette nouvelle réalité atteinte par la révélation parfaite est source d'humanisation car Dieu se révèle dans une proximité toujours plus grande qui dépasse l'homme. Il ne sait en identifier et en définir par rapport à lui-même. Il est l'*Immanu El*, «avec nous, Dieu », cheminant avec les hommes, c'est vraiment un signe de l'amour indéfectible de Dieu qui met fondamentalement fin aux charmes mythiques du *Deus otiosus* et du *Deus absconditus*. Christ vient pour assumer totalement notre humanité.

Répétons-le, la voie mystique est pour l'Afrique noire aujourd'hui une voie par excellence d'autant plus qu'elle réconcilie de façon harmonieuse la verticalité et l'horizontalité, l'écoute de Dieu et l'action sur le monde. Il s'agit de la présentation harmonieuse de notre vocation d'humanisation : la contemplation où Dieu fait sentir sa présence *communielle* et la vocation d'ordre politique. Cela offre à l'homme noir la possibilité de décrypter les mystères de la création, de percer la complicité intrinsèque qui existe entre Dieu et tout ce qu'il a créé. Comme l'affirme Mubengayi Lwakale Mukundi, « […] à chaque être vivant, le Créateur a donné la force (bukole) ou capacité d'interroger la nature, d'en interpréter les signes, d'en tirer des avantages, de trouver une ligne de conduite faite de sagesse et d'ingéniosité personnelle

[1] I.-P. LALEYE, «De la quête spirituelle de l'Afrique contemporaine. Repérage de fondement pour une évaluation critique », in *L'Afrique et ses formes de vie sprituelle*, p.68.
[2] D. NGONDO Dishono Kalala, thèse citée, p.282.
[3] E. MESSI MESLIN, *op.cit.*, p.399.

pour mener une vie paisible et épanouie, le regard toujours tourné vers l'avenir »[1]. Qui donc peut être doté de cette force pour percer la complicité intrinsèque entre Dieu et ses créatures ? L'affirmation de Mubengayi Lwakale Mukundi, nous permet-elle de nous considérer tous des mystiques ? On admet généralement que la mystique se rencontre dans toutes les religions. Il s'agit manifestement d'un phénomène dans lequel s'articulent les besoins religieux, besoins qui s'expriment clairement dans la pensée et le sentiment, dans l'expérience vécue et dans le style de vie. Il est vrai, la mystique est accessible à tous, en principe. Il importe donc d'élaborer des critères pour savoir qualifier de mystique, une expérience et une vie religieuse[2]. On le sait, le mystique est un être exceptionnel du Vulgum pecus, du commun des mortels. Dès lors, le degré d'intensité par rapport au but qu'il poursuit et l'esprit d'autonomie parfaitement responsable qui l'anime, rendent capable le mystique de pouvoir manipuler les symboles qui parsèment son univers. De fait, la complicité intrinsèque évoquée ici, est mieux perçue par la mystique juive où il s'agit de la «vision de Dieu, la contemplation de sa majesté et la compréhension des mystères de la création »[3]. La contemplation comme source de bonheur, n'est pas une simple expérience mystique de fixation des regards qui se résorberaient dans la nature ou dans le firmament. Elle n'est pas non plus une simple initiation à la recherche d'un habitus du sentiment, à la méthode d'autoperfectionnement mystique dans l'ésotérisme contemporain[4]. Il se produit d'abord dans la contemplation, comme le souligne Malu Nyimi, «une union hypostatique et transformante de l'homme et de Dieu, un don réciproque de Dieu à l'âme, de l'âme à Dieu, une rencontre béatifiante des volontés qui se cherchent et se trouvent »[5]. De ce point de vue, la contemplation mystique est une échelle ascendante qui offre à l'homme africain la possibilité des retrouvailles avec le *Deus incarnatus* en vue de se réaliser pleinement. Elle fait bénéficier «de l'amour que Dieu a pour lui, et qu'il lui redonne en cette union mystique »[6]. C'est en fait un appui-bras en vue d'un envol sublime au-delà de l'avenir icarien. J.-C Breton trouve dans cette aventure un bel exemple de la façon dont l'homme a cherché dans son rapport à l'eau, à l'espace, au ciel, au vent, à l'air, à se définir et à se projeter, pour mieux se connaître dans sa spécificité et dans sa quête de bonheur[7]. Pour F. Diawara, cependant, le libéralisme bourgeois et le marxisme qui affirment la domination future de l'homme sur l'univers, poussent l'humanité dans la voie icarienne périlleuse de divination de l'homme par lui-même[8]. En effet, une vie mystique équilibrée est celle qui conduit à la vision parfaite de Dieu Un et Trine, à la contemplation de sa beauté et de celle de ses créatures en vue de la *fruitio divina*, de la jouissance béatifiante.

C'est mystique ! Telle est l'expression courante utilisée actuellement à Kinshasa qui prend l'allure d'un slogan simpliste. D'après Libambu Muaso, le Dieu-mystique au sens kinois,

---

[1] MUBENGAYI Lwakale Mukunde, *La sorcellerie existe-t-elle?*, 2e éd., Kinshasa, CEP, 1983, p.21.

[2] D. MIETH, «Mystique », in *Dictionnaire de théologie*, Paris, Cerf, 1988, p.444.

[3] M. ELLIADE, *Histoire des croyances religieuses. De Mahomet à l'âge des Réformes*, t.3, Paris, Payot, 1987, p.173.

[4] Cf. F. CHAMPION et D. LEGIER, *De l'émotion en religion. Renouveaux et traditions*, Paris, Centurion, 1990, pp.27-30. Cela fait d'ailleurs la spécificité radicale par rapport à toutes les pratiques d'obtention immédiate d'extase aiguë : drogue, musique ou ivresse érotique, c'est l'expérimentation de la mystique intramondaine, posant le continuum entre l'ici-bas et la vie ultérieure, le bonheur ici et maintenant.

[5] MALU Nyimi, «La spiritualité en théologie africaine. 'Contemplation de Dieu et libération de l'homme' », in *La prière africaine*. (Actes du deuxième colloque international du 10 au 12 janvier 1994), Kinshasa, Baobab, 1994, p.92.

[6] M. MESLIN, *op.cit.*, p.398.

[7] J.-C. BRETON, *Approche contemporaine de la vie spirituelle*, Québec, Berllamin, 1990, p.23.

[8] F. DIAWARA, *Le manifeste de l'homme primitif*, Paris, Bernard grasset, 1972, p.18.

n'est autre que celui qui échappe à la connaissance du commun des mortels[1]. Si l'on en juge à partir de cette compréhension, la mystique reste évidemment un terme extrêmement vague, identifié exclusivement à ce qui est énigmatique, bizarre et mystique se rapportant à la mentalité *sorcelleresque* ou à la rationalité maraboutique, à ce qui, manifestement fait fermer la bouche. On reconnaît sans doute qu'il n'est pas toujours facile d'en cerner le sens. La règle du secret étant effectivement de rigueur, l'Africain reconnaît dès lors qu'il ne revient pas à n'importe qui de pouvoir accéder n'importe comment aux mystères soit d'un ancêtre, soit d'un héros, soit encore d'une divinité ; il ne peut appréhender l'interaction entre le monde visible et le monde invisible sans être initié. En revenant sur le grand retentissement qu'à connu ce terme dans la spiritualité kinoise des Bilenge ya Mwinda, jeunes de lumière au cours du colloque de Kinshasa, Luyeye Luboloko tente de rendre à la mystique le sens qui est interpellant. Dans le projet pastoral, il faut passer d'un enseignement simplement théorique à une pédagogie d'initiation spirituelle intégrale en vue d'une véritable rencontre personnelle et intérieure avec le Christ. L'emploi du terme au moment de sa naissance, était généralement synonyme de merveilleux, mystérieux, incompréhensif, secret. Dans cette perspective, Matondo kwa Nzambi, l'initiateur de ce mouvement, écrit entre autres, «Oh jeunes ! Que la vie est mystique, c'est-à-dire Oh jeunes ! Que la vie est merveilleuse, mystérieuse »[2]. En tant que projet de promotion humaine, la mystique rendra la vie toujours merveilleuse, mystérieuse en Afrique noire.

Les traits particuliers d'humanisation dans le Pater (Mt 6,9-13 ; Lc 11,2-4) nous aident à mieux cerner le sens de la mystique que nous trouvons utile pour cette recherche. Le Pater est aujourd'hui une prière ouverte, destinée à tous les peuples. Elle fait partie intégrante de la vie quotidienne. Elle confère, il est vrai, une autonomie ouverte. On ne peut s'étonner de la retrouver dans le corpus des prières africaines de demandes adressées directement à Dieu. Elle est, dans le fond, une prière intégrale du fait qu'en rapprochant le ciel de la terre, la terre est maintenant solennellement invitée à être à l'image du ciel. Le Pater offre la possibilité d'intégration de l'homme africain tout entier dans le grand projet de Dieu de transformation profonde, sociale et humaine. Il ne s'agit pas ici, en effet, d'un appel à la fuite du monde mais plutôt d'un appel « [...] à la fuite avec le monde vers le règne de Dieu, c'est-à-dire vers une anticipation de ce règne dans ce monde : un monde complété, un monde comme Dieu l'envisage »[3]. Cela ne peut se réaliser en dehors d'une relation de communion et d'union de l'homme avec Dieu le Père dans l'amour. C'est que, au-delà de litanies de lamentations et de prières inefficaces et contractuelles figurant dans le corpus de prières africaines traditionnelles adressées soit à Dieu, soit à d'autres divinités, le Pater est pour l'homme africain une reprise du souffle, le ressourcement par excellence du dynamisme d'action et de l'élan émotif.

Nous proférons la version de Pater en ngambaï à d'autres langues pour les raisons suivantes. Sa relecture en cette langue africaine retraduite en français par Faïk-Nzuji dans *La beauté des signes. Pistes et clés pour la pratique des symboles*, prouve suffisamment que le Pater est une parole vivante qui remet en honneur l'existence de l'homme africain. On réalise une réconciliation intégrante. La seconde raison qui a motivé notre choix est l'esprit de concision de la réalité africaine que nous trouvons dans le Pater en cette langue et le type de société que Dieu veut instaurer en Afrique noire. Il apparaît que la structure de ce texte

---

[1] M.W. LIBAMBU Muaso, «Le langage de l'expérience mystique. De l'inspiration augustinienne à l'originalité sanjuaniste », in *La mystique africaine*, p.230.
[2] F. LUYEYE Luboloko, art.cit., p.230.
[3] E. SCHILLEBEECKX, *op.cit.*, p.82.

œcuménique du Pater, est simple et parfaitement limpide : l'invocation libre du Père, suivie de trois demandes en Tu (sanctification du nom de Dieu, venue de son règne et réalisation de la volonté de Dieu) et de trois ou quatre demandes en Nous (abondance du pain ou de la nourriture, pardon des torts, préservation de la tentation et délivrance du mal). La version du Pater en langue ngambaï ne s'est pas intéressée à la doxologie qui relève d'une version tardive.

Bawsi ge dara Da ar rii bar ruuga do be be, Ar gel dewje lay n-geri de mbay ledé Ardé n'da ne ge me ndigi Toge njé dara n-da -be.	Notre Père qui est aux cieux, Fais que ton nom résonne dans tous les villages (de village en village). Donne à tous les êtres de reconnaître que tu es le Seigneur Afin que tu nous donnes de faire ce qui est dans ton cœur comme le font ceux qui sont au ciel.
Arsi muru j-o de ndosi, j-aji-ne. J-ya go ke nje n-da sesi da. Y a go ke lesi ge n-da sei ngaa	Donne-nous la pâte (la nourriture). Que nous mangions tous les jours, tous les jours, afin que nous soyons sauvés.
Y a njé me ndul até ersi el Ojé dosi de.	Laisse en arrière (oublie) Les choses que nous avons faites.
Bea ![1]	Nous laissons aussi en arrière (nous oublions) Les choses qu'on nous a faites Ne laisse pas à celui qui est mauvais nous tromper. Refuse que cela tombe sur nous (Protège-nous du mal) Amen !

Notamment, la mystique est un dialogue avec la divinité qui favorise l'union ineffable et féconde. En effet, d'après M. Buber, la vraie relation dialoguée est celle d'un Je et un Tu de face à face d'intégration et de réhabilitation. Il pense que le problème de la société industrielle ne peut se résoudre que par l'avènement d'une forme d'existence de communication vraie et sur la reconnaissance réciproque des sujets. C'est pourquoi, l'auteur affirme : «Quiconque prononce un de ces mots-principes pénètre dans ce mot et s'y établit »[2]. Pour mieux saisir ici M. Buber, restituons avec R. Milhau, l'essentiel de sa philosophie du dialogue qui laisse entrevoir une anthropologie ouverte et intégrée.

> Le meilleur de la philosophie bubérienne du dialogue concerne la relation spécifiquement humaine. Tout commence par le langage et notamment par des termes couplés : Je-cela est chosification d'autrui ; Je-Tu est sa découverte dans la relation. Alors le Tu constitue le Je comme personne, l'autre devient la condition d'existence du moi, se posant dès lors comme sujet. Dans son déploiement concret

---

[1] Cf. C. M. FAÏK-NZUJI, *La beauté des signes. Pistes et clés pour la pratique des symboles*, Louvain. Ciltade, 1996, p.102.

[2] M. BUBER, *JE et TU*, (traduit de l'allemand par G. Bianquis), Paris, Aubier Montaigne, 1969, p.20.

> et quotidien, la relation véritable est réciprocité, présence, totalité, responsabilité. Celle-ci est 'décision' ('la matière ignée de sa volonté') et la responsabilité est le nom éthique de la réciprocité[1].

Cette philosophie bubérienne de la rencontre personnelle avec autrui, Dieu ou l'autre conscience, qui trouve une sorte d'écho dans la pensée chrétienne, la relation dialoguée avec le Dieu trinitaire, personnel et infini est une réponse faite par l'homme devenu dès lors une créature merveilleuse, ou un Tu éternel cessant d'être une chose ou un cela. Il s'offre à une relation de plénitude. C'est ainsi que pour le chrétien, «Dieu n'est Père que dans cette relation Je-Tu »[2]. Ce face à face Je-Tu, est bien l'expression d'une relation concrète d'intimité profonde et de fidélité réciproque. Cette philosophie de la rencontre et de correspondance fait également large écho dans les problématiques politiques du monde contemporain où les relations entre les classes, entre les idéologies, tentent de s'établir sous forme du dialogue. Dans cette ligne, J. Goffaux dira :

> Le véritable espoir du monde se trouve dans un dialogue constructif des nations et civilisations, où chacun des partenaires, dans le respect des différences, s'efforcera de comprendre aussi le point de vue des autres, leurs catégories de pensée marquées par leur environnement spatio-temporel, conscient également du caractère limité de sa propre vision et interprétation, influencée, elle aussi par son histoire, son milieu, sa culture[3].

En outre, il convient de rappeler que la spiritualité africaine qui tente d'exercer son influence dans le monde ne semble pas dépasser devant la correspondance entre le Je et le Tu. Car, pour l'Africain, l'univers entier lui paraît animé, et que l'identité interne de toute chose revêt un caractère sacré[4]. Plutôt que les mots-principes Je et Tu, la relation dialoguée qu'exprime le Pater se joue sans doute entre les mots-principes Tu et Nous. Ce couple verbal du face à face Tu-Nous n'annihile pas l'altérité divine. Le Nous est bien l'expression de cette nouvelle relation dialoguée dans la perspective de l'invitation à l'incorporation ou à l'intégration de tous les peuples en général et de tous les Africains noirs en particulier de concert dans le grand projet de Dieu. C'est le début de l'éclosion de la vie qui repose sur la conviction selon laquelle la promotion humaine nécessite évidemment une relation particulièrement intime avec Dieu, lui qui, dira A. Karamaga «n'a jamais été absent de l'Afrique malgré les convulsions et les traumatismes que ce continent connaît depuis bientôt 5 siècles »[5]. Le Tu divin infini, expression de la plénitude de l'Etre, désigne Dieu en tant que Père tourné vers ses créatures. Car, comme l'a bien perçu M. Buber : «celui qui prononce le nom de Dieu, alors qu'il est tout rempli du Tu, quelle que soit l'illusion qui le possède, invoque le vrai Tu de sa vie, le Tu qu'aucun autre ne limite et avec lequel il est dans une relation qui englobe toutes les autres »[6]. Il s'agit dans cette nouvelle relation concrète Tu-Nous, d'une relation de communion et d'union des Africains dans

---

[1] R. MILHAU, «Philosophie de dialogue », in *Encyclopédia Universalis*, vol.5, Paris, 1980, p.53.
[2] M. MESLIN, *op.cit.*, p.404.
[3] J. GOFFAUX, *Problèmes de développement. Quêtes de chimères, voies de lucidité*, Kinshasa, CRP, 1986, p.23.
[4] Cf. L-V. THOMAS et R. LUNEAU, *op.cit.*, p.118.
[5] A. KARAMAGA, «Théologie négro-africaine », p.9.
[6] M. BUBER, op.cit., p.114.

l'amour avec Dieu le Père et en «'connexion mutuelle' dans l'être et l'agir »[1]. Cette nouvelle relation initiée par Christ lui-même interpelle le continent noir qui a toujours privilégié la dimension sociale. Il est logique de penser justement que ce rassemblement permettrait aux Africains de réinventer ensemble les vertus d'humanisation et de concevoir leur accomplissement à partir de ce qu'ils ont reçu en partage des mains du Créateur.

Qu'il nous soit permis de relever ici deux perspectives d'ordre général qui ont trait aux sens du vocable mystique. La première est rendue par H. Küng et la seconde par C. M. Faïk-Nzuji. En voulant savoir si saint Augustin est un mystique, H. Küng relève un raccourci saisissant quand il dit :

> On ne peut le qualifier de mystique qu'au sens plus large du terme : une religiosité de l'abandon personnel à Dieu, de l'immersion en Dieu et de la communion avec Dieu. Mais il n'est pas mystique au sens étroit d'une mystique d'unité, d'une véritable expérience et d'une doctrine de l'unité comme c'est surtout le cas dans les religions d'origine indienne. Augustin ne parle plus d'une union extatique, fusionnelle, avec l'être divin. En ce sens, il reste fondamentalement, comme Paul et Jean, dans la ligne des religions prophétiques qui prennent au sérieux la différence qualitative entre Dieu et l'homme, entre l'absolument saint et le pécheur, et qui ne connaissent qu'un devenir un avec la 'volonté' de Dieu[2].

De ces deux sens problématiques, bien entendu, «abandon personnel à Dieu, immersion en Dieu, communion avec Dieu », sens plus large et «véritable expérience d'unité ou d'union à Dieu », sens plus étroit, nous avons pu dégager le sens qui paraît être pour l'Afrique une perspective promotionnelle. Pour en faire un terreau d'épanouissement, pour sortir de l'enlisement social et spirituel, il serait tentant pour nous de reconsidérer la mystique africaine comme une mystique de présence communielle avec Dieu où l'on se sent, en premier lieu, un en parfaite communion des volontés dans l'amour pour une action béatifiante en Afrique. Pour G. Lafont, «le terme communion englobe et dépasse les notions par lesquelles on peut essayer de les monnayer : il désigne le mystère même de la personne en face de Dieu »[3]. La bonne volonté de Dieu est de faire de l'Afrique ce qu'il veut qu'elle soit, une Afrique de plénitude. Cette parfaite communion des volontés dans l'amour, offre la possibilité de jouir des béatitudes présentes. Nous trouvons, en effet, la substance de ce sens chez saint Bernard de Clairveaux quand il affirme : «Dieu et l'homme sont séparés l'un de l'autre. Chacun retient sa propre volonté et sa propre substance. Une telle union est pour eux une communion des volontés et un accord en amour »[4]. Cela signifie que la volonté de Dieu pour la promotion de l'homme noir ne peut s'accomplir sans l'adhésion de celui-ci. Cette nouvelle relation béatifiante d'union interne et de communion intense avec Dieu basée sur la vertu théologale d'amour, de justice ou d'espérance engage l'homme africain «non seulement dans le silence et le repos, l'intériorité et la contemplation, mais aussi dans une lutte rude et prophétique »[5]. Cette « lutte rude et

---

[1] V. MULAGO gwa Cikala, «Solidarité africaine et coresponsabilité chrétienne à la lumière de Vatican II », in *Foi chrétienne et langage humain.* (Actes de la Septième Semaine Théologique de Kinshasa 24-29 juillet 1972), Kinshasa, FCK, 1978, p.86.

[2] H. KÜNG, *Le christianisme. Ce qu'il est et ce qu'il est devenu dans l'histoire*, p.417.

[3] G. LAFONT, *op.cit.*, p.255.

[4] Saint BERNARD DE CLAIRVEAUX cité par M. ELLIADE, *Histoire des croyances religieuses. De Gautam Bouddha au triomphe du christianisme*, t.2, Paris, Payot, 1987, pp.202-208.

[5] E. SCHILLEBEECKX, *op.cit.*, p.83.

prophétique » initie au dynamisme d'action sur le monde, ce qui marquera tout autrement l'histoire de la vie mystique en Afrique noire. Ainsi donc, le continent africain a toute la chance de court-circuiter les prophéties et les projets de malheur en vue d'un nouvel ordre social au sens de l'ordre d'une société plus juste, plus égalitaire et à tout point émancipée, que lui donne Mukenji Mbandakulu[1]. En second lieu, et, comme l'a perçu Faïk-Nzuji, le Pater semble révéler le sens le plus profond de la démarche symbolique de l'Africain, démarche cosmo-liturgique de prière et de communion. La première partie qui est centrée sur le Pater signifie la paternité créatrice : Dieu est présenté en action et dans sa complétude (androgynie) homme-femme. L'ensemble des trois catégories dont il est relié (les ancêtres, la multitude des hommes et leurs descendants) constitue le «nous tous ». La deuxième partie est reliée au Dieu créateur par les ancêtres qui renferment l'ensemble des communautés humaines. C'est l'union de tous ceux qui se connaissent issus d'un même ancêtre[2].

Nous ne pouvons pas sous-estimer la portée de cette considération de la démarche symbolique cosmo-liturgique dans le Pater où nous relevons la pertinence de la relation dialoguée de communion et d'union qui existe entre Dieu et ses créatures. Il s'agit donc de l'expression d'un nouveau sentiment religieux qui manifestement entend réhabiliter le destin de l'homme africain et celui de son univers socio-cosmique. Grâce à ce nouveau sentiment religieux basé sur le rapprochement du ciel de la terre, le lien d'union véritable entre l'homme africain, Dieu le Père et son univers socio-cosmique se concrétise naturellement. Relevons maintenant en rapport notamment avec la mystique en Afrique noire deux traits fondamentaux dont il faudra rigoureusement tenir compte.

Il reste toutefois évident que toute la réalité du nom de Dieu le Père ne résonne pas encore dans tous les villages africains, de village en village. De là, la vie quotidienne de l'homme africain est constamment imprégnée de la présence des esprits des morts et des génies plutôt que de celle du Dieu le Père. Il faudra, à cet égard, reconnaître comme Moïse, «un homme acquis à la cause de son Dieu et de son peuple »[3], dans l'expérience du «buisson ardent », la perfection et la sainteté de son nom dans le contexte de l'histoire générale de l'expérience mystique en Afrique noire. C'est, en fait, reconnaître la spécificité de son être, son altérité divine donc, il est Tout Autre. Le Pater invite justement à la sanctification du nom de Dieu en Afrique noire. Ainsi que le souligne J. Zumsten, «lorsque Jésus appelle à la sanctification du nom de Dieu, il a donc en vue l'identité même de Dieu. Il ne s'agit pas de la réalité de Dieu en soi, mais de la réalité de Dieu tournée vers l'extérieur, de la réalité de Dieu pour l'ensemble des êtres humains »[4].

Le Dieu créateur, l'infini transcendant, lui en qui tous expérimentent le souffle et la vie, lui en qui tous reçoivent toutes choses en partage, est proche de chaque peuple qu'on ne le pense (Ac 17,25-28). La triade attribuée à l'apôtre Paul à savoir le mouvement, la vie et l'être, dont Dieu est l'unique source, prouve suffisament que tous les peuples dépendent de Lui. Perçu comme le Père-défenseur de tous, il entretient maintenant avec les Africains la relation dialoguée Tu-Nous, relation de la proximité miséricordieuse et salvatrice qui donne de

---

[1] MUKENJI Mbandakulu, « Dialogue et interaction. Recherche de conditions pour un nouvel ordre social », in *Philosophie africaine : Rationalité et rationalités*, p.83.
[2] C. M. FAÏK-NZUJI, *La beauté des signes. Pistes et clés pour la pratique des symboles*, p.104.
[3] D. NGONDO Dishono Kalala, thèse citée, p.86.
[4] J. ZUMSTEIN, *Notre Père. La prière de Jésus au cœur de notre vie*, Paris, Desclé de Brouwer, 2001, p.31. Le nom de Dieu, son visage tourné vers les hommes doit être sanctifié. Faire que la réalité de Dieu prenne place, qu'elle soit respectée et accueillie pour ce qu'elle est (Es 8, 13 ; 29,23).

reconnaitre, d'aimer et d'accomplir en tout point le grand projet qui est dans son cœur : faire de l'univers socio-cosmique négro-africain ce qu'il veut qu'il soit, le lieu de la promotion humaine.

La profession de toute la réalité du nom de Dieu le Père et l'expérimentation de la proximité miséricordieuse et salvatrice de Dieu sont indubitablement un défi majeur pour la mystique africaine. Cela devrait être pour l'Afrique noire, dans la perspective de cette recherche, une réelle préoccupation en vue de retrouver une nouvelle dynamique de restauration de ce continent.

En définitive, nous découvrons dans le Pater le type de société que Dieu voudrait instaurer en Afrique noire. Le commentaire fait par le Cardinal F. Etsou au cours du colloque international de 1994 à Kinshasa, consacré au thème de la prière africaine en rapport avec les demandes formulées en Nous rend attentif plus d'un Africain intéressé au programme de restauration profonde du continent noir.

> Dans la deuxième partie nous prions pour nous-mêmes. 'Donne-nous chaque jour notre pain quotidien'. Dieu nous a mis le monde entier à la disposition des hommes, de tous les hommes. Dieu nous donne le pain de l'Eucharistie dans le repas fraternel [...]. 'Donne-nous chaque jour notre pain quotidien' : une prière combien actuelle dans notre monde, dans notre pays, où tant d'hommes, de femmes, d'enfants meurent de faim. En plus, regardant la situation dans laquelle nous sommes tombés, nous avons bien des raisons pour demander pardon à Dieu, bien des raisons pour nous pardonner mutuellement. 'Et ne nous soumets pas à la tentation'. Délivre-nous du désespoir, du manque de confiance, de cette pensée que Dieu nous aurait oubliés, qu'il nous aurait punis, qu'il ne nous aimerait plus. Ne plus croire à l'amour de Dieu serait le pire des péchés. C'est de cette tentation-là que nous voulons surtout être délivrés[1].

Le texte est en soi clair au sujet de type de société en perspective en Afrique. Si les Africains noirs se reconnaissent réellement comme partenaires de Dieu le Père dans cette nouvelle relation vitale Tu-Nous qui les place tous en sa présence, s'ils se sentent réellement libres dans toute leur action, ils réussiront à satisfaire aux besoins fondamentaux de la vie à savoir l'abondance du pain quotidien, l'oubli des torts qu'ils ont subis et continuent à subir où qu'ils se trouvent et la préservation de la tentation de se considérer pour jamais de la descendance de Cham, «les damnés de la terre ». Une société qui se remet en tout avec confiance en Dieu proche, qui vit toute la réalité du nom de Dieu et s'intègre franchement dans son grand projet d'humanisation, c'est-à-dire une société solidaire appelée à décrypter la complicité intrinsèque entre Dieu et ses créatures,à incorporer la plénitude, une société qui baigne dans le pardon des torts et d'amour, de justice, de sécurité et de protection du mal, une société qui favorise la politique de proximité et lutte contre la peur de l'autre, voici en substance le type de société que Dieu voudrait instaurer en Afrique noire. Le destin des Africains est entre les mains de Dieu le Père qui ne fait acception des personnes. Cette prière qui franchit le seuil d'une simple expérience cognitive du divin, ouvre aux Africains des perspectives pleines de vitalité qui leur permettent de décrypter la complicité intrinsèque tripolaire qui existe entre Dieu et sa création en vue d'un décollage honorable et sécurisé en Afrique noire. Et, on ne peut y parvenir sans avoir justement une vision parfaite de Dieu le Père et dans l'unité autour de lui.

---

[1] Cardinal ETSOU, « Apprendre à prier », in *La prière africaine*, pp. 14-15.

Généralement, la mystique africaine n'a pas encore réussi à expérimenter toute la réalité de Dieu le Père. Les nombreux esprits surhumains qui restent cependant enveloppés de mystère infestent l'univers de l'homo religiosus négro-africain : des génies, des divinités aquatiques, des êtres vénérés considérés comme des dieux locaux, des mânes des ancêtres défunts, des vampires, des forces impersonnelles qui habitent toujours dans les endroits mystérieux tels que la forêt dense, les chutes d'eau, les maelströms, les cimetières, les lieux d'aisance. Comme le remarque E.-J. Penoukou, «l'univers socio-cosmique négro-africain est plein d'énigmes et de mystères. Il est dominé de forces spirituelles ou supra-naturelles mystérieuses, de bien ou du mal »[1]. Ce contenu est un résumé de toute la réalité africaine menaçante telle qu'elle est aujourd'hui d'actualité. En perçant le mystère de cette réalité, la mystique africaine serait à la hauteur d'assumer la fonction exclusive de direction qui répondrait de façon adéquate à l'espérance de transformation profonde, sociale et humaine du continent noir. Ce faisant, elle exercera en extirpant ce qui lui fait perdre le souffle et rater le virage face aux acquisitions massives d'autres démarches mystiques, une influence positive sur cette réalité africaine menaçante. L'interrelation au sein de l'union vitale préconisée en Afrique noire, n'est-elle pas au fond une affaire de l'homme africain lui-même en quête de son équilibre vital auprès des esprits des ancêtres et des héros garants de la vie humaine, des génies et des forces telluriques et que le Dieu créateur, en dépit de son intervention positive, n'est en réalité qu'un simple figurant de dernier recours ? N'est-ce pas que des sujets portant sur l'instruction au camp initiatique est de révéler aux néophytes les croyances religieuses ancestrales à savoir la hiérarchie de ces êtres invisibles qui peuplent l'univers négro-africain et l'existence des sorciers ?

La description du vocable mystique nous a permis de spécifier le sens que nous voulions lui donner. Il s'agit de la mystique comme présence communielle avec Dieu pour une relation béatifiante. Se présentant comme un meilleur projet d'humanisation, la mystique initie au dynamisme d'action en vue d'aider l'homme africain à sortir du traumatisme biopsychique.

1.3 Mystique africaine

Les chercheurs en mystique africaine se buttent pratiquement contre une difficulté majeure à savoir, la lacune documentaire qui a constitué pendant longtemps un obstacle à son éclosion. Il nous sera donc permis, après l'examen de cette difficulté, de faire une synthèse de regard sur la question fondamentale du *contenu* en mystique africaine. Cela permet d'ailleurs de faire une approche objective et rationnelle de ce paradigme en émergence. La question de *lieu* aussi fondamentale qui indique le déplacement de centre de la réalité mystique en Afrique noire sera abordé à la troisième partie de la recherche.

Ainsi que nous l'avons déjà souligné, la lacune documentaire ne permet pas de repenser correctement la vie mystique en Afrique noire. De fait, l'absence des monographies biographiques et des expériences religieuses détaillées, comme par exemple, celui de J. Brosse intitulé *Les maîtres spirituels* exposant la vie, l'expérience et la personnalité, l'œuvre et l'enseignement de chaque mystique ou chef spirituel, plus de 130 mystiques ont été répertoriés, de l'Antiquité à nos jours, de l'Orient à l'Occident, ne remet pas en honneur l'histoire de la vie mystique en Afrique. Aucun nom des mystiques noirs n'y figure qui puisse enrichir tout naturellement l'expérience mystique dans la perspective de la présence communielle des

[1] E.-J. PENOUKOU, «Réalité africaine et salut en Jésus-Christ », in *Spiritus*, n°89, 1982, p.374.

volontés dans l'amour avec Dieu en union parfaite autour de lui et inspirer les chercheurs sur l'itinéraire suivi ou sur les étapes de la voie mystique. Ne permettant pas de remonter un peu plus loin en arrière, est-ce pour cette raison que l'Afrique noire ne réussissant pas à reconstituer son histoire mystique est placée en dernier lieu ? Nous encourageons que les recherches dans le domaine de la mystique africaine se fassent dans ce sens, ce qui fournirait un corpus de quelques figures marquantes des mystiques africains.

En effet, la tendance aujourd'hui est de reconnaître que la difficulté de la lacune documentaire n'est pas un fait insurmontable. Les témoignages concordent d'admettre que la réalité mystique est au-delà de lacune documentaire et qu'il est donc possible de trouver des renseignements valables sur la manière dont les anciens Africains se rapportaient au Dieu suprême dans certaines expressions de la vie quotidienne précisément dans les noms théophores, les proverbes, les devinettes, les contes, les textes sacrés et les mythes. Nkombe Oleko reconnaît à ce propos que «l'Afrique a accumulé au cours des siècles une somme de connaissances sur le cosmos, sur l'homme, sur la société et sur la transcendance. Ce savoir est codifié dans les textes oraux, «Les proverbes, les contes, les arts plastiques, les coutumes, etc. constituent le grand livre où nous pouvons lire cette sagesse »[1]. De fait, les bribes des prières et des chants, les récits mythiques et les cérémonies rituelles, les proverbes et les symboles qui meublent l'esprit de l'homme noir en le rapprochant davantage du lieu de la vie mystique en Afrique, sont ainsi des germes choyantes qui offrent l'avantage de la repenser honorablement. Dans «Le rôle de la légende dans la culture populaire des Noirs d'Afrique », Dadié en a fait une appréciation pertinente qui retient l'attention : «Contes et légendes sont pour nous des musées, des monuments, des plaques de rues, en sommes, nos seuls livres. Et c'est pourquoi ils occupent une si grande place dans notre existence quotidienne. Chaque soir nous les feuilletons, et nous aussi, même emportés dans le tourbillon actuel, nous raccrochons chaque soir au passé. Ce qui donne quelque force »[2].

C'est ce que nous voulions dire à notre tour à propos de ce qui est perçu comme difficulté majeure ne permettant pas qu'on repense correctement la mystique africaine. Quant au contenu, disons tout de suite que l'exigence de partir du langage religieux africain pour l'évaluation positive de la mystique africaine est proprement légitime si l'on veut qu'elle soit le lieu de régulation des instances fragilisées et devienne, pour ainsi dire, le véritable support des projets de développement intégral et solidaire de l'humanité. La légitimation de la théologie africaine semble clôturer le débat.

On ne réussira pas à démêler l'écheveau inextricable qui relie la mystique africaine aux circonstances historiques et au système religieux dans lesquels elle fait son émergence. Car, ce sont, comme l'affirme Y. Perdon, les mêmes sources notamment la tradition orale contaminée par des éléments mythiques, qui servent à construire l'histoire global des sociétés africaines, dont les religions traditionnelles sont un impact important[3]. Cependant, en faisant une synthèse de regard on se rend compte d'un profond déséquilibre des structures socioculturelles et religieuses en Afrique noire. Nous abordons ici la question du contenu.

L'histoire du continent noir que nous reprendrons un peu plus en profondeur dans la deuxième partie de la recherche, est caractérisée naturellement par la misère exponentielle de

[1] NKOMBE Oleko cité par DJONGONGELE Otsudi, art.cit., p.105.
[2] B. DADIE, «Le rôle de la légende dans la culture populaire », in *Présence Africaine,* 1957, p.165.
[3] Y. PERDON, «Pour une histoire des religions africaines », in *L'invention religieuse en Afrique. Histoire et religion en Afrique noire*, Paris, Karthala, 1993, p.21.

l'être et les menaces de son univers socio-cosmique. Pour ce qui touche à la misère de l'être, A. Samb résume en deux facteurs fondamentaux la situation de l'homme noir dans le monde. Il s'agit de la pigmentation mélanique interprétée comme un stigmate, une tare, une écharde, une flétrissure et, de surcroît, un signe même d'infériorité originelle, congénitale qui lui a valu bien des déboires, voire des drames et des tragédies et de cette mélanité, il s'est tissé une légende basée sur une prétendue malédiction divine. L'homme noir où qu'il se trouve, conclut-il, en a souffert et continue d'en pâtir[1]. L'histoire du continent noir profondément affectée, est aujourd'hui synonyme de frustrations, de contradictions, d'expériences déchirantes que le temps ne parvient même pas à guérir. Devenue comme une douloureuse épine, elle provoque certes en l'homme noir un profond malaise lorsqu'il s'agit d'entrer en contact avec la réalité qui le déracine, le prive de revenir sur lui-même et d'avoir confiance en lui, à ce qu'il est et à ce qu'il a naturellement reçu en partage. Le visage de l'Afrique contemporaine n'est pas aujourd'hui celui qui était dans les attentes des Africains d'après l'indépendance. Dès lors, la question que se pose J.-L. Amselle reprise par M. Nzanda-Buana Kalenda qui est celle de savoir si l'Afrique noire était à la fois le berceau et le tombeau de l'humanité, paraît être vraiment prémonitoire[2]. C'est pourquoi le constat obsédant ci-après, qui est partout le même, est éloquent.

> L'Afrique actuelle peut être comparée à l'homme qui descendait de Jérusalem à Jéricho, il tomba entre les mains des brigands qui le dépouillèrent, le rouèrent de coups et s'en allèrent, le laissant à demi-mort (Lc 10,30-37). L'Afrique est un continent où d'innombrables êtres humains - hommes et femmes, enfants et jeunes - sont étendus, en quelque sorte, sur le bord de la route, malades, blessés, impotents, marginalisés et abandonnés[3].

En revenant sur l'histoire du continent noir, notre propos n'est pas de faire de la mystique africaine un paradigme qui inciterait à la violence sous prétexte d'endiguer le flot de la misère qui fait aujourd'hui de l'Afrique noire berceau de l'humanité, le berceau de destruction polymorphe : violence, pauvreté, mort massive, famine, souffrance, injustices pour ne citer que ces exemples devenus de toute évidence un style de vie de l'homme noir, son destin. Ce qu'on a vécu dont on se souvient, c'est ce qui influence le futur. C'est dans le miroir de l'histoire que nous comprenons le présent et envisageons mieux l'avenir. A ce propos, K. Jaspers dit :

> Aucune réalité plus que l'histoire n'est essentielle pour la conscience que nous prenons de nous-mêmes. C'est elle qui nous livre l'horizon humain le plus large, elle qui nous transmet les valeurs traditionnelles capables de fonder notre vie, elle qui nous montre les normes à appliquer au présent. Elle nous affranchit de l'état de dépendance où nous sommes sans en avoir conscience à l'égard de notre époque, et nous apprend à voir les plus hautes possibilités et les créations inoubliables de l'homme[4].

---

[1] A. SAMB, art.cit., pp.155-157.

[2] J.-L. AMSELLE cité par M. NZANDA-Buana Kalemba, *Economie zaïroise de demain : pas de navigation à vue. Essai. Nécessite d'un modèle économique intégré*, Kinshasa, ProSDé, 1995, p.16.

[3] L. SANTEDI, «Les défis de l'évangélisation dans l'Afrique contemporaine », in *Inculturation de la vie consacrée à l'aube du troisième millénaire*, p.191.

[4] K JASPERS, *op.cit.*, p.101.

L'émergence de ce paradigme thérapeutique et promotionnel en Afrique noire est bien le symbole salutaire pour un peuple qui veut briser les ficelles qui se trament et se tirent dans l'ombre en vue de le sombrer dans le tourbillon des torrents malveillants des présupposés idéologiques. Elle est, comme dit P. Tillich, une «révolte existentielle contre la déshumanisation »[1]. Elle est, de fait, un réel projet d'humanisation. C'est dans cette perspective que l'homme africain noir prospectera la double démarche prospective que M. Ballester propose donc à tout chercheur dans ce domaine. Il s'agit de s'engager, en premier lieu, dans une recherche radicale, celle d'un but lointain et mystérieux, qui rénoverait entièrement la vie en donnant des dimensions insoupçonnées et en projetant une lumière neuve sur la réalité ordinaire et de présenter, en deuxième lieu, une méthode et un résultat d'une action harmonieuse et constructive animée par l'amour, orientée par la lumière d'une sagesse surgie de l'intérieur. Pour cela, l'homme africain s'efforcera de se défaire de l'inopportune tragédie de la petite chèvre de l'antique légende populaire. En effet, séduite par la découverte de la source d'un mystérieux parfum et condamnée dans l'errance incessante et anxieuse, la petite chèvre finit par tomber dans un précipice où elle mourut poche déchirée répandant l'arôme tant recherché. Cette légende antique, fait observer Ballester, a d'innombrables versions en bien des cultures et traditions populaires qui aboutissent toutes au même constat final : l'absurdité dramatique d'une recherche visant à transformer l'existence par un chemin trompeur, c'est-à-dire la découverte d'un trésor capable de changer en paradis la vie entière[2]. Fusionnée harmonieusement, la double démarche que propose Ballester pourrait guérir l'homme africain de la myopie qui ronge son existence en lui permettant de recueillir son arôme de dignité intrinsèque de créature merveilleuse de Dieu, trésor à reconquérir avant qu'il ne soit trop tard. En raison de dynamisme dont la mystique a toujours fait preuve partout où elle a été respectueusement articulée, elle se veut, pour ainsi dire, une nouveauté normative et référentielle, la mystique africaine paraît être la source même de l'espérance de transformation sociale profonde et de libération de l'homme noir dans toutes les dimensions de son être paupérisé : son penser, son vouloir, son parler, son agir. Il est en effet heureux, bien heureux, de reconnaître aujourd'hui que l'Afrique est le berceau du christianisme.

Nul mieux que dans son système religieux, l'homme épanche son âme, exprime ses sentiments, ses gestes et ses attitudes, anime et interprète la vie. Ainsi que le précise C.-A. Keller, «il n'existe pas de 'mystique en soi', et nous ne découvrirons nulle part une mystique 'à l'état pur'. Ce qu'on appelle couramment la 'mystique' ou 'l'expérience mystique' est en réalité toujours incorporée à un système religieux complet »[3]. Dans son système religieux, l'homme tente de revaloriser sa vocation dans le monde et de trouver les réponses aux questions fondamentales de son existence. C'est dans cette perspective que le colloque international organisé à Kinshasa du 9-14 janvier 1978 consacré au thème de religions africaines et christianisme a pu reconsidérer dans sa première partie, la vitalité et l'actualité des religions africaines. Elles sont omniprésentes et interviennent dans presque tous les domaines de la vie. Ainsi, Kabasele-Lumbala trouve révolue la guerre livrée jadis contre les religions traditionnelles

[1] P. TILLICH, *Le courage d'être* (traduit de l'allemand par F. Chapey), Paris, Casterman, 1967, p.149.

[2] D'après M. BALLISTER, *La prière qui transforme la vie. Un chemin d'intégration*, Kinshasa, Saint Paul, 1985, pp.17-18, cette légende antique de la petite chèvre a d'innombrables versions en bien des cultures et traditions populaires. Le constat final est l'absurdité dramatique d'une recherche visant à transformer l'existence par un chemin trompeur, découvrir un trésor capable de changer en paradis la voie entière.

[3] C.-A KELLER, *op.cit.*, p.141.

africaines. Car, aujourd'hui, précise-t-il, on ne parle plus de paganisme superstitieux, mais de religion traditionnelle dont on essaie de réinterpréter les différents éléments en vue de les intégrer tels quels ou avec quelque aménagement dans la foi et le culte chrétiens[1]. Dans cette même perspective, les religions traditionnelles qui ont été reconsidérées lors de l'élaboration de la théologie africaine comme l'une des sources majeures d'enrichissement de celle-ci et de la spiritualité chrétienne. C'est pourquoi on trouve, par exemple, dans les Actes du colloque de Kinshasa consacré au thème de la mystique africaine en 1992, des expressions d'une profonde gratitude à l'égard des religions traditionnelles africaines telles que la religion détermine la vision africaine du monde, elle est la clé de voûte qui consolide la structure de l'anthropologie africaine. C'est pourquoi, pour P. Sarpon, évêque de Kumasi au Ghana, la religion traditionnelle africaine qui a fortement influencé le mode de vie de l'Africain, fait naturellement partie du génie africain. Il est nécessaire de la comprendre pour l'évangélisation et pour l'avenir du continent noir[2]. L'important actuellement pour l'homme africain n'est pas de continuer à se complaire dans les illusions de son hyper religiosité mais de relancer correctement l'élan promotionnel théologico-cosmique et socio-anthropologique. En dépit du profil qu'on se fixe dans les recherches, la réalité est qu'on ne peut, de gré ou de force, échapper à la nuance à faire dans l'approche des religions traditionnelles africaines.

[1] F. KABASELE-Lumbala, *Le christianisme et l'Afrique. Une chance réciproque*, Paris, Karthala, 1993, p.54.
[2] A. SARPON cité par D. ZUAZUA, «Saint Jean de la Croix, mystique universel », p.39.

Chapitre 2

ANALYSE DE LA VIE MYSTTIQUE EN AFRIQUE

L'étude de trois essais marquant de la mystique africaine nous a permis de retrouver les traces de l'expérience mystique à travers le continent noir et de délimiter les contours de notre étude axée essentiellement sur l'élaboration dans un fond christologique d'une piste de promotion humaine. Nous devrions, à l'occasion, préciser le sens du vocable mystique dans ce travail où il s'agit de mystique comme présence communielle, de se sentir en communion des volontés avec Dieu et les uns avec les autres pour une vie de solidarité et de convivialité en Afrique noire. Nous devrions également relever la difficulté majeure que rencontrent les chercheurs dans ce domaine et tenter d'esquisser ce qui paraît être aujourd'hui le contenu de la mystique africaine. Consacré à l'analyse de la vie mystique, ce deuxième chapitre entend examiner à fond les traces retenues de l'expérience mystique. En effet, pour éviter l'accumulation d'un fatras d'éléments constitutifs de la mystique africaine qui peuvent paraître incohérents, voire superflus, nous analyserons dans un premier temps, le mythe de l'éloignement de Dieu en vue de relever les conséquences perceptibles aujourd'hui dans les structures socio-culturelles et anthropologiques. Nous reconsidérerons, dans un deuxième temps, quelques paradigmes de mystique d'identification avec les catégories spirituelles secondes relevant notamment de la médiumnité et des rites d'initiation, la mentalité *sorcelleresque* ainsi que les mouvements spiritualistes orientaux importés.

2.1 Mythe de l'éloignement de Dieu

On signale un peu partout en Afrique noire la présence de ce mythe qui raconte au sujet de Dieu absent de l'univers socio-cosmique négro-africain. D'éminents chercheurs ont abordé ce thème avec beaucoup de clarté qu'il n'est point besoin de revenir sur tous les aspects qui l'entourent. Il se pose, cependant, le problème de grille d'interprétations qui n'offre pas la possibilité de trouver le sens qui s'impose réellement et de saisir le message contenu dans ce fait religieux pour le rendre accessible à l'Afrique en crise tentaculaire. De l'Aufklärung qui verse le mythe du côté irrationnel à S. Freud qui le situe parmi les créations imaginaires collectives, P.-M. Beaude résume les diverses approches le concernant[1]. Certains chrétiens se méfient de mythes à cause de R. Bultmann qui situe son programme de démythologisation au niveau des doctrines chrétiennes. Le hiatus de proximité, c'est-à-dire l'énorme distance maintenant créée par l'absence de Dieu, devient, nous semble-t-il, l'axe ou le gond sur lequel s'interprète et s'articule la vie mystique en Afrique. Pour A. Ndaw, l'ineffable est l'essence du mythe, il dit et cache à la fois[2]. C'est ainsi que, pour mieux comprendre ce récit mythique. D. Zahan trouve la nécessité d'aller à l'encontre de ce qu'il semble suggérer de prime abord. La distance créée devient l'élément qui fonde la possibilité de la religion négro-africaine en tant que communication avec un *Deus otiosus* et un *Deus absconditus*. A ce propos, il écrit :

---

[1] P.-M. BEAUDE, «Mythe », in *Dictionnaire critique de la théologie*, Paris, PUF, 1998, pp.780-781.

[2] A. NDAW, *op.cit.*, p.218.

> L'époque de la 'religiosité' de l'homme n'est point le temps 'paradisiaque', quand Dieu vivait dans le 'village' des terriens, mais le temps d'après, quand Dieu eut perdu ses caractères terrestres et humains pour vivre éloigné de l'homme. D'ailleurs, l'éloignement de Dieu n'est pas simplement un thème mythique ; il constitue encore de nos jours une des caractéristiques majeures de la religion africaine. Beaucoup d'africanistes ont, en effet, remarqué combien le culte destiné à Dieu s'adressait, en réalité, à un être si lointain qu'il paraissait dépourvu de toute efficacité. On n'a même pas hésité de parler, à ce propos, de l'Etre Suprême comme d'un deus otiosus[1].

Qu'est-ce qui est implicitement visé dans ce récit mythique qui inciterait l'homme africain à pouvoir amorcer une véritable révolution pour sortir de l'alcôve de la misère ontologique dont il est empêtré ? Dans la perspective de notre hypothèse sur le «fait promotionnel », nous nous sommes contenté de relever à partir du contenu de deux expressions temporelles *autrefois* et *maintenant* en jeu ici, quelques traits essentiellement promotionnels. De cette façon, nous répondrons à cette question fondamentale en essayant de trouver un rapprochement entre le contenu de ces deux expressions temporelles et celui de la réalité africaine aujourd'hui. Au regard de ce qui vient d'être rappelé, il nous importe de faire une synthèse de regard sur ce renversement radical produit par la présence du Christ. En les enrichissant de nouveaux contenus, la mystique africaine se révèle incontestablement la source ultime d'où jaillit constamment l'impulsion d'humanisation. Ce faisant, Christ n'est pas pour l'homme africain, «un personnage mythique, mais, bien au contraire, historique : sa grandeur même trouve son appui dans cette historicité absolue »[2]. C'est lui, le Christ ressuscité que l'homme noir commémore.

Autrefois, c'est le temps que le présent historique ne saura mesurer. C'était la proximité de Dieu ou l'extrême contiguïté du ciel et de la terre à l'aube des temps. L'homme africain vivait en parfaite symbiose avec Dieu. En ce temps paradisiaque métahistorique, *in illo tempore*, le ciel était très proche de la terre, donc très bas qu'on pouvait le toucher de la main, voire essuyer les mains sales ou en découper les morceaux qu'on faisait cuire à l'étouffée pour faire de la soupe quand on avait faim. On pouvait se promener avec Dieu, aller lui demander de régler un différend ou de réparer une injustice. Pour d'autres variantes, la communication entre le ciel et la terre était facilitée soit par une tour de bambou, soit par un grand arbre ou une échelle, soit encore par une longue chaîne, supposés être au centre de l'univers négro-africain. En Afrique noire, les arbres, par exemple, symbolisent la présence de Dieu en relation avec l'adoration des hommes. Les arbres et les pierres sont des sanctuaires habités par des esprits[3]. Ainsi, pour B. Matip, l'arbre est un siège de la divinité, une imprimerie spatio-temporelle. Au Cameroun, par exemple, le baobab est un arbre mystérieux. C'est un livre écrit dans l'espace et dans le temps, un livre où l'on apprend les secrets de Dieu, la sagesse ancestrale et l'histoire universelle[4]. Considéré comme le siège des puissances supérieures redoutables, l'arbre joue dans le mythe *ohendo* de la naissance des jumeaux, le rôle de gardien de village et met en garde toute personne étrangère qui s'y aventure avec une mauvaise intention. Il s'agit aussi de symbole universel de

---

[1] D. ZAHAN, *Religion, spiritualité et pensée africaine*, p.32.
[2] M. ELIADE, *Mythes, rêves et mystères*, Paris, Gallimard, 1957, p.29.
[3] J. MBITI cité par B. KATO, *Pièges théologiques en Afrique*, Abidjan, CPE, 1981, p.87.
[4] B. MATIP cité par W. A. UMEZINWA, *La religion dans la littérature africaine*, pp.81-82.

la jonction du ciel et de la terre. Ses racismes cohabitent sous terre avec les ancêtres, son tronc partage les soucis des vivants et ses branches se balancent dans la demeure des esprits d'en-haut[1]. D'après les récentes découvertes dans le domaine de la phytoparapsychologie, l'homme est censé communiquer avec les végétaux et bénéficier de leur bienfaisance[2]. Nous reviendrons dans la troisième partie de la recherche sur les symbolismes de l'arbre et de l'échelle pour lesquelles la présence du Christ en Afrique enrichit de nouveaux contenus.

L'expression temporelle mythique, *autrefois*, fait vraisemblablement figure d'un véritable âge d'or caractérisé par une vie d'extrême proximité primordiale entre le ciel et la terre, une vie d'entente et de paix entre les cohabitants et de plénitude. D'après certaines variantes de ce mythe, les animaux vivaient en parfaite entente entre eux et les hommes comprenaient leur langue. La vie en famille était idyllique. Le mal et la mort n'existaient pas. Les hommes ne travaillaient point, ils trouvaient à la portée de main une nourriture abondante. Les produits des champs se semaient tout seuls, et tous les travaux se faisaient d'eux-mêmes[3]. L'image de Dieu est ici celle d'un bon Père entretenant des relations de proximité miséricordieuse et salvatrice, de spontanéité, de totale dépendance et de liberté avec les terriens. Mais *maintenant*, c'est le retrait de Dieu et la condition actuelle qui en est la conséquence. Les nombreux vestiges de ce récit racontent qu'à la suite d'un événement mythique, cette étape paradisiaque aurait carrément pris fin. Profondément indigné par le comportement inconvenant, il s'agit de la désobéissance à ses ordres, Dieu qui a vécu au commencement parmi les hommes s'est maintenant éloigné d'eux en se retirant dans sa demeure au ciel invisible en grondant ou en proférant des menaces. D. Zahan parle d'«incidents entre cohabitants »[4]. Et, avec humour, L.-V. Thomas et R. Luneau insinuent que «les affrontements font partie de la réalité de la vie sociale »[5]. En se retirant, Dieu a-t-il voulu selon l'exigence de la perfection de son être, dénoncer l'absurdité du comportement irrespectueux et conflictuel de l'homme ? La rupture brutale de proximité béatifiante avec son créateur qui semble être irrémédiable aux yeux de l'homme africain, s'est traduit à cause justement de la perte des prérogatives qu'il avait autrefois, et, comme l'a bien montré M. Eliade, en «une mutation ontologique de sa propre condition qu'en une rupture cosmique »[6]. On notera évidemment la valeur du nouveau nom qu'on donne à l'initié qui constitue une expérience décisive où s'opère un changement de statut ontologique, conférant une manière d'être au monde en référant aux ancêtres[7]. Et R. Jaouen de renchérir, «tout commence en théologie et tout finit en anthropologie »[8], dès lors que l'homme s'est ennuyé de la présence miséricordieuse de Dieu. Comme on s'en aperçoit, cette rupture de

---

[1] C. M. FAÏK-NZUJI, *La puissance du sacré. L'homme, la nature et l'art en Afrique*, p.39. Ce mythe pense que Losa, l'aîné des esprits est à l'origine de toute l'existence. Sur un siège amovible à deux pieds appelés akomosa, il lança des crachats d'où jaillirent, une à une, des créatures de toutes les espèces. Avant lui rien n'existait. Akomasa, le siège d'où le Créateur procéda à la création, était un arbre géant. Comme du doigt, chacune de ses racines pointait d'en haut un village. Il surplombait les champs et les toits des maisons.

[2] Cf. MAKANZU Mavumilusa, *Quand Dieu te gène...*, t.1., Wuppertal, VEM, 1985, pp.183-184. Ces récentes découvertes ont été réalisées par C. Backster, expert et spécialiste de la détection des mensonges.

[3] Cf. M. ELIADE, *Mythes, rêve et mystères*, pp.78-79. Voir aussi E. DAMMANN, *Les religions de l'Afrique*, (traduit de l'allemand par L. Jospin), Paris, Payot, 1978, pp.86-87. En Ethiopie du sud, on parle même du bon vieux temps où tous les animaux ressemblaient aux hommes et pouvaient parler. Le lion s'absentait de tuer le bœuf.

[4] D. ZAHAN, *Religion, spiritualité et pensée africaine*, p.31.

[5] L.-V. THOMAS et R. LUNEAU cités, *ibid.*, p.38.

[6] M. ELIADE, *Mythes, rêves et mystères*, p.80.

[7] K. BLASER, *Repères pour la mission chrétienne. Cinq siècles de tradition missionnaire. Perspectives œcuméniques*, Paris, Cerf, 2000, p.280.

[8] R. JOUEN cité par E. MESSI METOGO, *op.cit.*, p.373.

proximité brise l'harmonie entre l'homme et le cosmos. E. Dammann croit trouver l'équivalence de ce mythe des plus importants pour le continent noir dans la notion de chute figurant dans la religion chrétienne, rapprochement qui, selon D. Zahan, ne se justifie pas. On ne peut, pour lui, considérer une action en deux temps, vie paradisiaque-chute. Cette séparation constitue tout simplement pour lui, «le moyen terme permettant à la pensée de saisir la communication entre ces réalités. Pour qu'un dialogue puisse s'établir entre elles, la 'distance' devient indispensable. La pensée, en effet, ne peut justifier l'existence des intermédiaires qu'à partir du moment où une solution de continuité sépare les correspondants »[1]. On ne peut pas trouver le rapprochement perceptible entre ce récit mythique et le récit biblique qui raconte la rupture d'harmonie avec Dieu et avec l'environnement, car en voulant justement s'émanciper, l'homme tenta de gommer Dieu de sa présence. L'homme délaissé par Dieu devant les problèmes et les incertitudes de la vie, crée la religion qui, selon L. S. Senghor, est «un essai de réponse et de solution ; le saut métaphysique pour combler le hiatus : le lien qui unit l'homme à Dieu, c'est-à-dire l'invisible, à l'éternité »[2]. Ce récit fait-il indistinctement allusion à l'ordre de la création et de la chute ignorant, de toute évidence, celui de la rédemption ? Ce qui est vrai, qu'on ne saura pas déterminer, c'est la durée de ce temps paradisiaque. La mort avec son cortège des désordres ne permet pas toujours à l'homme d'expérimenter la plénitude de vie ; car il n'y a que des récits de catastrophes, de meurtres, de crimes sexuels, de violences, de guerres, de troubles mentaux, etc.

In illo tempore, l'époque paradisiaque caractérisée par des privilèges énormes dont jouissait l'homme africain à côté de son créateur est commune à toutes les variantes de ce récit mythique. Il est, en effet, important de revenir sur quelques traits retenus comme des conséquences qui déshumanisent les structures socioreligieuses et anthropologiques en Afrique. La rupture irrémédiable de proximité béatifiante dont la femme porte la lourde responsabilité par rapport à son conjoint à cause de sa conduite insupportable envers Dieu et les conséquences qui en découlent sont perceptibles dans le quotidien du Négro-africain : menaces constantes de son univers socio-cosmique et profonde paupérisation ontologique. Les poètes-voyants des fang-Beti la racontaient sous forme de chant, en disant : «Ils adoptaient la lyre enchanteresse et racontaient le monde en mélodies. Leurs cosmogonies chantaient la création de l'homme [...], la nostalgie du premier paradis et le drame de la rupture, quand l'homme insulta Dieu »[3]. En avoir connaissance, c'est reconnaître au-delà des déboires que le Négro-africain a subits tout au long de l'histoire, la possibilité de relèvement. N'est-ce pas que la jeune fille qui pilait le mil, qualifiée de méchante, qui fait tout à l'envers, selon les Guiziga du Nord-Cameroun, déplore déjà le désordre qui règne dans le monde après ce retrait de Dieu ? Voici quelques explications de ce fait socioreligieux qui peuvent inciter l'homme africain à amorcer la véritable révolution relative au grand projet du salut de Dieu sur lui-même et sur son univers cosmique :

a. Chez les Bua (Congo), Dieu, voûte céleste, était si proche de la terre qu'on pouvait le toucher de la main, c'était le bonheur, la paix, l'abondance. Mais un jour, une femme portant sur sa tête une charge de bois qui touchait à la voûte pria Dieu avec humeur de se soulever un peu. Dieu accéda à son désir, monta très haut, et depuis lors laissa les hommes en butte aux puissances

---

[1]D. ZAHAN, Religion, spiritualité et pensée africaine, p.31. Pour MBITI cité par E. BOLAJI Idowu, «Dieu », in *Pour une théologie africaine. Rencontre des théologiens africains Ibadan*, Yaoundé, Clé, 1969, p.42, ces mythes expriment soit la chute, soit la transcendance de Dieu ; mais son immanence n'est pas inconnue.

[2] L. S. SENGHOR cité par W. A. UMEZINWA, *La religion dans la littérature africaine*, p.80.

[3] Cf. W. A. UMEZINWA, *La religion dans la littérature africaine*, p.80. Selon B. Bureau, cette insulte consisterait chez le peuple Douala au Cameroun au fait que les riches voulaient corrompre Dieu pour gagner leur procès.

inférieures, sans plus intervenir dans leur vie. La seconde variante est enregistrée chez les Peuls[1].

b. Dans les villages, racontent les Yansi (Congo), la mort décimait les hommes. Après chaque décès, on entendait des cris perçants car *Ngwilmpwu* vient de tuer soit un enfant, soit un des parents, soit encore un frère. Un jour, les ancêtres de Makwa décidèrent de le saisir et de le tuer à son tour. Les hommes de Düm, Kamban, Nganda et de Mankiok se rassemblaient à la lisère d'une forêt, portant chacun ses armes. Ils attendirent longtemps, mais *Ngwilmpwu* ne venait pas. Certains combattants commençaient à tomber, d'autres mouraient subitement. Comme *Ngwilmpwu* ne venait toujours pas et qu'ils ne voyaient que des morts, les ancêtres se découragèrent et rentrèrent en colère dans leurs villages[2].

c. La version pygmée de mythe, qui est proche de celle que donnent les Rwandais, met l'accent sur les conséquences produites par l'absence de Dieu : le bonheur, la paix et les besoins fondamentaux de la vie qui s'offraient spontanément à l'homme, l'eau, les fruits, le gibier et tous les aliments disparaissaient. C'est après un travail pénible que l'homme doit gagner sa subsistance loin de Dieu. La mort, en effet, leur fit envoyer en punition[3].

d. Sous l'instigation d'une femme chef *teke* (Congo) qui regroupa tous les gens du village près du camp *Banku* l'on entreprit la construction d'une maison d'une grande hauteur qui toucherait le ciel, la résidence de Dieu, le maître suprême pour prendre le grand tambour qui résonne au ciel. Quand je battrai ce grand tambour, dit-elle, là, ils sauront que je suis la plus grande femme chef ici sur la terre, moi seule chef la plus puissante du monde. Arrivés à une grande hauteur vertigineuse, Dieu vit que ces gens montèrent avec élan, il fit écrouler leur construction et tout tomba[4].

e. Les Luba (Congo) racontent que Dieu, créateur et bienfaiteur de l'homme, se révéla à eux sous la forme d'un poisson. Reprenant une forme humaine, il adopta l'homme et le prit pour compagnon. Un jour l'homme ingrat dit à Dieu : je t'ai connu au jour où tu n'étais qu'un poisson. Dieu déçu se sépara de l'homme pour toujours[5].

f. La version burundaise insinue l'injustice de Dieu. Dieu qui créa les enfants des hommes, un jour survint un enfant mal formé. Les hommes se révoltèrent et furent précipités du ciel[6].

En revenant sur ces six explications, nous voudrions relever quelques conséquences qui semblent être la cause du désordre aujourd'hui perceptible dans l'univers négro-africain. Comme première conséquence, l'homme africain est laissé en butte aux nombreuses puissances spirituelles inférieures qui peuplent son univers sans que Dieu intervienne dans sa vie. La relation qu'il entretient maintenant avec Dieu est paradoxale que l'est sa figure : un Deus otiosus ou un Deus absconditus, un Dieu appréhendé dans le paradoxe même du lointain-proche, de l'absent-présent[7]. Dieu perd toute sa réalité et son actualité religieuse quasi confisquées par la présence d'innombrables catégories spirituelles inférieures. Ainsi que le chantent les Fang, «Dieu (Nzame) est en haut, l'homme en bas. Dieu c'est Dieu, l'homme c'est l'homme. Chacun

---

[1] Citée par R. P. GUENOT cette variante a été reprise par L.-V. THOMAS et R. LUNEAU, *op.cit.*, p.92.
[2] Citée par H. VAN ROY cette variante a été reprise par E. MESSI METOGO, *op.cit.*, p.41.
[3] Cf. P. SCHEBESTA repris par L.-V. THOMAS et R. LUNEAU, *op.cit.*, p.93.
[4] Citée par H. VAN ROY, cette variante est reprise ici par P. DE MEESTER, *Où va l'Eglise d'Afrique ? En marge des centenaires de l'évangélisation*, Paris, Cerf, 1980, p.85.
[5] P. DE MEESTER, *op.cit.*, p.84.
[6] *Ibid.*
[7] A. BOULANGER, «Religions d'Afrique noire », in *Dictionnaire des religions*, Paris, PUF, 1984, p.12.

chez soi, chacun dans sa maison »[1]. «Chacun chez soi », «chacun dans sa maison », ce sont bien là indistinctement les expressions d'une profonde désolation de l'homme africain qui est sans doute devenu le réceptacle de ces catégories spirituelles inférieures et l'objet d'humuliations les plus diverses. Il endure l'éloignement de Dieu. Dès lors, on se demande pour savoir si la prière formulée par l'homo religiosus négro-africain n'importe où et dans n'importe quelle circonstance pour le renforcement de son équilibre vital en vient réellement «au contact extrêmement personnel avec Dieu, d'où découle une certitude inébranlable de salut, une réconciliation avec l'être, une joie transcendantale, unie à la compassion pour toute douleur et inhumanité »[2]. C'est ainsi qu'en cherchant à découvrir à la suite de L.-V. Thomas et R. Luneau le «pourquoi », c'est-à-dire la nature de la prière négro-africaine, où il s'agit de déterminer la finalité et l'intentionnalité, E. Messi Metogo fait l'observation suivante : «Le caractère pragmatique et contractuel de ces prières, le peu de place qu'y occupent la louange, l'action de grâce et l'espérance de l'au-delà, montrent bien que c'est l'homme qui est au centre de la vie religieuse, mettant le Dieu ou les dieux secondaires en mouvement autour de lui et proposant offrandes et sacrifices contre services réels »[3].

La deuxième conséquence découle de l'attitude d'hostilité et d'indifférence à l'égard du Dieu suprême placé au sommet de la pyramide de nombreuses catégories spirituelles intermédiaires. Selon J. F. Thiel, *Ngwilmpwu* (Dieu) chez les Yansi, est conçu différemment par rapport au Dieu de la Bible, transcendant et immanent *Ngwilmpwu* ne fait pas partie intégrante du système humain. Bien qu'il soit le créateur de tout et de tous, il s'occupe peu de la vie de ses créatures qui se déroule sans son secours. Aucun culte ne lui est rendu, aucun objet artistique ne le représente. Les ancêtres le considéraient comme un esprit dur et inaccessible. Transcendant, inaccessible et intouchable, *Ngwilmpwu* n'écoute pas les demandes ; il ne vient que pour exterminer les hommes[4]. Pour avoir perdu ses caractères anthropomorphiques, le Dieu transcendant, intouchable et inaccessible, ne vient que pour l'extermination des hommes qu'il a créés.

La troisième conséquence relève de la manifestation de la folle ambition dès l'aube des temps de réaliser l'identité profonde ou l'ascension sociale et humaine en Afrique noire sans Dieu. L'entreprise n'a pas abouti, elle a échoué car Dieu est descendu pour brouiller, comme dans Gn 11, la tentative orgueilleuse de l'homme africain d'assurer sans lui l'impérialisme politico-religieux et la domination socio-cosmique. Le parcours que l'homo religiosus africain réalise maintenant dans sa quête du sacré, lui est généralement hostile. En se repliant sur lui-même, il surgit avec force, d'après C. M. Faïk-Nzuji, l'angoisse et le désarroi, la conscience de sa petitesse et de son incapacité de cheminer seul. Redoutant les aspects inexplicables de la nature à cause de l'inaccessibilité de Dieu, l'Africain se forge des alliés ou des intermédiaires qu'il trouve, en premier lieu, dans son propre corps comme objet physique, spatial, en mouvement et vecteur du verbe, et, en second lieu, dans les éléments de la création originelle moins fragiles et de constance devant laquelle il puisse se concentrer et trouver des symboles

[1]M. ELIADE, Mythes, rêves et mystères, p.169.
[2] J.J. SANCHEZ, « Mot d'accueil », in *La prière africaine*, p.9.
[3] E. MESSI METOGO, *op.cit.*, p.50.
[4] J. F. THIEL, *La situation religieuse des Mbiem, Bandundu, Centre d'Etudes Ethnologiques*, 1972, p.57. Pour les Yansi, Ngwilmpwu ne communique pas avec les hommes, même dans les rêves. Il n'y a donc ni révélation directe, ni par des intermédiaires.

(objets d'art)[1]. Voilà qui justifie la présence des pratiques et rites mystiques qui ne fournissent pas naturellement une explication rationnelle et objective. Pourquoi élude-t-on le plus fréquemment de procéder à l'évaluation de ce qui est manifestement perçu comme conséquences de ce récit qui raconte le Dieu créateur éloigné de l'homme traditionnel africain ? Si, en effet, D. Zahan reconnaît que tout ce qui entoure l'homme africain, les êtres et les choses ne sont que des éléments intermédiaires qui rendent possible un contact restauré avec le ciel, on comprend incontestablement que ce mythe de l'absence de Dieu revêt en lui un caractère dépréciatif de sa religion et paralyse, pour ainsi dire, l'épanouissement intégral de l'homo religiosus africain. A ce propos, D. Zahan écrit :

> Les choses et les êtres ne sont pas un obstacle à la connaissance de Dieu ; elles constituent au contraire, des signifiants, des indices révélateurs du divin. Ainsi, une sorte de message s'établit-il entre le 'haut' et le 'bas' au moyen d'éléments intermédiaires [...] La contigüité des deux mondes est si fâcheuse qu'elle gêne parfois les humains dans leur croissance ou dans leurs activités ; les femmes, surtout, ne peuvent pas piler leur grain sans porter des coups inconvenants au ciel ; ces rapports de voisinage se terminent, finalement, par le courroux du ciel qui, vexé par des coups de pilon des femmes, décide de s'éloigner de la terre[2].

Ce qui est vrai, c'est le fait que l'activité de l'homme après le retrait de Dieu considérée par R. Jaouen comme une véritable révolution, la condition même de la naissance de l'homme, au lieu de continuer à tendre la main vers le ciel, il se tourne vers la terre, choisit les graines qu'il va manger et fabrique des outils, car la proximité de Dieu ne correspond pas tout à fait à l'âge d'or[3], n'aboutit jamais en Afrique. L'homme noir qui endure passivement les clapotis des influences maléfiques, est de fait contraint de rester davantage courbé, plié, donc, incomplètement développé comme un enfant dans le fœtus de sa mère[4]. Il continue à gérer de gré ou de force l'agonie exponentielle de l'être qui est aujourd'hui hyper médiatisée plutôt que de la combattre. Il continue à tendre la main vers l'au-delà négro-africain, domaine de Dieu et des ancêtres, pour lui venir en aide sans pourtant tenir le haut du pavé. De fait, la véritable révolution signifie pour l'homme africain noir le rapprochement du ciel d'innombrables divinités intermédiaires censés intervenir dans sa vie concrète, de sorciers, de féticheurs et de génies qu'il croit avoir été délégués par l'Etre suprême pour prendre soin de lui et le guider dans sa quête du mieux-être. Nous ajouterons à ce point de vue la dynamique de l'interrelation médiatisée du monde animal, végétal et minéral[5]. Comment expliquer le fait que l'Africain, après avoir chassé Dieu de sa sphère, n'arrive pas à développer son milieu ? La question n'emporte pour l'instant aucune réponse définitive. Ce qui est plus frappant, c'est que l'Africain est un être qui veut toujours vivre en présence de l'autre. C'est pourquoi le souffle des ancêtres est partout ressenti. Les morts se mêlent dans toute l'activité humaine. Ils gardent les enfants qui jouent. Ils sont dans la maison avec la famille, ils sont côtoyés dans les champs, le marigot et le marché. Ils sont présents dans les bureaux[6]. L'Africain prétend vivre dans un réseau de relations solidaires avec les êtres visibles et invisibles de la nature. Comme l'affirme F.-M. Lufuluabo,

---

[1] C. M. FAÏK-NZUJI, *La puissance du sacré. L'homme, la nature et l'art en Afrique noire*, pp.22-23.
[2] D. ZAHAN, *Religion, spiritualité et pensée africaine*, pp.30-31.
[3] R. JAOEUN cité par E. MESSI METOGO, *op.cit.*, p.39.
[4] *Ibid.*
[5] C. M. FAÏK-NZUJI, *La puissance du sacré. L'homme, la nature et l'art en Afrique noire*, p.89.
[6] MONGO BETI cité par W. A. UMEZNWA, *La religion dans la littérature africaine*, p.84.

«l'Africain ne se sent jamais seul ; il vit dans une ambiance de présence, soit des êtres visibles qui l'entourent, soit des ancêtres. La solitude pour lui, serait comparable à la mort, au néant. Il a conscience que rien de ce qu'il fait, n'est vraiment et entièrement secret, et que toutes ses actions, bonnes ou mauvaises, ont une répercussion sur la communauté dont il est un des membres. L'Africain est un être qui 'vit avec' »[1].

La véritable révolution signifie aussi pour l'homme africain, le rapprochement du monde où il se retrouve tout désemparé en faveur de l'homme blanc, le « fils des dieux », doté seul de l'esprit de créativité et de puissance de manipulation des symboles dont il enrichit de contenus vraiment promotionnels. L'homme blanc réalise en tout point le mandat divin. Un nouveau mythe, cependant, qu'on pourrait appeler faute de mieux, le «mythe de retour à l'Eden de Dieu » gagne davantage du terrain dans la conscience de l'homme africain. L'Occident qui «draine à sa suite des siècles d'exploitations économiques et d'agressions armées »[2], est aujourd'hui aux yeux de l'Africain le monopole du bien ou plutôt l'oasis d'humanisation. Il est pratiquement difficile de savoir apprécier la signification de ce mythe dans la conscience d'un peuple meurtri par la fameuse thèse de son psychisme sommaire qui l'aurait congénitalement rendu incapable d'abstraction, conduisant à la connaissance scientifique, produit de l'orgueil ethnocentrique. L'Africain noir est condamné à la fuite et à l'errance quelquefois mal payées, mort violente dans des naufrages et expulsions humiliantes, éloigné de là où il est en harmonie avec lui-même.

Un autre fait déconcertant qu'il faudra rappeler ici provient, naturellement, de la «confiance dans des forces invisibles qui ne permettent pas toujours à la vie de se déployer dans toute sa force et dans toute sa splendeur »[3] en Afrique noire. C'est pourquoi, dans *Le droit de l'homme à l'existence. Au regard de la métaphysique négro-africaine*, ouvrage qui est une réflexion critique sur le devenir du continent africain, Dialembonkebi Diebo Makani-Ma-Nsi met l'accent sur les faiblesses qui sont le lieu d'aliénation de l'homme africain contemporain et l'empêchent de jouir des apports de la techno-science. Il s'agit des pratiques liées à la métaphysique traditionnelle, tels que la sorcellerie, le culte des ancêtres et des morts, la consultation des défunts, des féticheurs et le fait de vouloir rester accroché à une idéologie rétrograde. Toutes ces pratiques, semble-t-il, sont un frein pour tous les efforts d'autodétermination et de promotion intégrale. Pour lui donc, la crise que connaît le continent africain est, avant tout, liée au refus de l'Africain lui-même de se libérer au sens qu'il se complaît dans la misère morale, économique, sociale et culturelle[4]. De ce point de vue, l'exploit de l'homme africain ne s'accomplit pleinement que dans le maintenant de rapprochement harmonieux entre le ciel et la terre, consolidé par la présence communielle de Dieu, le *Ikejiani* des Ibo, c'est-à-dire le pouvoir qui tient en équilibre la planète terre, dirige et conserve tout[5]. Les

---

[1] F.-M. LUFULUABO, «Mentalité religieuse africaine et christianisme », p.91. Propos tiré de l'intervention de F. DEBUYS

[2] Propos tiré de l'intervention de F. DEBUYST dans le Bulletin d'Entraide et Fraternité, novembre-décembre 2001. Il remet en mémoire les défis que révèle l'étude de la mondialisation en dénonçant le, poids de la pauvreté et en reconnaissant les valeurs de dignité et d'esprit solidaire pour un dépassement. Il rejette les amalgames et toute forme de défense d'un Occident qui voudrait affirmer une supériorité morale face aux autres peuples culturelle et de tous les groupes sociaux.

[3] KA MANA, La nouvelle évangélisation en Afrique, p.122.

[4] DIALEMBONKEBI Diebo Makani-Ma-Nsi, *Le droit de l'homme à l'existence. Au regard de la métaphysique négro-africaine*, Kinshasa, Lokole, 1988.

[5] W. A. UMEZINWA, *La religion dans la littérature africaine*, p.79.

Lugbara croient justement qu'il est dangereux que Dieu s'approche trop des hommes, mais s'il est trop éloigné, l'ordre du monde est dérangé[1].

En effet, il est pratiquement difficile de trouver pour ce mythe une explication qui soit une source d'inspiration valable pour tous. Incontestablement, ce récit mythique reste aujourd'hui le commentaire verbal du contenu de la réalité africaine. Les croyances et pratiques religieuses traditionnelles l'actualisent. S'inscrivant dans la logique du bonheur paradisiaque, d'un ordre nouveau des choses, les candidats expérimentent collectivement, le *mosingo* comme mouvement socioreligieux pratiqué chez les Ngombe (Congo), est un exemple qui donne une impression beaucoup plus réelle. Couchés sur le sol, les initiés au *mosingo* sont contraints de fixer les regards sur l'irradiation diurne du soleil trois heures durant, de 9 à 12heures. On verse à chaque initié sept gouttes de liquide dans les yeux, liquide obtenu grâce à l'écrasement des feuilles de certaines plantes hallucinatoires. Ces gouttes au pouvoir métaphysique et la forte luminosité éblouissante, réveillent le sentiment nostalgique de la belle époque, de l'époque paradisiaque métahistorique. Après l'alignement superposé de deux luminaires majeurs, le soleil et la lune, leur éloignement permet au disque lunaire de se scinder en deux parties. Si on en croit C. Rivière, la lune est un symbole social de fécondité, de féminité et de régime nocturne.[2] *Nalusi busa*, s'écrie chaque néophyte. Cette expression de l'élévation mystique signifie littéralement, j'ai transpercé le ciel, je viens d'expérimenter les réalités invisibles. Il réapparaît toute la beauté paradisiaque et tous les mystères de l'utopie africaine. On peut parler de la mystique du bonheur paradisiaque d'autrefois. Tout ce qui constitue ce bonheur paradisiaque reste fort malheureusement enveloppé de mystères. L'Africain aspire au bonheur, il veut lui aussi être heureux. Sollicitant plutôt le changement d'attitude et d'aptitude mais non une recherche sans conscience du bonheur ou un modèle de relation à imiter, ce mythe ne peut dans cette perspective être un simple récit fantasmagorique, une catégorie de discours faux où il n'y a aucune réalité mystique. Il s'agit, en effet, pour reprendre l'expression d'Aristote, d'«une tentative, alternative à la philosophie, pour dépasser l'ignorance »[3]. En réussissant à transformer l'extrême distance en proximité béatifiante, ce mythe est, dans le fond, une tentative, alternative à l'expérimentation d'une relation tripolaire cosmothéandrique, pour surmonter l'afro-pessimisme fataliste. Sa structure dérivée, prévisionnelle et spéculative, fait de ce récit mythique, un miroir où l'Africain s'essaiera de découvrir son *dya*, son identité véritable tel que l'Esprit de Dieu le dévoile pertinemment à son esprit. Ainsi, dans la trame de la pensée africaine, ce récit mythique doit être naturellement pris, comme tous les autres, au sens d'une «structure de connaissance englobant la totalité du savoir que l'homme peut avoir sur lui-même et sur son environnement »[4].

En évoquant ce mythe négro-africain, notre intention n'est pas de préconiser une approche remythologisante qui tente de retrouver ce qui, à la lumière du processus d'idéologisation incorporant des mythes dans la modernité, restaurerait la plénitude primordiale perdue à la suite d'un événement mythique, de frustrations historiques ou spirituelles[5]. Notre

---

[1] E. BOLAJI Idowu «Dieu », in *Pour une théologie africaine*, p.42.
[2] C. RIVIERE, «Symbole social », in *Dictionnaire de sociologie*, Paris, Club France Loisirs, 1988, p.230.
[3] ARISTOTE cité par N. SPINETO, «Mythe » (traduit de l'Italien par P. Michel), in *Encyclopédie des religions*, t.2, p.2209.
[4] A. NDAW, *op.cit.*, p.95.
[5] Cf. C. RIVIERE, *op.cit.*, p.67. Il reconnaît le processus d'idéologisation incorporant des mythes : mythe de la science, substitut de la révélation, mythe de la transcendance des pouvoirs, mythe de l'individu comme exaltation réactionnelle et recyclage d'une subjectivité longtemps écrasée par les exigences du surmoi, mythe du changement

intention de fond est de proposer à l'homme africain de faire une relecture existentielle de ce mythe qui lui redonnerait la possibilité de réinventer des institutions véritablement promotionnelles. Si jusqu'ici, l'angoisse de l'être n'est pas muette en Afrique noire, tout porte donc légitimement à croire que le temps de repenser ce mythe comme langage paradisiaque fondamental pour la naissance d'un peuple, n'est pas révolu. Ce fait est fondamental car la révolution promotionnelle ne s'acquiert pas uniquement en l'absence du Dieu créateur mais aussi et surtout en sa présence, en communion harmonieuse avec lui, l'architecte par excellence. Dès lors, il s'ouvre le chemin d'intégration dans le grand projet de Dieu d'humanisation du continent noir. Bien que l'homme soit une «créature en qui Dieu a mis 'beaucoup de lui-même' »[1], la finitude de sa nature limitée fait qu'il ne soit pas sa propre référence. Il doit s'ouvrir à Dieu et vivre sous sa conduite. Nous dénonçons, cependant, l'attitude négro-africaine d'une dépendance velléitaire et celle reposant sur des réalités qui ne rendent pas toute la totalité du nom de Dieu. Ecartelé entre les exigences fondamentales de la raison scientifique et du désir ardent de pouvoir surmonter les énigmes de la réalité africaine, ce mythe régulateur relève d'une mystique de relation solidaire et cosmique, verticale et horizontale. Ce mythe qui s'inspire de l'action pneumatique de Dieu bien connue, racontera le Dieu omni dans la figure d'un Deus incarnatus. C'est ainsi que, pour Bimwenyi Kweshi, la présence de Dieu qui est coexistensive à la totalité du temps de la créature rend en quelque sorte théophanique cette totalité du temps - le passé, le présent et le futur - comme chacune de ses dimensions. Cette relation filiale harmonieuse est perçue clairement dans l'expérience religieuse traditionnelle africaine. Dans «L'expérience religieuse négro-africaine traditionnelle », Bimwenyi Kweshi relève un aspect fondamental dans l'effort africain de vouloir surmonter l'angoisse de l'être. Après avoir parlé de deux approches complémentaires, l'œcuménique qui envisage le nouveau type de relation diabolique et irénique et le kérygmatique qui vise à proclamer dans le respect de l'autre, le mystère du salut tel que réalisé par et dans le Christ, il aborde de façon remarquable cet aspect fondamental qu'il appelle «expérience du Bunàtootu ». Pour lui, le muntu, l'être humain s'éprouve dans le monde, quel que soit son âge biologique ou social comme un enfant maladroit dans l'univers, un tâtonneur. Essuyant les larmes de ses échecs, il ignore le code de l'ordinateur cosmique et de la grande machine à engrenages multiples où il est embarqué. Il est face à Dieu qui sait tout et peut tout. Il apprend toujours l'a b c de lui-même et de l'univers, sans en venir à bout[2]. On trouve cette idée plus clairement exprimée chez le forgeron[3] de la société traditionnelle malienne, ce qui paraît être la dépendance béatifiante de l'homme africain noir et surtout la relation filiale harmonieuse avec l'Etre suprême. En saisissant le manteau, il frappait légèrement l'enclume en comparant celle-ci à la femme, et le marteau à l'homme. Il disait : «Je ne suis pas Maa Ngala (Dieu), je suis son représentant ; c'est lui qui crée, et non moi... Puis, il

---

perpétuel, parodie de la révolution, mythe de l'immoralité qui soutient les expériences de cryogénisation des cadavres. On reconnaît de grandes figures notamment, Orphée et Œdipe, Don Juan et Faust. C'est dire que le temps pour repenser les mythes n'est pas révolu.

[1] P. CLEMENT, V. LAUZET, G. MARY et al, *op.cit.*, p.68.

[2] O. BIMWENYI Kweshi, «L'expérience religieuse négro-africaine traditionnelle », in *Inculturation à la vie consacrée. Actes du cinquième colloque international*, Kinshasa, Carmerl Afrique, 1998, pp.37-38.

[3] Cf. Pour LEMA Gwete, «Essai sur la dimension religieuse de l'art négro-africain. Référence à la structure traditionnelle au Zaïre », in *Art religieux africain*, p.75, le forgeron est sculpteur par excellence, personnage important, investi de multiples pouvoirs à la fois profanes et mystiques.

(prenait) l'eau ou un œuf, et en faisait don à l'enclume en disant : voici ta dot... »[1]. En relisant dans la perspective de développement cette relation harmonieuse de l'homme traditionnel africain avec Dieu et son métier, F. Kabasele Lumbala fait le commentaire suivant:

> Le métier et le travail qui s'y accomplissait, n'étaient pas d'abord un gagne-pain, mais bien un lieu où l'être humain se mettait en communion avec l'au-delà et avec le monde présent (les hommes et la nature). Il est relativement facile de comprendre comment le travail nous lie aux autres hommes et à la nature, mais la relation de l'au-delà est encore plus importante : dans le travail, il y a transformation de l'univers, et donc 'recréation', reproduction de l'œuvre de Dieu qui a créé. Le métier était une chose 'sacrée'. Pour mener tout travail à terre, il fallait qu'il soit en harmonie avec le Créateur... Si la transformation du monde est faite par la domination de l'univers, cette transformation conduit aux impasses que nous connaissons aujourd'hui dans la technologie occidentale. Si elle est faite dans l'esprit africain, orientée d'abord vers la communion avec l'univers, et tendant à 'déchiffrer' son mystère et non à le 'dévoiler', pour y découvrir les chemins de la mort et ceux de la vie, alors la transformation opérée construit l'homme et l'univers, car elle se fait dans l'harmonie 'Dévoiler' le monde, pour la satisfaction des appétits de l'homme, finit par déshumaniser la science et la technologie[2].

2.2 Mystique d'identification

On ne peut, en effet, parler de promotion humaine en Afrique noire sans préalablement repenser correctement l'être concret irréductible[3] de l'homo africanus. C'est dans la culture et la religion négro-africaines qu'on retrouve les éléments constitutifs marqueurs d'identité : langues, coutumes, manifestations culturelles, croyances et pratiques religieuses. Le sentiment de frustration à l'égard d'agressions socioculturelles et religieuses subies au cours de l'histoire humaine, c'est-à-dire la déformation de la spécificité africaine a été à «l'origine du cri de révolte lancée par l'élite intellectuelle africaine qui entendait désormais affirmer que l'homme africain existe, qu'il a une identité irréductible et qu'on ne saurait en faire une copie du colonisateur »[4]. Sans doute, critique-t-on les concepts mentaux utilisés par beaucoup de savants occidentaux pour identifier les Africains, concepts qui ne font que perpétuer la division de la race humaine. Dans la perspective de la controverse sur l'œuvre missionnaire, F. Eboussi Boulaga «connu pour ses prises de position sans pitié »[5], remet en cause le christianisme missionnaire. A partir de deux opinions qui se confrontent, l'un négatif et l'autre positif, il reconnaît en l'homme africain un sujet historique ayant la capacité d'autodétermination. Le christianisme entre ainsi pertinemment dans une nouvelle configuration où il s'agit maintenant de le réinterpréter, de le refaçonner, de le détruire ou de le rejeter pour un christianisme à la mode africaine qui répond à

---

[1] A. HÂMPATE BÂ repris par F. KABASELE Lumbala, *Le christianisme et l'Afrique. Une chance réciproque*, p.33.

[2]F. KABASELE Lumbala, *Le christianisme et l'Afrique. Une chance réciproque*, p.33.

[3] Pour F. EBOUSSI BOULAGA, «L'Africain chrétien à la recherche de son identité », in *Concilium*, n°126,1977, pp.46-47. L'identité est une détermination pure, une catégorie de l'entendement qui pense l'être concret comme rapport à soi et coïncidence avec soi.

[4] J.-P. THUSTERE-TCHICAYA, «De l'identité culturelle », in *L'affirmation de l'identité et la formation de la conscience nationale dans l'Afrique contemporaine*, p.207.

[5] K. BLASER, op.cit., p.395.

la réalité d'une humanité historique[1]. Le souffle de l'inculturation du message chrétien imprègne sa pensée. C'est pourquoi aussi J. A. Mbembe, spécialiste des études politiques et de la politique africaine, s'en prend aux mécanismes psychologiques, religieux et historiques par lesquels l'œuvre missionnaire finit par être associée à la domination coloniale, mais sans réussir à réaliser l'hégémonie souhaitée. Il reconnaît en fait que l'œuvre missionnaire souffre partout des contradictions entre théorie et pratique, d'un racisme implicite dans les discours identitaires[2]. L'hypothèse de F. Diawara sur le «fait primitif » suppose une indigne flagrance de la mentalité occidentale en matière d'ontologie. Pour lui, l'«homme primitif » est l'homme pleinement conscient de sa place et de son rôle dans l'économie du cosmos et tout aussi pleinement apte à les assumer. Il soutient le fait du respect de la personne humaine[3]. Cette résistance tenace contre l'identité négative africaine, fruit de l'orgueil ethnocentrique occidental, est en fait traduite en expressions idéologiques thérapeutiques, la Négritude et l'African Personality notamment, ce qui a permis à l'élite intellectuelle africaine de dénoncer avec véhémence les propos intempestifs qui engendrèrent tous les drames déshumanisants. Il faut en outre noter que la conception négro-africaine du monde est profondément spirituelle. L'homme africain noir fait, de toute évidence, l'expérience quotidienne de la transcendance dans presque tous les domaines de son existence. Sa croyance, cependant, repose sur un univers infesté des forces ou d'êtres spirituels de divers rangs comme réalités qu'il estime plus importantes que lui, chargées des missions bienveillantes ou malveillantes. On peut presque parler de l'action pneumatique de Dieu éloigné des hommes par le biais des esprits-missionnaires perçus comme puissances de vie. Il n'existe pratiquement pas de frontière entre l'ici-bas et l'au-delà négro-africains, entre les vivants et les morts. La conscience que l'homme noir a de son identité, passe aussi naturellement par ce raccourci de la mystique pneumatique négro-africaine éparpillée. Il s'agit de l'identification avec les catégories spirituelles secondes entièrement hiérarchisées en assurant un jeu de réciprocité entre l'ici-bas et l'au-delà en vue de l'élargissement et de la redynamisation de son espace vital. Les divers matériaux ou éléments intermédiaires que lui offre le Deus otiosus trônant au sommet de la pyramide l'aident à reconquérir sa personnalité et à créer des liens de solidarité vitale. Faisant partie intégrante de la mystique africaine, c'est cet aspect de la mystique de respect aux esprits comme puissances de vie qui nous intéresse ici. Cette mystique d'identification avec les esprits et les divinités qu'on trouve généralement dans la médiumnité et les rites d'initiation jalonnés d'épreuves ascétiques pour la maîtrise de soi et la meilleur connaissance du sacré constitue, pour le négro-africain, témoin de la misère chronique de l'être, l'expression d'une profonde solidarité vitale avec les divers rangs d'esprits et de divinités comme possibilité d'intégration dans le grand projet de transformation sociale et humaine.

2.2.1 Identification avec les esprits

Les relations dialoguées que l'homo africanus prétend entretenir quotidiennement avec cette cohorte impondérable d'esprits lui semblent être fructueuses. On se remet à ces esprits qu'on trouve en toutes sortes de lieux mystérieux pour être protégé, guidé et secouru au moment

---

[1] F. EBOUSSI BOULAGA, «L'Africain chrétien à la recherche de son identité », in *Concilium*, n°126, 1977, pp.39-48.

[2] K. BLASER, *Repères pour la mission chrétienne. Cinq siècles de tradition missionnaire. Perspectives œcuméniques*, p.395.

[3] F. DIAWARA, *op.cit.*, p.207.

opportun. Il est plus que salutaire de leur offrir des libations ou sacrifices d'animaux domestiques ou même humains, de les honorer par des rites secrets et d'identifications afin de concilier leur sympathie et bienveillance. Il existe un peu partout des divinités secondes, des animaux, des forces telluriques et des génies de la brousse, êtres de très petite taille, macrocéphales et difformes. Leur rencontre pourrait occasionner le malheur ou même la mort. Chez les Dogon, par exemple, les génies Yéban sont des petits êtres maigres macrocéphales ; ils habitent les fourrés et les cavernes et peuvent engrosser les femmes ; les animaux sauvages sont leurs troupeaux. Les peuples habitant l'Ubangui sont hantés par d'innombrables génies, esprits maléfiques qui se réunissent la nuit pour manger les âmes, ils miaulent en rôdant autour des cases comme des chats sauvages. Ils peuvent s'installer dans le ventre des gens qu'il faut alors exorciser. Le génie des eaux a la peau blanche et rend les femmes enceintes. Les Blancs sont ses enfants et c'est pour cela qu'ils sont riches. Ainsi, on lui offre des objets blancs, poules blanches œufs et manioc[1]. Les Mongo appliquent un certain anthropomorphisme aux bilima (génies) considérés comme des esprits purs et bienfaisants créés par l'Etre suprême[2]. Il existe aussi des génies aquatiques et ceux qu'on situe dans les airs disposant d'un pouvoir autonome. Les esprits méchants sont les plus souvent enveloppés des mystères. L'Africain aime vivre et survivre. Il a la prétention de transformer son destin en transcendant la mort avec ses alliés. C'est dans la sagesse africaine, pense E. Mveng, que l'Africain «apprend à discerner dans le grand livre du monde les alliés de la vie des alliés de la mort »[3]. C'est ainsi qu'il fait lui-même partie de cette cohorte impondérable d'esprits car, pour lui, l'ancêtre n'est qu'un état de survie, il peut dès lors intervenir à tout moment qu'on l'invoque. Son statut s'inscrit dans un double réseau, horizontal et vertical. La plupart des événements de la vie sociale en Afrique noire sont rattachés aux esprits qui ont la capacité de vampiriser, rendre fou ou stérile, frapper de surdi-mutité, de surdité psychique ou verbale, etc. Au nombre des esprits bienveillants, on comptera les mânes des ancêtres qui jouent un rôle primordial dans les communautés d'Afrique car, comme l'affirme V. Mulago, «à toutes les cérémonies de quelque importance, à l'occasion de la naissance, du mariage, de la mort, des funérailles, de l'investiture, ce sont les ancêtres qui président, et leur volonté ne cède qu'à celle du créateur »[4]. Leur culte n'est, en fait, qu'une bonne manière de les honorer, une sorte de célébration liturgique afin de les faire survivre dans la mémoire de leurs descendants. Au Nigeria, chez les Ibo, le pater familias commence la journée en adressant aux ancêtres une prière où il se soumet, lui et les siens, à leur protection. Pratiquement, cette prière est accompagnée d'un sacrifice de noix de kola et de vin de palme[5]. L. Kesteloot relève quelques catégories d'ancêtres étroitement hiérarchisées notamment les ancêtres mystiques fondateurs des ethnies, ils sont quelques fois assimilés aux divinités comme l'ancêtre mythique Nommo chez les Dogon où l'image de l'homme est à la fois cosmique et biologique et le héros mythique Lyangombe ; les ancêtres des clans et lignages comme dans l'épopée de Lianja et de sa sœur Nsongo chez les Nkundo ; les ancêtres beaucoup plus rapprochés, catégorie constituée par les fondateurs de royaumes et de dynasties par les grands rois, chefs et héros comme

[1] H. DESCHAMPS, op.cit., pp.34-35.
[2] V. MULAGO, La religion traditionnelle des bantu et leur vision du monde, pp.82-83.
[3] E. MVENG, «Théologie et langages », p.197.
[4] V. MULAGO gawa Cikala, «La participation vitale. Principe de la cohésion de la communauté », in, *Pour une théologie africaine. Rencontre des théologiens africains Ibadan*, p.194.
[5] S. N. EZEANYA, «Dieu, les esprits et le monde des esprits », in *Pour une théologie africaine. Rencontre théologiens africains Ibadan*, p.83.

Soundiata au Mali, Ndiadiane Ndaye au Sénégal et près du quotidien des villages deviennent ancêtres, les patriarches, les notables, les hommes de pouvoir et de bien[1].

La mystique des médiums est, en Afrique noire, une mystique d'inhabitation par les esprits ou d'identification avec les esprits. Le médium prétend servir d'intermédiaire entre les esprits désincarnés et les vivants qui peuvent communiquer avec eux. Possédant, en effet, une forte personnalité sociale, il est précisément l'homme «qui parle au nom d'un tiers (dieu, esprit) en vertu d'une faculté supra-humaine ou d'un savoir acquis »[2]. Désigné par la voie mystique, rêve ou apparition, le devin négro-africain communique avec l'au-delà et ce qui l'entoure, les choses et les êtres, moyennant certaines techniques divinatoires et certains rites initiatiques. Prêtre de Dieu et des ancêtres, le médium africain est détenteur des codes qui lui permettent de décrypter les diverses significations et les divers messages que lui transmet le cosmos, destinés à la société où il vit et à tout ce qui est lié à son destin car, comme dit D. Zahan, «le macrocosme contient en lui toutes les virtualités du microcosme qu'est l'homme »[3]. Sa place dans la société dépend de plusieurs variables notamment sa spécialisation technique (divination inductive à base du savoir et divination intuitive à la base de la mystique) son degré de technicité dans l'interprétation des messages et le statut social qu'on attribue à sa fonction[4]. De ce fait, le devin africain est la personne qu'on consulte en toute occasion marquante de la vie : voyage, mariage, guerre, aboutissement des projets, maladie, mort, sexe de l'enfant à naître, réussite dans un concours, pour ne citer que ces exemples. Dès lors, on ne peut s'étonner que le medium négro-africain soit considéré par ses semblables comme le représentant de la divinité[5].

Dans la perspective de fonctionnement de cette mystique des intermédiaires, D. Zahan distingue deux grands modes divinatoires africains[6]. La différence entre ces deux modes paraît être bien clairement indiquée. Le premier est basé sur l'appréhension des rapports entre les choses. La procédure est intellectuelle. Celui qui pratique ce mode est un devin-interprète pour le fait qu'il se sert de la matière divinatoire culturellement significative qui lui fournit les réponses et les volontés des esprits. C'est une divination inductive à base du savoir. La divination par les astragales, par exemple. Cette pratique décrite par H. A. Junod est répandue chez les Bantu où il s'agit d'un test de reconnaissance et d'identification des osselets. On est plus préoccupé par l'aspect intellectuel et pédagogique de la science augurale plutôt que par l'aspect religieux proprement dit. Un autre exemple de la pratique traditionnelle de divination et de guérison chez les Ngombe, est le *mbémbo*. Le devin prétend être le médiateur entre les esprits désincarnés et les malades qui viennent chercher la guérison. En ouvrant son likutu, c'est-à-dire son paquet-fétiche fait de peau d'un ruminant de la famille des artiodactyles, il prélève une quantité de ngola dont il induit le malade. Après cela, il souffle dans le cornet de l'animal *mboloko* - c'est une mystique d'incantation par sifflements - comme pour inviter et pousser les esprits ancestraux à l'action. Le plus souvent, l'esprit invoqué se manifeste par sifflement dans le paquet-fétiche, dévoilant les réalités cachées, les causes de la maladie et le traitement approprié. Cette science est terrienne. Le second mode, dépourvu de la participation

---

[1] L. KESTELOOT, « L'ancêtre dans les systèmes de pensée africaines », in *Encyclopédie des religions*, t.2, Nouvelle éd., Leck, 2000, pp.1967-1968. Elle reprend ici pour chaque catégorie des exemples des noms des ancêtres.

[2] C. RIVIERE, *op.cit.*, p.107.

[3] D. ZAHAN, *Religion, spiritualité et pensée africaine*, p.129.

[4] C. RIVIERE, *op.cit.*, p.108.

[5] D. ZAHAN, *Religion, spiritualité et pensée africaine*, pp.136-140.

[6] Ibid.

intellectuelle du devin, joue dans l'opération divinatoire un rôle instrumental. C'est la procédure médiumnique. Celui qui pratique cette divination est un devin-messager car il se substitue à la matière augurale. Il entre en transe et va faire le voyage chez les esprits désincarnés et apporte les messages attendus par les consultants. C'est une divination intuitive à base de la mystique. En contact avec l'au-delà, le devin est la voie qu'empruntent les mânes apothéosés pour se manifester et pour parler. Cette science de seconde main est céleste. Le tshilumbu, affaire à régler, par exemple, est un rite initiatique pratiqué au Kasaï dans un tunnel incomplètement percé. Il dure trois jours. Ceux qui le pratiquent, la plupart sont des femmes, constituent la catégorie la plus élevée de la médiumnité africaine. Le devin néophyte est une sorte de pythie, devineresse qui ressuscite de sa mort symbolique. Cette femme reçoit le nom de *Mutumina Mikila*, l'annonciatrice des interdits. La révélation de l'avenir prend l'aspect de la prophétie[1]. On l'a vu, le culte des esprits mikendi développé par D. Ngondo Dishono Kalala, appartient à cette mystique médiumnique. Il englobe la divination comme manifestation des vérités cachées, présentes ou futures et la guérison des maladies[2]. Ce second mode est, pour D. Zahan, plus proche de la religion et de la vie mystique en Afrique noire. Ainsi qu'il le précise, «Grâce à ses relations avec l'au-delà, le devin - 'messager' est plus proche de la religion et de la vie mystique que son confrère qui agit par l'intermédiaire de l'intelligence humaine. Le 'médium' meurt et ressuscite par intermittence. Tout en restant homme, il fait déjà partie du monde des Ames, ce qui le rapproche de la divinité »[3].

La médiumnité négro-africaine comme mystique de complicité avec les forces surnaturelles n'est en fait qu'une systématisation de la mystique réincarnationnelle comme nous l'avons déjà vu dans l'état de la question. Les mêmes conclusions revalorisant le principe anthropologique en vue d'une autonomie ouverte s'imposent tout naturellement. L'homme africain prétend surmonter le clivage au sein des principes spirituels constitutifs de son être. Avide d'anticiper sur l'avenir, il tente de lire son sort dans la contexture des choses et des êtres pour l'élargissement et la redynamisation de son espace vital. Il entend expérimenter une sorte de consubstantialité avec les essences des choses et des êtres. Il importe, en effet, de rappeler le fait du postulat psychologique[4] sur lequel se joue le caractère non-humanisé de l'avenir. Il semble donc que le demain du négro-africain ne trouve son sens que par les éléments de l'hier ou de l'autrefois mythique. Voilà pourquoi «aux yeux de l'africain 'ce-qui-sera' se confond avec 'ce-qui-à-déjà-été', que le futur est, dans un certain sens, le passé, que l'homme n'est et ne sera que ce qu'il a été. D'où la conviction profonde du divin dans le caractère inéluctable de ses prédictions' et, aussi, la foi illimitée de la société dans les dires de ses 'croyants' »[5]. Le passé nous aide à mieux envisager l'avenir. Ainsi que le fait observer J. Ki-Zerbo, l'«écueil de la

---

[1] J. A. TIARKO et H. MORLIGHEM cités par D. ZAHAN, *Religion, spiritualité et pensée africaine*, pp.133-135. La femme initiée au tshilumbu est empoignée par les esprits qui l'habitent et le font parler. En quittant le tombeau symbolique (tunnel), elle est soumise à deux dures épreuves : saisir au vol une corne d'antilope et dire le nom par lequel les âmes l'ont interpellée dans l'au-delà.

[2] C'est le sens qu'A. ARNOUX, P. COLLE, M. PAUWELS et DIKONDA wa Lumanyisa cités par V. MULAGO gwa Cikala, *La religion traditionnelle des bantu et leur vision du monde*, p.24, donnent au concept de divination.

[3] D. ZAHAN, *Religion, spiritualité et pensée africaine*, p.140.

[4] *Ibid.*, pp.139-141. Le divin ne néglige pas ses propres qualités de psychologue. Pendant la consultation, il cherche à préciser les intentions d'autrui, à expliquer les choses passées, donc à prévoir les événements futurs, par des interrogatoires psycho-analytiques. Un devin est un maître de raisonnement déductif et inductif.

[5] *Ibid.*

diversion stérile vers le passé », ou mieux, «le complexe 'muséographique' »[1], est ce qu'il faut éviter pour l'autonomie de créativité. Il est évidemment absurde de prétendre forger en Afrique noire, un avenir de la vie, de l'humain et de l'espoir avec les instruments «hétéronomiques »[2], donc d'emprunt notamment les rites, les croyances et les religieux démoniques. Au-delà d'un simple regard au passé ancestral présumé paradisiaque, l'homo africanus devra savoir naturellement compter, pour un avenir de la vie et de l'harmonie sociale, sur le «maintenant » de l'économie christique comme nouvelle perspective temporelle «prospective » d'autonomie de créativité et d'humanisation - tout se récapitule en Christ et devient son histoire.

La religion initiatique des *Imandwa* pratiquée dans la région interlacustre est un autre exemple culturel de cette mystique des intermédiaires. Il s'agit de la mystique d'identification avec l'ancêtre mythique Lyangombe[3], vénéré comme le plus grand esprit au-dessus des autres par les Banyarwanda et les Bashi du Kivu. C'est l'homonyme de Kiranga au Burundi. Ils reçoivent tous les deux un culte similaire. Lyangombe est un héros chasseur passionné qu'on prétend imiter dans sa vie du sauveur, de bienfaiteur du peuple. Exprimant la profonde volonté de repenser en termes du terroir, ce personnage mythique et historique en vue de préserver l'identité propre du continent noir, le colloque de Bukavu organisé par le Centre de Recherches Universitaires du Kivu du 10 au 14 mai 1976, s'est investi à retracer le cadre historique, les croyances religieuses et l'incident de ce *muzimu* dans la mentalité des peuples de la région interlacustre qui le vénèrent. Il était également question de soigner la primauté des valeurs morales et religieuses dans les sociétés traditionnelles[4]. En suivant la logique interne des textes produits par le colloque de Bukavu, nous essayerons de reconnaître ce héros mythique et de dégager à traves lui les traits spécifiques de cette dimension de la mystique africaine d'identification.

Partant de l'institution religieuse du tabou[5] et de l'interprétation de généalogies rwandaises qui se sont succédé entre les années 1510 à 1895, A. Kagame atteste pertinemment que Lyangombe, chef des Imandwa est un personnage historique et réel qui est arrivé au Rwanda à la première moitié du XVIe siècle. Quant à son arrivée au Rwanda, l'Ibitekerezo, document du genre récit raconte :

> Que Lyangombe arriva au Rwanda sous le règne de Ruganzu II Ndoli, qu'il arrivait à la région appelée Gitara Cya Muliro ; c'est-à-dire de Toro actuel en Ouganda, au Nord du lac Rwica-nzige = le tueur-des-sauterelles. Qu'il était un grand magicien ambulant, accompagné de ses sujets appelés du nom générique

[1] J. KI-ZERBO, «Une migration sans enracinement », in *Anthologie*. (6e secondaire), Kinshasa, Commission Episcopale de l'Education Chrétienne, 1985, pp.302-303. Les deux autres écueils sont, la diversion économique (bataille pour la construction nationale) et la diversion technocratique.

[2] P. TILLICH, *Théologie systématique. La vie et l'Esprit*, t.4, (traduit de l'anglais par J. M. Saint), Genève, Labor et Fides, 1991.

[3]L'étymologie de ce mot n'est pas sûre. A. ARNOUX a voulu voir un composé des mots lya et ngombe. Lyangombe est un nom d'un démiurge. Pour E. DAMMANN, *op.cit.*, p.11. ngombé signifie «bovin » (domestique) est non buffle. Meinhof rappelle la métamorphose, ombre fraîche pour les bœufs pour parler d'un riche protecteur des faibles.

[4]TASSA Okombe Lukumba «Liminaire », in *Lyangombe, mythe et rites*, (Actes du 2e colloquedu CERUKI du 10 au 12 mai 1976), bukavu, CERUKI, 1979, p.5.

[5] A. KAGAME, «Historicité de Lyangombe, chef des 'Immandwa' », in *ibid.*, p.18. Le tabou fait partie de la tradition orale réelle au sujet de kiranga et Cyihunde, deux sœurs, filles de Karogo épouses du roi Yuhi III Mwazimhaka qui avaient subi le supplice du feu. Le roi avait imposé à ses descendants de ne plus jamais prendre femme dans le clan des Abacyaba auquel les deux femmes appartenaient.

> Ibicwezi (dont Mugasa, Kagoro, Binego, etc.) et que son père s'appelait Babinga, fils de Nyundo. Que sa première rencontre avec Ruganzu II Ndoli eut lieu à Nguli, localité dans la région du Bukamba, à l'Est du volcan Muhabura. Qu'il obtint du Roi l'autorisation de circuler à sa guise dans le pays. Qu'il se rendait souvent au Burundi, au lieu dit Byerwa près de Ngozi pour y organiser des cérémonies de sa secte. Que même une fois il accompagna le Roi au cours d'une expédition sur l'île Idjwi. Que finalement, au cours d'une partie de chasse, il fut tué par un buffle à Kibingo, non loin de l'actuel Butare, et que tous ses compagnons Ibcwezi se suicidèrent collectivement sur son cadavre[1].

Ce récit est une sorte de synthèse, un énoncé récapitulatif dans sa concision et son laconisme, on peut dès lors se rendre indubitablement compte de l'intérêt historico-biographique qu'il revêt pour Ly-Muzimu aux yeux de ceux qui le racontent. Humainement parlant, le mwami Lyangombe possédait des qualités bienfaisantes, croit-on, qui lui ont donné une place à part dans le souvenir des peuples. Qu'a-t-il fait, au juste, de son vivant qui soit extraordinaire et promotionnel, en lui offrant ainsi les honneurs au rang d'une divinité dominante ? Les versions varient dans leurs détails au sujet de ce personnage. Il est magicien et guérisseur devant lequel tout le monde tremblait. Ces oracles étaient recherchés mêmes par les monarques[2]. Chasseur passionné et doté de forces extraordinaires, Lyangombe sera victime d'un buffle dans une partie de chasse au pied d'une érythrime, le mulinzi. Il s'agit pour d'autres, d'une antilope traquée promue au rang de buffle en vue de rehausser une fin aussi prosaïque. Ses Ibicwezi se suicident collectivement sur sa tombe. Leur sang provoque l'épidémie[3]. Pour l'arrêter et apaiser les esprits de Lyangombe et de ses disciples, on institua le culte initiatique compliqué, le *kubandwa*, qui prit en fait la forme d'une révélation mystique. Lyangombe est considéré ici comme un saint privilégié par Imana qui forme avec ses disciples un colloque d'intercesseurs efficaces. Les traditions relevant du code ésotérique[4], *ubwiru*, expliquent comment la religion des Imandwa était imposée au Rwanda.

> Sous le règne de Mutara I Semugeshi, une grande épidémie ravagea le Rwanda. Les oracles divinatoires attribuèrent aux ibicwezi dont le sang avait été 'bu' par le sol du Rwanda. Les mêmes oracles décidèrent que pour éteindre l'épidémie, tout le pays devait s'initier à la secte des Imandwa ; en ce cas, ces étrangers puissants n'attaquaient plus un peuple qui sera devenu le leur. Ainsi la cour donna à tout le pays l'ordre de se faire initier à la secte[5].

Du Rwanda son berceau, le culte initiatique de Ly-Muzimu s'est largement répandu au Kivu. Les Bashi le vénèrent comme le plus grand esprit d'origine rwandaise qui a sous lui d'autres esprits-bazimu, les mandwa. En effet, comme le fait remarquer Cenyange Lubula, les «Bashi attachent plus d'importance à l'efficacité de la médiation spirituelle qu'aux faits de sa vie mortelle. D'où une grande pauvreté de données précises ou même légendaires en vue

---

[1] *Ibid.*, p.23.
[2] V. MULAGO gwa Cikala, *La religion traditionnelle des bantu et leur vision du monde*, p.65.
[3] *Ibid.*
[4] Selon A. KAGAME, «Historicité de Lyangombe, chef des 'Immandwa' », p.19, le texte du Code ésotérique de la dynastie est un ordre essentiellement différent du genre récit. Il était garanti par la peine de mort pesant sur le fonctionnaire qui en oubliant tel passage à lui confier ou le déclamait autrement que transmis. Chaque zone de l'aire interlacustre disposaait d'un Code ésotérique.
[5] *Ibid.*, pp.23-24.

d'illustrer le héros. L'efficacité de sa médiation suffit pour convaincre ses adeptes de sa puissance auprès de Dieu »[1].

Quel sens revêt le kubandwa, l'initiation proprement dite ? Le culte de Ly-Muzimu que Mulago gwa Cikala considère à la suite d'A. Arnoux comme une des sociétés secrètes à mystères, est pour lui un exemple typique de l'initiation spirite. Kubandwa qui signifie être empoigné par l'esprit Lyangombe, fait des initiés les mandwa, c'est-à-dire les bazimu, âmes des trépassés apothéosés qui partagent actuellement avec Ly-Muzimu les honneurs du kubandwa. Ils sont donc des simples initiés à ce culte. Ces titres sont également donnés à leurs patrons célestes qui constituent un cénacle d'une trentaine de personnes présentant l'aspect d'un clan autour de Ly-Muzimu. Ne connaissant pas la hiérarchie, il existe du moins une indispensable hiérarchie d'ordre, le chef suprême dans ces rites est Lyangombe lui-même représenté dans une réunion par un homme ou par une femme[2]. Tous se font un devoir de kubandwa «sans distinction de race, de condition, de classe, de sexe, d'âge, de mentalité ; tous individuellement, parce que tous ont droit à la paix et au bonheur »[3]. Le verbe kubandwa, monter au-dessus de, se hisser, prend dans sa forme passive kubandwa le sens d'être dominé, d'être possédé par un esprit qui s'est hissé sur vous et vous a subjugué[4]. Il s'agit d'une sorte de «communion hiérogamique »[5], ceci apparaît, pour reprendre l'expression de L. de Lacge, comme «une alliance mystique »[6]. On peut dès lors comprendre le kubandwa Lyangombe, selon Matyabo Asakila, comme l'initiation au mystère de Ly-Muzimu dans le cadre d'un culte de possession. On relève, en effet, dans le kubandwa deux grades. Le kwâtura comme premier grade du rituel initiatique, transforme le nzingo, le profane ou l'adepte en un noué, un mandwa de premier degré. Il reste jusque-là un mineur bien qu'il soit totalement un membre de l'association. Le gusubiraho - «y retourner, le retour au trépied, l'officiant quitte le siège, l'autel pour y installer l'ordinant » - est le second grade du Kubandwa qui fait de l'adepte un clerc, un ministre. C'est un rite initiatique où l'adepte s'assied de nouveau sur le siège, à l'ordre de confirmation, de l'ordination, d'où le nom uwasubiyero, le rassis où se fait marquer son grade. Il devient dès lors un accompli, investi du pouvoir exclusif d'administrer le kwâtura et de créer des ministres tels que lui. C'est par le rassis que l'ordre peut se perpétuer[7]. Les deux degrés du kubandwa exigent naturellement un parrain, omudahwa. C'est lui ou elle qui est justement l'incarnation de tout le pouvoir de Ly-Muzimu pendant tout le cérémonial. Touchant à la réalité mystique, le kwâtura comme premier rite initiatique du kubandwa, nous intéresse exclusivement. Il se déroule en trois phases : à la maison de la mère du candidat, sous le mulinzi (l'érythrine), l'arbre gardien et à la maison du nouvel initié[8].

---

[1] CENYANGE Lubula, «L'origine de Lyangombe d'après les Bashi », in *Lyangombe. Mythe et rites*, p.30.

[2] V. MULAGO gwa Cikala, «Initiation africaine et initiation chrétienne », in *ibid.*, p.33. Voir aussi MASUMBUKO Bunyas Wenduku, «La langue de Lyangombe et le jargon de 'mmandwa' », p.79.

[3] L. DE LAGGER cité par V. MULAGO gwa Cikala, *La religion traditionnelle des bantu et leur vision du monde*, p.68.

[4] A. KAGAME cité par V. MULAGO gwa Cikala, «Initiation africaine et initiation chrétienne », in *Lyangombe. Mythe et rites*, p.42. Pour d'autres, kubandwa prend le sens de «fouler, presser, blesser et le passif kubandwa «être foulé, pressé, blessé » ou «être touché par un objet de loin », «être atteint subitement d'une maladie », «être foudroyé », «être consacré à l'esprit de Lyangombe ».

[5] V. MULAGO gwa Cikala, *La religion traditionnelle des bantu et leur vision du monde*, p.78. L. DE LACCER cité, ibid.

[6] L. DE LACGER cité, *ibid.*

[7] V. MULAGO gwa Cikala, *La religion traditionnelle des bantu et leur vision du monde*, p.35.

[8] MATYABO Asakila, «Aspect initiatique du rituel de Lyangombe : son rôle dans l'intégration sociale », pp.155-160. Voir aussi V. MULAGO gwa Cikala, «Initiation africaine et initiation chrétienne », pp.36-37.

La première phase du kwâtura qui se déroule dans la maison de la mère du candidat est marquée par l'exorcisme et bien d'autres rites, la génuflexion, par exemple. Tout commence par les sacrifices aux bazimu ou aux mânes apothéosés des ancêtres familiaux. Le parrain ou la marraine est désigné par l'oracle divinatoire. L'élu, son père et sa mère, le parrain ou la marraine ainsi que les invités, constituent le groupe de ceux qui prennent part à cette cérémonie. L'élu se revêt de ses insignes et c'est à partir de cet instant qu'il devient Lyangombe, le sosie de l'ami d'Imana. Les honneurs sont dirigés vers lui qui est maintenant le ministre. Tous les autres participants jouant un rôle actif sont aussi métamorphosés en imandwa de Lyangombe. Ils seront appelés imandwa durant toute la cérémonie.

C'est au cours de la deuxième phase sous le mulinzi notamment qu'auront lieu les rites d'initiation. A minuit, la procession se met en marche, lentement, au chant d'un instrument musical vers l'arbre-autel, le mulinzi. En tête de la procession, on trouve les mandwa mineurs, inférieurs, suivis des mandwa majeurs et en dernier lieu, le novice (le parrain) ou la novice (la marraine), l'incarnation de Ly-Muzimu. Sous l'arbre sacré, Lyangombe asperge de l'eau lustrale sur le néophyte en prononçant les paroles suivantes : «Je t'ai lavé (purifié) et toi tu me laveras (purifieras), je t'ai donné la paix et toi tu me donneras la paix »[1]. Assis sur son ntebe (siège), son filleul se trouve serré entre les genoux de Lyangombe, représentant de Ly-Muzimu, grand héros comme symbole de soumission[2]. Après un interrogatoire qui teste sa connaissance, le néophyte, *ruzingo* subit des brimades, railleries et services. Voici quelques brimades qu'endure le néophyte.

-Il est jeté en l'air, ressaisi, puis précipité sur le sol (mort symbolique) ;

-On se penche sur son corps et l'on procède à sa manducation symbolique. Les femmes réclament ses côtes et les hommes les autres parties du corps ;

-On crache et on urine sur lui ;

-On met le candidat à nu et on l'oblige de proférer les injures ayant trait aux organes génitaux de son parent de sexe opposé. On lui demande de dire, par exemple, «Ndagaswerwa mama » ou bien «Ndagaswerwa na dada » : que j'entretienne des relations sexuelles avec ma mère ou avec mon père ;

-On se déplace avec lui en le traînant au sol et en faisant semblant de l'enterrer (symbole d'enterrement) où il doit maintenant être considéré comme un membre à part entière de la société initiatique. Après, on le ramène au mulinzi. De là, il devra être soumis encore une fois de plus à un interrogatoire précisément sur les noms des mandwa. Ceux qui n'ont pas subi la deuxième phase du rituel du kubandwa Lyangombe sont exclus, ne doivent prendre part que les confirmés. Les leçons se donnent en reproduisant les faits et les gestes du maître. C'est ici qu'est faite la révélation du secret des imandwa. Par la suite, on le fait asseoir sur une peau mouillée à l'eau et on lui impose le breuvage d'un liquide amer, où l'on a plongé deux chalumeaux. On lui demande de mordre le quartzite, l'ingasire, qui sert à écraser les grains d'éclésine sur la meule, *urushyo*. Après ces épreuves et bien d'autres, Lyangombe s'adresse à l'assemblée en disant : «si celui-ci, après avoir violé le secret des Imandwa, n'est pas tué par Lyangombe méprisez-moi vous tous »[3]. Il interdit formellement au néophyte de pouvoir parler à d'autres personnes ce qu'il vient de voir et d'entendre au risque d'être tué par Ly-Muzimu. Le candidat est berné huit fois.

---

[11] A. ARNOUX cité par V. MULAGO gwa Cikala, «Initiation africaine et initiation chrétienne », p.36.
[2] *Ibid.*
[3] MATYABO Asakila, art.cit., p.158.

A la neuvième fois, on lui dit : «Neuf fois prends vaches et enfants ». Après ce souhait, on insuffle au novice les esprits des Imandwa. D'autres brimades s'ensuivront. On l'effraie par des cris sourds ; on urine sur lui en disant : «Nous pouvons te manger et te consommer ». Et, à lui de répliquer : «vous pouvez me manger mais moi aussi je peux vous manger »[1]. La cérémonie sous le mulinzi se clôture par la génuflexion devant Lyangombe, le triple battement des mains et l'invocation du héros Ly-Muzimu. Cette invocation est suivie d'autres rites à savoir le guhiga (vœux) et le guhigura (exécution des vœux) à Ly-Muzimu, l'enfuissement dans le sol des grains d'éleusine et la beuverie. Tous les imandwa effectuent sept fois le tour du mulinzi, enjambant le feu qu'ils éteignent.

La troisième phase qui se déroule à la maison du nouvel initié est caractérisé par trois pactes : le pacte de sang, kunywana comme rite figuratif, vise à sceller l'union de l'appartenance et de l'incorporation définitive entre Ly-Muzimu et le nouvel adepte ; l'union hiérogamique qui consolide l'union scellé entre le nouvel initié et Lyangombe, traduit les épousailles symboliques. Lyangombe et son munzingo se couchent ensemble sur une natte et le repas communiel qui se prend une semaine après le kwâtura. Le parrain apporte les mets cuits et vient prendre les nouvelles de son enfant, le néophyte, où plusieurs cruches de vin de bananes, le nzoga, sont en fermentation. Les mandwa qui ont pris part à l'initiation sont invités à la fête.

Il importe, au terme de cette description de l'initiation des Imandwa, de revenir à l'évaluation de l'apport socioreligieux du kubandwa Lyangombe faite respectivement par G. Gahigi et D. Nothomb au cours du colloque de Bukavu. Outre ce que peut signifier cette initiation, la question qui se pose, dans le fond, est celle de savoir les fonctions que Ly-Muzimu remplit dans la communauté des peuples de la région interlacustre, lui qui est maintenant privé de mobilité sociale verticale sinon par compensation. Dans son interprétation sociologique G. Gahigi[2] relève quatre fonctions invisibles essentielles :

1. Le salut que Ly-Muzimu offre, commence du vivant de l'homme symboliquement et se réalise après la mort. Ly-Muzimu promet à l'initié le bonheur, le secours dans la misère, dans la maladie et la pauvreté. Il est censé être protégé dans la royauté mythique et y joui d'ne liberté et d'une aisance qu'il n'a pas sur terre.
2. Ly-Muzimu lutte pour la suppression d'une société inégalitaire et contre toutes les injustices ; il n'y a en lui, «ni riches, ni pauvres, ni race, ni classes sociales, tous les hommes sont appelés au Kubundwa »[3].
3. Le culte de Ly-Muzimu développe l'idée de libération des conditions socio-politiques et de l'activité sexuelle dépendante jusqu'ici sous l'autorité familiale ou sociale. La jouissance sexuelle doit se réaliser dans le mariage. Il supprime la hiérarchie des sexes.
4. C'est un culte politiquement dissident et opposé à l'ordre établi. On fait remarquer que le seul fait d'être initié écarterait du pouvoir royal.

D. Nothomb[4] inscrit, à son tour, le kubandwa dans l'univers religieux des Banyarwanda préchrétiens. Ils croyaient à Imana créateur et dans son intervention puissante et bienveillante. Imana, cependant, leur restait invisible, inaccessible, sans dialogue ni communication vivante avec les hommes. Ils croyaient également à l'intervention bénéfique des bazimu, âmes

---

[1] Ibid.

[2] G. GAHIGI, «Luangombe et la société », in *Lyangombe. Mythe et rites*, pp.115-120.

[3] J. RUHUNA cité par MATYABO Asakila, p.117.

[4] D. NOTHOMB, «Signification religieuse des récits et des rites de Lyangombe », in *Lyangombe. Mythe et rites*, pp.105-114.

apothéosées des trépassés, doués d'une grande puissance. On consultait le devin, pratique dénommée guterekera. Ce qui, pour D. Nothomb, justifie le succès voire la persistance du culte, c'est le fait du rôle primordial que joue Lyangombe dans l'expérience religieuse que les Rwandais faisaient d'Imana. Lyangombe qui n'est ni une épiphanie d'Imana ni un être divin ni non plus un médiateur d'Imana mais un homme de la même race que nous, partageant la même condition humaine avec ses faiblesses, «vient combler une frustration que le Rwandais religieux éprouvait inconsciemment en face de Dieu, tel que sa tradition le lui faisait connaître. On peut dire que le geste de Lyangombe est une contestation inconsciente de l'imanisme traditionnel »[1]. Le lyangombisme constitue, pour ainsi dire, une contestation ou une protestation par rapport à l'imanisme traditionnel au culte des bazimu qui ont creusé un vide dans l'âme religieuse. Le kubandwa est dans cette perspective perçu comme une religion de salut, de consécration de soi à Lyangombe, c'est une contestation à l'ordre social qui étouffe la condition humaine. Le kubandwa offre la possibilité d'un culte développé, ritualisé. En regard au christianisme, en effet, Lyangombe et sa religion sont cruellement décevants. Moralement et ontologiquement, la distance entre les deux est sans mesure : la mort et la résurrection du Christ offrent un salut intégral pour l'humanité, l'eschatologie chrétienne s'ouvre sur des perspectives cosmiques[2].

En racontant la memoria de Ly-Muzimu, le Négro-africain entend justement intégrer son souvenir du sauveur, de bienfaiteur courageux et intrépide du peuple, comme l'homme modèle, le héros mystique à imiter en vue d'humanisation de la société interlacustre. Cette mystique d'intermédiaire, de l'identification avec le héros civilisateur historifié, se consomme, on s'en aperçoit, dans l'intimité profonde de l'être jusqu'à la «transpersonnalisation »[3]. Dans cette perspective, les diverses épreuves et brimades prouvent qu'il s'agit bien là d'un rite initiatique ascétique où l'on prétend, en effet, deviner les secrets de la vie et de l'humain dont Ly-Muzimu est l'incarnation. La menace qui est souvent répétée - ne jamais révéler, sous peine de mort - apparente l'initiation des Imandwa aux anciennes religions à mystères, à l'instar, si on ose le dire, du culte «des mystères de l'ancien Orient et des peuples de l'antiquité »[4]. On croit justement pénétrer les mystères de l'existence par l'intermédiation de Ly-Muzimu. Bienheureux, est le myste qui obéit scrupuleusement au contact de silence ne permettant aucune explication ni aucun commentaire[5]. De fait, pour D. Zahan le silence paraît être la vertu à laquelle aspire le Négro-africain et qu'il doit pratiquer par-dessus tout, fait de lui un être indifférent, ne trahissant aucune émotion, aucun sentiment, aucun trouble[6]. De toute évidence, l'interprétation sociologique, donc l'évaluation des fonctions que le bon génie, le génie tutélaire Lyangombe est censé accomplir dans la société interlacustre qui le vénère, va assurément au-delà de ce qu'il a pu réaliser de son vivant et pourrait dorénavant réaliser en dépit de la prétendue efficacité de sa médiation socioreligieuse et politique. On a l'impression que Ly-Muzimu ne joue pas évidemment le rôle qui lui est dévolu. Peut-on, en effet, continuer à s'identifier avec Lyangombe

---

[1] Ibid.

[2] Comme le reconnaît D. Nothomb, art.cit., p.114, une comparaison entre Lyangombe et Jésus-Christ est presque insupportable. Le lyangombisme et l'imanisme sont radicalement incompatibles avec la foi au Christ. Le christianisme est un appel à une consécration personnelle et totale de soi en sa personne, et en Dieu.

[3] L. DE LACGER cité par V. MULAGO gwa Cikala, «La religion traditionnelle des bantu et leur vision du monde », p.78.

[4] O. E. BIEM cité, Ibid.

[5] Cf. L. AGATHIAS, «La mystique grecque », in *Encyclopédie des mystiques. Chamanisme, Grecs, Juifs, Gnose, Christianisme primitif*, t.1, Paris, Seghers, 1977, p.101.

[6] D. ZAHAN, *Religion, spiritualité et pensée africaine*, p.174.

là même où l'éthique, créatrice de héros, fait pertinemment défaut et, où l'on vit la fréquence de l'odeur de la mort dramatique dans la région interlacustre qui le vénère ? Ce combat pour escamoter les liens superstitieux de la mort et de ses alliés dans la région interlacustre, ne débouche-t-il pas quotidiennement, on s'en aperçoit, sur le cauchemar de la tragédie humaine ? Il incombe dès lors à tous ceux qui vénèrent Ly-Muzimu de savoir peser et juger les témoignages qu'on lui rend, dans la perspective de l'humanisation de cette partie du continent noir. Dans ces conditions, il n'est pas inutile, bien au contraire, de chercher à comprendre en détail la façon dont le mythe était un lieu de promotion humaine pour d'autres peuples. Sinon, cela demeurera une simple pièce de théâtre ou comme un jeu de colin-maillard qui se joue par des acteurs inconsciemment absorbés et dissimulés dans un moule des propos fantasmagoriques.

2.2.2 Identification avec la divinité

Le rite du korè appartient aux six sociétés d'initiation ou dyow. Pratiqué chez les Bambara, peuple soudanais habitant les deux rives du fleuve Niger précisément sur l'axe Bamako-Segou, le rite du korè se trouve, comme le précise D. Zahan qui l'a décrit, «au sommet de l'édifice de la connaissance [...] dont l'enseignement a trait à la spiritualisation et à la divination de l'homme. Par son vaste programme initiatique réparti sur deux années consécutives, par le contenu et le caractère de ses révélations, ce dyo marque la fin et l'aboutissement du savoir »[1]. On aura dès lors compris dans le détail que ce rite initiatique qui convie l'homme à la dernière étape de la vie morale par son élévation moyennant une mort et une résurrection symboliques, appartient naturellement à la mystique africaine d'identification avec la divinité. Le korè invite l'homme à pouvoir accéder à la divinité, donc à l'immortalité. Avec son vaste programme bien structuré, le rite du korè n'enseignait-il pas, comme dans la Grèce antique au myste bambara à savoir sculpter sa propre statue et comme un athlète, ne luttait-il pas pour un enjeu : l'immortalité ?[2] L'expérience mystique chez les Bambara, en l'occurrence, la déification de l'homme est l'étape finale, le couronnement d'une longue préparation depuis la tendre enfance à traves notamment les cinq autres sociétés initiatiques, s'apparentent aux articulations principales du corps humain, les membres inférieurs pour l'enquête et la recherche et les membres supérieurs pour le faire, configuration envisagée dans une perspective de relation de l'homme avec la réalité extérieure. Les dyow apparaissent ici comme une sorte d'organisme vivant[3]. Si l'initiation au korè n'est bien évidemment qu'«une obligation sociale afin de maintenir l'harmonie de l'humanité et du monde »[4], il importe, pour mieux le comprendre, d'examiner succinctement les cinq autres dyow qui le précèdent.

Le n'don comme premier dyo contient en puissance tous les autres dyow. Il s'agit, pour les enfants, de jouer la découverte de l'homme. C'est une forme mineure d'introduction aux mystères. Comme dyo de connaissance de soi, le n'don s'occupe du non-circoncis, de l'homme avant sa socialisation car, il porte encore en lui, on l'a vu, à la fois la masculinité et la féminité. En dépouillant l'homme de sa féminité originelle, l'ablation du prépuce supprime la solitude tout en canalisant la réflexion de l'homme vers l'autre qui est, soit la connaissance, soit l'âme, la femme ou la conscience, soit encore l'immortalité ou Dieu lui-même. Le second est le komo ou

---

[1] *Ibid.*, p.209.
[2] L. AGATHIAS, art.cit.,p.93.
[3] D. ZAHAN, *Religion, spiritualité et pensée africaine*, p.207.
[4] *Ibid.*, p.223.

dyo d'investigation au sujet de la connaissance et de son rapport avec les humains, instruit le myste sur la nature du verbe, de la forme et du volume de la connaissance. Le troisième est le nama ou dyo qui s'intéresse au social, instruit sur la nature de l'union entre l'âme et le corps, entre l'homme et la femme, entre le mal et le bien, sur la correspondance du nama avec les articulations du corps humain «faiseuses » de la société : hanche, odorat, cuisses, organes génitaux. Le quatrième est le kono ou dyo du jugement et de la conscience morale de l'homme, instruit sur ce qui a trait à la nature de l'être humain, à sa dualité départagée entre l'esprit et le corps. Son rapport avec certaines parties du corps est significatif[1]. Le cinquième dyo, enfin, est le tyiwara où la connaissance aborde l'univers socio-cosmique, les êtres et les choses. Il instruit le myste sur les rapports de l'homme avec le soleil et la terre, les étoiles et les saisons, la faune et la flore, le fer et les techniques de production, le vêtement et la parure. Ce dyo est une synthèse de l'homme considéré du point de vue de son activité manuelle[2]. En supprimant les chaînons intermédiaires, précise D. Zahan, on est appelé à schématiser la relation essentielle de cette panoplie de dyow, celle qui unit le premier pas, la connaissance de soi, n'don, à l'aboutissement de la vie initiatique, la connaissance de Dieu, korè. Connaissance de Dieu, déification de l'homme, trop-plein de la plénitude, ennoblissement de l'homme, voilà tout ce qu'est le korè, par excellence[3]. L'idée de la réincarnation est fondamentale dans ce processus de déification de l'homme chez les Bambara. L'homme prétend conquérir le privilège de Dieu en accomplissant les réincarnations sans fin. D'où la technique de la sublimation de la douleur et de la mort pour contrecarrer l'absorption et la désincarnation. Au regard de la non-conformité et de la disproportion entre la divinité et l'homme, D. Zahan précise :

> Ainsi l'homme 'naturel' meurt et se réincarne un certain nombre de fois, jusqu'à ce que la divinité l'ait 'absorbé' entièrement et ne consente plus à le rendre. C'est pour pallier à cet inconvénient que le korè propose de diviniser de son vivant l'être humain, de le doter d'une autre 'nature' qui le rapproche de la divinité, qui l'identifie même avec elle. Ainsi, tout en attirant périodiquement l'homme à lui (au moment de sa mort), Dieu ne pourra plus le retenir d'une manière définitive, et les réincarnations s'accompliront sans fin : l'homme aura conquis le privilège de Dieu[4].

Ce faisant, la situation du mortel privé du secours du korè est rappelée chaque année par le rite de la pacotille des marchands pendant les six années qui précèdent sa festivité septennale. Nous avons déjà abordé cette pratique rituelle dans la première phase qui symbolise la mort, dure au total 15 jours. L'isolement social dans le bosquet initiatique symbolise le monde des défunts séparé du monde des vivants. Les récipiendaires subissent des dures épreuves, des vexations les plus pénibles : fustigations, brûlures, piqûres, étouffements qu'ils endurent avec allégresse et dans l'impassibilité la plus parfaite[5]. Pour D. Zahan, les épreuves les plus

---

[1]D. ZAHAN, *Religion, spiritualité et pensée africaine*, p.208. Pour ce rite, le coude rappelle le contact avec Dieu ; le goût annonce l'appréciation juste de l'âme et de matière ; le nez et les oreilles dévoilent respectivement la sensibilité et le flair intellectuel.

[2] *Ibid.*, p.208. On saisit par là, le rapprochement entre ce dyo et l'épaule, l'ouïe, les mains et le ventre. Grâce au pouvoir fécondant du verbe capté, l'oreille est en connexion directe avec les réalisations humaines, deux aux organismes de cet ensemble corrélatif.

[3] *Ibid.*,p.209.

[4] *Ibid.*,p.210.

[5]*Ibid.*, p.186.

couramment utilisés qui retracent le caractère mortel de l'homme vis-à-vis de la société et par rapport à lui-même afin de devenir un nouvel être plus proche de Dieu que des hommes, sont les suivantes :
-L'épreuve de deux couteaux sur la langue, le couteau en fer, symbole de la mort, est censé tuer le candidat et celui en bois infuse, germe de la vie (l'arbre est le symbole de la vie) ;
-L'ensevelissement sous une peau imprégnée des produits irritants, symbolise la mise au tombeau et le retour dans le sein maternel ;
-La marche dans les cendres brûlantes symbolise la purification et le renoncement au goût et aux préférences personnelles ;
-Le passage sous un arc en rampant symbolise la voûte céleste où l'homme ressent sa faiblesse à rechercher la connaissance de Dieu ;
-Un court séjour dans une paillote, c'est une assimilation des néophytes au boucanage (symbole des aliments et la paillote évoque la cuisine)[1].

Calquée, en effet, sur le modèle de la naissance dans le sein maternel, la seconde phase est placée tout entière sous le signe de l'illumination divine. Elle prend pour thème la période de vie de l'individu comprise entre la naissance et la sortie de la circoncision. Les traits marquants sont constitués par l'octroi de l'âme, *ni*, au nouveau-né, la tombée du cordon ombilical, la coupe des cheveux et l'imposition du prénom, puis les cérémonies qui marquent le sixième jour après la circoncision et la sortie de ce même rite. Symbolisant la résurrection, cette étape de l'initiation qui revêt une signification spirituelle, se fait un an après la première initiation dure également 15 jours. Il s'agit de pose de l'enfant par terre, lavage à l'eau ordinaire destiné à enlever ce qui obscurcit l'esprit (aspersions et lavages), prise de cette eau par le nouveau-né, insufflations dans les oreilles, les yeux, le nez et la cavité buccale éveillent la sensibilisation de ses organes au contact avec les sensibilités spirituelles, ablutions à la bière de mil comme onctions qui mettent l'initié en effervescence et lui octroient, le goût et le plaisir de commencer avec l'invisible, secousses imprimées aux membres du nouveau-né, symbolisent le comportement coopératif face à l'enseignement dispensé, habituellement en pagne neuf, marque l'apparition et la manifestation de l'homme nouveau dans toute sa beauté spirituelle, repas de bouillie de mil accompagnée d'une sauce fade de feuilles de baobab, marque la fin du rite. La répartition des initiés entre les huit classes ou relais du korè, marque leur accession aux demeures de la vie mystique[2].

D'après la définition sociale et éthique des Bambara, l'homme s'identifie au métier qu'il pourrait exercer, ou mieux, aux symboles qu'il pourrait manipuler. Sa noblesse se caractérise fondamentalement par l'indépendance vis-à-vis des autres. De par sa vocation et son statut social, l'agriculteur est un homme libre et indépendant. Il constitue la horoya, c'est-à-dire l'aristocratie car, l'agriculture est pour les Bambara un métier qui permet à l'être humain d'être son propre maître. Les autres techniciens sont pratiquement esclaves car ils dépendent des fruits du travail de l'agriculteur. Ils fournissent respectivement à l'agriculteur : les outils nécessaires pour le travail (le forgeron), pour la préparation de nourriture et de sa consommation (le

[1] *Ibid.*, pp.211-212.
[2] *Ibid.*, pp.212-217. Les huit étapes sont : *sulaw* (colobes), prise de conscience de la participation à la vie animale ; *bisatigiw* (maîtres du fouet), quiétude spirituelle par la maîtrise de la langue et du pouvoir de soi-même ; *surukuw* (hyène), stabilité et équilibre contrairement à la gloutonnerie ; *tatuguw* (porteurs de feu), purification des préjugés et l'aptitude à guider ses semblables ; *korè dugaw* (vautours du *korè*) : les *kurumaw* (bosselés), on réalise la théomorphose ; les *dyaraw* (lions) : demeure du pouvoir royal. L'homme-lion touche à la divinité et, enfin, les *karaw*. Le myste parvient à l'identité avec la divinité.

charpentier), pour les outres de transport de l'eau à boire et les sandales de protection au contact avec le sol (le sellier) et pour rehausser, grâce à la maîtrise de la parole, l'éclat de l'agriculteur (le griot). En octroyant la vie, les femmes sont exclues car elles portent déjà en elles, leurs propres lettres de noblesse.

De la connaissance de soi, se connaître soi-même signifie avoir conscience de son humanité, de la place de choix que l'on occupe à l'univers en passant par les chaînons intermédiaires jusqu'à la théomorphose, donc à l'identification avec Dieu, la société du korè nous a profondément ému par sa structuration et son vaste programme initiatique équilibré d'enseignement et d'éducation dans le but de faire de l'homme un homo socialis parce qu'en fait, son action vise naturellement à rompre avec la vie animale et l'irresponsabilité en vue du bien-être de la société dans sa globalité. Quelques traits caractéristiques essentiels de cette dimension de la mystique africaine d'identification doivent être rappelés ici.

1. La définition sociale et éthique des Bambara n'admet pas à tous, les droits égaux dans l'ennoblissement. Cette dichotomie de la structure sociale, c'est-à-dire cette différenciation des groupements humains car, les castrés ne sont pas initiés, ne manque pas certes de retombées, l'éthique du pouvoir centré sur soi, par exemple.

2. Animé de sentiment nostalgique de retour à la vie, donc à l'immortalité, le rite du korè plonge ses racines dans la théorie de la réincarnation de l'âme, *ni*, en vue de contrecarrer l'absorption par la mort ou la désincarnation. L'homme conquit le privilège de Dieu, croient les Bambara, en accomplissant les réincarnations sans fin. Il se pose, en effet, comme déjà souligné, le problème de la non-conformité et de la disproportion existant entre la divinité et l'homme.

3. La pratique plus réaliste de la souffrance du corps sur le chemin de la théomorphose fait de ce rite initiatique une mystique ascétique. Pour se montrer maître de soi, l'initié brave la mort en endurant avec allégresse et impassibilité la plus parfaite, la souffrance et toutes les brimades qu'il subit tant sur le plan physique que sur le plan moral. Cette attitude stoïque négro-africaine est un humus vrai qui renforce la prodigieuse vitalité de l'homo africanus, lui qui, bon gré mal gré, gère ou se contente de dénoncer ou de déplorer simplement la souffrance et la misère plutôt que de les combattre. La société d'initiation du korè est une recherche de Dieu, une perfection de rapport avec Dieu. La structuration de l'itinéraire mystique du korè en huit catégories, conduit progressivement l'initié de la connaissance de soi (possession de la totalité de son être) à la théomorphose (possession de tous les principes divins), c'est-à-dire jusqu'à la demeure du karaw où il devient «'le même que l'Autre', ou mieux : 'le même et l'autre', il arrive à l'unité'. Cette parfaite similitude est figurée par l'emblème de la classe des karaw composé d'une ou plusieurs planchettes représentant Dieu [...]. On entend exprimer par là l'association initié-Dieu' répondant à la notion 'main-visage', ou 'faire-dire' ou encore 'acte-parole', tous aspects du même être »[1]. C'est avec raison que M. Meslin considère cette prodigieuse expérience africaine d'identification avec la divinité comme une véritable union mystique. C'est le produit d'une histoire particulière réalisée dans le cadre d'une tradition[2]. J.-M. Agossou note également qu'il s'agit, de «l'histoire de Je-avec, qui est conscience de soi, de l'autre et du Tout Autre »[3]. La morphologie de rite initiatique du korè, est un exemple parlant, l'homme africain noir peut amorcer la véritable révolution pour la promotion humaine.

---

[1] D. ZAHAN, *Religion, spiritualité et pensée africaine*, pp.217-218.
[2] M. MESLIN, *L'expérience du divin*, p.368.
[3] J.-M AGOSSOU cité, *ibid.*

4. L'être humain devient thaumaturge par la connaissance de soi. S'affirmant comme le maître incontestable de ce qui l'entoure, l'homo religiosus négro-africain brave les éléments pour les soumettre à son pouvoir, ou tenter la domination du monde serait sans intérêt si l'homme ne parvient pas à une profonde empire sur lui-même de ce qui l'entoure, c'est-à-dire qu'il commande aux végétaux et aux animaux, il exerce son autorité sur la marche du temps, il oblige les nuages à laisser tomber la pluie, il somme la foudre de s'éloigner[1]. N'est-ce pas là une trace retrouvée comme possibilité de manipulation des symboles à explorer ? N'aurait-il pas été possible de se dépasser, dès l'aube des temps de l'ésotérisme et faire en sorte que celle-ci soit mise en évidence pour le bien de tous, au lieu de continuer à se complaire dans ses pratiques incantatoires désanthropologisantes. Ce qui fait le bonheur c'est l'usage adéquat que l'on fait de la richesse qu'on a reçue en partage.

La mystique d'identification, on s'en rend compte, se traduit par un désir accru de communication avec les forces vitales, visibles ou occultes. Il apparaît donc clairement qu'il s'agit pour le Négro-africain d'expérimenter la présence communielle d'un Deus atiosus, des esprits intermédiaires, des êtres et des choses pour s'assurer un espace vital. Dans cette perspective, le mot communication se définit, selon le dictionnaire «Chambers », comme «l'action de communiquer, le contact spirituel ; une communion ; l'échange des transactions ; l'union d'un nombre de personnes dans un service religieux ; l'ensemble des personnes unies dans ce genre de service »[2]. Le contact-communion, l'échange des transactions et l'union des personnes, on croit, en effet, deviner de quoi il s'agit en parlant notamment de communication et de sa pertinence en milieu africain traditionnel qui représente une civilisation de l'oralité. Faisant partie intégrante des virtualités de la mystique africaine d'identification, c'est bien évidemment, comme l'affirme F. Kabasele Lumbala, la «civilisation où le mode de communication privilégie la parole, le symbole, le contact vécu et concret ; civilisation qui considère la parole comme une puissance mystérieuse et participante du dynamisme de l'être »[3]. C'est comme l'exprime aussi clairement A. Samb quand il dit : «La pensée africaine aussi riche que profonde, aussi éloquente par son silence, sa geste, son symbolisme et son ésotérisme que par son verbe, trouve par le truchement du conte, de la légende, du mythe et du proverbe, sous l'arbre à palabres ou dans les veillées, sa forme didactique et pédagogique la plus achevée et la plus efficace »[4]. Qui dit oralité dit littérature, affirme-t-on, et, l'on peut dès lors retenir les constituants fondamentaux de la littérature mystique africaine traditionnelle qui sont, à juste titre, la description implicite ou explicite de l'expérience mystique à savoir, le silence, l'apophatisme, la geste, la parole, les visions et révélations, les danses, les rites, les sifflements, etc., ce qui permet d'apprécier mutatis mutandis les postulats sociologique et psychologique. En effet, «Dans l'Afrique traditionnelle, la communication avait pour but de créer et de maintenir l'équilibre : entre les vivants et ceux qui ne sont pas encore nés ; entre tous ceux-ci, la nature et Dieu. Dans un tel contexte, vivre c'est participer au maintien de cet équilibre »[5]. Créer et maintenir l'équilibre vital dans une perspective de relation socio-cosmique et anthropologique, constitue de fait un meilleur projet servant de base à la promotion humaine en Afrique noire.

---

[1] D. ZAHAN, *Religion, spiritualité et pensée africaine*, p.172.
[2] Cf. A. C. TEMPLE, «Pertinence théologique de la communication », in *Défi africain : Revue de Théologie de Toute l'Afrique*, vol.1, n°1, janvier 2001, pp.82-83.
[3] F. KABASELE Lumbala, *Le christianisme et l'Afrique. Une chance réciproque*, p.105.
[4] A. SAMB, art.cit., p.133.
[55] Y. SCHAAF et J.-B. KENMOGNE, *Communiquer en Afrique noire*, Bafoussam, CIPCRE, 2002, p.22.

Est-il possible de retrouver à travers cette littérature mystique traditionnelle les traces d'une tradition vitale ou d'une philosophie vitale susceptible d'élaborer des projets promotionnels ? Plusieurs idées peuvent être développées en amorçant la réponse à cette question à cause justement de la richesse que regorge cette littérature mystique africaine traditionnelle. Bien qu'aujourd'hui on ne la retrouve pas dans sa pureté originelle, on peut néanmoins affirmer que les proverbes et les contes, chevilles de la pensée traditionnelle, favorisent les qualités nécessaires - solidarité, sagesse, agilité, humilité, ruse, etc.- pour éduquer et former à la responsabilité, à la promotion de la vie et au maintien de l'équilibre[1]. En procédant par l'analyse détaillée des rites perçus comme des sommes africaines, on se rend compte que le sacrifice est la forme privilégiée de communication avec les forces surnaturelles. Il est l'imprégnation de l'humain par le divin, la réactualisation de l'événement primordial. Il est regain de vie par la conjugaison et l'union des forces dégagées par l'oblation[2]. A ce titre, il joue le rôle essentiel qui vise alors à distribuer la force vitale. Car, le mot sacrifice, en Dogon, précise A. Descamps, «vient d'une racine signifiant 'faire revivre'. Toute maladie, toute rupture d'interdit amène une perte de forces. Il faut la compenser par le sang des victimes ou la bouillie de mil qui, versée sur les autels, apportent le flux vivifiant à l'intéressé et en même temps aux grands ancêtres ; tout sacrifice ou offrande est communion avec eux »[3]. On déplore tout simplement l'inefficacité de sacrifice négro-africain face au grand projet d'humanisation de l'Afrique noire. Notons aussi que dans la littérature mystique traditionnelle africaine, le primat du verbe est tenu en haute estime, qu'il soit parole, rythme ou symbole. Dans cette perspective, L.-V. Thomas et R. Luneau reconnaissent que le langage en Afrique noire, «n'est pas seulement instrument de communication ; il est expression, par excellence, de l'être-force, déclenchement des puissances vitales et principe de leur cohésion. Sur le plan métaphysique, le verbe est créateur par la parole de Dieu et création continuée par le souffle humain, c'est-à-dire l'âme »[4]. On emprunte également en Afrique noire le langage symbolique indirect de la dramatisation de l'existence du destin de l'homme. On trouve au Bénin, comme le révèle Ngenzhi Lonta Mwene Malamba, une représentation cosmique, ciel et terre, de la calebasse fermée sans orifice à l'instar du panthéon romain. Cette représentation permet à l'homme de faire l'expérience de l'étouffement existentiel, de l'incompréhensible, du combat pour la survie. Il expérimente l'aspiration à quelque chose de toujours fuyant plus loin et plus haut que le monde. Aussi par toutes ses créations, notamment les créations artistiques, ce qu'il vise c'est un dépassement, une extase du monde[5]. Dans le combat permanent de la vie contre la mort, l'Afrique noire souffre franchement de manque d'un langage mystique d'autonomie de créativité et d'humanisation. La configuration aux ancêtres et aux héros archétypes, l'initiation et la divination ne l'ont toujours pas aidé à remporter la victoire désirée. Que faire donc, face à l'expansion rapide de nouvelles technologies de l'information et de la communication mises aujourd'hui à la portée de tous ? C'est pourquoi à ce stade de notre quête de promotion de la vie et du maintien de l'ordre et de l'harmonie, nous estimons salutaire de maintenir conjugué l'ensemble des réalités vitales négro-africaines. A ce propos, Kä Mana écrit :

---

[1] Y. SCHAAF et J.-B. KENMOGNE, *op.cit.*, pp.22et23.
[2] A. NDAW, «Les religions indigènes. Caractères généraux », in *Encyclopédie des religions*, t.1, p.1171.
[3] A. DESCAMPS, *op.cit.*, p.36.
[4] L.V. THOMAS et R. LUNEAU, *op.cit.*, p.17.
[5] NGENZHI Lonta Mwene Malamba, *De la mystique à la sorcellerie*, Lubumbashi, Loyola, 1989, p.25.

La communication est un phénomène spirituel dont le sens ne peut se dévoiler qu'à celui qui s'enracine dans une dynamique vitale où le monde est la création divine, réseau des êtres en interaction par la puissance de Dieu. Elle met l'être humain non seulement en relation avec ses semblables, mais aussi en relations avec l'ensemble de la réalité, sur la base de la communion avec Dieu. Grâce à elle, l'homme devient responsable de lui-même, du monde et de la présence divine sur terre. 'Tout est lié. Tout est vivant. Tout est interdépendant', enseigne Amadou Hampâté Bâ. C'est cela l'essence même de la communication que l'Afrique est appelée à découvrir pour comprendre, comme l'écrit Aminata Traoré à la suite du Maître Hampâté Bâ, que 'l'homme doit assumer sa responsabilité quant aux liens - tantôt visibles, tantôt invisibles - dont l'ensemble confère un sens à la vie[1].

Ce parcours était évidemment nécessaire. Après avoir traversé le bosquet luxuriant, nous avons pu réaliser que la mystique peut redonner à l'homo africanus la force d'escamoter les intempéries, les remous historiques et spirituels en posant les bases de structure holistique du grand projet d'humanisation du continent noir. Le rapprochement que nous avons tenté d'établir entre le mythe de retrait de Dieu et certaines techniques de divination et certains rites d'initiation, en l'occurrence, la médiumnité africaine, la religion des Imandwa et le rite du korè signifie, dès lors, quête d'une autonomie ouverte que l'homme africain entreprend auprès des esprits forts et modèles et des divinités qui semblent régenter son univers socio-cosmique. Et, comme le remarque Ngondo Dishono Kalala, à propos du culte des esprits mikendi, «finalement, à l'origine de tout cela, la misère de l'homme laissé à lui-même et qui a besoin du secours des autres, de ses semblables et surtout des esprits forts dans son combat quotidien contre les forces du mal, comme les prières, les chants mikendi rendent manifeste en effet ce besoin de l'altérité humano-spirituelle »[2]. On le sait, les idées relatives à Dieu surgissent au tournant des rites, entendus ici comme «recherche d'ordre et d'équilibre social, de relation et d'équilibre social, de relation et d'union avec les puissances de l'au-delà »[3]. A ce sujet, nous ne résistons pas de citer Laleye qui a bien vu, en ramenant à trois catégories les rites de la mort spiritualisante à savoir la mort symbolisante et stylisée ; la mort réelle et la possession où le néophyte est réduit à la dimension d'un simple habitacle. L'étape de la résurrection, insiste-t-il, est ici capitale[4]. C'est de cette façon schématisée que l'homme de la société traditionnelle entend actualiser la nostalgie de la présence communielle avec les forces surnaturelles. Il s'agit de la mystique africaine comme présence qui prend toujours deux directions majeures qui convergent à l'action, l'horizontalité et la verticalité. Constituant la trame même de l'existence fragilisée en Afrique noire, la mystique d'identification est un exemple parlant de l'imprégnation de l'humain avec les forces surnaturelles par leur vie et leur pensée, ce qui met au clair, croit-on, la légitimité et la profondeur de la vocation d'humanisation de l'homme noir. On ne saurait dans cette perspective marginaliser dans le discrédit cette réalité religieuse devenue une ressource culturelle fondamentale de vie et de survie. On déplore, cependant, la misère exponentielle de l'être qui constitue à déconcentrer le continent noir. Il est, en effet,

---

[1] KÄ MANA, «Préface », *Communiquer en Afrique*, p.9.
[2] D. NGONDO Dishono Kalal, thèse citée, p.155.
[3] D. ZAHAN, *Religion, spiritualité et pensée africaine*, p.30. Voir aussi MAZINGA Mashin, art.cit., p.285. Il s'agit pour lui, de «l'ensemble de cérémonies en usage dans un cadre social donné, établit des canaux de relations qu'il schématise et actualise ».
[4] I.-P. LALEYE, «De la quête spirituelle de l'Afrique contemporaine. Repérage de fondement pour une évaluation critique », in *L'Afrique et ses formes de vie spirituelle*, pp.60-63.

extrêmement urgent pour ceux qui adhèrent de savoir exprimer en termes d'autonomie de créativité et d'humanisation, les mystères de cette réalité religieuse et les rites y afférents. Cela permet certes à l'homme noir de dégager le véritable sens de sa participation vitale qui aurait été exercée en conduisant à la perfection la religion négro-africaine en tant que porteuse des valeurs de régénération dans un monde déshumanisé. C'est dans cette perspective qu'il s'essaiera de réarranger, tester et parfaire les traces de manipulation des symboles laissées par les ancêtres en faveur de leurs descendants.

Il importe de faire une mise au point en vue d'une meilleure prospection de cette croyance religieuse. Il s'agit d'un exemple tiré de la conception traditionnelle du pouvoir qui ne rendait pas aisée la démocratie en Afrique noire. A ce propos, F. Kabasele Lumbala note pertinemment :

> En effet, le pouvoir était considéré comme détenu réellement par les ancêtres. Les hommes ne faisaient que tenir la casserole dans laquelle cuisaient les ancêtres. Le chef tendait à incarner la figure des ancêtres, par ce biais, il monopolisait le pouvoir. Heureusement il n'était pas le seul à communiquer avec les ancêtres ; d'autres instances de communication avec l'au-delà tempéraient cette tentation de l'absolutisme et exerçaient un contrôle réel sur le chef ; c'étaient les devins, les chefs de clans, et les grands féticheurs[1].

Un tel exemple, on le voit, ne force pas l'administration pour deux raisons suivantes. Le pouvoir détenu par les ancêtres, les êtres qui sont maintenant privés de mobilité sociale verticale et le concours de plusieurs instances de communication pour tempérer la tentation de l'absolutisme. En observant ces deux raisons, il faudra nous rendre bien à l'évidence compte que l'Afrique noire est quasi totalement prise dans l'engrenage des catégories spirituelles inférieures. Cela est devenu une crise généralisée qui fragilise le continent noir. N'était-il pas salutaire de concevoir des rites du pouvoir relevant d'une profonde révolution socio-économique et politique qui préserverait le continent noir de discussions féroces, cupides et anarchiques et de ravages criminels ? Il est vrai qu'une révolution faite par des personnes qui ne sont pas révolutionnées elles-mêmes ne saurait produire des institutions dynamiques au service de l'homme africain. N'est-ce pas bien cela qui est aujourd'hui à la une du quotidien africain ? Ce qui étonne, ainsi que le note avec raison B. Holas, c'est le fait que «les dieux de l'Afrique ne sont pas encore morts. Ils se cachent sous divers déguisements et, sauf erreur, auront encore un mot à dire à l'élaboration de la nouvelle personnalité africaine »[2]. On ignore, en effet, ce que sera cette nouvelle personnalité.

2.3 Mentalité *sorcelleresque*

Partout, en milieu rural ou urbain, on dénonce les nuisances graves et les actions maléfiques de dévitalisation des sorciers et des sorcières qui encombrent habituellement l'horizon de la destinée humaine dans le continent noir. Elle constitue le schéma explicatif de tout ce qui peut arriver de bien ou de mal. La littérature sur sa présence occulte et sur des

[1] F. KABASELE-Lumbala, *Le christianisme et l'Afrique. Une chance réciproque*, p.35.
[2] B. HOLAS cité par A. NDAW, «Les religions indigènes. Caractères généraux », p.1172.

associations sorcières clandestines est abondante. Il va sans dire que la sorcellerie a réussi à imprimer dans la conscience des communautés des peuples d'Afrique une certaine manière de vivre, de se comporter, de percevoir le monde, de se représenter la réalité. E. Mveng parle de «mentalité *sorcelleresque* »[1] devenue incontestablement centrale dans les cultures africaines. C'est pourquoi en Afrique, comme le fait observer Ngenzhi Lonta Mwene Malamba, «la sorcellerie n'est pas un simple sujet d'histoire. Elle est, certes, héritée du passé, mais elle vit, et joue un rôle capital dans nos existences. Il ne suffit pas de la 'comprendre' ; il faut aussi l'assumer dans le contexte d'aujourd'hui »[2]. C'est qu'en plus de nombreuses catégories spirituelles inférieures bienveillantes ou malveillantes qui régentent sa vie, l'Africain croit aussi à l'existence des sorciers et sorcières, hommes et femmes supérieurement doués de «pouvoirs mystérieux et redoutables, disposant de la puissance des esprits, maîtrisant les éléments cosmiques »[3]. Ils utilisent au mal leur pouvoir magique. C'est ainsi que, pour Masamba ma Mpolo, la sorcellerie est à la base de toute explication de l'insuccès, de la souffrance et de la mort[4]. Etant un phénomène qui n'est pas soumis aux lois sociales, la sorcellerie est une utilisation antisociale du pouvoir surnaturel. Elle est tout ce qui peut nuire et aliéner le bien-être social, c'est «la personnalisation du mal »[5]. L'homme africain est certes traumatisé par la présence occulte du sorcier qui est synonyme du mauvais, du mal. Ngenzhi Lonta Mwene Malamba préfère le terme Pende, wanga, pouvoirs avec l'idée d'un domaine réservé, d'un système et d'une stratégie, au terme français sorcellerie qui ne couvre pas exactement ce qui est vécu par les sujets Pende. Pour lui, le terme wanga désignerait le savoir-pouvoir occulte, extraordinaire. Ainsi, le mulozi (sorcier) sait pour nuire et détruire, le nganga (devin) sait pour protéger, cultiver la vie[6] contre toute menace et de croître la force vitale.

Plus d'un Africain croit fermement que l'essor technologique et scientifique que connaît aujourd'hui l'Occident est justement le résultat positif de la sorcellerie ou de la magie des Blancs. C'est la sorcellerie dite positive. C'est pourquoi l'homme blanc reste toujours la référence pour l'homme africain pour ce qu'il a su faire preuve, comme le relève Lufuluabo, d'une force vitale qui dépasse de loin tout ce que les Noirs avaient connu jusque-là : l'homme blanc guérissait les maladies contre lesquelles ils avaient toujours été impuissants ; il chassait les esclavagistes arabes avec les armes puissantes ; il donnait vie à des machines qui se mettaient à rouler et même à voler sans qu'on les pousse, etc. Dès lors, il importait de fréquenter l'homme blanc pour bénéficier de cette puissante force vitale. On était donc toujours prêt à faire ce qu'il désirait et exigeait[7]. Par contre, le retard technologique et scientifique que connaît le continent

---

[1] E. MVENG, « Théologie et langages », in Revue Africaine de Théologie, vol.10, n°20, octobre 1986, p.197.
[2] NGHENZI Mwene Lonta Malamba, De la sorcellerie à la mystique, Lubumbashi, Loyola, 1987, pp.45-46.
[3] Ibid., p.3.
[4] MASAMBA ma Mpolo, «Le problème de sorcellerie (point de vue d'un chrétien) », in *Cahiers des Religions Africaines*, vol.7, n°14, juillet 1978, p.247.
[55] LAMAL cité par A. B. B., ODAN, «Catégories structurales des religions africaines traditionnelles dans l'œuvre dramatique de Guy Menga », in *Art religieux africain*, p.59.
[6] NGENZHI Mwene Lonta Malamba, *op.cit.*, p.19. Voir aussi son ouvrage intitulé, Former les hommes supérieurs ou les surhommes? A la manière des anciens, Kinshasa, Loyola, 1989, p.54.
[7] J.-M. LUFULUABO cité par BUKASA Tulu Kia Mpasu, « L'impact de la religion africaine sur l'Afrique d'aujourd'hui : latence et patience », in *Religions africaines et christianisme* (Colloque international de Kinshasa 9-14 janvier 1978), Kinshasa, FCK, 1979, pp30-31. Le Blanc guérissait les maladies contre lesquelles ils avaient toujours été impuissants ; il chassait les esclavagistes arabes avec les armes puissantes ; il donnait vie à des machines qui se mettaient à rouler et même à voler sans qu'on les pousse, etc. Dès lors il importait de fréquenter le Blanc pour bénéficier de cette puissante force vitale. On était donc prêt à faire ce qu'il pouvait désirer et exiger.

noir est ipso facto le résultat négatif de la sorcellerie ou de la magie des Noirs. C'est la sorcellerie dite négative. C'est ce qu'exprime clairement R. Bureau quand il dit :

> Sans sorcellerie, en effet, il n'y aurait point, ni hiérarchie, ni volonté d'accumulation de biens. La croyance à la sorcellerie, singulièrement aujourd'hui à la 'sorcellerie des Blancs', sont une manière d'expliquer les inégalités de destin et de croire qu'elles pourraient ne pas exister, comme au temps d'avant la faute. Elle permet en outre de réguler le pouvoir par la suspicion qu'elle fait peser sur ceux qui accroissent leurs biens ou leurs pouvoirs sur les autres[1].

Mveng repousse, à la lumière de la vision africaine du monde, cette version de fait qui serait par définition, antiscientifique et déprimante. En Afrique, l'anthropologie et la cosmologie vont nécessairement ensemble. L'homme est un microcosme au sein du macrocosme, il est la dimension vivante, pensante du cosmos. Il est lui-même à l'image du cosmos et le cosmos est à son image. Menacé dans sa vie, l'homme africain a la vocation d'assurer son salut dans la victoire de la vie sur la mort. Pour Mveng, le vrai drame dans le quotidien de la vie en Afrique, est dans l'aliénation et l'annihilation coloniales qui sont le fruit du langage de la dérision[2]. La présence occulte du sorcier en Afrique n'est pas perçue uniquement de façon négative. Dans *Approches africaines de la sorcellerie*, Nzuzi Bibaki reconnaît l'existence à la fois du bon sorcier, protecteur du village et du mauvais sorcier pour ce qu'il suscite la peur. Le sorcier est différent du magicien qui vise presque toujours à faire du mal aux autres. Pour lui, la sorcellerie donne plus de jeu à la spontanéité et à l'esprit de l'observation, le sorcier sait, comme la science, codifier ses règles et ordonner des récits des faits. Ayant son objet formel, la sorcellerie sait aussi inventer des solutions nouvelles contrairement à la magie. Elle s'adapte aux situations, elle est capable de s'inculturer. Pour lui, la sorcellerie est une réalité, un ensemble d'énergies psychologiques spirituelles que tous les hommes ont reçues du créateur, à des degrés divers. Ce faisant, il invite donc tout le monde à devenir de bons sorciers. Sans doute, certains Africains considèrent-ils la sorcellerie comme le balbutiement d'une science future. En dépit de cette perception positive, on sait bien que la sorcellerie africaine reste jusqu'ici un phénomène enveloppé de mystères. C'est ainsi qu'on reproche à la sorcellerie africaine notamment le manque de liberté et son caractère introverti.

Parmi les pratiques modernes qui ont trait à la mentalité sorcelleresque, P. Geschiere signale l'émergence au Cameroun d'une autre forme de sorcellerie auxiliaire des politiques et des riches. La sorcellerie à effet égalisateur tend à se substituer la sorcellerie à effet accumulateur. Les sorciers ne mangent plus leurs victimes mais les transforment en des sortes des zombies, revenants mis au service des sorciers, qu'ils font travailler pour leur propre compte dans la construction de maisons, dans des plantations invisibles ou dans des cacaoyères. La sorcellerie intègre dès lors les mystères de l'économie de marché tout autant que ce qu'il y a d'occulte dans les manœuvres du pouvoir politique[3]. On peut ranger à côté de cette forme de sorcellerie les trois pratiques similaires qu'on rencontre chez les Mongo de Befale (Congo) précisément dans la province de l'Equateur. Il s'agit de *fondooli*, *lonyama* et *lonsé* que P. Korse, Likiyo Inkenju et Mondjulu Lokonga ont réalisé dans la perspective de l'inculturation du

---

[1] R. BUREAU, «Sorcellerie africaine », in *Dictionnaire des religions*, p.1609.
[2] E. MVENG, «Théologie et langage », p.197.
[3] P. GESCHIERE cité par C. RIVIERE, *op.cit.*, p.132.

message chrétien une étude sur la sorcellerie en 1987. En reconnaissant la divination comme don de Dieu, ils n'ont pas su relever ce qui est promotionnel[1]. Les sorciers autochtones Mongo font travailler pour leur compte dans les champs ou dans les plantations, dans la chasse ou dans la pêche, les âmes réduites en esclavage. Grâce à ces esprits-travailleurs, chasseurs ou pêcheurs, les sorciers autochtones obtiennent mystérieusement de vastes étendues des champs et des plantations, un butin important des gibiers ou des poissons qui pourraient leur rapporter non seulement beaucoup d'argent mais aussi une certaine mise en valeur de leur force maléfique. Le substantif fondooli vient de fondola qui signifie trier ce qui est pourri car, croit-on, le maître-*fondooli* se rend au cimetière le troisième jour pour récupérer parmi les cadavres en décomposition l'esprit de sa victime. Ou bien de *pondo*, au sens précisément de l'âme de la victime réduite à l'esclavage, vendue à très bas prix. Pour d'autres, le mot *fondooli* a trait au cinquième jour de la semaine, *fondoolodi*, parce que la personne ensorcelée ne meurt que le vendredi. Le substantif lonyama qui vient de nyama signifie animal ou viande et lonsé vient de nsé signifie poisson. Le connectif *lo* rattaché au déterminant nyama ou nsé relève notamment de la science ou de la technique acquise pour atteindre l'objectif visé dans ces croyances et pratiques sorcelleresques. Le déterminant nyama, animal ou viande prend par glissement péjoratif le sens de l'animalité et cela fait penser à la personne qui se comporte comme un animal, c'est un simple gibier de potence parce que sa force vitale a été capturée et réduite à l'esclavage. Il en est de même avec le déterminant *nsé*. La victime deviendra un esprit aquatique qui tournera maintenant la tête aux poissons les conduisant vers les nasses, les hameçons ou les filets. En intégrant le monde animal, la forêt et l'eau deviennent les lieux où les sorciers autochtones utilisent au mal leur pouvoir magique. Ils essaient de dire ce qu'ils pensent d'eux-mêmes, ils capturent mystérieusement les *nyamas*, forces vitales, qui seront pour un temps à leur service. Pour devenir le maître-*fondooli*, l'initié utilise les techniques similaires. L'essentiel ici, croyons-nous, à la suite de Favret-Saada, est la force vitale. Pour lui, «La sorcellerie se rapporte en fait à ce qu'on pourrait appeler la circulation de force vitale, c'est-à-dire aux capacités de l'individu à assurer sa survie économique et sa production sociale dans un espace donné : exploitation agricole, entreprise artisanale ou commerciale »[2]. Celui qui aspire à devenir maître-*fondooli*, maître-*lonyama* ou encore maître-*lonsé* use de son pouvoir magique pour transformer sa victime en un esprit-travailleur des champs ou des plantations, en un esprit-chasseur ou en un esprit-pêcheur. L'initié à la pratique sorcelleresque *fondooli* atteint sa victime en se servant naturellement d'un certain nombre d'objets lui appartenant qu'il mélange avec les fétiches apprêtés auparavant à cette fin notamment son morceau d'étoffe, les empreintes de ses pieds laissées sur le sol, ses cheveux, les rognures de ses ongles ou celles des fibres mâchées de la canne à sucre. On pourrait établir ici un certain rapport entre la partie et le tout, entre l'image ou l'objet et son propriétaire, ce qui naturellement se produit sur l'image ou sur l'objet touche son propriétaire, c'est le principe connu de *pars pro toto*, le geste accompli sur une partie a son effet malveillant sur le tout, sur le principe vital. L'initié *fondooli* se rend au cimetière trois jours après l'inhumation de la victime pour s'emparer par des techniques occultes de son esprit qu'il comptera parmi ses esprits-travailleurs des champs et des plantations. De même, pour transformer sa victime en esprit-chasseur, l'initié *lonyama* tend des pièges-ensorcelés. La

---

[1] P. KORSE, LIKIYO Inkenju, MONDJULU Lokonga et al., *Sorcellerie, maladie et chasseurs de sorciers chez les Mongo (Rép. Du Zaïre)*, Bandundu, CEEBA, 1989, pp.21-28.
[2] FAVRET-SAADA cité par C. RIVIERE, *op.cit.*, p.129.

personne dont le nom est mentionné, l'intensité de sa force vitale étant directement atteinte, fragilisée et ruinée, deviendra très gravement malade dès qu'elle consomme la viande de l'animal pris dans l'un de ces pièges-fétiches. La victime frissonne et commence à pousser des cris exactement comme l'animal qui a été pris dans l'un des pièges. Refusant de manger et de parler, la personne meurt quelques heures seulement après. Le maître-*lonyama* trouvera sa victime transformée en une antilope, par exemple. La viande de cet animal sera destinée à la consommation tendis que la force vitale de la victime maintenant capturée et domptée, deviendra un esprit-chasseur. Il s'engagera à faire la chasse en faveur du maître-*lonyama*. En tournant la tête aux animaux, les maîtres-*lonyama* les achemineront vers les pièges-fétiches. Les personnes victimes sont le plus souvent les proches parents, le père, la mère, le frère, la sœur ou son propre enfant. La victime peut être également la personne qu'il a en aversion. Ceux qui sont généralement victimes sont les jeunes gens dont l'âge est compris entre 5 à 35 ans car encore très forts et dynamiques, ils peuvent servir pendant longtemps leur maître. Outre la consommation de la viande, le maître-*lonyama* pour atteindre la personne-victime, se sert des empreintes des pieds laissées au sol, de l'ombre qu'il perce d'une aiguille ensorcelée, de la cendre de la cigarette qu'elle venait de fumer. Le maître-*lonsé* use des techniques semblables pour l'acquisition des esprits-pêcheurs ou des esprits aquatiques.

Pour neutraliser l'action maléfique ou pour s'assurer une certaine protection contre les agressions mystérieuses des sorciers, l'homme africain recourt aux techniques mystiques de blindage, c'est-à-dire aux rites magiques et magico-médicaux des nœuds, des liages ou d'une corde, comme on dit habituellement, *kokanga njoto* [1] (le fait de s'entourer le corps d'une ceinture de protection contre l'action maléfique), l'orientation peut être positive ou négative, bénéfique ou maléfique, pour lesquelles il attribue la fonction de guérison, de défense contre les démons, de conservation de la force magico-vitale[2]. Généralement, l'approche africaine traditionnelle du phénomène de la sorcellerie est beaucoup plus répressive que celle de la société africaine contemporaine car il est question, surtout en milieu rural, d'éradiquer le pouvoir maléfique de nuisance et de dévitalisation dont le sorcier est supposé être le détenteur. On recourt aux diverses ordalies répressives. Ainsi, le suspecté est battu, lapidé ou mis à mort. Chez les Ndembu de Zambie, par exemple, le présumé sorcier est banni du village, ses biens sont confisqués ou bien on le fait mourir par le feu dans sa cabane ou on l'empoisonne.[3] Chez les Ngombe (Congo), par contre, on procède par le breuvage de détection, mortel, obtenu grâce à la macération de râpure de la racine d'un petit arbrisseau d'essence très amère et toxique poussant dans les sous-bois de la forêt équatoriale appelé communément *mbondo*. Parmi les chefs d'accusation qui pèsent sur le présumé sorcier, on citera la rancœur tenace contre le membre de sa famille, le fait d'avoir participé à l'ensorcellement par l'envoi de son double capable de manger le double de sa victime ou par la succion de son sang, le fait de coucher avec sa propre fille, sa mère ou sa nièce, la pédophilie, des propos inconvenants suivis d'effets néfastes. Pour être lavé de tout soupçon, le sorcier devra uriner au moins trois fois de suite. Autrement, il se retrouvera rudement renversé la nuque contre la terre, complètement paralysé, ce qui entraîne parfois à la mort s'il ne reçoit pas des soins appropriés le plus rapidement possible, en

---

[1] MALANDA Dem, *La mentalité africaine et l'avenir de la science*, Kisangani, B.A.S.E., 1977, p.37. Précisément la note 11. L'expression fait aussi surgir l'image d'un corps vécu comme un ensemble de morceaux regroupés en un tas et maintenir par un code. L'image d'un faisceau maintenu uni par une ficelle.

[2] M. ELIADE, *Images et symboles. Essais sur les symboles magico-religieux*, Paris, Gallimard, 1952, p.145.

[3] C. RIVIERE, op.cit., p.127.

l'occurrence, l'absorption dans l'inconscience des morceaux d'étoffe sales qu'on ramasse dans les ordures ainsi qu'une bonne quantité de matières fécales prélevées des cabinets. Cela pour l'amener à vomir parce qu'il n'a pas été lavé de tout soupçon. On se sert aussi de la tige sèche de cet arbrisseau pour neutraliser l'action maléfique du sorcier, des génies aquatiques et forestiers ou des esprits malveillants qui rôdent autour des maisons. Les porcs-épics en sont les grands consommateurs.

Que dire donc ? Peut-on disculper la magie des Noirs ou le *caïnisme* africain qui est, pour Mubengayi Lakwale Mukendi, «la sorcellerie passe pour un instrument forgé par l'homme, pour ruiner la vie et causer la mort »[1] en continuant à recenser des boucs émissaires ? Outre ce que l'on suppose être la preuve d'un engagement positif du sorcier, l'harmonie et le bien-être du village, le maintien de l'ordre établi, l'apaisement des tensions sociales, l'équilibre d'ensemble[2], l'acquisition frauduleuse des biens matériels et les nombreuses actions mystérieuses négatives qu'il pose, plongent naturellement dans l'infécondité de l'esprit de créativité, ruinent la force vitale, provoquent la peur et suscitent des inquiétudes. La maîtrise de la foudre que le sorcier fait tomber sur son ennemi, l'exécution des rites, la manipulation mystérieuse des substances, la désintégration des familles par le phénomène «enfants-sorciers » abandonnés à leur triste sort, les invocations et les incantations verbales qui sont naturellement suivies d'effets à distance sur la victime choisie. On le sait, la peur d'êtres mystérieusement attaqué par le sorcier est un frein contre tout ce qui peut permettre à l'homme noir de se déployer en quelque sorte. La peur congénitale permanente que la sorcellerie imprime dans la conscience des Africains, livre donc servilement au fatalisme, au manque d'initiative et d'autonomie de créativité, au comportement incohérent, irrationnel et pathologique, au découragement, à l'exode rural, au sentiment d'appartenance à une race inférieure, maudite et, de surcroît, à l'infécondité de l'esprit. Ainsi, que le remarque J. Vernette, «la sorcellerie gagne d'ailleurs du terrain dans les périodes de peur et d'inquiétude »[3]. En tant que telle, la sorcellerie est soupçonnée d'être responsable de beaucoup de maux qui contrarient aujourd'hui l'épanouissement des communautés des peuples d'Afrique noire. Dans *De la sorcellerie à la mystique* (1987), Ngenzhi Lonta Mwene Malamba s'interroge pour savoir si l'Afrique moderne peut se permettre de pactiser avec la croyance en la sorcellerie dans la mesure où elle intervient pour beaucoup dans la mobilisation ou la démobilisation de la volonté raisonnée. Poursuivant un objectif tout à fait pratique dans son approche de la sorcellerie, Ngenzhi Lonta Mwene Malamba se contente d'étaler sur l'échelle de l'esprit nègre sept niveaux ou aspects d'interprétation de la sorcellerie : psychologique, éthique, rituel et sacrificiel, esthétique, initiatique, politique et mystique, ce qui signifie que chaque sujet ne déploie pas en lui la gamme complète de la vie spirituelle. Pour lui, en effet, la sorcellerie est devenue, de toute évidence, une mentalité nuisible au développement, elle enchaîne les esprits et les tient en esclavage. Pour Tempels, «Le crime le plus crapuleux, la prostitution la plus cynique des lois sacrées de la nature sont, d'après les Bantous, les œuvres destructrices, volontaires et conscientes du buloji (sorcier) ou de la sorcellerie »[4]. C'est un défi qui doit interpeller plus d'un Africain ici et maintenant. C'est pourquoi, l'un des rêves des jeunes Africains aujourd'hui est évidemment la libération du continent noir, en l'occurrence, «la

---

[1] MUBENGAYI Lakwale Mukendi, op.cit., p.7.
[2] M. P. HEBGA, recension de N. BOKUMA, «Sorcellerie. Chimère dangereuse », in *Bulletin de théologie Africaine,* n°4, juillet-décembre 1980, p.289.
[3] J. VERNETTE, *Jésus dans la nouvelle religiosité*, Paris, Desclée, 1987, p.297.
[4] P. TEMPELS cité par L.-V. THOMAS et R. LUNEAU, *op.cit.*, p.333.

libération des forces occultes, qu'ils appellent eux-mêmes indifféremment 'chimie africaine', toutes formes de menaces et de mentalités sorcelleresques, qui terrorisent dans un sentiment de peur et de fatalité »[1]. C'est aussi justement le rêve le plus en vue des Eglises afro-chrétiennes et des églises de réveil et sectes plus ou moins syncrétiques qui foisonnent aujourd'hui en Afrique noire, c'est-à-dire le fait de faire objectivement et rationnellement place nette de la sorcellerie. En baptisant ses adeptes, S. Kimbangu identifiait les sorciers en puissance d'après la manière dont l'eau se répandait sur la chevelure. La confession avait pris chez le harriste A. Atcho, le schéma persécutif de la sorcellerie qu'il entendait extirper[2]. Kä Mana se déploie de dégager une triple dynamique d'un christianisme du terroir à travers les trois fondateurs d'Eglises à savoir W. W. Harris, S. Kimbangu et S. G. Toko en vue de penser et de construire, envisage-t-il, l'avenir spirituel et matériel du continent. Il s'agit de déféticisation de toute la société, de désensorcellement des mentalités et de la logique du bonheur partagé qui s'inscrit dans la logique du Christ (solidarité responsable, fraternité active et développement concerté)[3]. La question revient à nous interroger sur l'avenir des relations entre la mentalité sorcelleresque et l'autonomie de créativité et d'humanisation. De toute évidence, la mentalité sorcelleresque est moralement, sociologiquement et ontologiquement décevante. Elle constitue une entrave à la vocation technoscientifique et à son développement en Afrique. La crise de l'être que connaît aujourd'hui l'Afrique noire exige un meilleur usage de la raison humaine, précieux don du Créateur. Dans son article intitulé *De la rationalité maraboutique ou la raison dans la mouvance du maraboutisme*, M. Buassa Mbandu reconnaît, de l'antiquité grecque (le Noûs d'Anaxagore et le Logos d'Héraclite) en passant par le Moyen Age (avec l'avènement du christianisme la raison est aux prises avec la révélation/foi) jusqu'aux temps modernes (devenue la prérogative humaine, la raison est une faculté qu'a l'homme de raisonner), l'existence de la raison plurielle qui engendre plusieurs types de rationalités. De fait, le grand problème qui reste à résoudre est, pour lui celui des conditions de possibilité de leur cohabitation dans l'intérêt supérieur de la maîtrise du monde et de toutes les dimensions de la vie de l'homme. La forme que prend la raison en Afrique noire articulée au maraboutisme est ce que M. Buassa Mbandu appelle *rationalité maraboutique*, c'est-à-dire toute attitude de l'homme consistant à abandonner aux forces naturelles toutes les prérogatives et fonctions dévolues à la raison en tant que pouvoir d'invention, de création, d'organisation et de transformation de l'espace cosmique et humain. Précisément, la rationalité maraboutique se fonde sur une conception du monde selon laquelle plusieurs forces mystiques gouvernent le cosmos et chacune d'elles occupe une parcelle de pouvoir magique sur les choses et les êtres animés[4]. Makolo Muswaswa aborde cette même question à partir de la relecture faite de deux romans sénégalais, *Xala* de Sembene Ousmane, publié en 1973 dans Présence Africaine et *La Grève Bàttu* d'A. Sow Fall, publié en 1979 dans Nouvelles Editions Africaines. Ces deux œuvres littéraires illustrent une Afrique bifide, la modernité et la tradition s'entrecoupent. Malgré les apparences de la modernité, les Africains sont englués dans des croyances et pratiques aussi paralysantes que le fétichisme et le maraboutisme (recours aux pratiques divinatoires, aux guérisons magiques, à la fabrication et la

[1] E.-J. PENOUKOU, *Eglises d'Afrique. Propositions pour l'avenir*, Paris, Karthala, pp.145-146.
[2] C. RIVIERE, *op.cit.*, p.133. La sorcellerie qu'A. Atcho entend extirper, précise-t-il, se trouve soit sous forme d'auto-accusation de monstruosités fictives, de délire d'esprit amplifiant le malheur et l'échec, soit sous forme de désignation d'associés multiples de la culpabilité, ce qui correspond au sabbat de la sorcellerie.
[3] KÄ MANA, *La nouvelle évangélisation* en Afrique, pp.124-125.
[4] M. BUASA Mbandu, «De la rationalité maraboutique ou la raison dans la mouvance du maraboutisme », in *Philosophie africaine : rationalité et rationalités*, p.268.

vente d'amulettes). Les cadres africains sont pour la modernité quand il est question de remplacer les européens à la direction des institutions qu'ils géraient et de jouir des avantages y afférents, et pour la tradition quand il s'agit de venir chercher dans l'univers magico-religieux, la garantie du succès et du bonheur.[1] La mentalité sorcelleresque et la rationalité maraboutique ne sont ici que les deux revers d'une même médaille, elles utilisent les mêmes moyens dans leur quête de succès et de bonheur. L'extrême urgence qui s'impose pour l'émergence de l'Afrique est celle de pouvoir se plier à une certaine metanoia et de créer les conditions adéquates à l'exercice objectivement honorable de la vocation technoscientifique négro-africaine. Concrètement, il s'agit de l'utilisation des différentes possibilités offertes par la confrontation de l'intelligence à la nature en vue de réaliser intégralement le dessein de l'homme africain noir.

2.4 Vague des mystiques orientales

Les religions traditionnelles africaines connaissent aujourd'hui, nous l'avons dit, une faveur nouvelle en dépit de mutations profondes du monde actuel. Comme le remarque E.-J. Penoukou, on continue à consulter le devin, à faire des sacrifices en vue d'une promotion politique, professionnelle, ou d'un succès scolaire, etc.[2] Les religions traditionnelles africaines sont omniprésentes dans les consciences, dans les opérations spirituelles ou empiriques, dans la littérature mystique, à la campagne et en ville, dans les procès judiciaires, dans les comportements des chrétiens, des musulmans, des athées ou des indifférents.[3] Avant toute autre considération, il importe de rappeler quelques traits spécifiques des religions négro-africaines dont les deux premiers traits sont d'I.-P. Laleye et les deux derniers sont de M. Meslin[4].

1. Il se manifeste une sorte de tolérance fondamentale qui fait que l'on n'aspire pas au monolithisme dogmatique ni dans l'expression de la foi ni dans les attitudes par lesquelles la foi s'article.
2. Il s'effectue un culte de personnalité dans des formes qui font croire à l'inexistence des figures vénérées presque semi-légendaires ou mythiques ayant vécu à des périodes tellement imprécis.
3. Ce sont des religions de l'élan vital, de la sublimation religieuse de la vie quasi cosmique. Il s'agit de l'ontologie vitaliste car dans la théorie de la réincarnation, l'âme constitue en Afrique noire le suppôt vital de tout être vivant. La première tâche est de connaître et de respecter les esprits qui se réincarnent comme puissances de vie.
4. Les religions négro-africaines baignent dans des pratiques initiatiques jalonnées d'épreuves ascétiques marquant le progrès dans la maîtrise de soi et confère, croit-on, une meilleure connaissance de soi.

L'objet ici n'est pas de donner un aperçu des religions traditionnelles africaines en vue de repenser correctement notre hypothèse sur le fait promotionnel, à la lumière de mouvements importés de l'Orient. De fait, ces traits relevés attestent fondamentalement que les religions négro-africaines reposent inexorablement sur des bases plus ou moins vulnérables : tolérance

[1] MAKOLO Muswaswa, «Les cadres africains et le fétichisme maraboutique : lecture de deux romans sénégalais », in *Tradition, spiritualité et développement*, pp.227-247.
[2] E.-J. PENOUKOU, *Eglises d'Afrique. Propositions pour l'avenir*, Paris, Karthala, 1984, p.51.
[3] BUKASA Tulu Kia Mpasu, art.cit., p.30.
[4] I.-P. LALEYE, «Quête spirituelle de l'Afrique contemporaine. Repérage de fondement pour une évaluation critique », in *L'Afrique et ses formes de vie spirituelle*, p.65 et M. MESLIN, «Connaissance et richesse des religions des sociétés traditionnelles », in *Revue Mission de l'Eglise*, supplément n°130, janvier 2001, pp.6-7.

sans discernement ; culte de personnalité ; respect aux esprits qui se réincarnent comme puissances de vie ; initiations jalonnées d'épreuves ascétiques. A en juger par leur état actuel, tout semble indiqué que le monde des vivants est en fait un réseau au sommet duquel trône le monde des esprits et des divinités secondaires. Bien que ces deux mondes soient de dimensions différentes, le monde matériel reste pertinemment dépendant et inférieur au monde spirituel. En effet, pour assouvir sa nostalgie spirituelle, l'homme africain recourt aux sectes et aux mouvements spiritualistes importés, à caractère ésotérique, initiatique et salvifique[1]. Ostensiblement, on est de nos jours en passe d'assister à la phase du début de déclin de l'histoire des religions négro-africaines. Puisqu'en fait, la rencontre de l'homme noir avec l'Occident était effectivement devenue une histoire de discrédit ou de suppression de sa réalité mystique, il est du reste facile de nous rendre compte que l'engouement de l'Afrique noire pour les traditions mystiques orientales marque le point à cause de leur assimilation à quelques aspects des aspirations religieuses négro-africaines entre autres la promesse de l'harmonie et de sécurité matérielle, l'obtention de protection, le caractère plus ésotérique et initiatique qui répond au goût atavique d'accession aux mystères et d'appréhension à l'interaction entre le monde physique et le monde surnaturel. Cet emballement pour les traditions mystiques orientales concerne également les hommes de science. Dans «Les vrais enjeux d'un dialogue entre tradition scientifique et tradition mystique », M. Mabasi Bakabana inscrit l'intérêt toujours renouvelé pour les traditions mystiques extrême-orientales de l'Inde, de la Chine et du Japon, pays qui ont sans doute connu des moments inconvenants de l'histoire humaine, même par d'éminents hommes de science, dans la crise de rationalité (scientifique) et l'ouverture de celles-ci aux productions spirituelles considérées jusqu'alors non rationnelles. Ainsi, au lieu d'une fusion, M. Mabasi Bakabana préconise plutôt la légitimité d'une coexistence pacifique, d'un dialogue entre tradition scientifique et connaissances traditionnelles (mystique et mythique)[2]. Peut-on dès lors considérer l'émergence, qui paraît être promotionnelle, que connaît aujourd'hui l'Extrême-Orient comme étant le résultat d'un dialogue fécond entre sa tradition scientifique, ou mieux, de l'alliage fait entre sa mystique et la mécanique ? A tous égards, on est persuadé de répondre par l'affirmative à cette question. Il importe cependant, de revenir à un exemple de ces mouvements qui sollicitent franchement l'adhésion des Africains noirs en quête de la promotion spirituelle et matérielle. Il semble vrai que nous voudrions insister ici sur le fait de savoir contourner le danger majeur d'aliénation qui menace tout à nouveau l'épanouissement et la fructification des éléments constitutifs promotionnels de la mystique africaine. Comme l'affirme nettement I.-P. Laleye, les «Africains devraient reconnaître qu'ils s'exposent délibérément à une aliénation encore plus profonde et plus dangereuse que toutes celles que nous dénonçons dans les autres formes de nos contacts avec les cultures non-africaines »[3].

Le *Mahikari* est un mouvement d'idées d'origine japonaise. Fondé officiellement en 1960 par Kotama Okada surnommé Sukui Nushi Sama ou sauveur de l'humanité, ce mouvement prétend être la réalisation d'une nouvelle société par la pratique de la lumière, symbole de la vie, du bonheur et de l'espoir, et de la vérité. Il est le dépassement de toutes les religions. En

---

[1] M.P. HEBGA, «Interpellation des mouvements mystiques », in *L'Afrique et ses formes de vie spirituelle*, p.69.

[2] M. MABASI Bakabana, «Les vrais enjeux d'un dialogue entre tradition scientifique et tradition mystique », in *Philosophie africaine : rationalité et rationalités*, pp.480-487. Il y a eu tentatives d'unification des traditions scientifique et mystique par des scientifiques comme par exemple le physicien B. Josephson.

[3] I.-P. LALEYE, «De la quête spirituelle de l'Afrique contemporaine. Repérage de fondement pour une évaluation critique », p.66.

entreprenant la conquête de toute l'Afrique noire, le Mahikari prône le rapprochement des hommes entre eux, fait venir le temps où se déroule le programme divin qui est de spiritualiser le monde devenu matérialiste. Le livre sacré *Goseigen* et *Norigito* est donné en vue de faire connaître les secrets et les mystères du ciel qui n'avaient pas encore été révélés à l'humanité. Il offre un raccourci pour saisir la loi merveilleuse et mystérieuse de *Ken* (santé parfaite), de *Wa* (harmonie) et de *Fu* (richesse, sécurité matérielle). L'*Okyomé* ou purification aide à éliminer les impuretés physiques ou maladies et les impuretés spirituelles ou erreurs morales. Les *Yoshi* ou initiés revêtent l'*omitama*, médaillon-talisman qui coûte énormément cher[1].

En dépit de quelques points positifs à apprécier à leur juste valeur notamment l'invitation à la conversion du cœur, le climat de fraternité et de chaude amitié, croyance à la survie[2], il importe de revenir sur quelques traits qui paraissent incompatibles avec la vision négro-africaine de Dieu, de l'homme et du monde et ce qui regarde précisément le grand projet de Dieu d'humanisation du continent noir. L'irruption de ces mouvements[3] en Afrique noire, marque le début de déclin des religions traditionnelles.

1. Le Dieu *Su* est créateur de l'univers par l'intermédiaire d'un dieu messager, Okada. Son but en créant le monde et les hommes est de réaliser le bonheur d'Eden sur terre pour que toutes choses prospèrent éternellement de façon cyclique. La conception de Dieu dans le Mahikari est à la fois polythéiste et hiérarchisé (la vibration d'amour est à l'origine de tout ce qui existe, même des autres dieux) et panthéiste (Dieu est l'Energie universelle, la conscience cosmique, l'Etre dont les êtres particuliers ne sont que aspects et des manifestations).

2. L'anthropologie qu'enseigne le Mahikari est particulièrement ambiguë. L'homme issu du moi divin, détient en lui-même une parcelle de l'âme de Dieu créateur.

3. Jésus-Christ, simple homme divinisé et rien de plus, est inférieur à Okada qui se considère comme le premier Messie appelé à pratiquer le baptême du feu. Il est le messager par excellence surnommé Kotama, «globe de lumière » pour communiquer la lumière qui sauve.

3. Toutes les erreurs sont expiées au cours de diverses réincarnations qui s'échelonnent sur 20 à 30.000 années pour accéder au corps astral, c'est-à-dire pour devenir un esprit supérieur au paradis[4].

---

[1] P.M. HEBGA, art.cit., p.72.
[2] P.CABY, Eglises indépendantes et sectes en Afrique noire, (inédit), p.60.
[3] On citera entre autres l'hindouisme, à la recherche de la délivrance ; le bouddhisme, à la recherche de l'illumination par la connaissance et l'intelligence ; le shitô, à la recherche de Dieu ; la Foi Mondiale Bahaïe vise l'unité de toutes les religions dans une fraternité commune et mondiale sous Baha 'U'Llah ; le taoïsme et le confucianisme, à la recherche de la voie du ciel.
[4] P. CABY, op.cit., pp.48-53.

Conclusion

En guise de conclusion, voici le *Njambe osungaka Afrika* (Seigneur, viens au secours de l'Afrique), cantique qu'on trouve dans le recueil de chants chrétiens en Lingala.

1. Nzambe osungaka Afrika
Pesa bato mwindo moi na yo
Ete tolongwaka na mabe
Na lobiko be na yo

1. Seigneur, viens au secours de l'Afrique
Que ta lumière éclair les Noirs
Pour être délivrés du mal
C'est de toi que vient son salut

2. Opambola mpe mikolo kwa âge
Bango mpe batata na biso
Yebisa bakonji mayele gouvernants
Ete bamemisa yo

2. Bénis ceux qui sont avancés en
Bénis aussi tous nos parents
Accorde de la sagesse aux
Qu'ils apprennent à t'obéir

3. Kati na mosala tika et
Tokokisa mpe kobanga te
Mpe koyekola mayele be
Mpe totosa solo yo

3. Dans le lieu de travail
Agissons sans rien craindre
Apprenons à être sages
Afin de t'obéir toi seul

4. Kati na ndako na biso
Ekokola bana na biso
Osunga bamama na biso
Pesa mpe bolingo be

4. Dans nos foyers
Quand nos enfants grandissent
Assiste nos mamans
Donne-leur de l'amour

Communément appelé le *Bantu National Anthem* (l'hymne national des Bantu) particulièrement de la République d'Afrique du Sud, il est fréquemment interprété en République Démocratique du Congo au cours notamment de grandes manifestations ou cérémonies officielles, la fête de l'indépendance, la cérémonie de réconciliation nationale, par exemple. Comme autrefois les *Spirituals* où les Afro-américains ont expérimenté la présence communielle de Dieu dans l'agonie des plantations du Sud en forme musicale, le *Njambe osungaka Afrika* rappelle dans la mémoire de l'Afrique indépendante, la double réalité africaine, historique et spirituelle. En parlant de sectes et de crise profonde qui court-circuite la promotion intégrale de l'homme noir, R. de Haes, fait ce constat :

> Malgré ses énormes potentialités [...], l'Afrique vit dans une pauvreté absolue et ses habitants s'enfoncent dans une misère intolérable. Selon les experts les mieux informés, l'Afrique bat tous les records négatifs dans tous les domaines et n'a fait que régresser depuis 1960. A l'évidence, les cadres africains, pour diverses raisons, n'ont pas pu gérer les indépendances conquises ou octroyées à leurs pays. Aucun fléau ne semble épargner l'Afrique : inflation, récession, endettement, dégradation des conditions sanitaires, progrès de l'ignorance et l'analphabétisme, tribalisme et

népotisme, dépendance structurelle et extraversion, division et impuissances politiques[1].

Ce bilan profondément négatif rend méconnaissable l'Afrique indépendante. C'est vers Dieu que sont tournés les regards tristes et méditatifs implorant sa proximité miséricordieuse et son intervention salvifique. Certes, l'homme africain *incurablement religieux* compte, en toute circonstance, sur le Dieu qui libère. En effet, ce qui importe n'est pas simplement le fait d'implorer instamment l'action béatifiante de Dieu mais aussi et surtout l'usage que l'on fait de cette grâce fulgurante de Dieu. De toute évidence, ce cantique aspire à une véritable libération. Il a en vue une Afrique de l'humain, de la vie et de l'espoir reposant sur les vertus socioreligieuses salvifiques de Dieu : la vraie lumière qui libère de traumatisme du mal, symbole de cécité spirituelle et de nuit de l'ignorance ; la vraie sagesse qui inspire crainte, obéissance et fidélité à Dieu et le vrai amour qui consolide les foyers, bannit les différences et unit les peuples. Dieu est ici invoqué seul comme celui qui donne gratuitement la lumière, la sagesse et l'amour pour l'équilibre socioreligieux et l'harmonie socio-cosmique. Il est invoqué comme celui qui a réussi à livrer littéralement en spectacle par Jésus-Christ les forces négatives à l'épanouissement intégral de l'homme noir.

[1] R. DE HAES, «Les sectes chrétiennes africaines face au développement », in *Tradition, spiritualité et développement*, pp.279-280.

Deuxième partie

LE CHRIST EN AFRIQUE

Introduction

La théologie africaine est aujourd'hui une réalité et elle s'épanouit au sol qui l'attendait. Les changements qui s'opèrent dans le continent noir ont véritablement redynamisé depuis les années 1970 le processus de l'inculturation du mystère du Christ en vue de son incarnation en Afrique, dans ses cultures, dans ses réalités socio-économiques et politiques. L'inculturation est une «démarche qui permettrait au message de Jésus-Christ d'être, enfin, réellement accueilli par l'Africain-en-quête-de-plénitude, un Africain bien situé dans son univers socio-culturel propre, et non un déplacé, un arraché à son propre milieu, cette amputation étant requise comme préalable à l'évangélisation »[1]. C'est «l'insertion du message évangélique dans nos cultures [...] une nouvelle manière de comprendre l'Evangile, de le livrer et de le transmettre »[2]. Concrètement, il s'agit de la tentative d'intégration du Christ dans les systèmes des croyances et de pensée négro-africains. La nouvelle christologie qui s'élabore aujourd'hui en Afrique est un essai de réponse à cette démarche. Jésus-Christ se présente aux Africains plongés dans une situation dramatique à double réalité, spirituelle et historique, comme le centre de toutes les utopies humaines et le ferment de leur accomplissement. Il en est la totalité indivisible que les hommes ont des difficultés à percevoir comme telle[3]. Il est le Prochain-Sauveur qui leur convenait. Le Christ est dès lors, pour les Africains, le partenaire puissant et fidèle, l'homme le plus proche, le compagnon compatissant de tous les jours pour qui le pouvoir n'est pas opprimant, mais d'un service libérateur (cf. Jn 13,3). Ils croient fermement qu'avec son action bienfaisante, ils réussiront à «conjurer la dérive actuelle du continent ou à recoudre le tissu fissuré de destinée historique »[4]. Jésus-Christ est pour les Africains une mine ouverte où ils sont continuellement en train d'extraire des pierres précieuses d'humanisation.

Cette deuxième partie comprend deux chapitres. Le premier est consacré au contexte actuel de la question du Christ en Afrique. Il s'agit de revenir sur la double réalité africaine, spirituelle et historique, ce qui nous permet d'examiner les trois courants d'interprétation théologique de l'inculturation, de la libération et de la reconstruction qui balisent, croit-on, le chemin conduisant à la promotion humaine et sociale en Afrique noire. S'intéressant exclusivement à l'expression récente du Christ en Afrique, le deuxième chapitre tente d'élaborer dans la perspective néotestamentaire une christologie africaine de réanthropologisation. C'est, en fait, l'examen critique de l'approche qui s'essaie d'identifier le Christ avec les catégories linguistiques et sociales négro-africaines. En nous appuyant sur les données néotestamentaires, nous terminerons cette partie par l'élaboration de quelques pistes qui tiendront compte d'exigences du milieu socio-culturel pour l'expression adéquate de l'identité du Christ en Afrique qui l'accueille.

---

1. O. BIMWENYI Kweshi, «Inculturation en Afrique et attitude des agents de l'évangélisation », in *Bulletin de Théologie Africaine*, n°, 1981, p.5.
2. P. BENOLO, «Le Synode et l'Inculturation selon Ecclesia in Africa », in *Aspects du christianisme à Madagascar*, t.5, n°7, juillet-septembre 1996, pp.291 et 295.
3. KÄ MANA, *La nouvelle évangélisation en Afrique*, p.206.
4. G. IWELE, «Mystique et christologie en Afrique », p.178.

Chapitre premier

CONTEXTE ACTUEL DE LA QUESTION DU CHRIST EN AFRIQUE

Le contexte actuel de la question du Christ en Afrique se focalise sur la situation dramatique qui est à la fois «contradictions intérieures et dominations extérieures »[1]. Pendant plusieurs siècles, la tragédie humaine reste proéminente en Afrique noire. Les titres profondément nostalgiques de nombreux ouvrages que nous trouvons dans nos bibliothèques[2] sont en fait un cri de détresse, d'indignation et des déboires qui jaillit d'un continent qui «demeure traumatisé par une succession de chocs historiques »[3] et spirituels, qui toujours agitée, parsemée d'énigmes, de frustrations et d'odeur de la mort. Les auteurs de certains de ces écrits, hommes de lettres, historiens et philosophes ne cessent de dénoncer les traitements inhumains et de dévoiler «la désillusion et le désenchantement quasi généralisé de ceux qui espéraient que la décolonisation de l'Afrique coïnciderait avec l'ère de la construction des sociétés africaines justes, libres et prospères »[4]. Plus d'un Africain est aujourd'hui témoin de tous les scénarios qui se montent dans l'ombre en vue de continuer à aliéner et piller l'Afrique. Il est également question d'un fort pressant appel à la prise de conscience africaine pour rechercher une identité propre et profonde dans des perspectives nouvelles pour une Afrique intégralement épanouie. De ce fait, les trois courants d'interprétation théologique se contentent d'analyser la situation dramatique du continent noir et prétendent répondre aux interrogations récurrentes au sujet de la promotion humaine et sociale en Afrique noire.

1.1 Double réalité africaine

A en croire l'Association Œcuménique des Théologiens du Tiers Monde créée à Dar-es-Salam (Tanzanie) en 1976, la question de la libération doit être absolument replacée dans le cadre général de la réhabilitation historique. Il n'est donc pas surprenant que lors de sa deuxième Assemblée générale, les participants Africains aient particulièrement mis l'accent sur l'histoire comme étant la première approche d'analyse contextuelle et d'interprétation théologique africaines. Cela veut dire en clair que toute la libération dans la perspective négro-africaine doit partir de son histoire, elle doit toujours être une libération historique[5]. Si, en effet, la réalité africaine est, comme l'exprime M.-J. Agossou, «tout le donné africain, en son caractère abstrait concret »[6], il s'en faut toutefois qu'elle exige une libération intégrale touchant ses parties, implicite et explicite, historique et spirituelle. Il s'agit notamment de la pauvreté anthropologique ou ontologique et des menaces constantes de l'univers socio-cosmique négro-africain par les puissances occultes, maléfiques ou sorcelleresques. Nous en avons assez dit

---

[1] J. KI-ZERBO cité par B. CHENU, *Théologies africaines des tiers mondes. Latino-américaine. Noire américaine. Noire sud-africaine. Africaine. Asiatique*, Paris, Le Centurion, 1987, p.123.

[2] On citera entre autres «La Négritude », «L'Afrique mal partie », «L'Afrique blessée », «L'Afrique en panne », «L'Afrique à la dérive », «L'Afrique va-t-elle mourir ? », «Les déracinés culturels », «Le cri de l'homme africain », «Dieu peut-il mourir ? », «La nouvelle évangélisation en Afrique », etc.

[3] E.-J. PENOUKOU, «Réalité africaine et salut en Jésus-Christ », in *Spiritus*, n°59, 1982, p.375.

[4] B. MAKOLO Muswaswa, art.cit. p.227.

[5] Cf. E. MARTEY, *African Theology: Inculturation and Liberation*, New-York, Orbis Books, 1993, p.36.

[6] J.-M. AGOSSOU, *Christianisme africain*, Paris, Karthala, 1987, p.14.

concernant ce dernier aspect de la réalité africaine au cours de notre deuxième chapitre de la première partie comme conséquence néfaste de l'indifférence religieuse et de l'incroyance en Afrique noire, et nous ne saurons trop le répéter. Au fait, il sera superfétatoire d'y revenir sinon que de nous contenter de dénoncer fermement l'inefficacité et l'insuffisance des croyances et pratiques religieuses négro-africaines. Voilà du moins ce que nous avons pu objectivement constater. Par ailleurs, ce que nous avons deviné en perspective, c'est la mystique d'indentification avec le Christ qu'il faudra, à la rigueur, promouvoir comme critère ultime d'humanisation du continent noir. Ce faisant, on accorde un intérêt particulier au changement de lieu de la mystique africaine à la troisième partie, car il s'agit bien évidemment d'une impulsion profonde qui lance la promotion de la vie dans sa totalité dans l'univers négro-africain. La pauvreté anthropologique ou culturelle qui paraît être la plus avilissant de l'être dans la réalité africaine s'impose particulièrement ici avant toute postulation des mouvements de la libération intégrale de l'homme noir. L'expression *pauvreté anthropologique* a été utilisée pour la première fois par les représentants de l'Afrique centrale qui se sont aperçus du dépérissement (adynamie, asthénie) de leurs peuples lors de la cinquième rencontre des théologiens du Tiers Monde à New Delhi en août 1981. C'est exclusivement avec E. Mveng théologien et historien camerounais qu'elle fut introduite dans l'histoire de débat théologique africain de la libération[1]. Pour les autres participants, il a été question de pauvreté matérielle tel que cela apparaît clairement dans sa déclaration finale :

> Si la majorité d'entre nous a souligné la pauvreté matérielle, d'autres surtout les représentants de l'Afrique centrale, ont insisté sur la pauvreté anthropologique ou culturelle, où ils voient un dépérissement de leurs peuples. Le colonisateur a provoqué une perte de leur identité, un affaiblissement de leur créativité, il a disloqué sans ménagement la vie et l'organisation tribales et détruit les valeurs indigènes, les croyances religieuses et la culture traditionnelle le résultat de ces ravages est entretenu maintenant par le néocolonialisme économique et culturel[2].

E. Mveng précise ailleurs le sens de cette expression qui relève des problèmes relatifs à l'anthropologie négro-africaine. Il l'explique en ces termes : «Si la pauvreté latino-américaine s'exprime en termes de possession et de non-possession, la pauvreté africaine va beaucoup plus loin : elle se pose en termes d'être et de non-être. Elle n'est pas seulement le fruit du sous-développement structurel ; elle est aussi le résultat de ce processus d'annihilation que nous avons évoqué. Faute de mieux, nous l'appelons '*Pauvreté anthropologique*' »[3]. E. Messi Metogo se refuse à dissocier complètement l'oppression de la race et l'oppression de classe. Il trouve que l'opposition entre la possession et l'être, en vertu de laquelle la pauvreté latino-américaine s'exprime en termes de possession et non-possession, n'est pas convaincante. Bien qu'il reconnaisse que le mépris raciste est plus insupportable que la pauvreté matérielle, E. Messi Metogo pense que l'Afrique ne peut être restaurée dans son être et sa dignité sans l'édification d'une puissance matérielle capable de résister à la colonisation sous toutes ses formes. Le mépris du Nègre aurait-il eu lieu s'il avait été aussi fort matériellement que le Blanc au moment de la rencontre de l'Afrique et de l'Occident ? Les malheurs de l'Afrique

---

[1] B. CHENU, *op.cit.*, p.149.
[2] Ibid. Le texte a été reprtis par E. MESSI METOGO, *op.cit.*, p.180.
[3] E. MVENG, «Théologie et langages », p.205.

d'aujourd'hui ne proviennent pas uniquement, souligne-t-il, de l'esclavage et de la colonisation ; la dignité et les droits des Africains sont bafoués par d'autres Africains. Ainsi, pour lui, le problème prioritaire dans la situation actuelle de l'Afrique centrale n'est pas la perte d'identité et de l'âme africaine mais l'exploitation des Nègres par leurs propres frères qui se sont fait alliés du capitalisme international. L'être et l'avoir, conclut-il, ne s'opposent pas de manière tranchée, ils ne sont pas l'un sans l'autre, il y a un rapport dialectique entre les deux[1].

Il ne s'agit pas ici d'ouvrir une polémique qui nous opposerait à ceux qui soutiennent l'hypothèse du «fait matériel » comme cause primordiale du dépérissement des communautés d'Afrique ou à ceux qui envisage le rapport dialectique entre l'être et l'avoir, étant donné que nous poursuivons la même finalité, la libération intégrale de l'homme noir. A tous égards, il ne nous est pas interdit de parler en termes de priorité concernant la rencontre de l'Africain avec le Dieu de Jésus-Christ en nous référant au problème «des cavernes de l'homme », ou mieux, «des cavernes de l'intérieur »[2], c'est-à-dire de l'espace du dedans comme lieu de convergence de tout ce qui provoque en lui le désarroi cruel et suscite une profonde désolation. Tout ce qui enserre l'homme du dedans, la mort réelle, l'injustice, l'inimitié, etc., reste ostensiblement une menace flagrante pour l'univers socio-cosmique négro-africain. Tel que cela se présente, tout porte à croire qu'il existe une différence fondamentale entre l'être et l'avoir, l'être produit l'avoir, ce qui offre assurément le privilège de se créer indéfiniment soi-même. Ainsi, la misère dont souffre l'Afrique, note M. Malu Nyimi, est d'abord ontologique, anthropologique :

> La misère dont souffre l'Afrique est d'abord ontologique, anthropologique. Elle est, en priorité, la ruine d'être, une absence d'être, une vacance d'être. Elle est une aliénation, une annihilation dans la conscience dans ses vertus d'amour et d'intelligence. La ruine ontologique se double ainsi d'une misère épistémologique. Il y a davantage. Cette misère n'est pas qu'anthropologique. Elle est aussi religieuse, théologale[3].

Dans cette perspective, le discours théologique négro-africain sur l'économie de libération doit pratiquement explorer cette vacance d'être, elle doit pouvoir interpréter adéquatement cette annihilation dans la conscience africaine comme source externe de la vie, la vertu théologale à l'imprégnation amoureuse dans le divin et dans le prochain et la misère épistémologique. Car il s'agit là de promouvoir la relation tripolaire et de concocter tous les paramètres qui entraînent assurément à l'autonomie de créativité pour faire jouir de la promotion de la dignité de la personne humaine en Afrique. Lorsqu'on relit en profondeur la réalité africaine dans sa perspective historique, on s'aperçoit justement que l'anéantissement ontologique dont les Nègres ont été l'objet, paraît être l'agression la plus nocive et accablante pour ce qu'elle a «atteint toutes les dimensions d'un être, l'image qu'il a de lui-même, l'image que les autres ont de lui, ses diverses insertions dans la cité, son avenir historique [...] 'qui

---

[1] E. MESSI METOGO, *op.cit.*, pp.180-182.

[2] E. MORIN cité par F. DIAWARA, *op.cit.*, p.121. Pour lui, tout ce qui menaçait l'homme du dehors les grands périls, les ténèbres nocturnes, la faim, la soif, les fantômes, les génies, les démons tout cela passe à l'intérieur, et menace l'homme du dedans. E. Morin parle précisément du passage de problème de «l'homme des cavernes » au problème «des cavernes de l'homme ». L'on reconnaît dès lors que la menace du dedans est plus acerbe car elle trahit l'intériorité, lieu de rencontre avec l'Etre suprême. Cela veut dire en clair que tout ce qui enserre les «cavernes de l'homme » produit des effets néfastes sur «l'homme des cavernes », «c'est-à-dire du dehors.

[33] M. MALU Nyimi, «La spiritualité en théologie africaine. 'Contemplation de Dieu et libération de l'homme' », in *Prière africaine*, p.94.

n'épargne aucun respect de son existence, aucune de ses démarches' »[1]. Bien que, de nos jours, les drames socio-économiques et politiques portant de façon perceptible atteinte à la dignité humaine en Afrique noire, les déferlements répétés des grognes sociales véhémentes qui dégénèrent le plus fréquemment en tragédies humaines, vont pratiquement dans le sens de la volonté des Africains de sortir de l'ornière de la paupérisation matérielle croissante qui les enserre. Il apparaît incontestablement vrai que l'expression de la misère ontologique est beaucoup plus dévastatrice. Ainsi, à en croire F. Diawara, «tout le discrédit que les préjugés ont jeté sur la race noire [...] fait qu'il n'est pas aisé aujourd'hui de vivre avec une peau noire »[2]. C'est pourquoi, pour P. Abega, l'essentiel de l'enjeu du problème posé réside dans la grande dénégation historique de l'homme noir par l'homme blanc mais non dans le colonialisme, le néocolonialisme et l'auto-colonisation[3]. Ayant perdu cette puissance de résistance, l'Africain cède dès lors aux manipulations de l'Occident et de ses vassaux africains :

> Il n'y a pas de plus grand appauvrissement que celui qui dépouille l'homme de son être. Ce processus de négation s'étend à la culture, à l'économie, à la société et à toutes leurs institutions. Etranger chez lui, sans personnalité, sans culture, l'homme africain habite l'un des continents les plus riches du monde, mais il demeure le plus pauvre, le plus démuni des hommes. Sauver l'homme africain, c'est d'abord le tirer de son anéantissement culturel[4].

Le péché que l'homme noir aurait commis relevant notamment de la haute ignorance est bien celui de considérer sa dignité de créature à l'image de Dieu comme une pacotille de la fameuse hypothèse de l'infériorité raciale et culturelle soutenue par la pseudoscience. La réalité est que l'homme africain noir «s'est installé dans un doute irréfragable de lui-même, assumant pour ainsi dire cette négation, il est mis à douter de lui-même à propos de tout »[5] et de fait, n'est pas à même de répondre au rendez-vous avec les autres peuples pour une fraternité équilibrée et un partenariat plus valable.

Les profondes intentions découlant de cette attitude ethnocentrique occidentale peuvent être restituées par ce que Bimwenyi Kweshi appelle *triple réduction*. Premièrement, la réduction ontologique : de l'infériorité de la couleur à l'infériorité de l'être, le Nègre est donc une brute, un singe. Deuxièmement, la réduction épistémologique : de l'infériorité génétique aux déficiences intellectuelles, la pauvreté d'être apparaît également dans le traitement colonial des langues indigènes. Troisièmement, la réduction théologique : païens et infidèles, les Africains noirs, les maudits de Dieu, étaient donc ennemis du Christ[6]. De fait, les méfaits de l'impérieuse mission civilisatrice comme «expression concrète de l'ordre divin, de l'ordre

---

[1] A. MEMMI cité par KITA Kyankenge Masandi, *op.cit.*, p.11. E. MVENG, «Théologie et langages », p.206, précise en disant que «cette négation de l'homme atteint les racines éthiques et intellectuelles de l'homme, ses facultés de créativité, son sens de l'histoire ».

[2] F. DIAWARA, *op.cit.*, pp.150-151. Selon les analyses, l'homme blanc forme primaire de toute l'humanité, l'humanité fœtale. Et comme tel, il souffre d'imperfections anatomiques, physiologiques (épiderme fragile, pilosité excessive, anomalie de la vue, musculature lourde, dissymétries physique prononcées, etc.).

[3] P. ABEGA, «Eglise et libération culturelle », in *Revue de Théologie Africaine*, n°12, 1984, p.253.

[4] E. MVENG, «Théologie et langages », p.206. Cette négation de l'homme, précise-t-il atteint les racines éthiques et intellectuelle de l'homme, ses facultés de créativité, son sens de l'histoire.

[5] P. ABEGA, art.cit., p.254.

[6] O. BIMWENYI Kweshi, *Discours, théologique négro-africain*, pp.94-104.

naturel des choses »[1], étonne profondément l'Africain noir de ce que «son hospitalité fut mal payée et trahie par les projets de derrière-la-tête-de-l'hôte »[2].

On comprend, en effet, mieux de quoi l'on a prétendu mettre de l'accent sur le thème de salut des âmes depuis le XIVe siècle dans la conception de l'évangélisation. Il fallait exorciser Satan qui tenait captives les âmes des nations païennes. Il fallait aller sauver les âmes en perdition, en situation de détresse et de danger[3]. C'est au cours de cette même époque que s'affirmerait partout le thème de la tératologie en mettant en scène une sorte de faune humaine, hommes-singes, hommes à queue, acéphales, pygmées, etc. L'Occident se servira de ce vocabulaire zoologique pour assujettir l'homme noir. La question de l'existence de l'âme chez les Africains et les Amérindiens a été aussi débattue. Les pratiques barbares, inhumaines seront infligées à ce «sauvage », à ce «bétail qui a l'aspect humain sans en avoir la nature »[4]. Un peu plus tard, au XIXe siècle notamment, circulait la conception selon laquelle la race noire a été maudite depuis Cham par Dieu. Le colonialisme, l'esclavagisme et l'impérialisme ont provoqué chez ceux qui les pratiquaient, une recherche de justifications éthiques et sociales. C'est le résultat d'une interprétation erronée de l'histoire noachique de Gn 9,20-27. Cette interprétation était, de toute évidence, nourrie par le préjugé racial anti-noir de l'Occident médiéval. Elle était entretenue par la théologie évolutionnisme interprétée d'une manière ethnocentrique. On s'est inspiré du thème de l'évolution biologique pour émettre des idées inconvenantes et conventionnelles concernant l'évolution sociale[5]. Il fallait, en effet, envoyer les missionnaires dans le but de repêcher le plus grand nombre d'individus parmi ces maudits, lever la malédiction liée à la couleur noire de l'épiderme ou encore accorder une indulgence par des prières évoquant cette malédiction. Cette version des faits est encore d'actualité. J.-L. Amselle a relancé en 1989 dans un numéro des *Cahiers d'Etudes Africaines*, la thèse de la «malédiction du continent maudit », pour justifier l'incapacité globale de l'Afrique à maîtriser son destin. Pour lui, l'Afrique connaît, tel dans l'Ancien Testament, la malédiction liée aux fils de Cham. Il s'est confié aux propos intempestifs d'éminents philosophes tels Hérodote, Kant et Hegel, qui ont voulu fort malheureusement coller au continent noir des caractéristiques négatives de cette tradition délétère inaugurée il y a belle lurette[6]. Hommes de lettres, historiens et théologiens africains dénoncent cette théorie relevant de l'orgueil ethnocentrique occidental. L'évêque anglican sud-africain D. Tutu a très vite compris qu'une telle approche erronée était un gourdin avec lequel on a battu les Noirs. Pour lui, toute l'histoire de Cham est une diatribe contre la viticulture cananéenne. Il rappelle en insistant qu'on oublie qu'Israël s'était prostitué aux dieux cananéens et à leur culte de personnalité. D. Tutu tombe presque aussi clairement dans le sens qu'il ne s'agit pas de simples faits historiques mais bien plutôt des genres de paraboles qui décrivent les profondes vérités spirituelles[7]. Il est sans doute impossible dans toute l'histoire de l'humanité, croit l'anthropologue E. A. Nida, de trouver un exemple sensible de l'ethnocentrisme racial ayant infecté à tel point des gens qui prétendaient parler au nom de

---

1 KITA Kyankenge Masandi, op.cit., p.77.
2 O. BIMWENYI Kweshi, *Discours théologique négro-africain*, p.191.
3 Cf. La bulle de Nicolas V en 1454 qui demandait de gagner le plus grand nombre d'âmes possible. Cependant, le milieu culturel africain ne figurait pas dans ce projet d'évangélisation.
4 KITA Kyankenge Masandi, *op.cit.*, p.73.
5 E. A. NIDA, op.cit., p.83. Voir aussi à ce sujet, O. BIMWENYI Kweshi, *Discours théologique négro-africain*, p.104.
6 J.-L. AMSELLE cité par M. NZANDA-Buana, Kalemba, *op.cit.*, p.16.
7 D.TUTU, *J'ai aussi le droit d'exister* (traduit de l'anglais par M. et R. Bezençon), Lausanne, Soc, 1982, p.28.

la science[1]. Ignorant ce qu'ils sont aux yeux du Créateur, certains Africains interprètent abusivement l'histoire racontée dans Gn 27,1-40 pour justifier l'infériorité congénitale du Noir. Dans ce récit, on le sait, Jacob a réussi dans la fraude à capter de son père Isaac très affaibli, la bénédiction qui était destinée à son frère Esaü. C'est justement après le plongeon dans l'eau dite de bénédiction que Jacob était de facto devenu blanc, donc l'homme blanc, le béni en présence de Dieu. Par contre, Esaü qui s'est vu arracher la bénédiction, n'est autre que l'Africain, donc l'homme noir. S'approchant de cette eau dite de bénédiction, il n'a réussi au comble de son amertume à ne plonger ou à ne blanchir que les paumes de ses deux mains et les plantes de ses deux pieds. C'est alors que s'est accomplie sur le Noir cette parole d'Isaac à Esaü : «Voilà, je l'ai établi ton maître, je lui ai donné tous ses frères pour serviteurs, et je l'ai pourvu de blé et de vin nouveau » (v.37). L'homme noir est fait à jamais inférieur et serviteur de l'homme blanc. La malédiction est proprement redoutée dans beaucoup de sociétés africaines. Les difficultés constantes étouffent l'existence de l'enfant désobéissant aux parents ou qui ne prend pas soin d'eux. L'enfant désobéissant est privé de longévité et de promotion humaine comme on le voit dans le corpus des malédictions chez les Ngombe, «Moi, seul..., moi, seul... Les ancêtres n'ont-ils pas dit : avoir des enfants est un profit ? Voici que cet enfant ne prend pas soin de moi. Il est égoïste. N'est-ce pas moi qui l'ai engendré ? Tu n'auras pas de cheveux blancs » ou «Esprits des ancêtres, écoutez. Mon enfant s'est dérouté. Il est désobéissant. Il ne rencontrera que des ténèbres sur son chemin »[2]. Les mamans les prononcent en frappant légèrement leurs bas ventres ou leurs poitrines. Dieu peut-il être pris injustement pour responsable de mort constante et de son cortège des désordres, lui qui entreprend le grand projet d'humanisation ?

L'homme noir est victime de l'orgueil ethnocentrique occidental tel que cela apparaît dans l'extrait de la *Race noire, race inférieure* du physiologiste français C. Richet (1850-1935). Ce qui, pour lui, justifie l'infériorité des Noirs par rapport aux Blancs, c'est le fait que les Noirs n'auraient rien apporté au progrès matériel, social et économique de l'humanité, c'est-à-dire qu'ils n'auraient rien inventé ni découvert, ils n'auraient rien produit. Les Noirs seraient radicalement inférieurs aux Blancs :

> Les 'Noirs n'ont rien apporté. Ils ont d'une manière éclatante le dernier rang sur tous les points du monde. Dans les sciences, ils n'ont rien. Quel est dans l'histoire de Mathématique, de Physique, de Chimie et de Biologie le nègre depuis que la terre existe a laissé un livre, un théorème, une expérience, une découverte personnelle ? Quoi que je n'aie pas de prétentions de connaître de mémoire les savants, dignes de mémoire, j'en sais assez pour être assuré qu'aucun savant noir ne peut être comparé à Archimède, Kepler, Newton, Lavoisier, Darwin, Pasteur [...]. Les écrivains nègres ? Parlons-en. Je ne suis pas même certain qu'ils seraient aptes à comprendre tous nos livres et à apprécier nos principes. Pour les lettres et les arts, c'est exactement la même chose. L'architecture nègre, ce sont les paillotes. La peinture, ce sont les dessins informes [...]. Ce ne sont pas les nègres qui ont inventé l'imprimerie, le chemin de fer, le bateau à hélices, la télégraphie, la photographie, l'aviation. Ils n'ont ni fondé une institution sociale, ni l'assistance ludique, ni même la lettre de change, ni le gouvernement parlementaire. Ils n'ont pas créé une langue stable et de se donner une partie. C'est pourtant le minimum.

[1] E. A. NIDA, *op.cit.*, p.84.
[2] Ces malédictions sont prononcées par les parents Ngombe.

> Les Etats gouvernés par les nègres sont déchirés par les discussions féroces. La cupidité et l'anarchie y sévissent en pleine vigueur. Il suffit de les écouter et vous êtes fixés [...]. En effet, de la religion ils n'ont rien inventé que de fétichismes grossiers[1].

Bien qu'il se soit imprégné de sentiments ethnocentriques anti-noirs, ce texte relève quelques aspects interpellant de la réalité africaine qui tourmentent la conscience des Africains en nostalgie de la promotion intégrale. Incontestablement, les Etats africains noirs sont déchirés par les discussions féroces ; la cupidité et l'anarchie y sévissent ; on s'entre-tue pour tout ce qui brille (l'or, l'argent, le pouvoir) ; on est toujours emporté par la flatterie ; des millions des Africains ont humé tout le vent du monde, vécu et souffert sans profiter de l'humanité reçue en partage du Créateur ; des pillages, des grognes et des répressions sauvages sont monnaie courante. Face à cette triste réalité qui caractérise le continent noir, M. Farelly restitue en trois groupes importants les voies discordantes de ceux qui prédisent son impossibilité de sortir de la léthargie. D'abord, une grande partie de la population se contente de son existence sommaire et trouve inutile tout effort de changement. Ensuite, les faux prophètes qui, souvent, contrarient l'évolution de l'Afrique noire et lui font faire des démarches inutiles et douloureuses qui la retardent et semblent tout remettre en question. Enfin, les resquilleurs de l'intérieur, donc des égoïstes tripoteurs qui s'enrichissent frauduleusement et les resquilleurs de l'extérieur, c'est-à-dire des faiseurs d'idéologies qui, jusqu'ici, la font saigner. Les vents contraires à l'épanouissement intégral continuent à ruiner l'Afrique. Qu'est-ce à dire, sinon que l'Afrique noire, conclut-il, restera toujours agitée, indécise, ahurie, essayant des formules contradictoires et de nombreux faux-pas ? Pour lui, l'Afrique n'est pas responsable de tous ses errements[2].

Il importe, en effet, de revenir sur ce que semble ignorer C. Richet à propos du «fait anthropologique » relevant de l'esprit de classification des êtres, initié par l'homme blanc. Comme le note F. Diawara, «l'esprit de classification de l'homme blanc correspond à sa volonté de transformation et de domination du monde. Il ne se contente pas de distinguer les êtres, il les classe par ordre d'importance décroissante à partir de lui-même dans un univers de rêves, soumis entièrement à ses lois »[3]. Dans sa campagne de dénigrement de la race noire, C. Richet oublie que, comme l'a remarqué I. Wallerstein, «on peut difficilement mesurer les ravages que provoqua, directement ou indirectement, la traite des noirs, et quelle dégradation elle entraîna dans les territoires d'Afrique »[4]. On rappellera également la traite négrière qui provoqua le retard technologique de l'Afrique noire[5], aussi bien l'anéantissement de son plein épanouissement par les conquistadores européens de la fin du Moyen Age[6]. Finalement, C. Richet oublie qu'en développant la notion complexe de personne, la pensée chrétienne a réussi à exprimer le «caractère de l'homme qui rend radicalement distinct de tous les êtres qui

---

1 OLIMWENGU Vuvimbano, Réflexion sur les écrits de Charles RICHET, Race noire, race inférieure, in *Sociologie africaine*. Ce qui lui a valu le Prix Nobel de littérature en 1913.

2 M. FARELLY, *op.cit.*, pp.7-8. Pour lui, il est facile de critiquer, mais l'Afrique n'est pas responsable de tous ses errements.

3 F. DIAWARA, *op.cit.*, p.127.

4 I. WALLERSTEIN *op.cit.*, p.28.

5 L. S. SENGHOR, *op.cit.*, p.535. Pour lui, les 200 millions des Noirs qui périrent pendant les trios siècles et demi que dura la traite provoqua ce retard technologique.

6 L. FROBENIUS, *Histoire de la civilisation africaine*, Paris, Gallimard, 1952, p.14. P. TEILLARD DE CHARDIN cité par L. S. SENGHOR, *op.cit.*, p.535, écrit à ce propos, «jusqu'à l'époque comprise, (l'Afrique) avait été à la tête du progrès ».

l'entourent et lui confèrent une dignité et une valeur en lui-même, non en fonction de ce qu'il fait ni de son utilité par rapport aux autres »[1]. Ainsi, dans le contexte négro-africain s'entrecroisent en elle, la verticalité et l'horizontalité, le social et le cosmique. C'est surtout dans l'art nègre que la notion de personne s'approfondit et s'élargit. L'homme en tant que destinée est également personne, c'est-à-dire foyer portant en lui-même tous les éléments constitutifs de la lutte et de la victoire de la vie, ainsi que le point d'origine du faisceau des relations vitales qui constituent la personne historiquement, et donc concrètement[2]. La dignité intrinsèque de la personne humaine ne provient pas uniquement de ce qui est extérieur, de ce qui frappe à l'œil nu : nombreuses publications, inventions, découvertes scientifiques mais de ce qu'il est homme, créature à l'image de Dieu. La même impression de considération pour l'homme noir se dégage également lorsqu'on aborde la notion de l'être humain. Il est, selon les préceptes de l'humanité, inconditionnellement l'être personnel, autre créature merveilleuse de Dieu, appelé à faire preuve de spontanéité et d'autonomie de créativité. La saisie de ces deux notions fera profiter à l'homme africain noir son humanité. De ce point de vue, C. Richet ignore que l'homme - l'Africain est un homme - est le produit de la nature et de l'histoire. En tant que réalité empirique dans le monde, toutes les voies empiriques permettent de saisir quelque chose de l'homme mais jamais l'homme dans sa totalité[3]. On a toujours voulu saisir quelque chose de l'homme africain noir mais jamais dans sa totalité. Dans l'ouvrage intitulé *Théologies de la libération. Documents et débats*, les droits, le bien, la libération de l'homme ne se situent donc pas dans l'ordre de l'avoir mais primordialement à l'intérieur des limites qui définissent l'être, avec bien sûr, les conséquences qui en découlent quant à la réforme de toutes les conditions de l'existence humaine[4].

De tels préjugés réductionnistes sont généralement d'actualité. F. Diawara rappelle le parallèle que l'Occident a pu établir entre deux Présidents africains célèbres. On attribue au Président L.S. Senghor une finesse, une souplesse et une habileté qui lui viennent de son imprégnation profonde par la culture occidentale. Quant au Président Sekou Touré, on lui reproche sa raideur d'esprit, sans doute, à cause du non au référendum de 1958. Il est considéré comme l'exemple type de l'intellectuel africain, incomplètement dégrossi[5]. M. Buls n'avait-il pas tenu bien auparavant le même langage de l'insuffisance d'intelligence pour justifier la sujétion de l'Africain noir par l'homme blanc ? Il dit : «Le nègre se trouve dans l'ordre moral et intellectuel, à une place intermédiaire entre l'animal le plus intelligent et l'homme blanc... On peut tout au plus en faire un serviteur mieux adapté à nos besoins que le sauvage »[6].

Aujourd'hui, l'Afrique noire regorge de perles dans divers domaines, hommes de science et de lettres, historiens, philosophes, artistes, théologiens, etc., qui ont montré et continuent à montrer leur esprit scientifique. Ils font, en effet, la dignité de la race noire. Leur brillante présence partout désillusionne ceux-là même qui entretiennent des propos pseudo-scientifiques. Ils ignorent, comme le fait observer T. Diop, que «partout où les nègres ont eu la possibilité

---

[1] L. F. LADARIA, « Anthropologie chrétienne », in *Dictionnaire de théologie fondamentale*, Paris, Cerf, 1992, p.44.

[2] E. MVENG, «L'art d'Afrique noire, liturgie cosmique et langage religieux », in *Bulletin de Théologie Africaine*, n°1, 1979, p.100.

[3] K. JASPERS, *op.cit.*, pp.65 et 68. On l'étudie en soumettant la tradition à un examen critique en vue de comprendre le sens qu'il a donné à ses actes et pensées. Il est en fait un objet que l'on peut connaître.

[4] *Théologies de la libération. Documents et débats*, Paris, Cerf, 1985, pp.65-66.

[5] F. DIAWARA, *op.cit.*, p.83.

[6] M. BULS cité par KITA Kyankenge Masandi, *op.cit.*, p.109.

matérielle de s'initier à la science, ils ont réussi à le faire avec le même bonheur que les autres »[1]. On a prétendu écarter le Noir de la construction du monde, mais l'ironie de l'histoire fait qu'il y soit présent. Cette brillante présence partout est l'expression même de l'ouverture africaine au monde, une réponse africaine au langage aberrant des préjugés défavorables qui plaçaient les Noirs au bas de l'échelle, les Chinois et les Amérindiens aux barreaux intermédiaires. Il s'agit là d'une discrimination que l'anthropologue E. A. Nida considère comme une maladie sociale, l'un des plus graves dangers menaçant l'unité de l'espèce humaine[2]. C'est, en fait, le refus catégorique pour l'homme noir de se laisser abattre et avilir. La sympathie que C. Richet manifeste à la race noire, dans la partie conclusive, est un défi à relever en Afrique pour la réhabilitation intégrale et l'admiration pour cette race ici et maintenant.

> Des millions des nègres ont respiré, vécu et souffert sans aucun profit pour l'humanité future. Toute cette immense population humaine, par l'imbécillité ; de son intelligence n'a pas fait avancer la marche de l'humanité ; pas plus que les bestiaux qui peuplent depuis des siècles les pampas du Sud de l'Amérique. Si l'on m'accuse d'être cru, c'est qu'on ne m'aura pas compris. J'ai une vraie sympathie pour ces pauvres noirs, ces êtres doux, inutiles et faibles, faciles à corrompre, victimes de notre méchanceté [...][3].

Comme déjà dit, l'accession des Etats africains à l'indépendance n'a guère répondu à l'attente africaine de réhabilitation historique. Profondément déçu, Wenjo Okitakandjeka s'étonne que l'indépendance soit maintenant devenue pire que la colonisation. Pire, parce que, pour lui, la colonisation, était l'exploitation, au profit de l'étranger, par l'étranger sur l'Africain dominé ; tandis que l'indépendance, c'est l'exploitation, au profit de l'étranger et de son vassal, par l'Africain frère libéré sur l'autre Africain frère libéré. La décolonisation de l'Afrique noire est encore loin d'être aujourd'hui une réalité. Et l'homme de la rue en Afrique s'interroge : à quand la fin de l'indépendance ? A quand la fin de la révolution?[4] En intelligence avec les Occidentaux, les vassaux africains pillent et ruinent systématiquement l'Afrique. Les génocides continuent à être intelligemment planifiés et entretenus pour affaiblir le continent africain comme ces malins chasseurs de la forêt équatoriale qui laissent à la portée des chimpanzés, ignorants, une lance et se cachent derrière les arbres pour voir comment ces «sauvages » vont pratiquement s'entre-tuer. Ils ne reviennent en fait que pour médiatiser le bilan et amadouer ces êtres faibles. De nos jours, l'Afrique noire est reconnue à la fois comme un champ d'expérimentation et un grand marché de vente d'armes sophistiquées très meurtrières. On mentionnera entre autres le Libéria, le Rwanda, le Burundi, la République Démocratique du Congo, l'Ouganda, les deux Soudan, la Côte-d'Ivoire, la Somalie. Le bilan est dramatique et provoquant. L'Afrique dite indépendante n'arrive pas à assurer son décollage socio-économique et politique. Car, comme dit à ce propos J. Goffaux, «le Tiers-Monde reste en effet

---

[1] Propos de T. DIOP après l'exposé de L. S. BEHANZIN, art.cit., p.79. Pour, lui les afro-américains comme B. T. Washington, W. Carver, W. E. W du Bois ont témoigné de l'esprit scientifique en dépit des difficultés matérielles à s'instruire. Pour les colonisateurs, les Africains ne sont que de simples imitateurs, mais déjà César se moquait des Gaulois comme de vils imitateurs. Nous sommes tous d'excellents imitateurs.

[2] E. A. NIDA , *op.cit.*, p.82.

[3] Conclusion de l'extrait de *Race noire, race inférieure*.

[4]WENJO Okitakandjeka, «Réflexions sans titre sur le sort de l'Afrique et des Africains », in *Les Nouvelles Rationalités Africaines,* vol.4, n°13, janvier-mars 1989, p.2.

dominé et exploité de l'extérieur par le truchement des structures dirigeantes du Tiers-Monde qui profitent des retombées de ce système néo-colonialistes »[1]. Maintenant donc, les organisations et les systèmes socio-économiques et politico-économiques ne sont pratiquement que de vieilles boîtes complètement défraichies qui ne servent à rien. Les maux se sont multipliés en Afrique noire : le renversement des valeurs traditionnelles, la persistance et la recrudescence de nombreuses maladies, les malversations, les rapts et cabales politiques, la corruption, la famine pour ne citer que ces exemples. E.-J. Penoukou résume cette dimension de la réalité africaine en ces mots :

> A commencer par l'esclavage qui a désintégré l'équilibre de nos sociétés, vient ensuite la période de la colonisation qui perturbe nos valeurs traditionnelles, aliène nos possibilités matérielles et humaines. Avec l'indépendance, les espoirs des peuples renaissent mais ont été vite déçus ; car dans la plupart des jeunes Etats se sont installés des régimes autoritaires ou dictatoriaux qui font de la violation des droits un principe de gouvernement. Les grandes puissances, quant à elles, ont continué leur politique de mainmise, à présent sournoise, sur l'avenir de nos sociétés[2].

Nous avions rappelé l'effroyable saignée, résultat néfaste de chasse à l'homme qui a réduit la main-d'œuvre africaine. A ce propos, L.S. Senghor écrit : «sans cette immense saignée l'Afrique aurait sans nul doute, son milliard d'habitants et gardé, intégrale, son énergie : sa puissance créatrice »[3]. La même réalité se répète pour le même but : garder le continent africain dans son état de paupérisation. Aujourd'hui, des milliers d'Africains qui succombent sous le coup impitoyable des génocides planifiés privent certes l'Afrique noire de cette puissance créatrice. C'est pourquoi, pour P. Abega, «sauver l'homme Noir, c'est lui redonner son âme par la culture »[4]. Répétons-le en insistant, la plus grave pauvreté que l'homme africain ait connue à travers l'histoire, c'est bien la perte de son identité, de sa dignité d'être noir, produit de la malédiction divine. Il se trame de nos jours une sorte de mythologie autour de l'homme blanc, conséquence de la misère ontologique. L'expression *fils de Marie*, est fréquemment utilisée en République Démocratique du Congo. Ces fils de Marie ne sont que les Blancs seuls en faveur de qui Dieu aurait déployé son bras et se serait naturellement investi. Etant donc des fils de Dieu, ils auraient reçu de lui en partage la sagesse, la mentalité scientifique, l'inventivité et la puissance créatrice. L'expression trouve sa pleine signification dans le «progrès matériel » pour lequel les Blancs tiendraient les destinées de l'humanité tout entière. D'autres prétendraient même exclure l'homme africain du salut de Dieu par Jésus-Christ. Les Blancs seraient, de ce fait, les seuls héritiers du Christ. Dans son ouvrage intitulé *De quelle race Dieu est-il ?*, Ndomikolayi Massaki est revenu sur le même fait en précisant que certains Africains «parlent du progrès matériel, social et économique dont les Blancs sont maîtres. Ils disent que puisque les Noirs n'ont pas d'hommes de génie pour créer des usines et toutes sortes d'inventions comme les Blancs, ils sont hors du salut »[5]. Ce que l'homme noir a reçu en partage, c'est tout simplement la malédiction, soutiennent-ils fermement. Ainsi, pour

---

[1] J. GOFFAUX, *Problèmes de développement. Quête de chimères, voies de lucidité*, C.R.P. 1986, p.111.
[2] E.-J. PENOUKOU, «Réalité africaine et salut en Jésus-Christ », p.375.
[3] L.S. SENGHOR, *Liberté 3 : Négritude et civilisation de l'univers*, Paris, Seuil, 1985, p.535.
[4] P. ABEGA, art.cit., p.255.
[5] NDOMIKOLAYI Massaki, *De quelle race Dieu est-il ?*, Kinshasa, Cedi, 1973, p.20.

son intégration à la symphonie humaine, le discours sur la libération de l'homme noir agressé doit tenir compte de la mentalité récurrente au sujet de l'infériorité de la race noire qui porte, en effet, des croûtes épaisses que le temps ne réussit pas à enlever, ce qui prouve que la crise ontologique n'est pas à banaliser. Loin d'être satisfait, l'Africain noir continue à spéculer sur les origines de son infériorité, de sa misère et de sa souffrance. Comme le rappelle Mushila Nyamankank, «Femmes et hommes ordinaires vivent la souffrance, artistes et philosophes humoristes la minimisent par le sourire accusateur ou la chantent comme le fait l'auteur de Njambe na komitunaka »[1]. Dans le fond, l'auteur de la chanson *Njambe na komitunaka* s'arroge ici le droit de questionner Dieu sur l'origine de sa mélanité qui est synonyme de la misère et des souffrances. En quête de l'identité culturelle et négresse aliénée et paupérisée, ce questionnement est théologiquement et sociologiquement l'expression d'une vive protestation contre l'infériorité de la race noire médiatisée, somme de toutes les douleurs, contre l'humiliation absolue que le Noir a subie et continue de subir. L'humiliation est tellement grave que même les sectes s'y investissent dans une démarche similaire comme on le voit dans un poème intitulé «Lamentation de l'homme noire », précisément dans les strophes 4,5,6 et 7. Il en appelle à l'intervention divine pour la promotion de la dignité humaine en Afrique[2].

1. Tout ce qui est négatif,
   Tout ce qui est mauvais,
   A la Divinité,
   A la peau noire.

2. Cinq grandes races peuplent la terre
   Mais une seule race est considérée
   Comme du bétail, c'est la race noire,
   Réduite au niveau de bête,
   D'esclave, de cobaye.

6. O Toi l'être suprême,
   Créateur de tous les univers
   Et toutes les races des humains,
   La race noire est déportée,
   Vendue comme du bétail.

7. Battue, terrorisée, utilisée
   Dans tous les laboratoires
   Du monde entier

Selon le mythe Dogon, le Noir serait une créature de lumière extraite en plein soleil[3]. C'est l'homme à peau brûlée par le soleil, à la *neshama*, si on ose le dire, consumée par la chaleur, d'où «une sensible infériorité dans tous les exercices réclamant de l'intelligence abstraite »[4], incapable de créer, de penser et de dominer. L'idée de l'infériorité de la race noire tourmente profondément la conscience de l'Africain. Il croit se tirer d'affaire par le mépris de ce qu'il a reçu en partage : sa couleur noire de l'épiderme ou sa mélanité porteuse de malédiction supposée et son univers socio-cosmique parsemé d'énigmes et de frustrations. Le noir, couleur de fête, de deuil ou de maturité, inspire de l'aversion à cause de l'infécondité de l'esprit. La peau blanche, qui fascine comme l'astre au front d'argent, car «c'était au clair de lune qu'avaient été extraits les Blancs, d'où leur aspect larvaire »[5], inspire de l'appétence à cause de

[1] MUSHILA Nyamankank, «Mystique comme lieu de rencontre et de redéfinition d'une nouvelle convivialité planétaire », p.114.
[2] La Puissance Spirituelle du Verbe, message pour l'Afrique et le peuple noir, p.4.
[3] S. AZAMBO et P. MEYOGO, *Précis de philosophie pour l'Afrique*, Paris, Ferand Nathan, 1981, p.42.
[4] R. MESTRIAUX cité par KITA Kyankenge Masandi, *op.cit.*, p.97.
[5] S. AZOMBO et P. MEYONGO, op.cit., p.42.

la force du progrès technologique, social et économique. C'est cela la réalité chez un peuple dont la trame de l'être a été profondément atteinte. L'Africain noir se croit appartenir à une race inférieure, accablée de mystères, proche de la mort et de la souffrance. Peut-on croire à la symbolique de couleurs tel qu'E. Mveng l'a trouvée dans la palette africaine «le noir, couleur de la nuit, est couleur de l'épreuve, de la souffrance, du mystère ? »[1].

Selon L. S. Senghor, personne mieux que l'ethnologue et philosophe allemand L. Frobenius n'a su révéler l'Afrique au monde et les Africains à eux-mêmes[2]. Pour bafouer la discrimination vulgaire qui est la manifestation raciste, il s'agit de remarquables observations faites par les premiers navigateurs à la fin du Moyen Age. L. Frobenius écrit : «Lorsqu'ils arrivèrent dans la baie de Guinée et abordèrent à Vaïda, les capitaines furent étonnés de trouver des rues bien aménagées, bordées sur une longueur de plusieurs lieux par deux rangées d'arbres ; ils traversèrent pendant de longs jours une campagne ouverte de champs magnifiques, habituée par des hommes vêtus des costumes éclatants dont ils avaient tissé l'étoffe eux-mêmes »[3]. En pénétrant plus au Sud dans le Royaume du Congo, ces mêmes navigateurs rencontrèrent, affirme encore une fois L. Frobenius, «une foule grouillante habillée de soie et de velours, de grands Etats bien ordonnées, et cela dans les moindres détails, des souverains puissants, des industries opulentes. Civilisé jusqu'à la moelle des os ! Et toute semblable était la condition des pays à la côte orientale, le Mozambique par exemple »[4]. Eu égard à ce qui précède, la tendance actuelle est de reconnaître que l'Afrique ancienne était une entité indépendante et entrait librement en contact avec les autres peuples. Ce qui prouve que l'Afrique précoloniale avait ses structures socio-économiques et politiques propres (organisation en clan, tribu, ethnie, royaume et seigneurie). On apprend que les royaumes du Soudan occidental (Ghana, Mali, Songhaï) entre autres furent remarquables pour la complexité de leurs structures politiques qui centralisaient l'administration de vastes territoires d'Afrique occidentale. L'Afro-américain J. H. Franklin s'en souvient. Il situe de façon très précise, dans son ouvrage intitulé *De l'esclavage à la liberté. Histoire des Afro-américains*, la région qui fut le berceau de ses aïeux. Le Ghana est le premier Etat dont l'histoire politique et culturelle remonte au tout début de l'ère chrétienne. Il était situé à environ 800 km au nord-ouest du Ghana actuel et avait pour capitale Koumbi-Saleh. Il était administrativement divisé en provinces, elles-mêmes subdivisées en entités subordonnées. La plupart des charges étaient héréditaires et un ordre social stratifié. Le Ghana, pays des agriculteurs, a connu une certaine prospérité. Il était parsemé de verges et de palmeraies. Koumbi-Saleh fut au Moyen Age un important centre de transactions. La gomme, l'ivoire, les esclaves et l'or en échange avec le sel, le blé, les étoffes, les fruits, le cuivre et les perles. Au moment où s'amorçait le déclin du Ghana surgit l'empire du Songhaï au XVe siècle s'affirmant comme rival du Mali qui prit naissance au début du VIIIe siècle à Gao[5]. Imbu de sa

---

[1] E. MVENG, «L'art d'Afrique noire, liturgie cosmique et langage religieux », p.32.
[2] L.S. SENGHOR, *Liberté 3 : Négritude et civilisation de l'univers*, p.398.
[3] L. FROBENIUS, *Histoire de la civilisation africaine*, Paris, Gallimard, 1952, p.14.
[4] *Ibid.*
[5] J.H. FRANKLIN, *De l'esclavage à la liberté. Histoire des Afro-américains* (traduction de C. Kieffer), Paris, Caribéennes, 1984, pp.1-10. Voir aussi I. WALLERSTEIN, *L'Afrique et l'indépendance*, Paris, Présence Africaine, 1966, 23. Egalement, pour lui, l'empire du Ghana favorisait et entretenait des échanges commerciaux extrêmement actifs pendant l'époque où l'économie de l'Europe était particulièrement stagnante, celle qu'on a appelée L'Age des Ténèbres. Selon K. Nkrumah cité par F. DIAWARA, *op.cit.*, p.172. L'empire qui dura jusqu'au XIe siècle avait des juristes et des hommes des lettres entourés de beaucoup de respect. Les habitants cependant, portaient des vêtements de laine, de coton, de soie et de velours. Le cuir, l'or et les textiles faisaient l'objet d'opérations

propre civilisation, fier de ses préjugés défavorables anti-noirs, l'homme blanc n'a pas malheureusement su, lors de ses premiers contacts avec la société noire, discerner de ce monde patiemment ordonné[1]. L'Afrique sera systématiquement pillée, spoliée et opprimée pendant quatre siècles. Peut-on dès lors situer les vrais motifs du retard millénaire de l'Afrique noire ? Est-ce des traditions africaines ou de l'agression de la colonisation ou du néocolonialisme ? Est-ce de la pauvreté matérielle ? La paupérisation anthropologique subie à travers l'histoire est un abîme qui ne peut être comblé que par la restauration de la dignité de l'homme africain.

> La pauvreté anthropologique est un abîme qu'aucun bien matériel ne peut combler. Avec elle, le sous-développement en Afrique n'est que le vide que le néant traîne après lui. Ni les hauts salaires d'Afrique du Sud, ni le paternalisme des anciens colonisateurs ou des hommes au pouvoir de nos jours, ni les propagandes idéologiques des pseudo-révolutions, ne peuvent entamer à la base l'annihilation anthropologique aussi longtemps que l'homme n'est pas restauré dans son être et sa dignité. L'enjeu est si grave que nous lançons un appel pressant aux chercheurs africains pour l'étude systématique des mécanismes de l'annihilation anthropologique sous toutes les formes sociale, économique, politique, culturelle, intellectuelle, affective, éthique, etc.[2].

La peur du mal obsède et tourmente profondément l'homme africain. Désemparé, on ne peut s'étonner qu'il soit englué, on l'a dit, dans des croyances et pratiques magico-religieuses paralysantes pour conjurer la mort et procurer la vie. L'histoire de l'Afrique est une histoire de désanthropologisation. La restauration intégrale de l'homme africain est naturellement la mission que Jésus-Christ accomplit parfaitement aujourd'hui en Afrique. Présenté comme le télos, avec bien entendu la notion de perfection et d'accomplissement, Christ est dans cette perspective le tout nouveau point de départ. Son intégration dans l'histoire paupérisante de l'Afrique, tue, certes, mais vivifie. Cela semble avilir l'homme africain noir mais elle restaure, bien au contraire. Car il s'agit bien là d'un geste de désaliénation intégrale. A ce propos, Mulago gwa Cikala écrit :

> L'entrée du Christ dans l'histoire de notre culture est irréversible. Etant la plénitude même de toutes choses, il peut nous conduire à la perfection, lui 'qui est tout en tout'. Cependant, cette perfection à laquelle nous appelle le Christ doit résulter de la pénétration de son message dans nos valeurs. Et cette pénétration est mise à mort et revivification : elle tue ce qui est incompatible avec l'ordre voulu par le Créateur, purifie et perfectionne ce qui est imparfait, et assure ce qui est positif en le sublimant[3].

Face à la misère ontologique, la personnalité de Jésus-Christ se présente à l'homme noir comme celui qui revêt la dignité et la puissance de le sauver. Pendant que les Occidentaux avec leurs vassaux africains perdent leurs attraits à cause de la tyrannie et des déceptions qu'ils

---

commerciales. On portait des bijoux et des armes en or et en argent. G. MABILLE, «Lebello contre Stylographe : le conflit de la coutume et des influences extérieures », in *Le Monde Noir*, Paris, Présence Africaine, 1950, p.425.

[1] G. MABILLE, art.cit., p.425.

[2] E. MVENG, «Théologie et langages », p.207. Pour E. MESSI METOGO, *op.cit.*, p.182, nous l'avions dit, l'Afrique ne sera pas restaurée dans son être et sa dignité sans une puissance matérielle capable de résister à la colonisation sous toutes ses formes.

[3] V. MULAGO gwa Cikala, *La religion traditionnelle des bantu et leur vision du monde*, p.171.

causent, pendant que l'univers africain est constamment agité par les alliés de la mort et ne fait pas la joie de vivre, pendant que foisonnent les préjugés, les prophéties de l'impasse et l'ignorance persistantes, Christ reste la référence ultime. Il vient en Afrique pour écraser la puissance de la mort et tout son cortège de désordres : l'orgueil ethnocentrique occidental et le complexe d'infériorité raciale qui engourdissent servilement l'Africain. Autrement dit, il vient entretenir et redynamiser la quadruple dimension de la relation dialoguée bien connue de M. Buber : la *réciprocité*, pour une intimité profonde de fidélité réciproque ; l'*ouverture*, pour une anthropologie ouverte, franche, sans préjugés ni arrière-pensée derrière la tête ; l'*immédiateté*, il est le chemin de retour à la proximité de Dieu ; la *présence*, pour une présence qui réconforte et libère avec cette promesse promotionnelle, «je suis avec vous jusqu'à la fin du monde » (Mt 28,20). L'immédiateté réciproque et la présence ouverte, Jésus-Christ assume «kénotiquement tout l'humain pour le sauver par son amour sacrificiel jusqu'à la mort. En cette humanité totale, miséricordieusement assumée par Lui, le Christ est le véritable prochain de tout homme, du juif et du Samaritain, comme le souligne l'exégèse patristique de la parabole du *Bon Samaritain* »[1]. L'humanité libre du Christ inspire l'homme africain. En mettant en valeur l'authenticité de la promotion de dignité humaine, c'est notamment en lui que l'histoire de l'Afrique noire voit un tout nouveau jour avec sa pauvreté, sa misère et ses souffrances.

1.2. Courants d'interprétation théologique

Les trois courants de l'inculturation, de la libération et de la reconstruction défraient aujourd'hui la chronique de la théologie africaine. Ils se présentent dans l'ensemble comme un projet d'humanisation du continent noir. La préoccupation majeure, nous l'avons relevé, est la pauvreté anthropologique et matérielle. En vue de proposer des réponses adéquates aux différents problèmes y afférents, les théologiens africains contemporains analysent de façon critique les projets bien connus hérités des théologies missionnaires[2]. Un tournant décisif s'est en fait imposé. Il a consisté en une quête de l'identité culturelle et noire. Dans ce contexte, le discours théologique négro-africain a débouché essentiellement sur les théologies d'inculturation qui prennent en compte l'ensemble du processus, «approfondissant le message révélé et tendant à le comprendre et à l'interpréter en tenant compte des bases culturelles et par rapport aux questionnements de l'Afrique »[3]. Mais l'oubli des défis matériels cruciaux a suscité une certaine critique de ce paradigme de l'identité culturelle. Elle sera remplacée par une théologie de libération en vue d'assumer les défis du temps présent en analysant ce que le peuple vit réellement en Afrique. Dans l'«Inculturation et libération en théologie africaine », Kangudi Kibwatala résume clairement les reproches que se font deux théologiens l'une après l'autre. Le retranchement en deux blocs antagonistes, notamment le culturalisme et le libérationniste ne prend pas suffisamment en compte l'homme africain dans sa situation culturelle et politico-économique. En dépit de ses aspects respectivement négatifs, ces deux

---

[1] E. BEHER-SIGEL, «L'altérité homme dans le contexte d'une civilisation chrétienne », in *L'altérité vivre ensemble différemment. Approches pluridisciplinaires*. (Actes du colloque pluridisciplinaire tenu à l'occasion du 75e anniversaire du Collège dominicain de philosophie et de théologie, Ottawa, 4-5-6 octobre 1984), Paris, Cerf, 1986, pp.409-410.

[2] Il s'agit des projets suivants : la tabula rasa culturelle, le salut des âmes, l'implantation de l'Eglise, l'adaptation et les pierres d'attente. On a connu particulièrement des insuffisances remarquables.

[3] A. NGINDU Mushete cité par T. TSHIBANGU Tshishiku, *La théologie africaine. Manifeste et programme pour le développement des activités théologiques en Afrique*, Kinshasa, Saint Paul Afrique, 1987, p.43.

théologies ont témoigné de leur pertinence et de leur légitimité[1]. Dans le souci de dépasser un discours utopique de la libération, certains théologiens africains plaident aujourd'hui pour une théologie de la reconstruction qui prétend aider l'Afrique à sortir de ses rêves et fantasmes pour sa reconstruction sur la base des droits de l'homme, de démocratie et de la collaboration[2]. De toute évidence, le paradigme de reconstruction devra préalablement répondre à un certain nombre d'exigences. On s'en aperçoit, la double réalité africaine, existentielle et spirituelle, est aujourd'hui le lieu d'interprétation théologique. Mais quel est le courant qui paraît être adéquat aujourd'hui pour la symphonie humaine dans le continent noir ? Peut-on dès lors compter sur l'identification de l'histoire désanthropologisante de la réalité africaine avec l'histoire du salut de Dieu en Jésus-Christ ou simplement sur la nouvelle culture qui naît, comme l'a bien perçu J.-M. Ela, des sociétés dominées à l'issue du combat pour la libération?[3] C'est à ce niveau qu'intervient la mystique africaine comme un meilleur projet d'humanisation. Centrée essentiellement sur la personne du Christ et sur la congruence de son esprit de «donner la vie et laisser être », la double réalité africaine n'est pratiquement pas un destin impossible à changer. Dans la perspective de l'intégration sociale du «réel et mystérieux Christ du centre », la mystique africaine se veut être rationnellement et objectivement la voie essentiellement promotionnelle

1.2.1 Courant de l'inculturation

L'inculturation est un terme le plus en vogue dans le cercle des théologiens du Tiers Monde, des théologiens africains et asiatiques. Elle «compte parmi les faits théologiques, pastoraux, liturgiques, etc., les plus marquants de la fin du XXe siècle »[4]. En Europe on parle d'aggiornamento, au sens d'adaptation des structures de l'Eglise et de ses cadres pastoraux pour un service efficace de l'Evangile dans un monde en pleine évolution[5]. La théologie de l'Inculturation est un dépassement des projets hérités des théologies missionnaires focalisés sur des éléments visibles et audibles. Le thème de l'inculturation de la foi qui prend partout de l'importance dans le monde déborde les frontières du continent noir. C'est ainsi que, lors de la quatrième Conférence générale épiscopale latino-américaine tenue en octobre 1992 à Saint-Dominique où le thème de l'inculturation s'était imposé en lien avec l'évangélisation, L. Boff trouve la nécessité de partir des cultures opprimées pour repenser l'évangélisation. La domination, insiste-t-il, empêche les groupes dominés de produire une culture autonome exprimant leur identité. L'inculturation a été retenue comme l'une des trois priorités pastorales dans la déclaration finale avec la nouvelle évangélisation et la promotion humaine intégrale des peuples latino-américains et caraïbes[6]. Ce concept théologique avec une connotation anthropologico-culturelle essaie d'établir la relation entre la foi chrétienne et la culture d'un

---

[1] KANGUDI Kibwatila, «Inculturation et libération en théologie africaine », in *Théologie africaine, Bilan et perspectives*. (Actes de la dix-septième semaine théologique de Kinshasa 2-8 avril 1989), Kinshasa, FCK, 1989, pp.200-207. Précisément, la théologie de la libération reproche à la théologie de l'inculturation d'être une approche rétrograde de la réalité et l'absence de l'instance d'effectuation ou du registre politico-économique. Par contre, la théologie de l'inculturation reproche à la théologie de la libération d'être le transfert pur et mécanique d'une idéologie étrangère et une négligence de la double instance de transcendance et d'immanence.

[2] Cf. K. BLASER, «Théologie africaines », *Encyclopédie du protestantisme*, p.1551.

[3] J.M. ELA cité par E. MARTEY, *op.cit.*, p.30.

[4] E.-J. PENOUKOU, «Inculturation », in *Dictionnaire critique de théologie*, p.565.

[5] J. DANIELOU, J. HONORE et P. POUPARD, *op.cit.*, p.190.

[6] C. M. FAÏK-NZUJI, *La beauté de signes*, p.34.

peuple donné. A ce titre, l'inculturation reste, d'une part, un processus actif car elle se veut donc une interaction entre foi vivante et culture vivante et, d'autre part, un processus d'évangélisation inculturée qui privilégie la relation dialoguée foi-culture-société. L'évangélisation est appelée ici à atteindre le niveau le plus profond de la réalité humaine, au plan individuel ou social[1]. Le processus de l'inculturation, c'est-à-dire de la compréhension de l'Eglise et des cultures qui est, pour E.-J. Penoukou, «la priorité des priorités, parce que condition et mesure de notre adhésion réelle à la personne même de Jésus-Christ »[2] et, pour B. Bujo, «l'humus par excellence favorable à l'accueil et à la germination du message évangélique »[3] est aussi ancien que le christianisme lui-même car, on le sait, l'Evangile s'est toujours révélé comme un puissant ferment de transformation des cultures. De toute évidence, le mouvement de l'inculturation connaît quatre étapes dans son évolution à travers l'histoire du salut. Concernant les trois premières étapes, nous nous sommes inspiré de l'article de M. de C. Azevedo sur l'inculturation[4]. La première étape s'intéresse au fait théologico-christologique (inculturation biblique). La réalité historique du peuple juif trouve toute sa plénitude lors de l'incarnation du Verbe qui est Dieu, sans donc cesser de l'être (Jn 1,14 ; Ph 2,5-8) reste ainsi pour nous la forme originelle et la plus radicale de l'inculturation de Dieu lui-même. La seconde étape est le fait christologico-ecclésiastique (inculturation des premiers siècles de l'ère chrétienne). Dans un vaste processus de médiation culturelle, l'Eglise a réussi à implanter pour la gloire du Verbe incarné, des communautés à travers le monde. Comme on le sait, l'enseignement apostolique s'est articulé autour de la personne et de l'œuvre de Jésus-Christ. La troisième étape concerne le fait historico-politique de l'hégémonie culturelle occidentale. Il s'agit de la prédominance de l'acculturation et de la transculturation hégémonique de l'influence occidentale. C'est justement au cours de cette troisième étape de l'évolution de l'inculturation que les Africains, les Asiatiques et les Latino-Américains ont eu à subir l'agression la plus nocive, c'est-à-dire d'aliénation culturelle qui a entraîné leur paupérisation à travers l'histoire. Cela fait le drame de notre temps : l'impérialisme, c'est-à-dire le passage du capitalisme de libre concurrence au capitalisme monopoliste ; le modèle Centre-Périphérie ; le néocolonialisme, etc. qui sont là des systèmes déshumanisants et avilissants. La quatrième, entre-temps, se veut une étape de profonde prise de conscience en vue de «la réhabilitation ou la résurgence de cultures, pendant longtemps réprimées ou opprimées par la constitution des Etats nationaux ou par le processus de colonisation »[5]. Comme le fait observer B. Chenu, les Eglises afro-chrétiennes ont été les premières à sentir le besoin de l'inculturation.

> Les Eglises qui ont été les premières sensibles à la question sont les Eglises indépendantes africaines. Leur première vague historique, à la fin du XIXe siècle, ne se comprend que comme une protestation contre l'emprise blanche dans des Eglises missionnaires. Elles se veulent une appropriation réellement africaine du christianisme. Ce sont les Africains qui les ont fondées et qui les font vivre dans

---

[1] M. DE C. AZEVODO, «Inculturation », in *Dictionnaire de théologie fondamentale*, pp.612-641.

[2] E.-J. PENOUKOU, Eglise d'Afrique, p.44. Si, pour lui, l'inculturation n'est pas un retour aux traditions et un ressentiment raciste, elle est fait une exigence de la foi au Christ, une conversion de notre culture au Christ et une vie de foi concrète et actuelle. Ce qui est fondamental, c'est Jésus-Christ, Fils unique de Dieu, envoyé par le Père pour sauver et guérir les hommes.

[3] B. BUJO, *Dieu devient homme en Afrique noire*, p.8.

[4] M. DE C. AZEVODO, art.cit., p.616.

[5] M. DE C. AZEVODO, art.cit., p.616.

l'autonomie. Elles représentent les premières tentatives d'une inculturation chrétienne en Afrique avec leur insistance sur la prière et le ministère de guérison, quelque soit leur pauvreté doctrinale[1].

Les Eglises afro-chrétiennes veulent être profondément critiques à l'égard du christianisme missionnaire complice de l'impérialisme culturel occidental, car, on le sait, «le christianisme est arrivé en Afrique bien plus souvent en colonisateur qu'en serviteur [...]. C'était un serviteur qui se sentait supérieur à celui qu'il voulait servir et donc qui estimait ne pouvoir rien recevoir et n'avait aucune intention d'écouter »[2]. Elles ont pour projet évangélique de réduire l'écart entre la foi et la promotion de la dignité humaine, entre la foi et la vertu d'amour, faire de l'amour le contenu de la foi, promouvoir des communautés d'entraide et de reconnaissance mutuelle[3]. C'est, pour elles, une aberration de prétendre que pour devenir chrétien il fallait être culturellement circoncis ou amputé, c'est-à-dire abandonner son mode de vie traditionnelle, ses solidarités claniques, tribales et familiales, son échelle de valeurs, ses rites et ses symboles. Mais par faute de lucidité sur le rapport des forces en présence ainsi que les moyens de réalisation de ce merveilleux projet, elles se condamnent naturellement au syncrétisme et se perdent dans la mystique et la tératologie[4]. L'orgueil ethnocentrique ou le triomphalisme euro-centrique n'a guère aidé les Occidentaux à pouvoir pénétrer et comprendre le genre de vie et de pensée des Africains. Persuadés que leur genre de vie et de pensée pouvaient s'appliquer aux Noirs, les Blancs firent table rase des usages et des organismes de la tribu, pourtant capable de développement et d'adaptation[5]. A la suite des Eglises afro-chrétiennes, les Eglises traditionnelles catholique et protestante se sont trouvées dans l'obligation d'approfondir le concept d'inculturation. Ces dernières années, cependant, un débat méthodologique a vu le jour concernant le rapport entre l'inculturation et la contextualisation. D'après B. de Luze, les Eglises protestantes préfèrent le concept de contextualisation sur celui de l'inculturation souvent utilisée par les catholiques. Mais ces deux concepts se recouvrent. La contextualisation qui est proche de l'inculturation, exprime que si le centre du message - la vérité en Christ - est immuable, le contexte cependant varie selon les lieux et les époques. Aujourd'hui, souligne-t-il, on voit la nécessité, pour être compris, de parler la langue des auditeurs et de vivre avec eux dans leur propre contexte. Ce qui signifie le respect de l'histoire, de la culture, de la psychologie de chaque pays, mais également la prise en considération des personnes et du pouvoir qu'elles détiennent. La contextualisation s'est donc posée en termes d'autonomie, du moratoire de l'Eglise dès la fin des années 50[6]. Le concept d'inculturation qui

---

[1] S. SEMPORE cité par B. CHENU, *Théologies chrétiennes des tiers mondes*, p.142. RICHES cité par NGINDUU Mushete, «L'ethnologie africaine. De la polémique à l'irénisme critique », p.70.

[2] RICHES cité par NGINDU Mushete, «L'ethnologie africaine. De la polémique à l'irénisme critique », p.70.

[3] E. MESSI METOGO, «Le salut vu d'Afrique », p.298.

[4] E. MESSI METOGO, *Dieu peut-il mourir en Afrique ? Essai sur l'indifférence religieuse et l'incroyance en Afrique noire*, p.196.

[5] G. MABILLE, art.cit., p.246.

[6] B. DE LUZE, «Les Eglises protestante d'Afrique face à de nouveaux défis », in *Petit atlas des Eglises africaines pour comprendre l'enjeu du christianisme en Afrique*, Villeurbanne, Golias, 1994, p.48. K. BLASER, Repères pour la mission chrétienne. Cinq siècles de tradition missionnaire. Perspectives œcuméniques, p.241, nous remet en mémoire le débat méthodologique qui a lieu ces dernières années concernant le rapport entre l'inculturation et la contextualisation : Bloch et K. Blaser estiment que les deux concepts se recouvrent plus ou moins ou plutôt la contextualisation est un concept plus vaste qui englobe à la fois les concepts de libération et d'inculturation. Pour J. F. Zorn, les deux concepts divergent au point d'être compris, l'un comme un principe catholique, l'autre comme un principe protestant. Schreiter pense plutôt que les deux doivent être complétés par d'autres méthodes, la sémiologie,

est aujourd'hui préféré et le plus couramment utilisé s'apparente, d'après H. Carrier, à celui d'acculturation, concept purement anthropologique comme processus de transformation ou d'adaptation, résultat de contact d'un individu avec la culture différente de la sienne. Il prend aussi le sens de socialisation. L'inculturation est en usage dans le milieu catholique depuis les années 1930. Au cours de sa session plénière de décembre 1987 et sous l'influence du Père jésuite Arrupe, la *Commission théologique internationale* a réussi à préparer le document intitulé *La Foi et l'Inculturation*. C'est lors de sa session d'octobre en 1988 qu'elle a pu approuver le concept. L'inculturation a été dès lors définie comme un effort de l'Eglise de faire pénétrer le message du Christ dans un milieu socioculturel donné. Sensible aux changements qui s'opèrent actuellement en Afrique, c'est seulement vers les années 1970 que le concept d'inculturation est officiellement employé, précisément, au cours de deux Synodes de 1974 et 1976 que l'évangélisation des cultures a été expressément revendiquée avec éclat. Ainsi, au cours du deuxième Synode Extraordinaire du 10 décembre qui célébrait le 20e anniversaire de la clôture de Vatican II, on a pu comprendre l'inculturation comme l'intime transformation des authentiques valeurs culturelles humaines[1].

Les deux guerres mondiales, on s'en souvient, avaient provoqué de nombreux changements qui n'ont pas épargné l'Eglise. Elles avaient pratiquement fossé l'image de marque de l'homme blanc. Elles avaient remis sérieusement en cause la supériorité de l'Occident chrétien. L'image romantique du pionnier qui, la hache ou même le fusil dans une main, la Bible dans l'autre, parcourt la forêt vierge, à la fois colon et prédicateur est maintenant définitivement condamnée. L'inculturation devenue, en effet, une urgence nouvelle qui leur a été apporté et à réviser en profondeur les méthodes d'évangélisation pratiquées jusqu'ici par les missionnaires. Intégrée dans le langage théologique, l'inculturation désigne un modèle important de théologie contextualisante. Elle marque une discussion avec les modèles qui l'ont précédée. D'abord, en raison des agents qu'elle met en rapport : le Saint-Esprit et la communauté chrétienne locale surtout les laïcs. Ensuite, le fait qu'elle se construit sur le concept christologique de l'incarnation (l'Evangile y est compris comme incarné dans un peuple et sa culture). Enfin, la dimension critique qu'elle revêt (l'indigénisation trouve sa limite là où l'Evangile est à la remorque de la société, de ses coutumes, de ses convictions)[2].

Aujourd'hui, il est vrai, la réaction reste vive contre le christianisme missionnaire, au point que quelques théologiens africains tenants de ce mouvement envisage même la déchristianisation du continent africain, la destruction du christianisme reçu complice de l'impérialisme occidental en vue de sa christianisation ici et maintenant. Il s'agit concrètement

---

par exemple. Ce qui compte dès lors pour nous, c'est bien l'émergence des structures socio-politiques et religieuses réanthropologisantes.

1 « Document de la Commission Théologique Internationale : la foi et l'inculturation », in *Revue Africaine de Théologie*, vol.6, n°12, juillet-décembre 1984, p.246. De fait, E-J. PENOUKOU, « Inculturation », p.565 fournit quelques précisions en disant que ce néologisme correspond à une prise de conscience nouvelle. Les anthropologues nord-américains qui sont à l'origine du terme parlaient dès 1880 d'acculturation pour désigner les phénomènes de contact et d'interaction entre cultures différentes. Avec les années 30 et dans la même mouvance anthropologie, l'acculturation se trouve liée à l'inculturation pour définir le mécanisme d'intégration permanente de tout individu dans la culture de son groupe d'appartenance. Y. Congar déclare en 1975 que c'est au Japon que le mot a été utilisé comme modification de celui d'acculturation, au sens de «planter le germe de la foi dans une culture et l'y faire se déployer, s'exprimer selon les ressources et le génie de cette culture ». C'est seulement en 1977 qu'un document romain officiel, le message au peuple de Dieu du synode sur la catéchèse l'utilise pour la première fois.

2 K. BLASER, *Repères pour la mission chrétienne. Cinq siècles de tradition missionnaire. Perspectives œcuméniques*, Paris, Cerf, 2000, p.257.

de faire une évangélisation en profondeur donc inculturée qui peut être, pour ainsi dire, «facteur d'humanisation, c'est-à-dire de développement, de réactivation culturelle, d'animation et de conscientisation, bref de salut »[1]. Cela ne peut être autrement car après la table rase culturelle, «le christianisme et les missionnaires ont tout fait pour les Nègres, mais ils n'ont pas fait l'Africain, qui commence par la décision de refuser ce paternalisme et le contexte d'ignorance et de violence où cette bienveillance à son égard s'est exercée »[2]. Tout se résume dans ce que Bimwenyi Kweshi appelle la «réduction théologique de l'autre », il s'agit de triple regard occidental de mépris sur les Africains, d'abord, ennemis du Christ, ils sont des païens (premier regard) ; ensuite, descendants de Cham le maudit (deuxième regard) et enfin, ils sont des enfants, des mineurs, des non-civilisés qui doivent être promus à la civilisation (troisième regard)[3]. L'inculturation prétend promouvoir une nouvelle perspective de vie. Elle est une démarche qui veut bien rendre à l'Africain son image, lui dire ce qu'il est réellement, pour qu'il s'accomplisse en tant que l'être personnel, concret et entier. L'important est surtout que la réparation de la rupture radicale entre la foi chrétienne et les cultures africaines par la théologie missionnaire est bien l'œuvre du Saint-Esprit, l'artisan par excellence de l'inculturation et de la puissance eschatologique. C'est dans la perspective eschatologique que l'identité culturelle et négresse «tend vers son accomplissement dans le Christ, mais elle ne peut être sauvée qu'en s'associant à la répudiation du mal »[4]. Grâce à l'action salutaire du Saint-Esprit, Christ s'incarne efficacement dans les communautés des peuples d'Afrique. La place axiale que l'inculturation accorde à Jésus-Christ et à son action salvifique ainsi qu'à la révélation biblique comme ultimes déterminants peut avoir un avenir en Afrique. C'est pourquoi H. Carrier envisage, pour l'authenticité du processus de l'inculturation, un double respect des réalités théologiques (l'inculturation du Fils de Dieu a été culturelle) et anthropologique (discernement anthropologique des cultures à évangéliser)[5]. En respectant le double principe d'attachement à Christ et d'intérêt pour l'Africain paupérisé, l'Eglise pourrait jouer adéquatement son rôle grandiose d'humanisation. C'est en ce sens que l'Afrique sera certes épargnée de dangers réels qui la guettent, notamment :

- Le syncrétisme par assimilation ou par addition est une menace réelle lors de la rencontre du message avec les cultures africaines. Les Eglises afro-chrétiennes en constituent aujourd'hui un exemple concret. Elles ont beaucoup perdu de leur caractère prophétique et messianique ; elles sont devenues indifférentes, sinon inféodées aux dictatures africaines ; elles recourent soit à Dieu, soit aux puissances, la praxis imaginaires[6]. Elles érigent des doctrines malsaines, par exemple, les fils de S. Kimbangu constituent, grâce à la révélation, la trinité divine.
- Le culturalisme ou la théologie des pierres d'attente peut être également une menace pour le processus de l'inculturation en Afrique. Avec cette attitude nostalgique ou plutôt passéiste, le risque est, comme le précise B. Chenu, de passer à côté des défis modernes et de faire marcher l'Eglise à reculons. Ce défi majeur a été au centre de réflexion des participants à la Conférence de Salvador de Bahia (Brésil) en 1996. En relevant l'ambiguïté qui marque chaque culture - elle est simultanément la grâce de Dieu et l'espace de liberté humaine pour le meilleur ou pour le

---

[1] NGINDU Mushete, «Courants actuels de la christologie en Afrique », in *Bulletin de Théologie Africaine*, n°12, 1984, p.247.
[2] F. EBOUSSI BOULAGA, art.cit., p.43.
[3] O. BIMWENYI Kweshi cité par B. CHENU, *op.cit.*, p.136.
[4] Commission Théologique Internationale, pp.255-256.
[5] H. CARRIER, « Inculturation de l'Evangile », in *Dictionnaire de théologie fondamentale*, p.627.
[6] E. MESSI METOGO, «Le Salut vu d'Afrique », p.299.

pire - les participants à cette conférence ont voulu aller au-delà de l'inculturation. Ils se sont interrogé pour savoir si l'Evangile inculturé diminue et déshumanise les gens ou promeut et favorise la justice, la vie et la paix. Le danger d'une politique ethnique exclusiviste a été relevé. Cela pour éviter d'être pris au piège de l'ethno-théologie[1]. S'étant aperçu d'une sorte d'inflation que connaît aujourd'hui ce concept d'inculturation, on en parle sans avoir une idée, le 4e Colloque international de spiritualité organisé à Kinshasa en 1998 consacré au thème de l'*Inculturation de la vie consacrée en Afrique à l'aube du troisième millénaire* insiste tout à nouveau sur le fait que l'Evangile doit assumer les différentes cultures sans pour autant perdre son identité. C'est un processus de réciprocité entre la culture et l'Evangile[2].

- Le fait de continuer à sous-estimer la dimension politique dans le discours chrétien en Afrique, c'est-à-dire de continuer à méconnaître les connotations socio-politiques propres. C'est pourquoi le discours chrétien africain se tient jusqu'ici en marge des lieux du pouvoir[3].

Ces trois dangers sont une menace réelle pour l'inculturation du message biblique en Afrique. Comme déjà indiqué, le principe de base dans la thématisation de l'inculturation est l'incarnation du Verbe de Dieu. Par son incarnation, Jésus-Christ transcende toutes les cultures. Il nous rejoint et nous atteint dans la diversité et dans la particularité de nos cultures. De ce point de vue, L. Mosengwo Pasinya revient à considérer, au cours d'une conférence qu'il a animée en Allemagne en 1978, comme synonymes les termes inculturation et africanisation du Message. Dans ce sens, l'inculturation déborde le cadre de seul message, elle concerne toute la vie de la communauté croyante : les structures de l'Eglise, la doctrine, la liturgie, la vie et le gouvernement de l'Eglise[4]. C'est pourquoi aussi l'inculturation du christianisme en Afrique n'a de sens que si elle est identique au processus de la libération sociale de l'Afrique de la domination étrangère, qu'elle soit politique, économique ou philosophique, afin que l'héritage culturel ne soit perçu par l'Eglise universelle comme un simple souvenir exotique et nostalgique, mais s'affirme comme une réalité socio-politique[5]. Pour y parvenir, les tenants de ce mouvement sont appelés à reconsidérer ensemble les deux temps de l'existence du Christ : le chemin qu'il a naturellement parcouru, de la kénose à la glorification pour une libération effective (Rm 1,3-4). A ce titre, la résurrection est perçue comme «l'achèvement de ce que l'incarnation inaugurait [...] comme réalisation de la fin absolue de la destinée humaine »[6]. Ainsi, l'inculturation comporte un fondement christologique. Sans cela, il serait impossible qu'il soit le Christ *pro nobis*. A la croisée des chemins, l'exigence de l'inculturation est, pour l'Africain, homme sans expression d'identité profonde, synonyme de nécessité de la créativité. C'est, en fait, dans une perspective pastorale que devra être impliquée cette nécessité de la

---

[1] K. BLASER, *Repères pour la mission chrétienne. Cinq siècles de tradition missionnaires. Perspectives œcuméniques*, p.241.

[2] L. HERNANDEZ BUENO, Adresse de bienvenue sur *Inculturation de la vie consacrée en Afrique à l'aube du troisième millénaire*, p.9.

[3] B. CHENU, *Les théologies chrétiennes des tiers mondes*, p.146.

[4] L. MOSENGWO Pasinya cité par C. M. FAÏK-NZUJI, *La beauté des signes. Pistes et clés pour la pratique des symboles*, p.32. Dans son article sur «L'inculturation dans le livre des Actes », in *Revue Africaine de Théologie*, n°25, 1989, L. MOSENGWO Pasinya reconnaît que l'ouverture de l'Evangile aux cultures des peuples est l'une des manières tangibles et concrètes par lesquelles Dieu a montré qu'il ne fait acception des personnes (Ac 10,34). Cet article qui s'incarne dans les cultures est un résultat heureux de l'exégèse des faits littéraires du livre des Actes des Apôtres. N. B. ABENG, «Une nouvelle époque dans l'histoire de l'Eglise », in *La théologie africaine d'ici au synode continental*, p.20.

[5] N. B. ABENG, «Une nouvelle époque dans l'histoire de l'Eglise », in *La théologie africaine d'ici au synode continental*, p.20.

[6] J. DANIELOU, J. HONORE et P. POUPARD, *op.cit.*, p.25 et 27.

créativité[1]. Après l'examen de quelques articles qui ont directement abordé le thème de l'inculturation, nous pensons ici particulièrement à Bimwenyi Kweshi et Ngindu Mushete[2], nous nous sommes rendu compte de la pertinence et de l'urgence de ce mouvement pour un nouveau souffle en Afrique noire.

1.2.2 Courant de la libération

L'expression théologie de la libération est partie d'une prise de conscience de la contradiction flagrante qui existe entre l'annonce évangélique du salut intégral en Jésus-Christ et les situations d'aliénation et de misère consécutives qui frappent les pays du Tiers Monde : injustice liée aux structures politiques, économiques et sociales tant sur le plan national que sur le plan international. Née de cette prise de conscience des conditions oppressives de la société, la théologie de la libération se révèle tout à la fois comme un programme pour l'action et une promesse pour la théologie qu'elle ambitionne de démystifier[3]. C'est en Amérique Latine lors de la deuxième conférence générale épiscopale tenue en 1968 à Medellin (Colombie) que l'Eglise avait eu l'urgente recommandation de scruter les «signes des temps » qui sont un défi des plus provoquants et les interpréter à la lumière de l'Evangile. Elle a été invitée à entendre le cri des pauvres suscité par la faim, les maladies, l'exploitation, l'exil forcé, l'oppression et les conditions inhumaines d'exister. De fait, tous les essais théologiques partent toujours de conditions d'oppression économique, sociale et politique[4]. Les théologies de la libération font entendre la voix des opprimés en révélant une réflexion dont Dieu et son Fils s'identifient aux pauvres et au peuple sans-pouvoir, se font solidaires de leur vie et de leur sort. Ainsi que l'exprime clairement l'extrait de la prière prononcée lors d'une messe paysanne du Nicaragua qui demande à Dieu de prendre le parti des souffrants et des opprimés :

Christ, Christ Jésus
Identifie-toi à nous
Seigneur, Seigneur mon Dieu
Identifie-toi à nous
Christ, Christ Jésus
Solidarise-toi
non pas avec la classe des oppresseurs
qui opprime et dévore
la communauté
mais avec le peuple opprimé
avec mon peuple
assoiffé de paix[5].

En se souciant particulièrement des pauvres, la théologie de la libération entend identifier l'histoire des opprimés avec l'histoire du salut de Dieu en Jésus-Christ pour

[1] BOKA di Mpasi Londi, «Un jalon sur la vie de l'inculturation », in *Revue Africaine de Théologie*, n°10, 1981, p.181. Dans son apport exégétique et sociologique, le Congrès sur l'inculturation organisé à l'Institut Biblique de Jérusalem du 16-26 juin 1981 a reconnu que les cultures africaines jouent un rôle spécial de la Bible dans l'expérience d'accueil de la révélation historique qui transcende toute culture. La personne du Christ est reconnue normative dans la relation avec les cultures, de même que la foi en lui ; l'expression adéquate de la foi, de la vie et de l'identité profonde, telle est la quête particulière en Afrique. Dans cette perspective, l'inculturation d e la foi doit toujours s'exercer dans une attitude pastorale car elle fait évoluer la pensée à l'intérieur d'une foi déjà présente.
[2] O. BIMWENYI Kweshi, «Inculturation en Afrique et attitude des agents de l'évangélisation », in *Bulletin de Théologie Africaines*, n°5, 1981.
[3] J. DANIELOU, J. HONORE et P. POUPARD, *Le catholicisme. Hier-demain*, Paris, Buchet/Chastel, 1974, pp.231-232.
[4] Théologie de la libération. Document et débats, pp.56-57.
[5] K. BLASER, *Repères pour la mission chrétienne. Cinq siècles de tradition missionnaire. Perspectives œcuméniques*, p.127.

l'avènement d'une société d'immédiateté réciproque et de convivialité profonde en faveur de bien des hommes et de leurs droits. Etant un produit authentique de l'Amérique Latine, la théologie de la libération représente une vive protestation contre les théologies d'Amérique du Nord et d'Europe. Par ailleurs, Ngindu Mushete trouve fausse cette opinion courante. Il fait remarquer qu'il n'existe pas une théologie de la libération mais plusieurs caractérisées par des situations historique et des problèmes spécifiques. Pour lui, trois ordres conceptuels résument les grands défis de l'Eglise du Christ en Afrique aujourd'hui. Il s'agit notamment de l'unité, de l'inculturation et de la libération. A propos de la libération, Ngindu Mushete écrit :

> L'Afrique est à tous les égards un continent défavorisé. Toute une série des problèmes brûlants interpellent l'Eglise et les chrétiens d'Afrique, et notamment : le racisme, la pauvreté grandissante des masses paysannes, le matérialisme, les coups d'états militaires, l'instabilité politique et économique, la corruption et la prostitution, etc. C'est dans ce contexte que l'Eglise doit trouver une manière adéquate d'annoncer l'Evangile et de proclamer la primauté du Christ libérateur (Col 1,15-20)[1].

De toute évidence, la lutte pour la libération s'est longtemps poursuivie en Afrique. Ce n'est que dans les années 1970 que celle pour la libération socio-économique et politique s'est articulée comme objet de la théologie. E. Mveng explicite :

> Les théologies africaines de la libération sont plus anciennes. La plupart ont donné ce qu'on appelle les Eglises indépendantes [...]. A l'intérieur même des Eglises officielles catholiques et protestantes, depuis bientôt 40 ans, s'est développé le débat pour un christianisme africain sans cesser d'être universel. Ce débat est lié aux mouvements culturels de la Négritude et l'African Personality. Il n'est pas étonnant que ce soit à Présence Africaine qu'aient été publiés et [...] la philosophie Bantoue du père TEMPELS (1948) et [...]. Des Prêtres Noirs s'interrogent (1956). Depuis cette date, l'histoire du développement du débat théologique africain est connue[2].

En effet, les théologiens africains de la libération combattent dans leurs écrits, divers maux qui corrodent les communautés des peuples d'Afrique noire. Ils dénoncent les structures ecclésiastiques et politico-économiques oppressives, les idéologies paupérisantes (racisme, néocolonialisme dans l'Eglise et en théologie) et l'appauvrissement anthropologique[3]. D'autres, cependant, envisagent des pistes promotionnelles, en l'occurrence, le moratoire de J. Gatu et B. Carr pour que l'Afrique fasse le bilan de ses potentialités ; la théologie de l'*ujamaa* (fraternité) qui est, d'après J. Nyerere, un concept culturel, politique, économique et social ; la «théologie de l'*harambee* » («action de tirer ensemble » au sens de l'«union fait la force ») de J. Mutiso-Mbinda en vue de savoir contrôler les enjeux dans une alliance de relation dialoguée centrée sur le grand projet promotionnel et la «théologie sous l'arbre » de la croix de J.-M. Ela, dans le

---

[1] NGINDU Mushete, «Eléments d'une spiritualité libératrice », in *Spiritualité et libération en Afrique*, Paris, l'Harmattan, 1987, p.55.

[2] E. MVENG, «Théologie et langages », p.203.

[3] Précisément, Hebga combat les structures ecclésiastiques oppressives : Ela, l'oppression politico-économique, les structures oppressives de l'Eglise et la dictature en Afrique ; Magesa, oppression économique et structures ecclésiastiques oppressives ; Okolo, l'Eglise oppressive et les structures économiques et politiques.

coude à coude fraternel, c'est aussi une théologie d'indocilité d'A. Mbembe pour l'Afrique[1]. C'est là un fort pressant appel, comme l'a perçu B. Chenu, au socialisme africain avec son sens de la communauté, de la liberté et du partage, base d'une théologie chrétienne et le point de départ d'une théologie africaine œcuménique[2]. Dans tout cela, il saute donc aux yeux, la croix du Christ est le point culminant, l'emblème de victoire des peuples noirs dans leur lutte acharnée pour la libération intégrale.

Dans *Théologie de la libération. Perspectives*, ouvrage paru au Pérou peu avant la Conférence de Bangkok en 1972 et traduit en espagnol en 1974, G. Gutiérrez distingue trois dimensions de vie intimement liées qui l'ont aidé à interpréter le concept de libération. Ces trois dimensions, économico-politique, philosophique et théologique présentent la libération comme un nouveau projet théologique : d'abord, la libération du capitalisme qui exploite les peuples et des secteurs sociaux tenus en tutelle ou opprimés par d'autres secteurs sociaux, ensuite, la conception de l'histoire humaine comme un processus de libération, une exigence d'épanouissement intégral, et, enfin, la compréhension de l'histoire de délivrance comme événement de la libération du péché et de tous ses effets structurels dans les domaines social, politique, culturel et économique[3]. Cette définition devenue classique tient compte de la réalité existentielle historique d'un peuple qui vit dans un contexte de profonde paupérisation. Elle suscite pour l'homme le sentiment d'une compassion croissante à l'égard des exploités. Elle manifeste le besoin de se libérer, et de se réaliser et de prendre en main la responsabilité de restaurer la société dans laquelle l'on vit[4]. Dans sa conception juridique forte, la libération est la délivrance d'une sujétion d'un lien ou d'un joug tyrannique. C'est un affranchissement réel de la servitude. Le Nouveau Testament qui reprend les idées de l'Ancien Testament sur la libération et tout ce qu'elle implique en les sublimant, insiste surtout sur la servitude la plus atroce, celle du péché. C'est dans cette perspective que Lengelo Muyangandu esquisse au fait, le triste état de l'humanité déchue. C'est à ce moment là, précise-t-il, que la pauvreté matérielle, le besoin et la misère sont devenus le triste état de l'humanité[5]. Ainsi, le salut que la libération désigne se comprend comme une délivrance de la captivité et de son esclavage. Christ libère de tout ce qui empêche l'homme d'appartenir à Dieu (Lc 4, 18-19). Il est la direction du salut de l'homme. De fait, là où le discours se produit sur la libération en vue de la promotion humaine, l'accent est

---

[1] B. CHENU, *Théologies chrétiennes des tiers mondes*, pp.150-151. Il s'agit là d'un pressant appel, comme l'a perçu B. Chenu, au socialisme africain avec son sens de la communauté, de la liberté et du partage, base d'une théologie chrétienne et le point de départ d'une théologie œcuménique. Dans tout cela, il frappe donc aux yeux que la croix du Christ est le point culminant, emblème de victoire des peuples noirs dans leur lutte acharnée pour la libération intégrale. A part G. Gutiérrez considéré selon la distinction faite par O. Costa comme théologien systématique du concept de libération, on citera les auteurs les plus connus de cette tendance théologique, R. Alves comme prophète et H. Assmann comme apologète.

[2] Ibid., p.150. Voir aussi Y. ASSOGBA, Jean-Marc Ela, *Le sociologue et théologien africain en boubou*, Paris, l'Harmattan, 1995, p.101.

[3] G. GUTIERREZ, *Théologie de la libération. Perspectives* (traduit de l'espagnol par F. Malley), Bruxelles, Lumen Vitae, 1974, p.5. Ces trois perspectives de libération ont été reprises par K. BLASER, *La théologie au XXe siècle, Histoire-Défis-Enjeux*, Lausanne, Age d'Homme, 1995, p.227. Comme Gutiérrez le précise lui-même, il s'agit ici de trois niveaux de signification d'un processus unique et complexe qui trouve son sens profond et sa pleine réalisation dans l'œuvre salvifique du Christ. D'après, K. BLASER, «Théologie de la libération », in *Encyclopédie du protestantisme*, p.1557, c'est en se basant sur la tradition qui remonte de Las casas (1474-1566) que le peuple latino-américain a pu défendre sa culture et sa religion devant les menaces de la société riche.

[4] J. STOTT, *Mission chrétienne dans le monde moderne*, Lausanne, G.M, 1977, p.124.

[5] LENGELON Muyangandu, art.cit., p.165. Pour lui, le péché a rompu tout le rythme et l'harmonie de l'environnement de l'homme : la privation, le dénombrement, l'indigence, la sécheresse, l'insuffisance et la famine ont impitoyablement affligé chaque génération, jusqu'à présent, à cause de la chute.

mis sur deux aspects fondamentaux : politique et processus dynamique, de devenir historique. L'aspect politique fait référence à l'expression de l'Exode qui représente pour le peuple hébreu l'expérience originaire en matière de salut. Il s'agit de l'arrachement de la servitude d'Egypte que la notion de la rédemption avait tenté d'estomper. C'est à travers l'arrachement à toutes les formes de l'exploitation économique, de l'oppression politique et de la violence instituée, affirme-t-on, que l'on voit le signe et le critère de l'avènement du salut. Quant au processus dynamique, le salut inclut lutte et combat éventuellement révolutionnaires, avancées et reculs en se frayant ainsi un chemin à travers tout un ensemble de condition pour la libération[1]. Dans son article intitulé «La libération d'Egypte », paru en 1984, J. Ngally revient en insistant sur la place axiale qu'occupe cet événement dans la foi d'Israël et aussi dans celle de tous les peuples évangélisés, tout spécialement en Afrique où le colonialisme, l'esclavagisme et l'impérialisme ont laissé des stigmates profondes par la déshumanisation liée à ces systèmes. La libération d'Egypte apparaît comme un leitmotiv qui traverse l'Ecriture de part en part et se donne comme un gage de tout le plan libérateur de Dieu dans tous ses aspects physiques et spirituels, historiques et anthropologiques[2]. De nos jours, on fait état de ce récit d'Exode pour établir le rapport existant entre le salut divin et la promotion humaine comme on le voit dans sa relecture par les prophètes Esaïe, Osée et Amos. L'Exode est l'événement premier de l'intervention divine. L'évoquer, c'est reconnaître les limites assignées à toute action salvatrice de l'homme non légitimée par Dieu. C'est l'inviter en vue d'un nouvel ordre d'existence. Il est perçu dans le Nouveau Testament comme l'image de la rédemption réalisée par le Christ[3]. Sur la croix, il nous libère de la plus dure oppression, celle du péché et de ses conséquences. Il offre de ce fait au monde le véritable sens de l'exode à double dimension, intérieure et extérieure, historique et spirituelle. Dimension intérieure car il s'agit de passage de la situation négative (servitude du péché) à la situation positive (libération de la corruption par Jésus-Christ) ou mieux du passage de l'impureté à la vie pascale, vie de promotion (cf. 1 Co 5,7). Dimension extérieure car il s'agit de la libération de tout ce qui prive d'accéder à la liberté ou à la plénitude de son exercice. En effet, outre l'arrachement de la capacité du péché et de l'esclavagisme qu'il entraîne, la rédemption réalisée par Jésus-Christ doit tenir également compte de tout ce qui perturbe l'ordre naturel des choses ou précisément de questions cruciales de l'exploitation socio-politique et économique des peuples opprimés et surexploités du continent africain. Ainsi donc, la libération socio-politique, c'est-à-dire extérieure doit s'achever par la libération intérieure, c'est-à-dire spirituelle. De même la libération intérieure doit nécessairement s'achever par la libération extérieure. A ce propos, D. Kialuta affirme :

> Toute libération est un processus, un long chemin qui commence quelque part et aboutit peut-être aussi quelque part. Celle des fils d'Israël a commencé par un acte politique et s'est achevée par un acte spirituel. Dieu entend libérer son peuple de manière intégrale et radicale - de tout l'homme car l'homme est essentiellement un tout [...]. Toute la vie de Jésus a été une lutte pour libérer l'homme de tout ce qui

---

[1] J. DORE, «Salut-Rédemption », in *Dictionnaire des religions*, Paris, PUF, 1984, p.1515.

[2] J. NGALLY, «La libération d'Egypte », in *Bulletin de Théologie Africaine*, vol.6, n°12, janvier-décembre 1984, p.304. Ce qui intéresse exclusivement Israël, souligne-t-il, c'est le Dieu Libérateur qui, par son intervention, apporte la démonstration qu'il est le Dieu Créateur.

[3] J. STOTT, *Mission chrétienne dans le monde*, p.129-130. Dans cette perspective, l'Exode ne peut être, pour lui, une promesse de libération pour toutes les minorités politiquement opprimés.

> l'empêche de vivre pleinement. Car il n'y a pas de profonde libération si l'intérieur, la conscience, reste prisonnier et esclave du péché[1].

Il importe de revenir avant toute autre considération sur deux tendances fondamentales à propos précisément du sens que chacune d'elle donne au concept de salut. La première est celle des œcuméniques libéraux qui prétendent élargir la notion du salut en sorte que n'importe quelle expérience de libération est à considérer comme une mission. Pour eux, le salut se définit toujours par rapport à la situation dans laquelle on répond. S'inscrivant dans un contexte plus ou moins séculier, le salut prend pratiquement le sens d'une action commune contre l'oppression ici et maintenant. Il est ainsi «médiatisé dans la lutte politique, la révolution raciale, une distribution équitable du pouvoir »[2]. C'est ainsi que, pour les théologiens latino-américains, noirs américains, noirs sud-africains et quelques théologiens africains, «la libération en Jésus-Christ n'est pas seulement libération du péché, défini de manière exclusivement spirituelle, mais libération de la faim, de la maladie, de la dictature, du racisme »[3]. Le salut au sens spirituel est renvoyé à plus tard. Dans cette perspective, le lieu théologique par excellence «c'est le concret de l'action, de la praxis révolutionnaire. La praxis, qui est l'engagement et combat, constitue la matrice du discours. C'est elle qui fait advenir la réflexion »[4]. On ne peut s'étonner que, pour soutenir des groupes antiracistes, le Conseil Œcuménique des Eglises ait alloué 200.000 dollars[5]. En revanche, la conférence œcuménique de Lausanne (1974) qui représente la tendance évangélique met essentiellement l'accent sur le salut au sens théologique, c'est-à-dire le salut de Dieu accomplit en Christ en vue d'une transformation totale dans notre façon d'assumer nos responsabilités personnelles et sociales. Lausanne établit l'équilibre sur la notion du salut dont nous avons besoin aujourd'hui, ainsi qu'on le trouve clairement dans une partie de la déclaration finale, sous titrée, «La responsabilité sociale du chrétien » :

> Nous affirmons que Dieu est à la fois le Créateur et le Juge de tous les hommes ; nous devrions par conséquent désirer comme lui que la justice règne dans la société, que les hommes se réconcilient et qu'ils soient libérés de toutes les sortes d'oppressions. L'homme étant créé à l'image de Dieu, chaque personne humaine possède une dignité intrinsèque, quelle que soit sa religion ou la couleur de sa peau, sa culture, sa classe sociale, son sexe ou son âge ; c'est pourquoi chaque être humain devrait être respecté, servi et non exploité. Là aussi, nous reconnaissons avec humilité que nous avons été négligents et que nous avons parfois considéré l'évangélisation et l'action sociale comme s'excluant l'une l'autre. La réconciliation de l'homme avec l'homme n'est pas la réconciliation de l'homme avec Dieu, l'action sociale n'est pas l'évangélisation, et le salut n'est pas une libération politique. Néanmoins, nous affirmons que l'évangélisation et l'engagement socio-politique font tous deux partie de notre devoir chrétien. Tous les deux sont l'expression nécessaire de notre doctrine de Dieu et de l'homme, de l'amour du

---

[1] D. KIALUTA, L'engagement politique du chrétien, Kinshasa, L'Epiphanie, 1993, pp.18 et 21.
[2] J. STOTT, *Mission Chrétienne dans le monde moderne*, p.250.
[3] RE. MESSI METOGO, *Dieu peut-il mourir en Afrique ? Essai sur l'indifférence religieuse et l'incroyance en Afrique noire*, p.179.
[4] J. DANIELOU, J. HONORE et P. POUPARD, *op.cit.*, p.232. Comme l'indique K. BLASER, *Repères pour la mission chrétienne. Cinq siècles de tradition missionnaire. Perspectives œcuméniques*, p.126, ce sont désormais les destinataires traditionnels de l'activité missionnaire, les représentants du Sud qui prennent la parole et font le récit de leurs souffrances, de leurs aspirations et de leurs exigences.
[5] T. ADEYEMO, *op.cit.*, p.94.

> prochain et de l'obéissance à Jésus-Christ. Le message du salut implique aussi un message de jugement sur toute forme d'aliénation, d'oppression et de discrimination. Nous ne devons pas craindre de dénoncer le mal et l'injustice où qu'ils soient. Lorsque les hommes acceptent le Christ, ils entrent par la nouvelle naissance dans son royaume et ils doivent rechercher non seulement à refléter sa justice, mais encore à la répandre dans un monde injuste. Le salut dont nous réclamons devrait nous transformer totalement dans notre façon d'assumer nos responsabilités personnelles et sociales. La foi sans les œuvres est morte[1].

Deux faits importants sont à relever de ce texte. Sur le plan anthropologique, chaque être humain possède une dignité intrinsèque. A ce titre, l'être humain devra être respecté, servi et non exploité. C'est un devoir sacré pour chaque chrétien de pouvoir dénoncer le mal et l'injustice. Sur le plan éthique, l'évangélisation «marque un tournant dans le développement de la pensée 'évangélique' : bien que la pensée sociale et évangélique ne soient pas identiques, elles appartiennent toutes deux au devoir chrétien »[2]. Les deux tendances envisagent le salut intégral de l'homme en s'opposant ainsi vigoureusement contre tout ce qui menace de détruire la promotion de la dignité humaine. Nous n'avons aucune objection à ce sujet car, comme le remarque J. Stott, «la libération de toute oppression et la création d'une société nouvelle et meilleure sont manifestement conformes à la volonté de Dieu pour l'homme »[3]. Mais est-il correct d'identifier le salut au sens théologique, donc le salut que Dieu offre au monde en Jésus-Christ et grâce à lui avec le salut au sens socio-politique ou avec n'importe quelle action sociale ? En posant la question herméneutique, J. Stott insiste sur le fait que «le salut que l'Evangile de Christ nous offre concerne en effet les personnes plutôt que les structures. Il nous délivre d'un autre joug que celui de l'oppression politique et économique »[4].

Naturellement, le salut que Christ offre au monde comme réalité nec plus ultra embrasse une double dimension : spirituelle et physique. Notre hypothèse sur le «fait promotionnel » exige la libération intégrale de l'homme. C'est avec raison justement que la déclaration formulée à l'issue du congrès de Lausanne condamne fermement toute forme d'injustice, d'aliénation, d'oppression et de discrimination. De fait, Dieu qui agit jusqu'alors, intervient par Jésus-Christ pour secourir l'homme harcelé de tous les côtés. C'est ainsi que, pour J. Doré, une première manière d'entrer en communication avec Jésus-Christ et de s'avancer sur la voie du salut qu'il ouvre, c'est de vivre comme il a lui-même vécu parmi les hommes : dans l'amour et le service effectifs d'autrui. Ainsi donc, celui qui se préoccupe efficacement de l'affamé, du démuni et du captif est promis au Royaume des bénis du Père (cf. Mt 7,21)[5]. La Parole de Dieu, critère infaillible pour l'évangélisation et l'action sociale, permet de réaliser l'unité de l'espèce et de la dignité humaines. Elle est, pour lui, la manifestation de l'amour indéfectible de Dieu où Christ s'est rendu par le mystère de l'exinanition ou de la kénose à l'incarnation solidaire à l'être humain et à son existence. C'est à cause de la compassion, à l'instar du bon Samaritain (Lc 10,25s), c'est-à-dire de la praxis sociale envers ceux qui lui ressemblent (He 4,15), car son

[1] Cf. J. STOTT, *Mission chrétiennes dans le monde moderne*, p.180.
[2] K. BLASER, *Repères pour la mission chrétienne. Cinq siècles de tradition. Perspectives œcuméniques*, p.313.
[3] J. STOTT, *Mission chrétienne dans le monde moderne*, p.127.
[4] *Ibid.* Il y a eu confusion à Bangkok en relevant des analogies entre Jésus et Mao considéré comme le Messie de Dieu pour les Chinois, de considérer une quelconque action sociale ou les innombrables mouvements de libération qui causent des pertes des vies humaines et des destructions écologiques importantes comme le salut.
[5] J. DORE, art.cit., p.1521.

amour est «pratico-pratique)[1], que Jésus-Christ a été solennellement déclaré digne de prendre la direction de l'histoire de l'humanité entière (Ap 5,9). Cette Parole porteuse d'espérance nous révèle ce que nous devrons être dans l'avenir si nous la laissons agir pleinement en nous. En définitive, la reconnaissance de la désobéissance de l'homme offre, pour J. Stott, «la possibilité d'une réorientation et d'une vie nouvelle ici-bas [...]. Avec l'aide du Saint-Esprit, il pratique l'amour et la miséricorde en attendant l'accomplissement de toutes choses par ce même Jésus-Christ. C'est en cela que consiste son œuvre et, partant, le salut de l'homme »[2].

Comme engagement pour la promotion de la dignité humaine, ces deux approches devront être considérées ensemble pour un message interpellant et une libération effective des opprimés et des marginalisés. L'accent sera particulièrement mis sur le but de l'incarnation du Christ à savoir la création de l'homme nouveau, car le problème de l'homme, qui perturbe son existence, réside dans son cœur. Ainsi, à en croire G. Gutiérrez, «pécher, c'est en effet se refuser à aimer les autres, est, pour la Bible, la cause ultime de la misère, de l'injustice, de l'oppression où vivent les hommes. Dire que le péché est la cause ultime ne signifie en aucune façon que l'on nie les causes structurelles et les conditionnements objectifs de ces situations »[3]. Dans cette perspective, la conception contemporaine du salut évitera de tendre vers l'universalisme et de s'enliser dans un humanisme potentialisé[4] sous une couverture apparemment biblique. Dans le contexte de cette lutte décisive des Africains pour l'humanisation de leur continent, nous nous sommes certainement rendu compte que la libération tant prônée est encore loin d'être une réalité. Nous évoquerons quelques raisons lorsque nous aborderons la théologie de la reconstruction qui pointe à l'horizon.

1.2.3 Courant de la reconstruction

L'approche critique du christianisme missionnaire par la relecture des «signes des temps », a pratiquement débouché sur l'interprétation théologique de l'inculturation du message révélé et de la libération. C'est ici que l'Africain noir s'essaie de recouvrer son identité profonde de l'être personnel, concret, d'être une créature merveilleuse de Dieu pour un apport fécond dans le monde. On s'en aperçoit, la théologie de l'interprétation théologique dans la perspective de la reconstruction est un nouveau paradigme qui prend actuellement de l'ampleur en Afrique car, on voit le déploiement du bras de Dieu, comme le témoigne J. Chipenda, «il ne fait nul doute que Dieu entend les cris de son peuple tout comme il avait entendu les clameurs des femmes et des hommes Juifs au bord du fleuve de Babylone pleurant avec nostalgie en pensant à Sion »[5]. Le

---

[1] L. MARCEL, *La sagesse africaine. Ouverture sur les Evangiles*, Paris, Seuil, 1983, p.50.
[2] J. STOTT, *Mission chrétienne dans le monde moderne*, p.250.
[3] G. GUTIERREZ, op.cit., p.51.
[4] Pour K. BOCKMÜHL, «Le Royaume de Dieu et l'humanisme », in *Hokhma*, n°4, 1977, p.19, l'humanisme qui place l'homme au centre, fait également de lui le sujet, le pilote du processus de développement et d'humanisation, ce qui fait alors de l'humanisme un mouvement de l'homme en direction de l'homme lui-même. On peut dès lors parler d'un humanisme potentialisé. Théologiquement, l'humanisme qu'on aura souhaité, c'est l'«humanisme de Dieu », c'est-à-dire la condescendance de Dieu, son mouvement vers l'homme par la venue du Christ dans le monde (Jn 3,16) et le but à atteindre, «être fils dans le Fils », devenir l'homme nouveau en Christ.
[5] J. B. CHIPENDA, «Les divers aspects du contexte africain », in *L'Eglise d'Afrique. Pour une théologie de la reconstruction*, Nairobi, CETA, 1990, p.3. Ces captifs pleuraient parce que leurs oppresseurs leur demandaient d'oublier leur liberté perdue, de se résigner et d'accepter avec fatalisme une existence misérable. On leur demandait de chanter leurs hymnes religieux pour faire plaisir à des incroyants. Dominés par l'amour et une espérance sans mesure, les Juifs se sont plutôt exprimés à travers une confession de foi surprenante (Ps 137,5-6), au lieu de déclencher une répression sanglante et d'être enflammés de colère.

courant de la reconstruction actuellement en vogue apparaît ainsi pour l'Afrique comme un paradigme théologique promotionnel. Ne faisant pas encore partie intégrante de l'histoire africaine, la reconstruction n'est en réalité qu'un leitmotiv lyrique et verbeux de certains leaders politiques et des gouvernements africains pour s'attirer frauduleusement des faveurs. L'ouvrage intitulé *L'Eglise d'Afrique. Pour une théologie de la reconstruction* porte essentiellement sur la relecture et l'interprétation théologique des changements qui interviennent dans la perspective négro-africaine en vue d'élaboration de la reconstruction en Afrique. Il s'agit d'une réflexion sur la vie, l'avenir et le devenir de l'Eglise en Afrique. L'ouvrage a connu le concours de quatre auteurs tous africains notamment J. N. Chipenda (Angola), A. Karamaga (Rwanda), J. N. K. Mugambi (Kenya) et C. K. Omar (Tanzanie). La reconstruction peut-elle être ici synonyme de promotion de la dignité humaine qui n'a jamais été une réalité en Afrique ? La présence permanente du Dieu unique et transcendant en Afrique face aux agressions répétées depuis l'esclavage jusqu'aux formes de déshumanisation flagrante[1], la fin de la guerre froide et le vent de la perestroïka de M. Gorbatchev qui ont mis en déroute le totalitarisme et comme dernier bastion, l'effondrement de l'apartheid en Afrique du Sud est un événement crucial pour toute l'Afrique, selon le théologien kenyan J. N. K. Mugambi et, à travers lui la Conférence des Eglises de toute l'Afrique, font que le discours théologique africain sur la libération qui était lié à la métaphore de l'Exode soit pour l'heure inapplicable et inapproprié. Un autre indice est bien la chute en cascade des dictateurs et des dirigeants africains démoniques. L'Afrique maintenant libre, donc, indépendante et s'inspirant des réformes du roi Josias en 622 (cf. 2 R 22 ; 23.30), entre ainsi dans une nouvelle phase de son histoire, celle de la reconstruction, de travail pour la promotion intégral de l'homme noir. Une autre métaphore basée sur l'Exode, prélude d'un processus, a été prise en compte, il s'agit de Dt 1,19-40 qui offre une version actualisée de la loi de Moïse. L'Africain raconte des efforts employés sous le règne du roi Josias pour fonder une théologie de la reconstruction, ainsi que l'a fait remarquer l'un des grands artisans de cette théologie, le kenyan J. N. K. Mugambi en s'interrogeant :

> Comment pouvons-nous pertinemment appliquer ce texte et discerner un nouvel accent théologique pouvant propulser les Eglises africaines dans le futur ? D'une façon très convaincante, l'Afrique aujourd'hui requiert une théologie de reconstruction à l'instar de celle dont le roi Josias avait besoin en 622. Nous devons passer de la théologie de la **libération** à celle de la **reconstruction** [...]. La libération de Nelson Mandela est certainement l'événement historico-politique le plus marquant de la présente génération en Afrique. Mandela n'est pas seulement le plus ancien prisonnier politique vivant mais il est aussi le plus remarquable de la métaphore de l'Exode dans la théologie chrétienne[2].

Cette nouvelle théologie en vogue est bien l'expression d'un profond souci de dépasser un discours utopique de la libération en faisant sortir l'Afrique de ses rêves et fantasmes pour la reconstruction sur la base des droits de l'homme, de la démocratie et de la collaboration[3]. Le théologien congolais Kä Mana est un autre artisan de cette interprétation théologique de la

---

[1] A. KARAMAGA, «La présence chrétienne en Afrique », in *L'Eglise d'Afrique. Pour une théologie de reconstruction*, p.23.

[2] J.N.K. MUGAMBI, «L'Avenir de l'Eglise de l'avenir en Afrique », in *L'Eglise d'Afrique. Pour une théologie de la reconstruction*, p.36.

[3] KÄ MANA, *Christ d'Afrique. Enjeux éthiques de la foi chrétienne en Jésus-Christ*, Paris, Karthala, 1994, p.96.

réalité africaine. Il soutient fermement que le temps du discours théologique africain sur la libération est révolu, il s'agit aujourd'hui de penser celui de la reconstruction. Dans *L'Eglise africaine et la théologie de la reconstruction. Réflexions sur les nouvelles approches de la mission en Afrique*, Kä Mana explicite : «cette tâche est ainsi devenue la problématique centrale et l'enjeu fondamental de l'ère post-coloniale, exactement comme l'identité pour le temps colonial et la libération pour l'espace néo-colonial »[1]. S'interroger sur le sens de la foi africaine en Jésus-Christ face à la détresse et au désarroi qui sont actuellement le lot des Africains, Kä Mana confronte dans son ouvrage intitulé *Christ d'Afrique. Enjeux éthiques de la foi chrétienne en Jésus-Christ*, les trois christologies de l'inculturation, de la libération et de vie abondante en Jésus-Christ qui paraissent maintenant à ses yeux insuffisantes aux exigences de la transformation des communautés des peuples d'Afrique. Il faudra, dès lors, relire les dynamiques fondamentales des idéologies qui conduisent tout être à perdre son humanité, en l'occurrence, l'homme africain. L'histoire vétérotestamentaire, celle de l'Exode qui dénonça le pharaonisme ou celle des prophètes qui s'opposèrent au baalisme, est exemplaire, comme l'est aussi celle du Nouveau Testament où Jésus-Christ met en lumière le complexe de Mamon et la pharisaïte qui témoigne l'incapacité d'aimer. Dès lors, la figure du Christ apparaît comme un ferment anti-fatalité et une puissance de transformation du monde en espace de vie à la nature du rêve de Dieu pour sa création[2]. Toujours concerné par la crise qui paralyse l'Afrique, Kä Mana entend poursuivre son projet qui vise à l'élaboration d'une théologie de la reconstruction dans son ouvrage *La nouvelle évangélisation en Afrique*. Il reconnaît pertinemment que le christianisme avec son imaginaire, sa symbolique, mais aussi avec son histoire, ses figures, ses réseaux de collaboration et de pensée, peut jouer un rôle déterminant, voire incontournable, dans l'effort de sortir l'Afrique de sa crise. Il s'agit d'une évangélisation qui soit le pilier pour la reconstruction d'une nouvelle société. Il veut d'ailleurs une inculturation qui soit un tremplin pour la victoire de la vie sur la mort[3]. Contrairement à ce que pensent les Afro-pessimistes, poursuit-il dans son projet de reconstruction, le continent africain ne mourra pas. S'il a survécu à la traite négrière, à la colonisation et au néocolonialisme, il survivra à la férocité de l'ordre mondial actuel, car son énergie de vie est inépuisable. Il puisera dans ses ressources de survie pour reconstruire de l'intérieur et affirmer de nouveau sa présence créatrice dans l'ordre du monde[4].

L'interprétation théologique de la réalité africaine dans la perspective de la reconstrution de l'Afrique tente aujourd'hui de supplanter celle de l'inculturation et de la libération. Mais, quel sens revêt pour le continent noir cette interprétation théologique à l'heure actuelle où il continue, de gré ou de force, à endurer une traversée toujours agitée, à être enchaînée par toutes sortes des bandelettes mortifères ? Qu'est-ce, au juste, cette théologie pour une Afrique qui est synonyme de continent d'insécurité généralisée (peur de l'inconnu, de forces négatives à l'épanouissement) et, où la brutalité et le traumatisme sont devenus partie intégrante de la vie ? Comment la reconstruction peut-elle être possible alors que les structures anthropologiques sont constamment fragilisées et, où l'on continue à abandonner aux forces naturelles tout ce qui relève de l'exercice de la raison ? Comment cela peut-il avoir lieu pendant qu'on continue en

---

[1] KÄ MANA cité par P. GISEL et S. MOLLA, *Encyclopédie du protestantisme*, p.778.
[2] Ibid.
[3] Cf. M. CHIAPPO, recension sur La nouvelle évangélisation en Afrique, in *Revue Mission de l'Eglise*, p.72 et aussi KABASELE Lumbala «Préface », in *La nouvelle évangélisation en Afrique*, p.11.
[4] KÄ MANA, «L'Afrique des liens et l'Evangile de la vie », in *Pour la vie en abondance*, p.38.

Afrique à trottiner avec les bottes taillées au modèle des autres ? Les haines des ennemis et la corruption insidieuse au sein des pays africains, les génocides planifiés, ne privent-ils pas tout à nouveau l'Afrique de sa vitalité et de sa puissance créatrice ? Le message de réconciliation et de pardon en Jésus-Christ est-il vraiment entendu et compris ? Comment peut-on reconstruire là où on n'avait pas posé les fondements solides pour la construction ? Ces questions sont fondamentalement pertinentes. La réalité africaine aujourd'hui nous remet en mémoire le récit du livre de Néhémie où il s'agit de la reconstruction de la muraille de Jérusalem détruite pendant l'exil. C'est un exemple plein de signification pour l'Afrique en quête de plénitude de la vie. Le travail de rétablissement d'Israël était fréquemment, d'après le récit, perturbé et interrompu, soit par les menaces constantes des voisins ennemis traditionnels plus puissants, soit par les intrigues des cours étrangères, la politique babylonienne et la cour perse. Il a fallu la restauration du peuple et de la vie religieuse (le syncrétisme était un danger) avant de commencer le travail de reconstruction de la muraille. De fait, «en plaçant en Dieu sa confiance, armant et disposant intelligemment ses hommes, Néhémie continua le travail sans recul, jour et nuit ; malgré tous les obstacles, la muraille fut achevée en 52 jours. Jérusalem était à nouveau une ville forte, 142 ans après sa destruction en 586 avant Jésus-Christ »[1]. Ce récit contient pour l'Afrique un message d'espérance qui exige en fait la restauration intérieure profonde et l'ouverture confiante à l'action béatifiante de Jésus-Christ. Il n'y a pas eu de spectateurs. Tous, laïcs, clergés et politiciens se sont déployés ensemble pour la réussite de leur entreprise. La situation dramatique de l'Afrique est une plaie ouverte dont la puanteur ne cesse d'interpeller les consciences : la faim et le sous-développement parce que les richesses naturelles ont été systématiquement pillées et exploitées au seul profit du capitalisme occidental et d'une oligarchie de gouvernants corrompus. Spoliée et affaiblie, victime des intrigues des Occidentaux et de ses vassaux africains, cette nouvelle approche pour la fortification de l'Afrique paraît entre-temps un discours sans un lendemain meilleur. Car, outre ce que nous avons relevé, il existe encore beaucoup d'obstacles à démanteler tel que nous le trouvons ici et là dans les textes produits par les auteurs de l'ouvrage *L'Eglise d'Afrique. Pour une théologie de la reconstruction* notamment l'insécurité généralisée, l'invasion de groupes religieux venus de l'Occident et de l'Orient, la dépendance et la banqueroute économique, la surendettement, le chômage, le manque d'accès à la santé, les luttes internes et intestines qui réduisent sensiblement la production alimentaire, la violation flagrante des droits humains et des conditions de vie inaccessibles des jeunes et des enfants, etc. Quel sera dès lors le type de discours théologique sur lequel les Africains peuvent compter pour leur émancipation intégrale : l'inculturation, la libération ou la reconstruction ? Ce qu'Iwele relève à propos de deux paradigmes d'interprétation théologique de l'inculturation et de la libération peut mieux nous aider à répondre à cette question. Il relève que les paradigmes ne se contredisent pas.

> Ces deux paradigmes se rejoignent. En ce sens que, d'un côté, l'inculturation comme quête d'identité culturelle et d'identité sociologique et anthropologique, est la première façon d'arriver à se libérer, surtout si la culture est passée par un stade d'oppression, par exemple, en situation de colonisation. D'autre part, la libération en tant que libération d'une situation de vie infra-humaine rejoint cette quête d'identité

[1] H. H. HALLEY, *Manuel biblique de Halley*, Miami, Florida, Vida, 1988, p.262.

culturelle et de dignité humaine. En ce sens libération et inculturation se complètent et disent finalement la même chose[1].

Il est salutaire que ces trois catégories christologiques de l'inculturation du message révélé, de la libération de tout ce qui aliène et avilit et de la reconstruction pour un état meilleur sans s'exclure ni s'imposer, cheminent ensemble. Qu'elles aient des interférences réciproques donc, une action dialectiquement liée car le combat qu'on livre à front dispersé n'a guère été efficace.

En effet, il existe en Afrique noire des personnages qui ont senti au plus profond de leur cœur un appel si impérieux d'être les porte-parole au sens de dénonciateurs, de prophètes et d'annonciateurs en vue d'établir un ordre nouveau. R. de Haes a reconnu leur présence au cours du colloque de 1992. C'est en saisissant les motifs historiques et religieux qu'on se rendra réellement compte de leur présence. Les expériences de S. Kimbangu et de Dona Béatrice Kimpa Vita sont fréquemment évoquées comme expériences tournées vers l'incarnation du message libérateur et promotionnel de l'homme africain. D'après Kä Mana, il se dégage dans la démarche promotionnelle de Kimpa Vita une quadruple logique : la logique du refus (un non massif et absolu, irrévocable et énergétique), la logique de la résistance (une résistance intérieure comme force mobilisatrice de la société), la logique de la libération (elle est symbole de libération et de liberté) et la logique du martyre et du don absolu de la vie[2]. Et, comme dit Ngimbi Nseka, «sa revendication spirituelle et politique l'amène au sacrifice de soi »[3]. Cette perception de fait préservera, certes, les Africains de continuer à arroser le mur des lamentations, à recenser des boucs émissaires et à se complaire dans le transfert de culpabilité, car la promotion humaine et sociale qu'ils attendent reconquérir, est devant eux. Pour l'humanisation du continent africain, «il est temps de faire le bilan et de reconnaître la part de nos erreurs au lieu d'identifier avec simplisme des boucs émissaires »[4]. En outre, en débarquant en Afrique, Jésus-Christ qui a été accueilli avec empressement, n'est ni un envahisseur ni non plus un porte-malheur mais plutôt un homme au joug léger, doux et humble de cœur. Il est maintenant chez lui, parmi les siens pour les aider à réaliser leur destinée humaine. Cependant, il se pose le problème de son identification. C'est ce qui va nous préoccuper dans le deuxième chapitre.

---

[1] G. IWELE, *Mgr Monsengwo acteur et témoin de l'histoire*, Louvain-la-Neuve, Duculot, 1995, p.83.

[2] KÄ MANA, *La nouvelle évangélisation en Afrique*, pp.118-119.

[3] NGIMBI Nseka, «Kimpa Vita, entre mystique et politique », in *Cahiers des Religions Africaines*, vol.30, n°60, 1996, p.117.

[4] J.B. CHIPENDA, art.cit., p.8.

Chapitre 2

EXPRESSIONS RECENTES DU CHRIST EN AFRIQUE

Les christologies de type ascendant, qui partent «d'en bas », c'est-à-dire qui commencent par le Jésus historique, intéressent aujourd'hui les théologiens du Tiers Monde où le peuple vit la constance de la situation dramatique, de la misère, de la souffrance et de la mort. On prétend être plus pratique, c'est-à-dire légitimer la structure existentielle de la signification du Christ *pour nous* dans son application dans sa vie et ce qu'il doit être pour avoir cette signification ici et maintenant. On le voit, la question du Christ-présent passe avant celle du Christ historique[1]. Cette structure néotestamentaire, qui s'inscrit davantage dans la visée du «en faveur de », est rencontrée par exemple dans le credo de Nicée-Constantinople, «pour nous, les hommes et pour notre salut »[2]. Cette préoccupation devient, pour ainsi dire, une porte de sortie de la réflexion théologique réanthropologisante dans le Tiers Monde. C'est pourquoi, après notre esquisse critique et réflexive de la double réalité africaine et de trois principales écoles d'interprétation théologique qui en découlent, notre deuxième chapitre veut examiner de façon critique la réponse des Africains à la question fondamentale que Jésus-Christ leur adresse aujourd'hui : «Et vous Africains, qui dites-vous que je suis ? ». En nous inspirant particulièrement du travail réalisé par les auteurs néotestamentaires dans le choix de nouveaux noms et titres empruntés aux contextes de pensée de leur époque, nous ferons une interprétation de type réciproque, c'est-à-dire nous établirons une sorte de corrélation intime entre le Jésus biblique et le Christ en Afrique contemporaine qui soit une structure ultime de référence. L'approche titrologique qui s'inscrit dans la perspective du débat christologique contemporain, trouve dans l'identification du Christ avec les catégories négro-africaines une bonne manière d'inculturer le message et de repenser le mystère du Christ en Afrique. Elle servira d'axe d'étude dans ce chapitre. De fait, en observant tout ce qui se passe en Afrique, nous nous intéresserons au «réel et mystérieux Christ du centre » qui est essentiellement, originellement différent de toutes les autres catégories, en l'occurrence, les catégories négro-africaines.

2.1 Etat de la question

La question de l'identité du Christ n'est pas nouvelle. Elle se retrouve au cœur même des préoccupations de chaque époque, depuis le début de l'histoire chrétienne à nos jours. Le bilan de débats christologiques fait clairement ressortir les efforts que déploie chaque génération pour la compréhension du Christ. Cela est vrai, comme le remarque J. Yanne : «C'est le type le plus exploité de tout le temps ! »[3]. Cette déclaration est tellement pertinente que les auteurs du livre

---

[1] Cf. K. RAHNER, «En guise de conclusion. La christologie aujourd'hui », in *Concilium*, traduit de l'allemand par R. Givord, n°137, 1982, p.122. Voir aussi R. MARLE, «Dietrich Bonhoeffer (1906-1945) », in *Dictionnaire des religions*, 243. Ce qui ne cesse d'agiter D. Bonhoeffer, c'est la question de savoir ce que le christianisme ou encore le Christ est proprement pour nous aujourd'hui. Le temps où l'on pouvait tout dire aux hommes avec des mots, soit théologiques, soit pieux, est révolu.

[2] B. SESBOUË, *Jésus-Christ l'unique médiateur. Essai sur la rédemption et le salut. Problématique et relecture doctrinale*, t.1, Paris, Desclée, 1988, p.116.

[3] J. YANNE cité par P. CLEMENT, V. LAUZET, G. MARY et al, *De la Parole aux actes*, Paris, Farel, 1992, p.92.

De la parole aux actes ont fait le commentaire suivant : «Jésus est devenu aujourd'hui l'homme aux mille visages, autant dire un étranger sans visage. Sa personne, ses paroles et son œuvre sont noyées dans un brouillard d'idéologies religieuses ou politiques, camouflées sous un amas de formules toutes faites qui masquent et déforment la vérité »[1]. On s'en aperçoit, l'objet principal dans ce chapitre est de trouver pour la christologie africaine qui est née et fait son bon chemin, un langage propre mais intelligible et équilibré, un langage africano-chrétien concernant l'identité du Christ. Un langage qui ne trahit jamais la vocation hospitalière de l'Afrique. On le sait, l'Afrique, continent «où l'hospitalité est si naturelle et si spontanée [...] où il n'y a pas de toit qui ne soit commun pour qui en manque, pas de repas privé pour qui a faim »[2], l'étranger et surtout l'étranger porteur d'une bonne nouvelle est accueilli sans que son nom soit travesti. On s'en prend à quiconque affiche un sentiment d'animosité. Cette valeur culturelle trouve naturellement une sorte d'écho dans la pensée évangélique, l'attachement indéfectible de proximité et l'intimité de communion profonde d'immédiateté réciproque. C'est une marque distinctive de promotion réelle de dignité humaine en Afrique.

L'approche titrologique qui tend la main à la terminologie anthropologique du milieu ambiant, aspire à la célébration de la contemporanéité des Africains avec le Christ qu'ils rencontrent. Cette rencontre a été le point de départ de ce qui, dans la vie du Christ, légitime sa titulature pascale dans l'accompagnonnage et la convivance qui a duré aussi longtemps que son ministère public. Il y a des choses sur lesquelles le partage d'une vie commune ne peut tromper[3]. Dans cette perspective, bien entendu, l'approche titrologique en contexte négro-africain devra s'inscrire dans le registre de cette titulature pascale pour une vie promotionnelle de réciprocité de partage. Aussi, est-il légitimement important de faire un état de la question qui balise le chemin pour l'élaboration d'une christologie comparative favorable au grand projet d'humanisation.

2.1. Double démarche interrogative

L'enseignement nouveau de Jésus donné avec autorité sur Dieu, principe et fin de toutes choses, et sur le sens de la vie, avec tous les miracles[4] qui l'accompagnent, constituent objectivement le couronnement du renversement radical des perspectives produit par sa présence dans le monde. Il s'impose, cependant, une double démarche interrogative qui permet mieux de saisir les enjeux de la question sur le dévoilement de l'identité du Christ. «Quel est donc cet homme qui fait tout à merveille ? », s'interrogent les contemporains de Jésus à son sujet et «Qui dites-vous que je suis ? », question de Jésus aux douze et à ses auditeurs de tout temps, du moins à chaque génération et toute civilisation, deux questions fondamentales qui restent indubitablement le point de toute réflexion christologique. On ne peut rester neutre en face du Christ, car cette double démarche interrogative exige toujours une réponse. Ainsi que le reconnaît H. Waldenfels, «dans les deux questions se rencontre l'intérêt historico-biographique et l'intérêt porté à la signification de la personne de Jésus. Autrement dit, il y a convergence

---

[1] Ibid., p.92.
[2] CAMARA LAYE, «Et demain ? », in *Premier Congrès des Ecrivains et Artistes Noirs*, p.290.
[3] B. SESBOÜE, *Pédagogie du Christ. Eléments de christologie fondamentale*, Paris , Cerf, 1995,p.23.
[4] Pour J. TIMMER, *Le salut de la Genèse à l'Apocalypse*, Kalamazoo S.E, Kerygme, 1983, pp.114-115.

entre la question de Jésus de Nazareth et la question du Christ : il s'agit du Jésus qui se présente à nous dans la formule consacrée : Jésus-Christ »[1].

Quel est donc cet homme qui fait tout à merveille ? (Mt 8,27 ; Mc 4,41 ; Lc 8,25). Cette première question qui entend pénétrer le mystère du Christ est celle de ses contemporains frappés d'étonnement de tout ce qu'ils avaient vu et entendu. L'étonnement engendre l'interrogation et la connaissance[2], et cela apparaît plus clairement lorsqu'on examine les évangiles (christologies ascendante et descendante). Emerveillés à cause de miracles opérés **dans l'abîme de l'être** paupérisé, d'actes et paroles d'autorité et d'extrême liberté, de la sagesse, de «sa personnalité attirante et magnétique, d'une bonté et d'une puissance évidentes »[3], les contemporains de Jésus cherchent à reconnaître son *vrai* visage. C. Perrot relève quelques traits concrets distincts de cette figure unique sur lesquels reviennent les historiens, donnant des indications sur son identité. Nous en rappelons trois : sa figure apparaît très juive (paroles et gestes), et en même temps toujours à distance des hommes et des institutions de son temps. Ses mots paradoxaux en viennent à contre-pied de ce que les convenances ou le bon sens de l'époque auraient réclamé ; sa grande familiarité avec celui qu'il appelait son Père-*Abba* et l'étonnant mélange de simplicité désarmante et d'une prétention incroyable dans la revendication de son autorité souveraine, il parlait dans un «moi » d'une force extrême[4]. C. Duquoc n'hésite pas, dans cette perspective, de considérer Jésus-Christ comme un homme libre, vraiment libre à l'égard de son environnement socio-politique déshumanisant. Jésus rend réellement libre[5]. Evidemment, aux yeux de ses contemporains juifs (demandeurs des signes) et grecs (chercheurs des miracles), Jésus apparaît comme un homme parmi les hommes. Mais à cause de ce qu'il dit et fait, il est considéré désormais un tout autre. Il est à la fois l'Un de nous, un homme semblable à nous, mais le Tout Autre. Cette question est celle que peuvent se poser tous ceux qui entendent parler de lui où qu'ils se trouvent. Quelle était donc l'intention profonde des contemporains de Jésus ? Etait-ce pour eux une simple question de curiosité, de mépris ou de perplexité ? De toute évidence, ils sont incrédules, semblables aux contemporains du prophète Esaïe qui entendent sans rien comprendre et qui voient sans rien apprendre. Ils ne peuvent comprendre les merveilles de Dieu car jusqu'ici le voile de l'incrédulité continue d'obnubiler leur entendement (2Co 3,12-17). Ce qui est vrai, c'est le fait que la présence de Jésus, puissance et sagesse de Dieu, dans leur sphère de vie remet profondément en cause leurs ambitions politico-religieuses. Jésus se distance des prophètes de violence, à prétention messianique, pour mieux s'opposer à la puissance romaine ; on le sait, Pilate appuiera effectivement sa condamnation sur le motif politico-religieux. Il ne peut en être autrement car «le Jésus prépascal, un homme libre est, par le fait même, un danger pour l'ordre établi »[6].

Pour vous, qui dites-vous que je suis ? En effet, cette seconde question qui est posée tout au long de l'histoire du christianisme vient de Jésus lui-même. Il interroge à son tour ses auditeurs en les renvoyant à leur propre démarche interrogative (Mt 16,14). Par cette question

[1] H. WALDENFELS, *Manuel de théologie fondamentale* (traduit de l'allemand par O. Depré), Paris, Cerf, 1990, p.209.
[2] K. JASPERS, *op.cit.*, p.15.
[3] H.H. HALLEY, *op.cit.*, p.516.
[4] C. PERROT, "Le dévoilement de Jésus, in *Encyclopédie des religions*, t.1, p.390.
[5] C. DUQUOC, *Jésus homme libre*, Paris, Cerf, 1973, pp.29-31.
[6] R. RENWART, «Jésus-Christ aujourd'hui », dans le cadre d'une recension sur C. Duquoc, *Jésus homme libre. Esquisse d'une christologie*, 2e éd., Paris, Cerf, 1974, in *Nouvelle Revue Théologique*, 109e année, t.99, n°2, mars-avril 1977, p.229.

fondamentale, «le temps est enfin venue pour Jésus de lever le voile de son identité »[1] car, en effet, tout ce que les autres disent de lui revêt un caractère préparatoire plutôt que celui d'un parfait accomplissement (Mt16, 13-14 ; Mc 8,27-28). Aucune réponse, en fait, «n'identifie Jésus à celui que Dieu a promis depuis toujours »[2]. L'apôtre Pierre cependant, lui qui a vu le Verbe de vie et l'a entendu- le miracle dans l'histoire des hommes[3] - est rendu heureux car le Père seul vient de lui révéler la juste identité de Jésus, il est «le Christ, le Fils du Dieu vivant » au sens plénier que lui donne la tradition. C'est à cette profession de messianité et de filiation divine, qui tient à la fois à la christologie ontologique et fonctionnelle, qu'est liée l'essence même de la foi chrétienne, le fondement de l'édification de l'Eglise.

La foi de l'Eglise au mystère de Christ s'est toujours articulée dans l'orbite de cette double démarche interrogative fondamentale. Car, en elle, se profile une concentration dans le Christ qui paraît aux yeux de H. Blocher comme un phénomène unique, sans pareil. A ce propos, il écrit : «En lui habite toute la plénitude (Col 1,18-19). C'est en lui que toutes les lignes maîtresses se recoupent. C'est en lui que s'entrecroisent les axes du ciel et de la terre, de la seigneurie et du service, de l'ultime et de l'intimité, de la Vérité et de la création et de la rédemption ... Il est l'Alpha dès l'origine ; il est Oméga au siècle des siècles »[4]. Il y a toujours eu plusieurs bifurcations, au cours du trajet, pour répondre aux mutations des mentalités. Les divers types d'approches christologiques ont essayé d'élaborer tour à tour et chacun à sa manière, cette figure centrale de la révélation biblique. Chaque auteur a prétendu identifier scientifiquement Jésus à ses propres portraits en dehors de ce qui est dit de lui dans le Nouveau Testament. Nos présuppositions sur l'identité du Christ ne déterminent-elles pas le type de rapport que nous entretenons avec lui ? C'est avec raison, certes, rappelle K. Runia que «nous devrions être conscients du fait que l'idée que nous faisons de la personne de Jésus a toujours des implications d'une portée profonde pour le reste de notre théologie »[5]. L'Eglise qui a toujours accompagné dans sa vie la théologie, subira, croyons-nous, des retombées qui modifieront sa vocation, celle de «rendre témoignage à Christ et l'exalter devant le peuple. Christ lui-même, non l'Eglise, est la puissance qui peut transformer la vie humaine »[6], juifs et païens, qui ensemble, forment un peuple en son nom. Il n'en est pas moins vrai que «L'infirmité de l'esprit humain, vulnérable aux ruses de l'Adversaire, se trahit dans sa difficulté à tenir l'équilibre de l'Ecriture. Les hérésies ont surgi à droite et à gauche, lésant tantôt la divinité, tantôt l'humanité de notre Seigneur (et du même coup altérant plus ou moins la vérité qui paraît conservée) »[7]. On se rend dès lors compte qu'autant d'approches christologiques et, autant, si l'on veut, de christologies sans Jésus, résultat d'un «subjectivisme bien plus aléatoire »[8]. De

[1] J. TIMMER, *op.cit.*, p.105.
[2] *Ibid.*
[3] Il ne s'agit pas de miracle au sens qui le rend le théologien monophysite, Philoxène de Marburg, qui refuse la distinction des deux natures du Christ. Pour lui, le Christ est simultanément Dieu par nature et homme par miracle. De même par le baptême, clarifie-t-il, le chrétien existe selon les deux modes d'être, s'il est homme par nature et fils de Dieu par un miracle.
[4] H. BLOCHER, *Christologie*, t.1, fac. Etude, Vaux-sur-Seine, 1986, p.1.
[5] K. RUNA, «Le débat christologique contemporain », in *Hokhma*, n°17, 1981, p.28. Il le dit dans la perspective de débat christologique contemporain. Cela concerne directement la doctrine de la trinité. Si Jésus n'est que «vrai homme », il n'est pas possible que Dieu soit «trois-en-un » au cœur de son être. On pourra parler d'une «trinité économique » ou d'une «trinité-dans-la-révélation ».
[6] . H. H. HALLEY, *op.cit.*, p.864.
[7] H. BLOCHER, op.cit., p.89. M. BOUTTIER, *Du Christ de l'histoire au Jésus des Evangiles*, Paris, Cerf, 1969, p.16.
[8] M. BOUTTIER, *Du Christ de l'histoire au Jésus de l'Evangiles*, Paris, Cerf,1969, p.16.

telles christologies abondent dans l'histoire du christianisme ; il en est résulté une galerie de portraits de Jésus rassemblés par A. Schweitzer dans l'*Histoire des vies de Jésus* ainsi que le rend M. Bouttier :

> Il nous introduit au musée et nous donne de contempler une série de tableaux qui nous offre un visage de Jésus étrangement ressemblant à l'artiste qui l'a composé ! Nous rencontrons tour à tour le Jésus du Siècle des Lumières, le Jésus de l'idéalisme allemand, le Jésus moraliste rationaliste, le Jésus héros romantique, le Jésus puissant génie religieux, le Jésus premier prolétaire, promoteur de l'émancipation sociale, le Jésus petit-bourgeois, le Jésus freudien... Sans doute chaque époque a-t-elle déjà saisi la figure de Jésus à la lumière de sa propre compréhension de l'homme. L'art nous a présenté un Jésus (... nous disons précisément un Christ !) roman, gothier, byzantin, chinois, africain - et ce témoignage n'est pas sans valeur, car il s'avère en fin de compte plus fidèle à l'incarnation que le film de Hollywood prétendant reconstituer exactement les costumes et les scènes galiléennes. Nous n'échapperons jamais à cette constante, et le Jésus de Bultmann ou de J. M. Robinson apparaît singulièrement heideggerien...[1].

Il semble, en effet, que le titre de *Christos* n'a pu jouer qu'un rôle restreint dans la vie terrestre de Jésus. Cela ne veut pas dire que la conscience messianique de Jésus était un élément secondaire dans la foi des premiers chrétiens, comme l'aurait pensé R. Bultmann. Mais à la place, il s'est complu de celui de «Fils de l'homme », titre messianique honoré et aimé par la communauté primitive avant de devenir un titre christologique. En effet, «Croire que Jésus est le Messie, c'est croire qu'il s'est pris lui-même pour le Fils de l'homme et pour l'Ebed Yahvé et qu'il s'est proclamé comme tel dans son évangile. En manifestant ainsi ce qu'il a voulu être et ce qu'il a été en fait, Jésus fait entrer sa personne et son œuvre dans l'histoire du salut »[2]. Le Fils de l'homme participe à la faiblesse des hommes, l'homme représente les hommes. Chez Jean, ce titre «évoque indubitablement l'homme céleste, préexistant et divin, qui, descendu du ciel, apparaît sur la terre, s'incorpore à l'humanité déchue et remonte au ciel dans la gloire »[3]. Dans *Le sacret historique de la vie de Jésus*, ouvrage considéré comme un manifeste dans l'école dite de l'eschatologie pure, A. Schweitzer croit que le secret de la messianité de Jésus n'était pas encore visiblement révélé. Pour lui, le Roi et le Messie sont indissolublement liés l'un à l'autre. La perspective d'attente se profile au travers de toute l'histoire du peuple juif[4]. Dans le souci d'éliminer systématiquement l'idée de secret messianique, E. Trocmé fait de cette confession de Pierre un simple entretien d'école[5]. Cette confession qui est devenue le credo fondamental de la chrétienté, «Jésus est le Christ », confirme davantage que Christ est bien son identité. A ce titre, il est l'accomplissement de toutes les promesses messianiques car, l'ère du salut donc, l'ère de l'accueil vertical et horizontal, caractérisée par la libération des pauvres et des opprimés, de recouvrement de vue, était arrivée. Il s'agit bien là, de l'ère de la promotion humaine intégrale (Lc 4, 18-19). Le salut ou la promotion humaine se perçoit maintenant comme le cadeau sacré de l'humanité. Il faudra ajouter que Christ est le reflet du Dieu de gloire (Jn1, 14 ; He 1,3), plus précisément, la gloire du Seigneur est celle de Jésus-Christ car la gloire de Dieu est sur la face

---

[1]*Ibid.*
[2] O. CULLMANN, *Le salut dans l'histoire*, p.232.
[3] O. CULLMANN, *Christologie du Nouveau Testament*, Neuchâtel, Delachaux et Niestlé, 1968, p.160.
[4] A. SCHWEITZER, *Le secret historique de la vie de Jésus*, Paris, Albin Michel, 1961, p.136.
[5] G.M. DE TILLESSE, *Le secret messianique dans l'Evangile de Marc*, Paris, Cerf, 1968, pp.20et447.

du Christ. Ce Dieu de gloire vivant en toute majesté, toujours «présent pour guider, aider, fortifier, réconforter, libérer »[1], cela est aussi l'œuvre magnifique de Jésus-Christ (Jn 5,17). Il ne peut dans cette perspective être défini, c'est-à-dire qu'il ne peut être limité dans le temps et dans l'espace. En effet, Christ est «un être d'éternité », et les honneurs divins qu'il reçoit dans son humanité sont liés à l'histoire du salut et du retour des créatures à Dieu. L'épisode clos, Dieu sera tout en tous »[2]. Les différents noms attribués à Dieu dans la Bible attestent qu'il est ainsi difficile de le définir. Cela vaut autant du Christ. Se définir ou mieux se limiter, car se définir c'est se limiter, signifie d'ailleurs pour lui «renoncer par humilité à la plénitude du Père en vue de notre salut »[3]. Il s'agit d'abandon de sa gloire et de condition d'être céleste (Jn 17,5 ; Mt 17,1-8) pour le salut de ceux que Dieu lui a donnés de toute éternité. L'apôtre Paul l'affirme davantage, «Christ s'est fait pauvre de riche qu'il était afin que par sa pauvreté vous soyez enrichis » (2Co 8,9). C'est là, finalement la véritable kénose (Ph 2,6-8) du Verbe incarné car l'apôtre «Paul ne dit pas que le Christ échange la condition divine pour une autre, encore moins une autre nature pour une autre : il ne cesse pas d'être Dieu pour devenir un homme »[4]. Ce qui chez l'apôtre Paul, «commande l'intelligence du mystère du Christ, ce n'est pas d'abord une dialectique de l'humain et du divin, mais une dialectique de l'avant et de l'après, dans l'axe est l'événement pascal, le passage de Jésus de l'état de serviteur à l'état glorieux »[5]. La vie qu'il reçoit en revanche du Père n'est en réalité que la couronne et la victoire de son obéissance à la juste volonté du Père de la promotion de toute l'humanité. C'est à ce point de profonde humilité dans l'obéissance et de solidarité avec les hommes et de leur destin que Dieu l'a souverainement élevé en lui conférant un nom, donc une dignité réelle et éternelle : Jésus-Christ est *Kyrios* (Ph 2,9-11). Comme le précise O. Cullmann, «le fait que le Christ a été élevé à la droite de Dieu et qu'en sa qualité de Glorifié il intercède actuellement pour les hommes [...]. Le Seigneur glorifié continue à intervenir dans les événements terrestres, et c'est pourquoi l'Eglise est considérée comme le corps du Christ »[6]. C'est à la lumière de la renonciation volontaire (abaissement dans la mort) et de ce passage de la réconciliation à la glorification de la kénose à la seigneurie (élévation dans la gloire), que Christ entend se définir. Il paraît donc évident que, pour redire correctement l'identité de Jésus-Christ, pour reconnaître son vrai visage, les approches christologiques actuellement en vogue : la «christologie d'en bas » (qui regarde «le Jésus de l'histoire »), la «christologie de l'intérieur » (qui regarde notre contemporanéité avec Jésus) et la «christologie de l'extérieur » (qui regarde l'interprétation et l'assimilation de Jésus en dehors de l'Eglise), sont instamment invitées à reconsidérer ce mouvement en deux temps du Fils éternel de Dieu comme critère de référence. En effet, si Jésus ne se définit pas le plus clairement possible pendant sa vie terrestre, c'est parce qu'il «se veut totalement transparent à un autre Dieu qu'il appelle Père d'une façon unique, *Abba* (Mc 14,36) »[7]. Ce genre de relation, l'expression

---

[1] H. KÜNG, *Dieu existe-t-il ? Réponse à la question de Dieu dans les temps modernes*, p. 718.
[2] L. CERFAUX, *Le Christ dans la théologie de Saint Paul*, Paris, Cerf, 1954, p.279.
[3] P. GRELOT, «La traduction et l'interprétation de Ph 2,6-8. Quelques éléments d'enquête patristique », in *Nouvelle Revue Théologique*, 103ème, t.93, n°9, novembre 1971, p.922.
[4] P. HENRY, « Kénose », in *Dictionnaire de la Bible*, t.5, Paris, Letouzey et Ané, 1912, Col.32. Voir aussi B. SESBOUË, *Dieu sauveur. La rédemption dans la foi de l'Eglise ancienne*, p.266. Cyrille que Grillmeir cite, c'est d'ailleurs sa position christologique définitive, abonde dans le même sens en disant : «Le verbe n'est pas venu dans un homme, mais il est devenu lui-même homme, sans cesser pour autant d'être Dieu ».
[5] M. TAVERNIE, «Bilan et tâches de la christologie », in *Qui dites-vous que je suis ? De Saint Marc à Bonhoeffer*, Paris, Cerf, 1969, p.79.
[6] O. CULLMANN, *op.cit.*, p.169.
[7] B. REY, *Jésus le Christ. Dieu donne un visage*, Paris, Le Centurion, 1998, pp.25-26.

même d'une intimité profonde de fidélité réciproque, est franchement unique. Jésus-Christ, le salut de Dieu pour toute l'humanité, «est le premier à recevoir l'offre de salut de Dieu (Dieu communiquant) avant de devenir l'offre du salut pour les autres »[1]. La réponse que Jésus donne aux Juifs dans leur inquiétude sur la question de sa messianité, est une interpellation à tous ceux qui cherchent à reconnaître son vrai nom, à découvrir son vrai visage. Il se présente intensément comme révélateur et médiateur entre Dieu et les hommes (Mt 11,25-30) et, il faudra, disait-il, appartenir à son «troupeau » (Jn 10,25-30). C'est autant dire que Dieu le Père, *Abba* - reconnaître le Fils, c'est reconnaître le Père - est lui seul capable de lever les voiles de la houle cacophonique de traditions ou de la pseudo-science qui couvrent l'identité du Christ.

2.1.2 Alternative des deux voies

La double approche du mystère du Christ qu'on retrouve aujourd'hui à travers le monde vient de l'Orient, la «christologie d'en haut », issue de l'école d'Alexandrie, conçue à partir de la divinité du Christ de son unité avec Dieu, plus portée à la contemplation du mystère de Dieu qu'à l'action et à la «christologie d'en bas », issue de l'école d'Antioche, élaborée à partir de l'humanité de Jésus de sa mission historique sur terre et conduisant par exemple, à actualiser pour aujourd'hui sa solidarité avec les hommes, en particulier avec les pauvres »[2]. Cette double approche pour repenser le mystère du Christ a fait couler de l'encre dans l'histoire du christianisme. Christ est-il vraiment le Fils de Dieu ? Est-il *vere Deus* et *vere homo* ? La recherche de rapport direct entre la «christologie d'en haut » et la «christologie d'en bas » appartient de toute évidence à ce contexte.

La christologie de M. Luther (1483-1546), développée à partir de Rm 1,3-4 et surtout du rôle de la Parole, est proche de celle de l'Eglise ancienne, une christologie de type incarnationnel, vue «d'en haut », le Fils de Dieu venu en chair. De fait, M. Luther considère le chemin parcouru par Jésus-Christ, c'est-à-dire son mouvement vers les hommes par l'incarnation. L'Evangile est la parole ou la prédication ayant pour sujet le Fils de Dieu incarné, souffrant et glorifié. Christ était descendu dans la chair pour être auprès des hommes et les sauver. C'est dire que l'incarnation et la croix sont indissolublement liées. Ce mouvement du Fils de Dieu a su déboucher sur la résurrection et de fait sur la glorification. Si la kénose conduit Christ à la condition de serviteur, la glorification, en revanche, le conduit de la condition d'esclave à la condition divine[3]. Il se dégage de ce mouvement du Fils de Dieu une christologie à deux degrés, l'articulation entre la chair et l'esprit qui souligne deux manières d'être successives et complémentaires de l'unique Jésus[4]. Celui qui était homme reçoit un statut de ressuscité, d'exalté auprès de Dieu. Son approche est essentiellement sotériologique. Ainsi que le stipule son célèbre texte, «'Christ a deux natures, en quoi est-ce que cela me regarde'. Ce que le Christ est 'en soi' importe peu ; mais importe tout ce que le Christ est 'pour nous' : son amour, la rédemption qu'il assure à l'humanité »[5].

---

[1] D. MCDERMOTT, « Jésus-Christ dans la foi et la théologie d'aujourd'hui », in *Concilium*, n°173, mars 1982, pp.19-20.

[2] B. REY, *Jésus le Christ*, p.47.

[3] M. LIENHARD, « Notes sur un texte christologique du jeune Luther », in *Revue d'histoire et de Philosophie Religieuses*, n°4, 1969, p.333.

[4] B. SESBOUË, *Pédagogie du Christ*, p.53.

[5] B. REY, *Jésus le Christ*, p.56. il précise que la christologie de M. Luther est une réaction contre la scolastique spéculant sur le mode de l'incarnation et le comment de l'union des deux natures dans le Christ, mais oubliant

L'itinéraire qui part «d'en haut » a été suivi par K. Barth (1886-1986), théologien de la Parole. Mais avant lui, E. Brunner avait présenté dans le cercle de la dialectique une esquisse christologique de ce type précisément dans *Le Médiateur* en 1927. C'est pourquoi E. Brunner parle du Christ incarné avant de parler de Jésus de l'histoire, car Jésus-Christ était Dieu avant d'apparaître sous forme humaine. Il faut aller de haut en bas et non le contraire[1]. Parvenue à un âge profondément critique, la théologie des temps modernes a mis en cause le rapport originel de l'histoire et de la foi. Cette démarche ne paraissant pourtant pas simple, le fossé s'est creusé dès lors entre deux pôles de la confession primitive, entre «Jésus »et «le Christ ».Cela est devenu, il est vrai, un mouvement christologique constant de va-et-vient qui arrive à se détourner tantôt du Christ de la foi pour fuir vers le Jésus de l'histoire, celui que la science historique peut atteindre, tantôt de Jésus de l'histoire pour fuir vers le Christ de la foi ou kérygmatique[2]. Cette alternative constitue le fond de la question christologique au XIXe et au XXe siècle.

La question de distinction entre le Jésus de l'histoire et le Christ de la foi avec ses développements nouveaux, remonte à M. Kähler dès la fin du XIXe siècle où, à l'aide de ses cinq thèses[3], il fait une distinction entre le «Jésus de l'histoire » et le « Christ de la foi ». Pour lui, le Christ réel est le Christ prêché. Il existe ainsi une sorte de discontinuité car le ressuscité n'est pas le Jésus de l'histoire mais le Christ de la prédication. En poursuivant cette distinction entre Jésus et le Christ, A. von Harnack prend une autre direction : de Christ vers Jésus. C'est dans son *Essence du christianisme* (1900), qu'on trouve justement son mot d'ordre qui noue certes avec le style de l'exégèse libérale, «laissons le Christ prêché, objet de la foi qui divise ; tournons vers le Jésus prêchant, vers l'appel à la puissance unifiante de l'amour sous un même Père et avec la multitude des frères »[4].

Héritier extrême de la position de M. Kähler, R. Bultmann, théologien kérygmatique - seul l'*Evangelium de Christo* l'intéresse (la prédication de Jésus, l'*Evangelium Christi*, contient en germe celle de l'Eglise, l'*Evangelium de Christo*) - prend sa fuite au sens inverse : de Jésus

l'histoire concrète de Jésus, et son engagement dans l'histoire. Luther reprend en son compte l'humanité du Christ. La croix prend ainsi une place centrale dans sa théologie. Mais, on lui reproche le fait d'ignorer le fait ontologique, car la sotériologie risque d'exténuer par faute de fondement, l'histoire concrète de Jésus et son engagement dans l'histoire.

[1] L. PERRIRAZ, *Histoire de la théologie protestante au XIXe siècle. Le problème de christologie,* t.III, Neuchâtel, H. Messeiller, 1956, pp.144-145.

[2] J. RATZINGER, *op.cit.*, p.139. Pour les néo-bultmaniens, le Jésus historique est le point de départ donc le support du message concernant le Christ.

[3] Le Soi-disant Jésus historique (historische) et le Christ historique (geschichtliche) et biblique) est le titre d'une conférence prononcée à Wuppertal et publié en 1892. Il établit la distinction entre le Jésus historique étudié par la science et le Christ de l'histoire transmis par la Bible. C'était une réaction contre les fausses prétentions de la «Leben-Jesu-Forschung » qui présente un Jésus simplement humain. Voici les cinq thèses qui en découlent : 1) Le soi-disant Jésus historique est pour la science en tenant compte des critères de la théologie moderne, insolvable. En effet, les sources disponibles ne sont pas suffisantes pour pouvoir le résoudre ; 2) Le vrai Christ historique (Geschichte) est le Christ prêché par les apôtres et célébré par la communauté chrétienne ; 3) La foi au Christ de la Bible n'est pas une foi d'autorité. Pendant que la Bible se sert d'intermédiaire, elle en devient le fondement d la confiance que l'on a en elle. ; 4) Si ce n'est pas en examinant l'Ecriture, notamment les Evangiles synoptiques, comment atteindre donc le Christ dont parle l'Eglise, celui que les apôtres avaient prêché ? C'est le Saint-Esprit qui révèle Christ (Jn 16,13-14) ;5) Le Christ biblique est par voie de conséquence le Christ historique aussi, il est le Dieu révélé dans son action de salut. L'essentiel du message néotestamentaire se résume dans la formule, Ho Theos agapê estin (Dieu est amour). Cela est donc amplement suffisant pour la prédication et la dogmatique. Pour M. Kälher, le Jésus qui vivait vraiment - « discontinuité »

[4] A. VON HARNACK cité par J. RATZINGER, *op.cit.*, p.130. Ce pur Jésus d'A. von Harnack n'est pour lui qu'un rêve romantique, une fata morgama de l'historien, un mirage de sa soif et de son désir, qui se dissipe, conclut-il, à mesure qu'il en approche.

vers le Christ. Il introduit de fait une discontinuité radicale entre le «Jésus de l'histoire » et le « Christ de la foi ». Il déclare formellement, «ce qui a été Jésus, je ne puis, je ne veux le savoir. Ce Jésus de l'histoire, c'est le Christ selon la chair, dont parle saint Paul. Ce n'est plus lui qui m'importe, mais le Christ de la foi, celui à travers qui Dieu m'interpelle aujourd'hui d'une manière décisive. Tout ce qu'on peut admettre, c'est qu'il a vécu au début de notre ère et qu'il est mort crucifié »[1]. Les conclusions de son exégèse ont été incorporées dans son programme de démythologisation radical du message avec son interprétation existentialiste. Ce qui compte pour lui, c'est le fait que Christ ait existé. Ce qui l'intéresse, c'est le *Christus pro me*. Cette structure d'ordre existentiel et sotériologique signifie que «tout énoncé christologique doit être en même temps un énoncé sur le croyant lui-même ; ce n'est qu'ainsi que l'énoncé garde ou, si l'on veut, acquiert sa légitimité »[2]. Dans la perspective de la nouvelle quête du Jésus historique, cette fuite se change dès lors à partir du Christ de la foi vers le Jésus de l'histoire par les néo-bultmanniens. Elle «se caractérise par l'abandon du pur kérygme et de Jésus historique réduit au fantôme du simple *Dass*, pour se tourner à nouveau vers le plus humain de tous les hommes, le dernier reflet du divin resté comme le signe de confiance qui nous encourage à avancer après la mort de Dieu »[3]. Le portait d'un Christ *Kyrios* et *Theos* offert par la Bible et l'Eglise tourne en ridicule. Ce qui importe pour lui, c'est le simple fait que Christ a existé. Jésus-Christ est un homme concret. C'est pourquoi, bien au-delà du simple fait, *Dass*, pur et finalement abstrait de son existence et de son appel, il faut donc prendre en considération, font observer A. Schilson et W. Kasper, le «contenu et le comment », *Wie und Was*, de l'histoire de Jésus[4]. C'est dans ce sens tout spécial que P. Tillich s'exprime concrètement aussi en termes de dualité d'essence et d'existence ou, comme le dit Schelling en termes très modernes, de *quid*, *Was*, et de *quod*, *Dass* : la *quoddité*, *Dassheit*, de Dieu, c'est-à-dire son exister inconditionnel, ce qui porte et branle notre existence, ce qui fait irruption en nous, et la *quiddité*, *Washeit*, sans laquelle tout cela ne serait que mouvance biologique chaotique et resterait en deçà du personnel voire du vivant[5]. Pour un discours théologique interpellant, l'histoire de Jésus devra toujours s'articuler dans le fond de cette dualité de la quoddité, « essentialité » et de la quiddité, «existentialité », Jésus-Christ notre médiateur et sauveur, est consubstantiel au Père par la divinité et à nous par l'humanité. Précisément, il s'agit de savoir articuler le fait et le sens, c'est-à-dire exprimer objectivement le «lien irréductible entre l'histoire ou l'événement Jésus-Christ et son interprétation dans la foi apostolique, fait et sens sont inséparables »[6].

Dans la nouvelle quête de Jésus historique, nous nous sommes arrêté sur une note de discontinuité (M. Kähler) et de discontinuité radicale (R Bultmann)[7]. En dépit de l'effort de recomposition de ces bipolarités - raison et foi - sous forme d'oppositions que manifeste la christologie contemporaine, la problématique de l'identification du Christ demeure. Elle resurgit dans la recherche d'une nouvelle perspective en christologie, sous forme des dénominations

---

[1] M. BOUTIER, *op.cit.*, pp.21-22.
[2] A. SCHILSON et W. KASPER, *op.cit.*, p.47.
[3] A. VON HARNACK cité par J. RATZINGER, *op.cit.*, p.139.
[4] A. SCHILSON et W. KASPER, *op.cit.*, p.55. Pour eux, cela reste insuffisant pour déterminer le fondement du kérygme. Ainsi, Ebeling s'oppose expressément à l'interdiction bultmanienne de remonter en deçà du kerygme pour retrouver le fondement.
[5] P. TILLICH, *Dogmatique*, p.168.
[6] J. LIEBAERT, «La christologie du Père Christian Duquoc », in *Les Quatre Fleuves. Cahiers de recherche et de réflexions religieuses*, n°4, Paris, Seuil, 1974, p.105.
[7] Comme l'exprime O. CULLMANN, *Le salut dans l'histoire*, p.43.

pour distinguer deux points de départ, «christologie d'en haut » ayant une signification universelle et actuelle et «christologie d'en bas », l'*Immanu El* et source du salut.

2.1.3 Nouvelle perspective

Il se pose, comme toujours, la question du rapport de la théologie et de la christologie. Christ est-il Fils de Dieu ? Est-il *vere Deus* et *vere homo* ? La recherche du rapport correct entre la «christologie d'en haut » et la «christologie d'en bas » appartiennent, nous l'avons relevé, à ce contexte. La christologie qui part «d'en haut », c'est-à-dire du Christ kérygmatique prêché par l'apôtre Paul et l'apôtre Jean, est celle de l'Eglise ancienne au cours des cinq premiers siècles. L'itinéraire a été suivi par K. Barth et R. Bultmann. De fait, beaucoup de théologiens aujourd'hui l'abandonnent. En prétendant placer Christ au milieu des hommes, dans le tumulte de la misère et de la paupérisation, ils ressentent naturellement la nécessité de partir «d'en bas ». La divinité de Jésus-Christ est recherchée dans le Christ incarné.

Dans son *Esquisse d'une christologie* (1974), W. Pannenberg nous présente une christologie d'histoire universelle. Pour lui, «toute christologie d'en haut, qui pense à partir de la Trinité et de l'incarnation, ne peut comprendre qu'imparfaitement la figure humaine et terrestre de Jésus : la particularité de l'homme Jésus échappe au regard »[1]. Défenseur de la christologie historique, W. Pannenberg prétend dans cette perspective «réconcilier l'histoire et la foi et rendre compte de la continuité qui va du Jésus prépascal au Christ de l'annonce apostolique »[2]. C'est à la lumière de la christologie «d'en bas » - il précise que «la confession du Christ faite par la communauté chrétienne se fonde sur l'action et le destin de l'homme Jésus »[3] - Pannenberg s'essaie de briser le mur de discontinuité radicale qui était érigé par R. Bultmann. Le grand mouvement balancier qui allait tantôt vers le Jésus de l'histoire, tantôt vers le Christ kérygmatique, trouve une issue heureuse : Jésus ne peut exister qu'en Christ. Toutefois, il existe un élément de discontinuité, mais une discontinuité qui fait partie intégrante d'une continuité foncière[4]. Dans cette perspective, la christologie qui part «d'en bas » est référée par Pannenberg à la résurrection de Jésus qui revêt, dit-il, un caractère proleptique, c'est-à-dire qu'elle anticipe la fin de toute l'histoire. Elle est, pour lui, la preuve historique au sens de la «Historie » et contient l'autoévaluation eschatologique. A la lumière de cette nouvelle approche, Pannenberg cherche à découvrir en Jésus de Nazareth un homme divin à partir de son comportement, de sa revendication et de son destin. Car, pour lui, «la thèse de la christologie est donc de fonder sur l'histoire de Jésus la vraie connaissance de sa signification, qu'on peut résumer par ces mots : Dieu s'est révélé en cet homme »[5]. Il se dégage dans son esquisse christologique le principe de la rétroactivité ontologique. Il s'agit donc d'un retour à la christologie à deux degrés, celle de l'articulation de la chair et de l'esprit. Les affirmations «protologiques » (préexistence, médiation créatrice, incarnation) viennent répondre, selon B. Sesbouë, aux affirmations eschatologiques[6]. Ce qu'on lui reproche cependant, c'est le fait de sa démarche herméneutique

---

[1] A. CHILSON et W. KASPER, *op.cit.*, p.118.
[2] B. SESBOUË, *Pédagogie du Christ*, p.96.
[3] W. PANNENBERG, *Esquisse d'une christologie* (traduit de l'allemand par A. Liefooghe), Paris, Cerf, 1974, p.26.
[4] K. RUNIA, art.cit., p.9.
[5] W. PANNENBERG cité par B. SESBOUË, *Pédagogie du Christ*, p.96.
[6] B. SESBOUË, *Pédagogie du Christ*, p.72.

qui donne trop à l'histoire en lui faisant assumer la charge de fournir la preuve de la foi[1], comme lieu de l'enquête scientifique bien qu'il ait essayé de briser le mur de discontinuité radicale.

Des voies concordantes se font entendre ici et là pour soutenir cette idée de la continuité foncière. Elles renforcent le lien de l'identité entre « Jésus » et « le Christ ». Elles donnent raison aux testimonia néotestamentaires. C'est cela qui fait la dignité de celui que nous confessons comme *Kyrios* et Prochain-Sauveur. Dans son *Etre chrétien*, H. Küng tire sagement cette conclusion :

> D'après le Nouveau Testament les deux termes ne vont l'un sans l'autre : Jésus de Nazareth ne peut qu'être proclamé Christ de Dieu ; le Christ ne peut que s'identifier avec l'homme Jésus de Nazareth. Donc ni 'jesulogie' sans théologie, ni christologie sans histoire. Le fait que le titre de Christ se soit greffé sur le nom de Jésus pour former avec lui un seul nom propre exprimer jusque dans la dénomination que, pour le Nouveau Testament, le vrai Jésus est le Christ de Dieu et que le vrai Christ est l'homme Jésus de Nazareth, l'un et l'autre formant une unité : 'Jésus-Christ'[2].

A Descamps repousse toute forme dramatique de distinction allant jusqu'à la séparation ou l'opposition entre le «Jésus de l'histoire » et le «Christ de la foi ». S'il n'y avait pas un homme appelé Jésus, il n'y aurait pas de christologie. Le Christ n'est pas autre que Jésus ; il n'empêche que, en un sens, Jésus est devenu le Christ. Le Jésus de l'histoire est le personnage tel que le virent ses compagnons, tel que notre époque nous le remet sous les yeux avec les moyens d'investigation dont elle dispose ; le Christ de la foi est le même personnage entré dans une condition nouvelle et dont la dimension divine est découverte par la foi[3]. La «christologie d'en bas », c'est-à-dire la christologie de la «pro-existence » ou de «l'homme pour les autres » du théologien catholique P. Schoonenberg est une christologie sans dualité. En cherchant à mettre en valeur l'humanité du Christ sans la diminuer, il trouve plus juste de parler de «Dieu en l'homme » plutôt que de la formule traditionnelle : «Dieu et l'homme ». A ce propos, A. Schilson et W. Kasper explicitent :

> La pensée christologique de Piet Schoononberg se tient toute au service d'une intention pastorale. Il veut s'opposer à un monophysisme implicite dans la conscience du croyant moyen, d'après lequel la pleine humanité de Jésus est reléguée au second plan ou même abandonnée au profit de sa divinité. C'est pourquoi il s'efforce consciemment d'élaborer une 'christologie d'en bas' qui part de la manifestation humaine totale et sans restriction de Jésus-Christ, pour rendre ainsi à la foi christologique sa figure vraie et orthodoxe. Ce souci le mène finalement à une interprétation et à un dépassement du concile de Chalcédoine, dont le caractère incomplet et unilatéral favorise ce développement défectueux de la foi au Christ[4].

En suivant ce même itinéraire, le Christ d'E. Schillebeeckx, est un messager eschatologique de Dieu, l'homme qui nous offre le salut de Dieu. Il s'en tient surtout à une

---

[1] *Ibid.*, p.96.
[2] H. KÜNG, *Etre chrétien*, p.522.
[3] A. DESCAMPS, *Jésus et l'Eglise. Etude d'exégèse et de théologie*, Louvain, P.U.L., 1986, pp.36 et 39.
[4] A. SCHILSON et W. KASPER, *op.cit.*, pp.145-146.

christologie fonctionnelle, c'est-à-dire révélation du divin ainsi que celle de l'humanité bonne et réellement heureuse se rejoignent parfaitement en l'homme Jésus[1].

La christologie transcendantale de K. Rahner (1904-1984) se considère comme une «christologie d'en bas », qui prend son point de départ dans le fait historique de Jésus, explore l'humain «comme une réalité terrestre qui déjà, au moins implicitement, expérimente Dieu et, dans cette expérience, est capable de s'expérimenter soi-même, le prochain et le monde »[2]. En relativisant la christologie de Chalcédoine pour le fait qu'elle idéalise Jésus, l'homme véritable, en faisant de lui un demi-dieu, au lieu d'être la Parole de Dieu pour nous, la christologie transcendantale de Rahner n'exprime pas suffisamment le sens sotériologique de l'événement-Christ et bloque de fait l'épanouissement de la christologie existentielle[3].

D. Bonhoeffer, on l'a vu, avait bien soutenu ce point de vue. La signification du Christ *pro me*, le Christ actuellement présent, donc le Jésus crucifié et ressuscité, compte avant tout pour lui. Aussi, toute christologie se condamne-t-elle si elle ne prend pas comme point de départ cette double certitude, Dieu n'est vraiment Dieu que *pro me* ; le Christ n'est vraiment le Christ que *pro me*. C'est là, dit-il, le véritable fondement de l'espérance. La question du «Christ-présent » passe avant celle du Christ historique. C'est sur ce point seulement qu'il dénonce Chalcédoine pour ce qu'elle n'a pas su représenter suffisamment le mystère du Dieu incarné en termes de relations personnelles entre Dieu et l'homme. Pour lui, le Christ n'est Christ que par la relation avec moi, ce qu'il est pour moi aujourd'hui[4].

Les christologies afro-américain et africaine s'articulent justement à partir de la question de savoir ce que Christ signifie pour les Afro-américains et les Africains aujourd'hui. L'accent est mis, d'une part, sur la christologie ascendante ou de l'histoire du salut de Dieu. La réflexion commence par le Jésus de Nazareth, avec son expérience de foi en Dieu et pour les hommes. Et, d'autre part, pour reprendre l'expression d'E. Baser, l'accent est mis sur la «théologie de l'intérieur », représentant une voie médiane et un approfondissement par rapport à la «christologie d'en haut » et à la «christologie d'en bas ». L'accent est mis pertinemment sur le Jésus biblique, «christologie ascendante », dans la praxis libératrice à la lumière de sa mort et de sa résurrection. C'est dans cette perspective que le théologien noir américain J. H. Cone se réfère à Pannenberg à cause de l'élaboration, on l'a vu, de sa christologie qui prend l'itinéraire «d'en bas » en insistant sur le fait que seul le Jésus de l'histoire nous donne accès à la signification de la présence du Christ aujourd'hui. Il précise : «on ne peut démontrer uniquement par l'étude historique que Jésus est le Christ, mais le récit historique fournit les données sans lesquelles la foi dans le Christ est impossible »[5]. Dans son article « La foi dans le Fils de Dieu chez un peuple crucifié » paru dans *Concilium* en 1982, J. Sobrino, le Jésus du théologien latino-américain, présente la réalité et le sens de la foi dans le Christ à partir d'une situation d'oppression où il

---

[1] K. RUNIA, art.cit., pp.17-19.

[2] B. MCDERMOTT, art.cit., p.18. Voir aussi J. GALOT, art.cit., p.176, cette christologie transcendantale se fonde sur un donné anthropologique comme à tous les hommes.

[3] K. RAHNER, « En guise de conclusion. La christologie aujourd'hui », in *Concilium*, traduit de l'allemand par R. Givord, n°173, 1982, p.122. il abandonne la christologie incarnationnelle verticale ou plutôt métaphysique de Chalcédoine en faveur du Christ de la structure existentielle «pour la structure existentielle « pour nous » justement parce qu'il avait choisi de partager la réalité de la destinée d'une vraie personne historique, la mort y incluse.

[4] J. GRIN, «La christologie de Dietrich Bonhoeffer », in *Etudes Théologiques et Religieuses*, 36e année, n°2, 1961, pp.121-123. Précisons que la structure «pour moi » du Christ dans l'Eglise dans son cours de Christologie (1933) se déploie en présence du Christ comme Parole et dans la Parole comme Sacrement et dans le Sacrement comme Communauté.

[5] J.H. CONE, *La noirceur de Dieu*, Genève, Labor et Fides, 1989, p.143.

trouve une ressemblance ou affinité entre le peuple crucifié et le Fils de Dieu devenu serviteur. Il est dès lors le Christ *pro me* ou *pro nobis*. Pour lui, toute théologie chrétienne doit prendre très au sérieux les «signes des temps ». Le peuple historiquement crucifié est le signe qui sillonne toute l'histoire. Son Christ, essentiellement libérateur est inéluctablement la réponse de Dieu à la condition humaine. Sa théologie est centrée sur l'homme-Jésus et sur la dimension horizontale de sa vie. Toute sa vie a été un don, une existence-pour-les-autres, l'essai et la réalisation dans son existence d'un dépassement de tous les conflits. Cela paraît être, pour Ellacura, la continuation historique du Serviteur de Yahvé que le péché du monde continue à dépouiller de tout, en lui arrachant jusqu'à la vie[1]. Les théologiennes africaines envisagent une christologie qui tient compte de leur situation de domination masculine dans les sociétés traditionnelle et indépendante et de structures patriarcales au sein de l'Eglise. Il s'agit d'une médiation et d'une réflexion sur le Christ Sauveur, Sacrificateur, Seigneur, Vainqueur et Libérateur. Le titre de Christ Vainqueur met un accent particulier sur le sens de la victoire du Christ sur le mal de la domination des hommes car la mort et la négation de la vie prédominent leur expérience que sur le sens biblique de la victoire du Christ sur Satan et sur les forces du mal dans le monde[2]. Le titre de libérateur est beaucoup plus employé. «Passion et Compassion », ces deux mots résument leur perception du Christ. Jésus-Christ qui comprend le combat de la femme africaine et a compassion d'elle, la passion et la souffrance s'offrent comme une participation à la souffrance du Christ[3]. A ce titre, Jésus-Christ est désigné comme le compagnon compatissant, une force vitale et dynamique, centre d'intégration pour le fait qu'il rend à la femme sa dignité de créature merveilleuse de Dieu, complément indispensable pour la promotion intégrale de l'homme. Ainsi que l'exprime clairement R. Zoe-Obianga, «notre propre libération doit nous pousser à la libération de tous sur ce continent. Car l'Afrique ne saurait être libre, donc libérée, que lorsque tous les enfants l'auront été. La femme chrétienne doit savoir que la femme est l'autre face de la libération de notre continent. Elle sera lorsque l'Afrique entière le sera »[4].

Selon K.-H. Ohlig, la confession «Jésus est le Christ » signifie que Jésus est humain et qu'il médiatise les attentes orientées essentiellement vers Dieu. C'est dans cette perspective que K. Rahner, par exemple, résume toute la christologie dans la confession de Jésus comme médiateur ou porteur du salut. C'est justement en ce sens aussi que la situation misérable de l'homme et son corollaire salut, bien qu'ils soient différemment perçus, à cause d'ailleurs des conditions culturelles, historico-religieuses, sociales et économiques, trouvent en lui la réponse parfaite de Dieu[5].

Somme toute, c'est en cet homme historique, l'homme qui partage notre existence et notre expérience que nous plaçons toutes nos attentes réelles. C'est à lui que nous soumettons toutes les questions qui nous dépassent. La rencontre avec lui donne du sens ultime à notre existence. C'est en expérimentant le renversement des perspectives existentielles et historiques produit par sa présence qu'il est confessé comme Christ et médiateur. Le Jésus terrestre, notre

[1]J. SOBRINO, «La foi dans le Fils chez un peuple crucifié », in *Concilium*, n°173, 1982, pp.45-53. Voir aussi L. RENWART, art.cit., p.230 une recension sur L. BOFF, *Jésus-Christ. Essai de christologie critique*, Paris, Cerf, 1974.

[2] A. ODUYOYE citée par E. MARTEY, *op.cit.*, p.83.

[3] G. IWELE, « Mystique et christologie en Afrique », p.187. L'ouvrage plus important ici, *Passion and Compassion Third Word Women doing Theology* (1988).

[4] R. ZOE-OBIANGA, "Les femmes et la libération de l'Afrique", in *Bulletin Théologie Africaine*, vol.6, n°12, 1984, p.321.

[5] R.-H. OHLIG, « What is Christology? ", in *Theology Digest*, vol.43, n°1, 1996, p.15.

compagnon compatissant de tous les jours, mort et ressuscité, devient le Christ-libérateur. Cependant, en mettant trop d'accent sur l'humanité de Jésus, sur la dimension horizontale de sa vie, sur le Christ *pro me*, on prend naturellement de vue la dimension verticale de son existence. H. Waldenfels perçoit les résultats quelques fois peu encourageants de fossé perceptible entre les deux perspectives christologiques «d'en haut » et « d'en bas ». Ainsi qu'il le précise, «à une christologie 'd'en bas', on reproche surtout le fait que la complexité des problèmes touchant le Jésus historique l'empêche de rejoindre le point de vue de la christologie 'd'en haut' et que par suite les deux christologies laissent entre leurs résultats une lacune béante ; enfin la christologie 'd'en bas' ne mène pas au-delà de la considération de l'homme Jésus de Nazareth »[1]. C'est pour combler cette lacune qu'interviennent les deux autres approches christologiques, la «christologie de l'extérieur » qui voit la présence de Jésus le «je suis » au-delà de la sphère restreinte de ses disciples. L'intérêt qui est maintenant porté à Jésus de Nazareth dépasse le domaine du biographique et de l'histoire. Nombre de contemporains sont en effet marqués par la «christologie de l'intérieur » que par la «christologie de l'extérieur » et cela sans le savoir[2]. Le Christ pro me ne peut être vraiment pro me que si l'on réussit à préciser de façon équilibrée la distinction et le lien étroit entre le Logos divin incarné et le Christ crucifié et ressuscité. Confesser cette consubstantialité, c'est exprimer la corrélation des deux christologies «d'en haut » et « d'en bas » établie dans Ep 4,9-10 : celui qui est descendu, c'est le même qui est aussi monté. Y. M.-J. Congar trouve ici une sorte de corrélation qui est «incluse dans les expressions mêmes 'd'en bas' (vers le haut) et 'd'en haut' (vers le bas) qui indiquent, de soi, un lien dialectique ou l'autre terme est supposé »[3]. C'est ce Christ-là, historique et de foi pascale qui nous concerne inconditionnellement car «une christologie 'd'en bas' légitime ne saurait s'émanciper de la christologie 'd'en haut' ; elle devrait plutôt, estiment K. et D., fournir une sorte de fondation (dans le registre de la théologie fondamentale) à la christologie classique »[4]. En d'autres termes, la christologie fonctionnelle ne peut s'articuler indépendamment de la christologie ontologique. La fonction de Jésus et son être concret vont toujours ensemble ; on ne peut saisir l'une sans l'autre. En les séparant, on court le danger d'élaborer une christologie sans le Christ. Pour que le mouvement «d'en bas » qui gagne aujourd'hui en influence présente à l'homme africain du troisième millénaire le Christ qui rend vraiment libre, il est bienséant qu'il se réfère constamment au Christ biblique, le Christ *vere Deus* et *vere homo*, Dieu-avec-les-hommes de toutes les époques et de toutes les civilisations. L'affirmation selon laquelle il est Christ parce qu'il fut Jésus est à ce propos éloquent. Il est le Sauveur universel parce qu'il est ainsi Dieu et homme sans restriction. C'est pourquoi «une altérité irréductible et intraduisible est en Jésus-Christ »[5]. Le Jésus dont on reconnait une altérité irréductible est le Christ biblique, celui qu'on peut chercher, selon E.J. Schierse, «dans la maison de son Père (cf. Lc 2,49) »[6]. Ainsi que l'exprime clairement H. Waldenfels, «Rechercher Jésus 'dans la maison de son Père' ne signifie rien d'autres qu'une disposition fondamentale à rechercher Jésus à l'intérieur de la communauté des disciples, dont l'identité de son existence terrestre (en bas) et de son élévation par le Père (en haut), et à le trouver aujourd'hui dans un échange permanent entre l'intérieur et

---

[1] H. WALDENFELS, *op.cit.*, p.312.
[2] *Ibid.*, p.314.
[3] Y. M-J CONGAR, cité par L. MUSEKA Ntumba, *La nomination africaine de Jésus-Christ : quelle christologie ?*, Thèse de doctorat en théologie, Louvain-la-Neuve, Noraf, 1988, p.310.
[4] E. BRITO, art.cit., p.327. K. = W. Kasper et D.= J. Drumm.
[5] A.AMATO, « Christologie en perspective », in *Dictionnaire de théologie fondamentale*, p.184.
[6] E. J. SCHIERSE cité par H. WALDENFELS, *op.cit.*, p.316.

l'extérieur »[1]. Le Christ de la « maison du Père », n'est-ce pas lui Jésus-Christ en qui nous avons la promesse non seulement des retrouvailles mais aussi de la gloire éternelle en la présence du Père ? (Jn 14,13). C'est lui le Fils *Monogène* du Dieu invisible, le Roi des âges, le Fidèle et le Véritable qui ne peut être limité dans le temps et dans l'espace. C'est ce Christ-là qui concerne aujourd'hui les Africains à cause de sa profonde compassion en vue de la promotion intégrale. A. Descamps signale un fait important à propos du rapport des deux perspectives dans la formulation de Chalcédoine. S'appuyant sur la distinction des natures, le «vraiment homme » chalcédonien nous sert de base christologique dans la quête sur le Jésus de l'histoire. La divinité, en effet, est dans la ligne de la tendance post-pascale à comprendre le Christ en dépassant notre conception de l'homme Jésus. Une christologie crédible pour lui aujourd'hui est celle qui élabore d'abord une vie de Jésus de type purement historique, puis se construire elle-même par une analyse serrée de la foi post-pascale, analyse qui discernera à chaque étape dans quelle donnée de fait se lit le signe de la dimension trans-historique du Christ[2]. Nous aimerions en terminant cette partie, faire justice aux Pères de l'Eglise et à leur œuvre grandiose. De fait, au moment où la foi de Chalcédoine a été formulée, il n'était pas en tout cas question de développer une christologie soit «d'en haut » soit «d'en bas » ni non plus celle «de l'intérieur ». Il faudra rappeler, selon L. Sabourin, que le concile de Chalcédoine fut convoqué pour traiter plutôt des questions spécifiques à discuter en termes philosophiques. Il n'a jamais eu, il est vrai, l'intention d'exclure d'autres approches, de caractères plus essentiels[3]. A partir d'une philosophie des essences, c'est en fait à l'aide justement de l'interprétation réciproque des civilisations que ces plus anciens théologiens sont d'ailleurs parvenus à élaborer un vocabulaire et une pensée capables de désigner intelligemment le concret individuel, Jésus-Christ. Ils ont réussi à mettre en corrélation le christianisme et la philosophie, le sacré et le profane pour l'actualisation de l'histoire du salut. Sans ambiguïté, ils sont parvenus à confesser la consubstantialité de Jésus-Christ avec le Père en tant que Fils et avec les hommes. C'est ce Christ-là, historique et de la foi post-pascale qui est actuellement présent, le Christ *pro me* ou *pro nobis*. Ainsi, pour C. Duquoc, ce n'est pas l'ontologie qui est en cause mais la façon de représenter le rapport entre ontologie et anthropologie. On s'en aperçoit, toute sa réflexion sous-tend une dialectique réaliste du divin et de l'humain. La confession de foi devra toujours avoir une racine historique[4]. Au point où nous sommes maintenant parvenus dans la question du Christ suivant les quatre itinéraires «d'en haut », «d'en bas », «de l'intérieur » et «de l'extérieur » qui font, certes, écho du caractère universel de son action salvifique à la croix (Jn 12,32), le regain d'intérêt pour la révélation biblique en ce début du troisième millénaire est salutaire. Jésus-Christ est le sauveur universel parce qu'il est dès lors Dieu et homme sans restriction.

2.2 Identification du Christ avec les catégories africaines

Tout être humain quel qu'il soit aspire à être appelé d'un nom qui exprime un trait attesté à sa personnalité. Pour cela, le nom ne devrait pas être une étiquette, mais une marque d'identité. Il est préjudiciable d'en être injustement privé. C'est pourquoi, dans le domaine religieux,

---

[1] *Ibid.*
[2] A. DESCAMPS, *op.cit.*, pp.48-50.
[3] L. SABOURIN, *op.cit.*, p.180.
[4] J. LIEBAERT, art.cit., p.104.

découvrir le nom d'une quelconque divinité, c'est entrer en relation avec elle[1] car le nom «révèle l'unité de l'être et de l'essence ; il est la réflexion extérieure de l'essence »[2]. Comme nous le verrons, la christologie néotestamentaire révèle la nature de la personne et de l'œuvre de Jésus-Christ, son être propre, de la mission qu'il accomplit et du rôle qu'il joue indissolublement pour la restauration intégrale de l'humanité. C'est une réponse à la confession selon laquelle Jésus-Christ est à la fois «vraiment Dieu » et «vraiment homme » sans restriction. Ces noms et titres plus nombreux à différentes significations, célèbrent harmonieusement la grandeur et le dynamisme d'action de celui qui est «le critère de la relation de tous les hommes à Dieu »[3]. Le message de grâce qui en ressort dépasse franchement ce qu'on peut dire. Mais en Afrique, c'est dans le domaine liturgique que le Jésus de l'histoire est spontanément nommé selon «les catégories linguistiques et sociales de la communauté africaine dans ses quêtes essentielles »[4]. Ainsi, pour Kabasele Lumbala, la liturgie chrétienne est une évocation du mystère pascal, un mémorial, c'est-à-dire une célébration actuelle et actualisée des *mirabilia Dei*, de l'œuvre du salut[5]. La thèse doctorale de L. Museka Ntumba intitulée *La nomination africaine de Jésus-Christ : quelle christologie ?*, fait certes écho de l'impact dans les communautés africaines chrétiennes de base, de la libération de la catégorie liturgique à partir de 1970. Le chant liturgique apparaît pour lui le terrain le plus fécond d'une intense créativité religieuse populaire[6]. Quel est, en effet, le message qui ressort des noms et titres que Christ reçoit dès lors en Afrique ? «Et vous Africains, qui dites-vous que je suis ? ». A l'instar des auteurs néotestamentaires, les théologiens africains tenants de cette nouvelle christologie attribuent à Jésus-Christ de nouveaux noms et titres tirés du registre culturel tels que proto-ancêtre, ancêtre, guérisseur par excellence, frère aîné, maître d'initiation, héros, libérateur, se rapportant à la mission et au rôle qu'il assume à l'égard de l'humanité blessée. Il prend également le visage et le nom de l'opprimé, du pauvre, de l'exclu de la société, du marginalisé, du noir africain, de l'affamé du Sahel en vue de déceler le rapport que ces catégories peuvent avoir avec les différentes manifestations de la personne du Christ[7]. On revient le plus souvent sur le discours en termes métaphysiques du Pape Jean-Paul II aux évêques du Kenya en mai 1980 paraissant soutenir cette christologie, «le Christ dans les membres de son corps est lui-même africain »[8]. L'expression fondamentale des tenants de cette christologie est de découvrir le visage africain du Christ, c'est-à-dire de reconnaître son nom africain pour faire de lui un membre à part entière des communautés des peuples d'Afrique qui ploient jusqu'ici dans la misère. Parmi ces noms et titres, nous examinons quatre, l'un après l'autre, qui paraissent être les plus proéminents notamment Chef, Ancêtre, Initiateur et Libérateur.

---

[1] J. PACKER et T. HOWARD, *Le Christ et l'humanité moderne*, Méry-sur-Oise, Sator, 1990, p.234.

[2] J.-M. AGOSSOU, *Christianisme africain*, Paris, Karthala, 1987, p.163. C'est pourquoi aussi pour A. T. SANON, « Nous cherchons ton nom », in *Chemins de christologie africaine*, p.12, nom et visage veulent désigner l'identité personnelle et relationnelle et l'être social.

[3] R. DE HAES, *Introduction au Christianisme*, Kinshasa, Saint Paul, (s.d.), p.38.

[4] KÄ MANA, *Christ d'Afrique : enjeux éthiques de la foi en Jésus-Christ*, p.86.

[5] F. KABASELE Lumbala, «Sagesse africaine dans la liturgie de la Parole », in *Quelle Eglise pour l'Afrique du troisième millénaire ? Contribution au synode spécial des évêques pour l'Afrique* (Actes de la dix-huitième semaine théologique de Kinshasa du 21 au 27 avril 1991), Kinshasa, FCK, 1991, p.223.

[6] L. MUSEKA Ntumba, *op.cit.*, p.2.

[7] Cf. MUKUAMA Lukombo, recension sur «Chemins de christologie africaine », in *Revue Africaine de Théologie*, vol.13, n°25, avril 1989, p.128.

[8] Pape JEAN-PAUL II cité par G. IWELE, «Mystique et christologie en Afrique », p.178.

2.1.1 Christ comme Chef

On prétend que le chef bantu réunit un certain nombre de qualités et remplit des fonctions bien définies. Qu'il est un héros, défenseur et protecteur de son peuple. Il est de la descendance royale, conciliateur et rassembleur des hommes. Il est généreux pour son peuple. C'est à ce titre qu'on fait jouir à Christ toutes ces prérogatives de manière exemplaire. Héros, il a vaincu les démons. Défenseur et protecteur, il jouit d'une force de vie confirmée par les miracles, l'efficacité et le poids de sa parole. Il est le Fils de Dieu et de la descendance royale. Il est généreux et sa générosité va jusqu'à donner sa vie. Il est le bon pasteur venu rassembler les brebis dans un bercail. Des symboles royaux expriment l'autorité de Jésus : peau de léopard (décor du tabernacle, demeure du grand chef), la hache, la lance, les défenses de l'éléphant (défenseur dans ce monde où s'affrontent la vie et la mort), le collier de cauris (symbole de richesse)[1]. Il est ainsi nommé parce qu'il «assure à la fois la fonction de garant du lien avec l'invisible et celle de l'agent de la cohésion sociale pour l'équilibre et l'harmonie de la société dans son ensemble »[2].

2.1.2 Christ comme Ancêtre ou Proto-Ancêtre

En Afrique noire, les ancêtres sont considérés comme les géniteurs de la vie et le passage obligé vers l'Etre suprême. Ils auraient fondé et posé des bases des sociétés africaines. Dieu leur aurait communiqué sa force vitale. Ils sont censés transmettre et donner la vie biologique et spirituelle. De même, Christ est la source de vie, il est venu pour la donner en abondance (Jn 10,10). Il se donne à nous comme aliment de vie (Jn 6,51), il est toujours présent, car les «morts ne sont pas morts ». Il est aîné, celui qui est plus proche des sources et des fondements, celui qui fut le premier. Il s'est efficacement présenté comme premier-né d'entre les morts. Désormais, toutes nos offrandes doivent passer par lui. Il est la porte d'entrée au Père (Jn 10,9), et en assurant cette médiation, Christ vient remplir le rôle d'ancêtre[3].

B. Bujo s'est vu obligé de donner une perspective nouvelle à cette notion d'ancestralité. Désormais, il portera cette configuration à un niveau théologique plus élevé. Comparés aux saints de l'Ancien Testament, les ancêtres africains auraient renoué avec le Christ ressuscité qu'il considère dès lors comme Proto-Ancêtre, c'est-à-dire ancêtre unique, originel, premier de qui tous les ancêtres claniques découlent et reçoivent leur force vitale. L'accent est essentiellement mis sur l'origine divine du Christ et le lien par lequel les disciples se rattachent à lui. C'est également en Christ ressuscité, confessé comme Seigneur que les ancêtres puisent eux aussi la vie. Il est au milieu de nous comme nos ancêtres défunts vivant en communion avec nous de manière plus éminente. Car c'est de lui que nos ancêtres reçoivent désormais la vie transformée et sont ce qu'ils sont. La volonté du Christ ne va pas à l'encontre de ce que ces hommes, morts avant nous et vivant pourtant au milieu de nous, ont toujours souhaité une vie

---

[1]KÄ MANA, *Christ d'Afrique : enjeux éthiques de la foi en Jésus-Christ*, p.88.

[2] F. KABASELE Lumbala, *Le Christ et l'Afrique. Une chance réciproque*, p.99. Voir aussi son article « Christ comme Chef », in *Chemins de la christologie africaine*, pp.109-125.

[3] Ibid., p.100. Voir aussi son article « Le Christ Ancêtre et Aîné », in *Chemin de la Christologie africaine*, pp.109-125.

forte et féconde[1]. Dans son article «Pour une éthique africano-christocentrique », Bujo repense la notion de la proto-ancêtralité à la lumière du mystère de l'incarnation où Dieu s'est identifié avec l'homme de manière à constituer son existence. Le verbe incarné, dit-il, est désormais le lieu privilégié et unique de la révélation totale de l'homme. Si Jésus-Christ est l'exégèse de Dieu, il convient de dire qu'il l'est aussi de l'homme. Dans cette perspective, la proto-ancêtralité du Christ se confirme davantage. Un des avantages pour lui en considérant Christ comme proto-ancêtre, est l'anthropocentrique africaine mise en évidence dans la pensée ancestrologique qui serait une des pistes capitales pour l'incarnation du christianisme. Son point de départ est en effet dans la christologie ascendante sans pour cela nier la christologie descendante[2]. En rendant compte de la situation dramatique en Afrique noire, Bujo pose le problème de la proto-ancestralité du Christ en termes de nouvelle source de vie, d'un nouvel ancêtre qui vient unir l'Afrique divisée par le monde des faux ancêtres de l'Occident. Il est ainsi nommé parce que c'est par lui que Dieu nous parle maintenant efficacement (He 1,1-6), parce qu'après son ensevelissement, il devient le proto-arbre, le ficus verdoyant symbole de la croix et de l'Eglise[3]. Pour faire justice à l'originalité africaine de la catégorie ancêtre, C. Nyamiti s'est aperçu des similitudes existant entre l'ancestralité africaine et Christ. C'est en Adam que Christ devient l'ancêtre universel et, de surcroît, l'ancêtre des Africains[4]. A. Rasafintasalama entend étendre cette notion d'ancêtre dans toutes les dimensions de l'homme au lieu de la laisser confiner dans la seule dimension biologique[5]. Abondant dans le même sens que Rasafintasalama, Kä Mana place l'accent sur les liens biologiques et historiques et non simplement sur la seule dimension spirituelle ou l'analyse dans les souffrances des Africains avec le peuple de la Bible[6].

2.1.3 Christ comme Initiateur

L'initiation vise à incorporer l'initié à un groupe ou à une catégorie sociale, à laquelle il n'appartenait pas ou n'appartenait que partiellement auparavant[7]. C'est une pédagogie qui fait du corps le chemin du savoir, qui joue du langage symbolique et de la parole du secret, qui intègre à une tradition et à une communauté, qui vit dans le temps d'un rythme de mort et de renaissance[8]. L'initiation en tant que telle reste la clé de compréhension du mystère de Jésus. Après avoir été initié : attribution de nom, il écoute et interroge dans le temple ; il reçoit le baptême ; il endure les épreuves et la croix. Sa prédication en paraboles, son action en gestes symboliques définissent un style initiatique. Le mystère pascal est initiation dans sa réalité de mort et de résurrection. Ayant posé des valeurs suprêmes sous formes des symboles : amour de

---

[1] B. BUJO, «Nos ancêtres, ces saints inconnus », in Bulletin de Théologie Africaine, vol.1, n°2, juillet-décembre 1979, pp.165-178.

[2] B. BUJO, «Pour une éthique africano-christocentrique », in *Bulletin de Théologie Africaine*, vol.3, n°5, janvier-juin 1981, pp.43-47.

[3] B. BUJO, *Dieu devient homme en Afrique noire*, pp.38-43 et 75-82.

[4] C. NYAMITI, *Christ our Ancestor : Christology an African Perspective*, Gweru-Harare, Mambo Press, 1984, pp19-24. Pour J.S. Phobee, Christ est le plus grand ancêtre qu'il nomme en langue Akan, Nana, parce qu'il est proche de Dieu et qu'il est Dieu et ainsi, son autorité cosmique.

[5] A. RASAFINTASALAMA, «Les ancêtres au cœur de la vie et de la sagesse : jalon pour une théologie en terre Malgache », in *Telema*, n°5, 1988, pp.11-27.

[6] KÄ MANA, *Christ d'Afrique : enjeux éthiques de la foi en Jésus-Christ*, p.88.

[7] P. ALEXANDRE, «Dieu », in *Dictionnaire des civilisations africaines*, Paris, Fernand Hazan, 1968, p.218.

[8] B. CHENU, *Théologies chrétiennes des tiers mondes*, p.155.

Dieu et du prochain, prière d'adoration et d'intercession, don de sa vie, il est chef[1]. Pour cette raison, il devient maître d'initiation car le don de la force véritable se transmet à travers des cérémonies de type initiatique qui coupent du monde habituel pour intégrer dans un espace nouveau où l'on devient dans la puissance même du divin[2].

2.1.4 Christ comme Libérateur

Jésus est présenté dans les évangiles comme thaumaturge ayant le pouvoir de guérir (Lc 4, 18-19). Il guérissait les maladies, ressuscitait les morts et chassait les démons (Mt 4,23 ; 10,8). Pour l'homme africain, la maladie est une déchirure du tissu social. L'aspiration à la bonne vie est primordiale. Les devins sont les piliers de la vie sociale. La cause et la signification de la maladie importent beaucoup plus que les symptômes cliniques. La bonne santé, c'est l'harmonie, la plénitude et la bénédiction d'une vie heureuse. En construisant les hôpitaux, les missionnaires ont ainsi sécularisé la maladie et le ministère de guérison. C'est pour combler ce manque que les Africains font confiance aux Eglises afro-chrétiennes qui opèrent des guérisons spirituelles. Car, pour elles, l'annonce de l'Evangile doit s'enraciner là où l'homme souffre, lutte, et se débat contre les nouvelles forces du mal. Jésus est celui qui donne du sens à la vie. Proclamer Jésus comme guérisseur exige que l'on explique longuement sur les millions d'affamés du Sahel, les victimes de l'injustice et de la corruption, et les malades polyparasités des forêts tropicales et équatoriales[3]. Jésus-Christ est ainsi désigné parce qu'il est, selon Kä Mana, l'incarnation de toutes les forces de vie contre les puissances qui sécrètent la mort. L'homme africain retrouve, grâce à ce ministère de guérison, sa divinité et son souffle. Il explicite :

> Le Christ-guérisseur est dans cet élan une force toujours présentement agissante, l'esprit de puissance de guérison que le personnage de Jésus de Nazareth comme figure du passé n'épuise nullement. Il entre ainsi dans le souffle des traditions africaines où la théorie de la force vitale se l'intègre à merveille, tout en l'ouvrant aux maux spécifiques de notre temps. Ainsi perçu, ce Christ constitue un point idéal entre une libération pansée en termes anthropologiques, c'est-à-dire découverte de toute la richesse de l'humain, et une libération comprise au sens politique, c'est-à-dire comme refondation globale du social[4].

En plus de ces noms et titres que nous venons d'examiner, la thèse doctorale de Museka Ntumba sur la nomination africaine de Jésus-Christ envisage beaucoup d'autres possibilités dans le registre de la liturgie africaine notamment qui est, pour Kä Mana, le lieu christologique, de l'identité africaine, lieu de la réinvention théologique, signe que le peuple a pris en main sa propre destinée[5], qui permet aux Africains de l'interpréter ou de le nommer aujourd'hui. On ressent bien pour l'heure la nécessité de procéder par un essai d'une christologie comparative

---

[1] A. T. SANON, art.cit., pp143-166. Voir aussi LUYEYE Luboloko, « Le Christ initiateur : une proposition méthodologique », in *Théologie africaine. Bilan et perspectives*, pp.155-160. Voir aussi N. DIATTA, «Jésus-Christ : initié et initiateur », in *Théologie africaine. Bilan et perspectives*, pp.137-154.

[2] KÄ MANA, *Christ d'Afrique : enjeux éthiques de la foi en Jésus-Christ*, p.88.

[3] C. KOLLE, « Jésus Guérisseur », in *Chemins pour la christologie africaine*, p.167-199.

[4] KÄ MANA, *Christ d'Afrique : enjeux éthiques de la foi en Jésus-Christ*, p.97.

[5] Ibid., p.85.

pour éviter de se départir de l'objectif fondamental que Dieu s'assigne pour l'Afrique, la restauration intégrale par Jésus-Christ.

2.3 Essai d'une christologie comparative

La christologie titrologique néotestamentaire est une réponse à la confession selon laquelle Jésus-Christ est à la fois «vrai Dieu » et «vrai homme ». En Christ, le «Jésus de Nazareth homme véritable est pour le croyant, la révélation réelle de l'unique Dieu »[1]. On pourrait justement reconnaître avec cette confession sa consubstantialité avec le Père (Jn 14,9 ; Jn 10,30) et celle de la récapitulation de toutes choses en Lui (Ep 1, 10) entre autres que les auteurs néotestamentaires tiennent ostensiblement un langage intelligible et équilibré, «le langage de la logique, celui de la clarté aussi »[2], de la corrélation qui constitue dans le fond une réponse adéquate à l'impérieuse vocation «d'en haut » et «d'en bas », «de l'intérieur » et «de l'extérieur ». Les raisons missionnaires catéchétiques, de controverse ou d'étude approfondie avaient imposé l'examen des noms donnés à Christ par la tradition[3]. R. Fischella perçoit trois étapes dans l'évolution de l'étude de ces noms et titres. Depuis le début de la littérature chrétienne, les écrivains patristiques ont mentionné plusieurs appellations du Christ. Dans *Des noms divins*, par exemple, Pseudo-Denys l'Aéropagiste a décrit et commenté vers 450, cinquante-quatre titres. Saint Nicétas de Rémesiane en a énuméré 24. Plus tard, en 1583, Louis de Léon a fait dans sa première version monographique une étude de 10 titres principaux parmi lesquels on reconnaît la synthèse de tous les autres. La deuxième étape est la théologie des manuels qui tentait de combler, de par sa méthodologie, le soi-disant fossé entre le Jésus historique et le Christ de la foi. La christologie était ainsi réduite à une simple démonstration des titres. La troisième étape est celle de l'après Vatican II, on est revenu à la Bible en vue d'une compréhension exacte des données titrologiques[4]. Tout au long de l'histoire de l'Eglise, ces nombreux noms et titres christologiques ont été différemment répertoriés et interprétés. Grégoire de Nazianze, par exemple, spécialiste du problème de la Trinité[5], regroupe en trois catégories des noms selon les niveaux relatifs à l'activité du Sauveur : catégorie divine (12 noms) ; catégorie humaine (10 noms) et catégorie divino-humaine (22 noms) qui est une juxtaposition des deux premiers exprimant en filigrane l'union hypostatique des deux natures du Christ[6]. Les études titrologiques à la lumière du Nouveau Testament peuvent être signalées ici et là[7]. Les christologies les plus importants entre-temps sont celles d'O. Cullmann et de F. Hahn. Elles sont encore importantes dans la mesure où l'étude des titres messianiques employés dans le Nouveau Testament remplace la christologie implicite des «Vies de Jésus » libérales[8]. Pour une étude

---

[1] H. KÜNG, *Dieu existe-t-il ? Réponse à la question de Dieu dans les termes modernes*, p.516. En Christ, Dieu est devenue homme sans cesser d'être Dieu.

[2] P. CLEMENT, V. LAUZET, G. MARY et al, *op.cit.*, p.113.

[3] J. COMAN, «La présence du Christ dans la nouvelle création », un *Revue d'Histoire et de Philosophie Religieuses*, n°2, 1926, p.126.

[4] R. FISICHELLA, art.cit., pp.163-164.

[5] Selon J. LOEW et M. MESLIN (s. dir.) *Histoire de l'Eglise par elle-même*, Paris, Librairie Arthème-Fayard, 1978, pp.45-454.

[6] J. COMAN, art.cit., pp.126-127.

[7] On mentionnera L. Cerfaux, *Le Christ dans la théologie de Saint Paul, Paris*, Cerf, 1954 ; H. Conzelmann, *Théologie du Nouveau Testament* (traduit en français par E. Payer), Genève, Labor et Fides, 1969 ; L. Sabourin, Les noms et les titres de Jésus, Montréal, 1961.

[8] Selon L. PERRIRAZ, *op.cit.*, p.123, le Jésus des «Vies de Jésus », est un produit de l'art humain et ne vaut pas mieux que le Christ de la dogmatique. La Christologie du Nouveau Testament d'O. Cullmann est un essai de

comparative positive et la formulation d'un message interpellant, nous nous référons aux titres de dignité qui ont été étudiés par les théologiens africains en rapport surtout avec la réalité africaine. Les titres prépascaux de Messie, Serviteur de Dieu et Fils de l'homme ont leur origine dans les écrits vétérotestamentaires pour lesquels l'interprétation se rapporte à Christ et à la compréhension qu'il avait de lui-même. Les titres postpascaux de Fils de Dieu, Seigneur et Sauveur peuvent être interprétés à la lumière de l'événement pascal. Pour avoir été scellé par le sang de l'agneau immolé, l'événement pascal est, à ce titre, le sommet de la révélation de Dieu. On peut dire précisément que ces titres célèbrent la communion avec l'essentiel comme l'indique ce merveilleux passage de 1 Tm 3, 16 : «Jésus-Christ, manifesté dans la chair, justifié dans l'Esprit, vu des Anges, proclamé chez les païens, cru dans le monde, exalté dans la gloire ». Entre la descente dans la chair et l'intronisation céleste de l'œuvre du salut, la prédication aux nations et l'établissement de la foi chrétienne dans le monde[1]. Depuis le début de l'Eglise chrétienne jusqu'à nos jours tous ceux qui, par la foi, invoquent Jésus-Christ à travers ces noms et titres obtenus grâce à l'interprétation réciproque entre les différents contextes de pensée de l'époque et le christianisme par les auteurs inspirés, dans leur vie d'abondance et de louange, jouissent du salut de Dieu dans son intégralité. Ces noms et titres ne sont pas de simples figures métaphoriques mais la révélation même de l'identité de Jésus-Christ. Cela est vrai, d'autant plus qu'en Christ Dieu s'est révélé d'une façon spéciale et totale. En lui, Dieu accomplit son œuvre de salut de l'humanité tout entière. Dans la ligne générale qui est celle de la communauté primitive et des auteurs inspirés, il importe de faire des analyses textuelles et historiques, en nous inspirant de leur foi et de leurs témoignages dans le Christ[2]. C'est autant dire que le retour à la source est salutaire. En évoquant en Afrique ces diverses façons de désigner Christ dans la Bible comme source primordiale et base de la théologie africaine, nous voudrions pour cela exprimer notre attachement indéfectible en sa personne et à son œuvre. C'est notre expression de communion avec la richesse inépuisable du salut de Dieu touchant la grâce qui a été réservée à l'humanité (1P 1, 10-12). C'est justement grâce à la relecture de la Bible dans le contexte des communautés des peuples africains en lutte pour la réalisation de leur humanité, que Dieu nous parle au cœur de notre situation tourmentée[3]. L'essentiel du message de grâce qui ressort de ces noms et titres est sûrement une interpellation pour les théologiens africains tenants de la christologie titrologique.

Jésus-Christ, cet étranger-visiteur divin de l'humanité[4], plein de grâce et de vérité, est venu déployer sa tente en Afrique. Dès lors, son salut est lié à son puissant et merveilleux nom, à l'invocation de son nom. Cependant, après l'examen de six titres d'autorité prépascaux que Christ revêt dans le Nouveau Testament, suivi directement de ceux qu'il reçoit aujourd'hui en Afrique qui l'accueille, en procédant par une comparaison explicite, nous nous sommes rendu compte que Christ est une figure qui exige, comme le fait observer R. Kieffer, un «sur plus »,

---

réponse à la question christologique de base, «Qui est Jésus-Christ ? » à l'aide de la Bible surtout du Nouveau Testament. Dans The Titles of Jesus in Christology. Their History in Early Christianity (traduit de l'anglais par H. Knigth et G. Ogg), London, Lutterworth Press, 1969, F. HAHN examine cinq titres christologiques de dignité notamment Fils de l'homme, Seigneur, Fils de Dieu, en s'efforçant de suivre leur évolution et leur sens aux divers niveaux de leur emploi.

[1] L. CERFAUX, *op.cit.*, p.282.

[2] Cf. C. DUQUOC, A. DARTIGUER, R. MARLE et al. *op.cit.*, p.15.

[3] MUSUVAHO Paluku, *La théologie africaine face au syncrétisme*, Louvain-la-Neuve, Noraf, 1990, p.120.

[4] O. BIMWENYI Kweshi, «L'émergence, à l'aurore du christianisme africain », in *Bulletin de Théologie Africaine*, vol.3, n°5, janvier-juin 1981, p.196.

c'est-à-dire qu'il est «plus que » tous les titres dont on peut le qualifier[1]. C'est autant dire que Jésus-Christ est plus que telle ou telle figure qui puisse se trouver dans le registre culturel africain des noms et titres. Kabasele Lumbala en est pleinement conscient bien que, maintenant, il s'essaie de l'identifier avec les catégories africaines à cause de l'impérieuse vocation de l'inculturation qui donne la chance, croit-il, de repenser le mystère du Christ. Il explicite :

> Tous ces traits du visage africain du Christ sont des symboles qui, eux-mêmes, dévoilent en voilant, c'est-à-dire ne disent pas tout du Christ, car ce dernier reste l'au-delà de tous les modèles. Aucun mot du langage humain, ne peut épuiser la richesse du Christ ; mais on ne peut dire Jésus-Christ et son mystère qu'à travers nos langages ; c'est cela le paradoxe de l'incarnation, et de toute démarche humaine en face du divin. Et c'est là une des chances que l'Afrique constitue pour le christianisme : elle rend compte, dans ces efforts pour nommer l'immensité du mystère du Christ[2].

En lisant tout ce qui est dit de Christ dans la nouvelle christologie authentiquement africaine, nous apprécions sincèrement la pertinence des idées et la génialité dans les efforts pour la réhabilitation historique et spirituelle à partir de Jésus-Christ en tant que mystère de Dieu et source abondante de la vie. On voudrait créer, par ces noms et titres, une relation toute nouvelle avec le Christ ressuscité. En rapport avec les titres que Christ revêt dans la Bible, M. A. Oduyoye, pour qui le thème de salut marque profondément la théologie africaine, précise :

> Dans le Nouveau Testament et dans l'Eglise primitive, la manière dont on comprenait la personne du Christ dépendait des besoins ressentis par chacun. Pour parler comme Paul, le Christ était 'tout à tous'. Les divers noms donnés à Jésus de Nazareth sont des titres qui évoquent nettement le salut. Il est le Fils de l'homme venu appeler les élus de Dieu. Il est le Fils de Dieu, le Logos qui se tenait à droite de Dieu pour ordonner le chaos. Il est le Seigneur, mais à la différence de nos Césars, il est aussi serviteur souffrant annoncé par Isaïe. Pour certains, Jésus était Zélote, un nationaliste, mais qui pardonnait à ses ennemis et intercédait en leur faveur. Les malades voyaient en lui un médecin. Quant aux pécheurs, il leur parlait comme Dieu même. C'est par ces titres (et bien d'autres) que s'exprimait la foi dans le caractère unique de la personne du Christ, ou du moins dans son rôle pour le progrès de l'humanité[3].

On s'interroge pour savoir si c'est seulement en portant les noms et titres des catégories africaines que Christ pourrait incorporer la communauté des peuples d'Afrique. Est-ce seulement par ce moyen que l'on pourrait pénétrer son mystère ? Le Nouveau Testament se contente-t-il de nous fournir quelques principes directeurs nous laissant le soin de prendre nos propres décisions[4] pour saisir la profondeur de l'identité du Christ ? Christ n'est-il pas supérieur, c'est-à-dire «plus », «plus grand » ou «plus puissant » que toutes les catégories africaines ? Qui a connu une mort substitutive pour la réparation de la tragédie humano-cosmique ? Qui a été

---

[1] R. KIEFFER, «Christologie de supériorité dans les synoptiques », in *Etudes Théologiques et Religieuses*, 54e année, n°4, 1979, pp.580 et 588.
[2] F. KABASELE Lumbala, *Le christianisme et l'Afrique. Une chance réciproque*, pp.101-102.
[3] M. A. ODUYOYE, «Valeur des croyances et des pratiques religieuses africaines », in *Libération ou adaptation ? La théologie africaine s'interroge. Colloque d'Accra*, Paris, L'Harmattan, 1979, p.141.
[4] K. RUNIA, art.cit., p.29.

élevé et glorifié à la droite de Dieu le Père sinon Jésus-Christ dont la souveraineté est maintenant cosmique ? Christ n'est-il pas le représentant de l'humanité nouvelle, céleste et spirituelle ? Nous faisons ici illusion à l'ordre de la rédemption qui est de toute évidence supérieur à l'ordre de la création. Faire recours à ces différents noms et titres tirés du terroir négro-africain ne revient-il pas à inscrire Christ dans le registre de simples représentants terrestres ou de l'humanité qui restent jusqu'ici dans les tombes dans l'attente de la résurrection dans laquelle il est le premier-né d'entre les morts ? N'est-ce pas là une tentative avérée de limiter son action salvifique cosmique ?

Christ est bien sûr Chef de l'Eglise. De fait, F. Grob évoque pour se passer de la dualité tête-corps où apparaît l'idée de règne de la tête sur le corps, l'équivalence qui se trouve dans Col 1, 18-20 entre la tête et le premier-né ou le commencement. Il précise, «le Christ est donc à la fois le lieu 'en', le moyen 'dia', le but 'eis' de ce programme de Dieu. Toutes choses doivent habiter en lui pour être entraînées par lui dans le grand mouvement de réconciliation vers lui. Et s'il y a mouvement vers lui, c'est en tant qu'il est la tête, le commencement, premier-né. A ce titre, il marche en avant, il précède, il représente l'objet »[1]. Il est chef de la nouvelle race des élus, le second Adam. Son royaume, dit Jésus lui-même, n'est pas de ce monde. Il aime son nouveau peuple réuni et reconstitué en un seul corps par sa croix, de l'amour de Dieu tandis que les chefs africains tyrannisent et s'acharnent, ils s'appuient sur la force ou sur le droit de fait en vue du maintien de leurs pouvoirs et de la prospérité, de leurs intérêts égoïstes. En considérant Christ comme fondateur d'un nouveau clan, l'Eglise qui est son corps[2] risquerait de devenir une chefferie où l'on abusera de l'autorité coutumière comme on est souvent habitué de le faire dans les clans africains. Jésus-Christ qui est présenté maintenant comme le lieu de l'action actuelle de Dieu et de la communion actuelle, dans son corps, dans son esprit [3] est chef ou tête de l'Eglise, manifestation visible de la récapitulation de toutes choses, liée à sa mort sur la croix. Comme le précise L. Cerfaux, «La récapitulation n'est qu'une formule globale de la rédemption et du triomphe de la parousie »[4]. C'est dans cette perspective que l'apôtre Paul a su maintenir «la tension eschatologique, le dynamisme de la foi et d'espérance, par un recours poétique et théologique à l'image du corps et de la tête »[5].

Le paradigme ancestral est beaucoup plus contesté dans l'élaboration de la christologie titrologique africaine. Selon 1Tim 2,5-6, il n'y a, en fait, qu'une seule réalité à savoir Jésus-Christ qui s'est donné en rançon pour tous. Il est le seul médiateur entre Dieu et les hommes, il est le Serviteur de Dieu souffrant qui accomplit parfaitement le dessein bienveillant de Dieu de sauver l'humanité et de la réconcilier avec lui. Dans *Le Médiateur*, ouvrage qui place au centre la nature et l'œuvre de Christ, E. Brunner confirme avec raison, «par le Christ seul nous pouvons connaître Dieu. C'est par lui que nous parvient d'au-delà de l'abîme la Parole de Dieu qui est en même temps acte de Dieu par lequel il apporte aux hommes le salut »[6]. Il est, pour lui, le Logos qui est venu parler de Dieu et mettre ainsi fin à toutes les révélations de l'Ancien Testament. En effet, dans la perspective de l'annonce du Christ dans les trois premiers siècles de l'histoire de

[1] F. GROB, «L'image du corps et la tête dans l'épître aux Ephésiens », in *Etudes Théologiques et Religieuses*, n°4, 1983, p.496.
[2] L'Eglise est aussi temple du Saint-Esprit pour communiquer la vie de Dieu et retenir la plénitude du mouvement des puissances de ténèbres, colonne et appui de la vérité.
[3] F. GROB, art.cit., pp.489 et 500.
[4] L. CERFAUX, *op.cit.*, p.319.
[5] F. GROB, art.cit., p.500.
[6] E. BRUNNER cité par L. PERRIRAZ, *op.cit.*, p.145.

l'Eglise, un accent particulier a été mis sur la fonction médiatrice du «Logos de Dieu » ou du «Logos de la vie »[1] que l'apôtre Jean identifie avec le Christ préexistant dans la création et dans l'histoire du salut et, de surcroît, dans l'Eglise où il est la tête et dans chacun des chrétiens. De ce fait, le Logos est celui qui ramène à l'unité toutes choses[2]. Tout subsiste en lui en vue d'«annuler les conséquences de la grande division causée par le choix de l'homme. C'est un mouvement vers l'unité, un rapprochement de parties disparates et disjointes pour former un tout harmonieux. Au centre de tout cela se trouve un homme : Jésus »[3]. La doctrine de Dieu éduquant l'humanité entière en général et le peuple juif en particulier était chère à Origène. Par le Logos, affirme-t-il, Dieu conduit les hommes en tout lieu et en tout temps, hors de ténèbres et de l'ignorance en divers degrés et stades. L'allusion est faite naturellement à l'Ancien Testament. La réconciliation véritable de l'homme avec Dieu a été accomplie par le pouvoir éducatif éclairant du Logos[4]. Cette conception de Logos-pédagogue retrouve pratiquement son plein sens dans l'histoire du salut en l'actualisant. Fidèle à la pédagogie de l'Ancien Testament qui était un long chemin préparatoire pour son accueil dans le monde, Jésus-Christ «raconte une autre histoire pour que l'auditeur s'y engage en prenant parti. Ce n'est pas un enseignement autoritaire mais une invitation à se mettre en route (Lc 15, 11-32) »[5] vers la croix, grand miracle de l'amour de Dieu, le pivot de l'histoire de l'humanité entière. C'est une invitation vers ce lieu de l'accomplissement du salut de Dieu en Jésus-Christ. A vrai dire, le Logos-pédagogue ne raconte pas des faits mythiques ni non plus des pratiques ou des symboles pour eux-mêmes. Il communique la force vitale au monde, il annonce la victoire de la vie sur la mort liée à sa mort sur la croix. Il entend pour cela établir une nouvelle relation d'intimité et d'immédiateté entre Dieu et son nouveau peuple, relation suscitée par sa présence. Il s'agit dans le fond d'une révélation de mystère du salut qu'il incarne car dans l'*Evangelium Christi* est inclus l'*Evangelium de Christo*, l'espoir de l'humanité. Son activité médiatrice, il est vrai, est salutaire à cause notamment de la foi qu'elle suscite chez ceux qui veulent bien être ses disciples ou ses amis. Il s'agit, pour B. Sesboüé, da la pédagogie de Jésus dans sa manière de se révéler et de susciter la foi de ses disciples et de la pédagogie sur le Christ mise en œuvre par ceux qui sont chargés d'annoncer cette même foi[6]. A ce titre, ceux qui ont la charge d'annoncer cette foi aujourd'hui, ont tout intérêt à «considérer la pédagogie de Jésus comme une référence fondamentale : ce n'est pas seulement une pédagogie de la révélation, c'est une pédagogie révélée »[7]. Revêtue de l'autorité divine, la pédagogie de Jésus-Christ confère évidemment la véritable *sophia* ou *gnôsis* qui aide mieux à découvrir son visage. La *sophia* étant proprement son identité, c'est ce qui différencie sa pédagogie de celle des philosophies itinérants, basée sur la *sophia* spéculative ou la pseudo-science. Jésus-Christ qui fait l'honneur et la dignité du ciel et de l'humanité entière de façon définitive et absolue est lui seul le chemin qui conduit au Père, il est la vérité et la vie. Il est de fait désigné comme la référence ultime de l'éthique chrétienne africaine. De la notion du salut universel à celle du salut de l'âme, Christ joue le rôle de pédagogue par excellence pour montrer à l'homme le chemin qui mène à Dieu le Père. Il ne montre pas simplement le chemin mais il l'est lui-même. En dépit de l'exemplarité de la vie

[1] H. BLOCHER, *Christologie*, fasc.1, p.81.
[2] B. STUDER, *op.cit.*, pp.30 et 32.
[3] D. TUTU, *op.cit.*, p.30.
[4] R. C. HANSON, « Actualité d'Origène », in *Etudes Théologiques et Religieuses*, 52e année, n°2, 1997, p.192.
[5] B. REY, *Jésus, l'aujourd'hui de Dieu*, p.20.
[6] B. SESBOÜE, *Pédagogie du Christ*, p.7.
[7] *Ibid.*

terrestre qui fait leur honneur et dignité dans la communauté des peuples d'Afrique, aucun des ancêtres ni héros ni non plus une quelconque divinité vénérée en Afrique noire ne ressemble à Jésus-Christ. Le Fils est l'expression même de l'être du Père. Par ailleurs, la pédagogie ancestrale qui visait au bien-être individuel et social avait une base éthique solide mais sans Christ comme référence ultime (Ep 2, 11-12).

Dans «Le Christ, notre ancêtre », J. Galot critique cette christologie du paradigme ancestral. Pour lui la relation qui rattache l'Afrique à la personnalité ancestrale déborde largement le contenu pauvrement biologique et que l'expérience vitale qui s'y rapporte subit par ce fait une déformation voire une atrophie. Il fait en effet remarquer qu'en parlant de lui-même, Jésus a évité de rattacher son autorité à une lignée ancestrale. Il s'applique le Ps 110 concernant le sacerdoce qui s'était manifesté en dehors de la race juive[1]. Selon R. Kieffer, la supériorité du Christ sur son ancêtre David se manifeste à partir de sa résurrection d'entre les morts. Il l'explicite en ces termes :

> Ce que Jésus souligne est plutôt que lui- même transcende le rôle messianique du Fils de David par la Seigneurie qu'il détiendra après sa résurrection [...]. C'est par sa résurrection que celui qui est la descendance de David n'est pas monté au ciel et est donc aussi à cet égard inférieur à Jésus [...]. Kyrios est considéré comme supérieur au titre de Fils de David. Le fils est plus que son ancêtre et donc plus que ce qu'on pourrait normalement attendre d'un descendant de David[2].

Il apparaît clairement que la notion du Christ-ancêtre ou du Christ-proto-ancêtre est absente de la christologie néotestamentaire. De fait, une question importante qu'on soulèvera dès lors est celle de l'infériorité de la personnalité ancestrale par rapport aux divinités mineures et autres esprits qui agissent parfois sans permission de Dieu quand on recourt à la hiérarchie spirituelle dans le monde africain[3]. On attribuerait l'émergence de cette catégorie africaine au parallélisme qu'on essaie d'établir avec la pensée chrétienne, en l'occurrence, le culte des ancêtres et le culte des saints, la solidarité communautaire et l'Eglise et ainsi de suite[4]. Aussi, K. Dickson écrit-il avec raison : «on cite souvent la pratique romaine de la prière adressée à Dieu par l'intermédiaire des saints comme une analogie aux rites ancestraux. On dit que les ancêtres qui habitent au-delà et qui ont à cœur les intérêts du clan, sont des intermédiaires fidèles et efficaces »[5].

En reconnaissant l'incarnation de Jésus-Christ comme explication sensible du mystère trinitaire, L.-A. Ngili-Bofeko Batsu critique dans *Jésus-Christ dans le collimateur ancestral. La christologie du paradigme ancestral et ses implications dans les Eglises africaines*, cette christologie de la catégorie ancestrale qui prétend substituer à la médiation pneumatique, la médiation ancestrale. Pour lui donc, toute christologie qui se veut biblique et surtout complète,

---

[1] J. GALOT, «Le Christ notre ancêtre », in *Telema*, n°53, janvier-mars 1988, pp.31-34.
[2] R. KIEFFER, art.cit., pp.584-585.
[3] EKOFO Bonyeku, «La christologie africaine, quel contenu », in *Revue Zaïroise de Théologie Africaine*, n°6, 1992, p.50.
[4] Cf. C. NYAMITI, «Vues sur la théologie africaine », p.126. Une autre démarche consiste à faire entrer les valeurs africaines dans la théologie chrétienne, au lieu d'étendre un tel traitement à la totalité de la situation africaine.
[5] K. DICKSON, «Les cultes ancestraux et la communion des saints », in *Pour une théologie africaine*, p.259. Pour la pratique non romaine, explicite-t-il, la doctrine de la communion est utilisée pour expliquer la signification essentielle des rites ancestraux.

doit s'articuler dans une dialectique de réciprocité entre le Christ et l'Esprit. Le Christ agit par l'Esprit et l'Esprit n'agit qu'en Christ. C'est là qu'il formule la recommandation de proscrire de registres théologiques négro-africains une christologie qui s'élabore à partir du paradigme ancestral avec un accent «ancestro-cratique »[1]. C'est aussi le commentaire de K Rahner et H. Vogrimmler, «La christologie doit être avant tout étroitement liée avec la théologie trinitaire et doit montrer, à partir de celle-ci, que la manifestation de la Trinité dans l'économie du salut correspond à la réalité interne de la Trinité et vice versa. Il en résulte que le lien entre la théologie trinitaire et la christologie est la clef d'une interprétation chrétienne du monde et de l'histoire »[2]. Ce qui trahit tout à nouveau la christologie de l'ancestralité ou de la proto-ancestralité du Christ est la notion de la réincarnation ancestrale qu'on évoque, par exemple, lors de l'attribution d'un nom à un nouveau-né. En rattachant cette notion de la réincarnation au fameux poème de B. Diop, les ancêtres négro-africains sont maintenant à nos yeux comme des apatrides. Jésus-Christ, lui, est au ciel à la droite de Dieu le Père où se manifeste son action constante (Jn 5, 17). Les ancêtres dépendent eux aussi de Jésus, le *Kyrios* par excellence (Ph 2, 6ss), confession qui «atteint son sommet au moment où elle parle de toutes les 'puissances' : elles fléchissent les genoux devant Celui à qui a été donné le nom de *Kyrios-Adonia*, 'Nom qui est au-dessus de tout nom' parce que c'est le nom de Dieu lui-même et signe de sa propre domination »[3]. En trois points fondamentaux, Kabasele Lumbala, reconnaît la supériorité du Christ sur les ancêtres négro-africains : Christ révèle le Père, l'amour infini du Père qui nous est proche et dont nous sommes l'image ; le monde et son histoire qui tendent vers la réalisation du dessein de Dieu, atteint son sommet dans l'incarnation, événement inédit où Dieu s'est fait homme assumant la condition humaine jusqu'à la mort, Christ nous révèle la notion de péché comme infidélité au plan historique du salut en Dieu. La notion ancestrale du péché était essentiellement horizontale, limité à la faute contre le prochain[4]. Se laisser sous la direction du Saint-Esprit, auteur même de l'inculturation, c'est faire franc jeu, car nul mieux que lui ne saurait rendre à Christ son visage. Il communique ce qu'est la pensée du Christ, de la kénose et du service, de l'obéissance à la révélation de Dieu. Il n'y a pas pour le Saint-Esprit de révélation supérieure et indépendante de celle qui a été donnée en Jésus-Christ. Il est la clef qui nous permet d'accéder à la vérité divine. Christ est maintenant, comme l'a perçu un auteur inconnu, «une fenêtre que Dieu a ouverte sur lui »[5].

On l'a dit, l'initiation occupait une place importante dans la société traditionnelle africaine. Elle est considérée comme un rituel de renaissance, le passage à une existence socialement reconnue. S'initier, c'est mourir pour renaître. Si nous considérons, cependant, tous les traitements et brimades parfois ignobles qui y sont associées, il sera pratiquement difficile d'appliquer cette pratique rituelle à Christ. Christ était-il réellement initié comme le prétend la nouvelle christologie africaine ? N'est-ce pas le considérer comme un ascète ou comme un des maîtres de religions à mystères ? On pense justement que Jésus-Christ aurait été « Essenien, instruit dans les monastères du mouvement puis initié dans des centres secrets d'Egypte, d'Inde,

---

[1] L.-A. NGILI-Bofeko Batsu, *Jésus-Christ dans le collimateur ancestral. La christologie de paradigme ancestral et ses implications ecclésiastiques dans les Eglises africaines*, Kinshasa, CEDI, 1996.
[2] K. RAHNER et H. VOGRIMMLER, *Petit dictionnaire de théologie catholique*, (traduit de l'allemand par P. Demann et M. Vidal), Paris, Seuil, 1970, p.73.
[3] O. CULLMANN, *Le salut dans l'histoire*, p.172.
[4] F. KABASELE Lumbala, *Le christianisme et l'Afrique. Une chance réciproque*, p.64.
[5] Cf. P. ENGELHARD, *Dictionnaire de citations chrétiennes*, Paris, Cerf, 1987, p.62. J. VERNETTE, *op.cit.*, p.124.

du Tibet, de Mésopotamie. C'est là qu'il aurait appris les techniques avancées de la haute magie, et développé les pouvoirs parapsychologiques qui ont fait de lui un thaumaturge et un guérisseur célèbre »[1]. Pourquoi s'étonnera-t-on dès lors de le trouver du coup situé sur les rayons du supermarché religieux mondial à côté de Bouddha, Krishna et Mahomet, de Pythagore et de Zoroastre ? Pourquoi s'acharnera-t-on contre l'Ordre Rosicrusien AMORC qui considère le Jésus de Nazareth comme « Grand Maître » ou «Grand Initié » ? A ce propos, J. Vernette écrit : «et voici Jésus revenu à l'école des prophètes du Mont Carmel. Son curriculum vitae selon H. S. Lewis, avec l'accumulation de stages dans les Ecoles ésotériques, d'apprentissage des pratiques les plus secrètes, d'initiations successives aux mystères les plus cachés, semble tracé comme le modèle du parcours initiatique proposé aux actuels adeptes de la Rose-Croix »[2]. L'apparition du gnosticisme sous toutes ses formes était un véritable casse-tête pour le christianisme. C'est pendant la crise qu'il déclencha à l'intérieur même de la communauté chrétienne qu'on peut situer la controverse autour notamment de l'ésotérisme et, partant, de l'initiation[3]. Les gnostiques croyaient à l'existence d'un enseignement ésotérique pratiqué par Jésus et continué par ses disciples. Les Pères de l'Eglise, suivis de quelques historiens anciens se sont opposés à ces prétentions gnostiques. Pour M. Eliade, les faits contredisent cette opinion des Pères de l'Eglise et des historiens anciens et modernes car, affirme-t-il, l'ésotérisme est attesté dans toutes les grandes religions à l'époque hellénistique et aux alentours de l'ère chrétienne et dans le judaïsme, chez les Esséniens, chez les Samaritains et les Pharisiens et, de surcroît, dans l'Evangile de Marc 4,10 ; 10,10s. C'est pourquoi d'après Origène, les évangélistes avaient gardé cachée l'explication que Jésus donnait de la plupart des paraboles. Pour Clément d'Alexandrie, Jésus donna après sa résurrection, la gnose à Jacques le Juste, à Jean et à Pierre, et ceux-ci la donnèrent à leur tour aux apôtres ; les autres apôtres la donnèrent aux 70, dont l'un était Barnabé[4]. Par ailleurs, le christianisme est un événement de salut. Il se dégage de cette affirmation, la spécificité du christianisme : Jésus-Christ, Dieu fait homme. C'est pourquoi, plus qu'une religion, le christianisme est une initiative de Dieu venant à la recherche de l'homme. C'est un événement auquel répond la foi orientée vers l'essentiel, la résurrection[5]. Si Jésus-Christ est venu vers nous dans ce monde, s'il a accepté de camper avec nous et de partager notre existence, c'est en vue de nous communiquer la vie et la vie en abondance. S'opposant aux religions naturelles, le christianisme est dès lors une vie, la communication d'une existence nouvelle. En parcourant les quatre évangiles, nous nous rendons pertinemment compte que ce que Jésus dit et fait dépasse ce qu'un simple homme initié- le scénario initiatique passe d'ailleurs par trois degrés, « les 'Commençants', les 'Progressants' et les 'Parfaits' »[6]- pourrait dire et faire. En Afrique, ces étapes sont une acquisition progressive du savoir. L'individu devient autre, il réalise sa perfection. Jésus-Christ tient toujours un langage de supériorité et pose des actes qui font certes de lui une figure hors du commun. Il est parfait à tous égards, comme le

---

[1] . J. VERNETTE, *op.cit.*, p.124.

[2] *Ibid.*, p.204. Pour lui, La vie mystique de Jésus de H. S. Lewis, ne serait qu'un parangnon de la littérature ésotérique

[3] M. ELIADE, *Histoire des croyances et des idées religieuses. De Gautama Boudda au triomphe du christianisme*, t.2, Paris, Payot, 1987, p.351.

[4] M. ELIADE, *Histoire des croyances et des idées religieuses*, t.2, pp. 351-352. Les gnostiques refusent l'union entre les le révélateur-sauveur et la chair. Comme le précise J. VERNETTE, *op.cit.*, p.199, selon H. S. Lewis, les Pères de l'Eglise auraient parfaitement été au courant des mystères de la vie de Jésus qu'il révèle. Ils les auraient cachés de propos délibéré, cautionnant ainsi une vie incomplète et erronée.

[5] J. DANIELOU, J. HONORE et P. POUPARD, *op.cit.*, p.24-26.

[6] M. ELIADE, *Histoire des croyances et des idées religieuses*, t.2, p.352.

remarque E. Trocmé, «mais nous en savons assez sur lui pour dire avec assurance qu'il apparaissait à tous comme une personnalité hors du commun et qu'il a mené sa vie comme il l'a fait pour répondre à une impérieuse vocation d'En-haut »[1]. Ainsi, son enseignement n'était pas de lui mais de celui qui l'avait envoyé (Jn 7, 16). Quel est donc cet initié des fils d'Adam à qui on pourrait attribuer les propos ci-après ou qui pourrait courageusement dire : « Qui de vous me convaincra de péché ? » (Jn 8, 46), «Le Fils de l'homme a le pouvoir de pardonner le péché » (Mt 9,6), «Moi, je suis le pain de vie » (Jn 6,35), «Moi, je suis le bon berger (Jn 10,11) », «Si donc le Fils vous rend libre, vous serez réellement libres » (Jn 8,36), «Avant qu'Abraham fut, moi je suis » ? (Jn 8,58), «Et moi, quand j'aurai été élevé de la terre, j'attirerai tous les hommes à moi » (Jn 12,32), etc. Ces affirmations impressionnantes sont des indices d'un langage de supériorité pour une personne qui a un statut autre que celui d'un simple initié. D'autres affirmations peuvent encore être signalés ici et là dans le Nouveau Testament : «Jésus n'a nullement cédé au péché » (2 Cor 5,21 ; He 4,15 ; 1Jn 3,5), «C'est bien un tel souverain sacrificateur qui convenait : saint, innocent, immaculé, séparé des pécheurs, et plus élevé que les cieux » (He 7, 26), «Il est l'image de Dieu invisible, le Premier-né de toute la création » (Col 1, 15), «Il est avant toutes choses, et tout subsiste en lui » (Col 1, 17), «Car en lui habite corporellement toute la plénitude de la divinité » (Co 12,9). En reprenant ces testimonia néotestamentaires, il s'agit de faire ressortir le caractère unique de Jésus-Christ qui transcende toutes les autres figures. C'est pourquoi, comme l'affirme H. Blocher, «le comportement de Jésus jusqu'à la Croix a suscité chez les spectateurs l'étonnement et interrogation : son style insolite, la diversité imprévue de ses initiatives, se prêtaient à des multiples interrogations »[2].

Chaque année selon la coutume juive (Dt 16,16), les parents de Jésus se rendaient à Jérusalem pour la célébration de la pâque. Joseph l'amena à l'âge de douze ans, âge limite entre l'enfance et la jeunesse, l'âge où commençaient l'enseignement religieux et l'étude de la Loi. Selon la coutume juive, il n'est pas encore bar-mitsevah, fils du commandement considéré comme majeur spirituellement. L'âge de treize ans est légal selon la Mishna, enseignement à répétition. Mais avant cet âge, un ou deux ans à l'avance, les enfants devaient être amenés au Temple. Il n'est pas clairement dit si Jésus avait bien accompagné ses parents les années précédentes. On pense qu'il s'agit pour cette fois de son premier voyage. C'est à cette occasion que, selon Luc 2,41-50, Jésus est trouvé dans le Temple assis au milieu des maîtres dialoguant avec eux, les écoutant, les interrogeant de façon intelligente. La réponse à la question de Marie révèle davantage qu'il est plus que celui qui peut être initié ; il lui faut, dit-il, être aux affaires de son Père (Jn 4,34 ; 6,36). L'initié cherche à tout prix à accomplir la volonté de celui qui l'a initié dans la réalité de la mort et de la résurrection et aux règles qui régissent la société dans laquelle il veut maintenant appartenir. Pour Jésus, c'est à la bonne volonté de celui qu'il appelle constamment Père qu'il veut se soumettre. C'est à ses affaires qu'il veut être. C'est le témoignage que rendra à son sujet le Saint-Esprit, ce que le Père possède est à lui, le Fils bien-aimé (Jn 16,15). Il en est de même de ceux qui le suivent (Mt 12,50). L'instinct religieux et son amour pour Dieu se manifestent spontanément mais non par initiation. Il s'agit, pour H. Lesètre, de la pleine conscience de Jésus de sa qualité de Dieu et des devoirs qu'elle lui impose. S'il se renferme pendant de longues années et dans l'obscurité, ajoute-t-il, ce n'est ni par ignorance, ni

---

[1] E. TROCME, «Un christianisme sans Jésus-Christ ? », in *New Testament Studies*, vol.38, n°3, juillet 1992, p.332.
[2] H. BLOCHER, *Christologie*, fasc.1, p.6.

par impuissance, mais uniquement parce qu'il le veut[1]. Quel sens peut-on donner au baptême de Jésus envisagé comme une étape de son initiation ? Le baptême prend pour Matthieu le sens d'accomplissement de toute la justice, de «fidélité nouvelle et à la volonté de Dieu »[2]. Il n'est pas ici question de purification de l'eau comme certains Pères de l'Eglise l'ont cru. En acceptant de se solidariser avec les pécheurs, lui qui n'a pas connu le péché, son baptême a une signification toujours plus grande, il est désigné comme l'Agneau de Dieu qui ôte le péché du monde. A ce propos, J.J. von Allmen explicite : «son ministère de Fils ou Serviteur de Dieu (Mt 1,10 ; cf. Es 42,1) avait pour tâche de se solidariser avec le peuple et d'en prendre les péchés à sa charge (Es 53). En ce sens, le baptême de Jésus est une préparation à sa mort sur la croix, qu'il qualifie d'ailleurs expressément de baptême (Mc 10,38 ; Lc 12,50) : son baptême le désigne comme un Agneau de Dieu (Jn1, 29-34) »[3]. Il a volontairement accepté de se solidariser avec nous par le baptême car il avait la pleine conscience des souffrances et de la mort substitutives. C'est aussi pourquoi, plus qu'une simple initiation, le baptême chrétien revêt, en revanche, selon l'apôtre Paul, la signification plus profonde de notre solidarité avec Christ dans sa mort sur la croix et dans sa résurrection d'entre les morts. Le Serviteur de Dieu souffrant, Fils bien-aimé du Père qui reçoit maintenant solennellement l'onction du Saint-Esprit pour l'efficacité et la perfection de sa mission messianique (le diable va trouver en lui une puissance sans égale de résistance, cf. 44,1-11 ; 11,2-6), devient de toute évidence l'échelle ou le pont d'union du ciel et de la terre (cf. Gn 28 ; Jn 1,51). C'est le prélude, croît-on, de la nouvelle création. Il ne peut en être autrement, car envisagé comme principe de la vie physique et morale (Gn1, 2) ou précisément, animateur de la vie nouvelle, le Saint-Esprit garantit de l'assurance de la présence communielle de Dieu. Ce geste sublime de Dieu de rapprocher le ciel de la terre (Mt 3,17) est bien la manifestation visible de sa bonne et parfaite volonté pour la rédemption de l'humanité depuis le premier Noël, le jour où Jésus-Christ, le salut éternel est apparu dans le monde. Lequel des initiés des fils d'Adam pourrait, en effet, devenir de façon impressionnante la gloire du ciel et de la terre ? Les souffrances de la croix qu'il a endurées, sa prédication en paraboles, ses paroles et son action en gestes symboliques sont en réalité la communication de la vie, la prestation publique d'une nouvelle existence, Christ proclame concrètement la victoire de la vie sur la mort. C'est justement cela qui fait que Christ soit accueilli en Afrique noire avec empressement comme un puissant allié de la vie, comme le vainqueur incontesté de la mort. En effet, au lieu de parler de Jésus-Christ en termes d'initiation, il serait plus juste de parler de lui en termes d'accomplissement de la justice, au sens d'obéissance et de fidélité à son Père. Il s'agit, comme on l'a vu, de la communication de la vie véritable et de dévoilement de secrets pour la plénitude de cette nouvelle existence. Dans cette perspective en effet, on parlera de Jésus-Christ comme d'un véritable maître non d'initiation, lui qui n'a fréquenté aucune des écoles rabbiniques ou grecques d'initiation, mais le chemin qui conduit directement au Père pour la promotion intégrale. A ce propos B. Rey écrit : «Comment parler de Jésus comme d'un 'maître spirituel' ? Le maître spirituel est celui qui indique un chemin, permettant à une personne de s'accomplir dans son humanité. Ce chemin peut-être, considéré comme une façon de vivre, inspirée par une sagesse, c'est-à-dire par une certaine compréhension de l'homme et du

[1] H. LESETRE, «La vie cachée de Jésus », in *Dictionnaire de la Bible*, t.1, Col.1445.
[2] TOB, note sur Mt 13,5. Voir aussi Mt 5,6.10.20 ; 6,1.33 ; 21.32.
[3] J.J. VON ALLMEN, « Baptême », in *Vocabulaire biblique*, Neuchâtel, Delachaux et Niestlé, 1954, p.33.

monde »[1]. Christ est bien différent de tous les bons maîtres de son époque qui s'attiraient des groupes des disciples quoique sans choix ni réponse à leur appel. Il est de même aujourd'hui radicalement différent de tous les maîtres d'initiation africains pour ce qu'ils n'accomplissent pas toute la justice. C'est alors qu'en sa qualité de maître spirituel par excellence, Christ revêt maintenant le plein pouvoir par le Saint-Esprit d'adresser une invitation d'autorité à tous ceux qui sont victimes de la gnose contemporaine ou de la fausse sécurité. Il a le plein pouvoir d'inviter à sa suite ceux qui sont en proie à l'amour-propre, de l'insoumission, aux fausses promesses et cheminent loin de la face du Seigneur (Mt16, 24). A ce titre, Jésus-Christ mérite seul d'être la référence ultime de toutes les sociétés des initiés africaines pour leur affranchissement.

Les Eglises afro-chrétiennes ont toujours critiqué le christianisme missionnaire pour ce qu'il n'a pas su interpréter le monde négro-africain traditionnel. De fait, elles prétendent expérimenter le salut à travers diverses guérisons. Elles tentent de conjurer les malheurs tels que les mauvaises récoltes, les épidémies, la pauvreté, la stérilité, le mauvais sort, le chômage, etc. La bonne santé physique et morale par la disparition immédiate d'une maladie qui en étai la cause, la prospérité matérielle et spirituelle de façon spectaculaire, sont pour ces Eglises les signes visibles du déploiement du bras de Yahvé. La guérison est aussi le message central des Eglises de réveil et des sectes. La guérison, il est vrai, fait partie intégrante de la mission messianique de Jésus-Christ. Il est l'auteur du salut et de la santé. Etant apparu dans ce monde pour être l'homme le plus proche, le compagnon compatissant des peuples en proie à la mort avec son cortège des désordres, Jésus-Christ n'avait pas caché le but de sa mission, il est l'instrument de libération de la tyrannie du péché et de la mort pour la prospérité et le bonheur. C'est ainsi qu'il s'était résolument engagé pendant l'année de la grâce du Seigneur qu'il a inaugurée et installée, à réaliser diverses guérisons selon qu'il le confirme lui-même aux disciples de Jean-Baptiste en prison, «les aveugles recouvrent la vue, les boiteux marchent, les lépreux sont purifiés, les sourds entendent, les morts ressuscitent et la bonne nouvelle est annoncée aux pauvres » (Mt 11,5). Nous assistons ici à l'accomplissement en tout point de la prophétie d'Esaïe du salut de Dieu pour toute l'humanité (26,19 ; 29,18-19 ; 35,5-6 ; 61,1). Evidemment, la guérison des corps, fait observer Makanzu Mavumilusa, n'a jamais été le but du ministère de Jésus mais le changement du cœur de l'homme. La soif de guérir peut plonger les communautés dans une profonde déviation de la volonté de Dieu. La maladie de l'homme n'est pas physique mais sa cause est la désobéissance à la Parole de Dieu[2]. Celui qui se confie en Jésus-Christ par la foi espère un salut à double dimension, physique et spirituelle. C'est qu'«en guérissant les corps, il annonce qu'il veut aussi guérir les âmes en réconciliant les hommes avec Dieu »[3]. La conception africaine de guérison manifeste certes la confiance en la personne et l'œuvre de Jésus-Christ. Cependant, nous ne pouvons pas perdre de vue qu'au cours de son ministère, Jésus insistait beaucoup sur la dimension spirituelle, sur la foi qui sauve, c'est-à-dire qui repose sur lui. S'il disait dans tous les cas : «'Ta foi t'a sauvé', c'est parce que ses actions de délivrance physique (de la maladie, du naufrage ou de la mort) étaient intentionnellement des

---

[1] B. REY, *Jésus, l'aujourd'hui de Dieu*, Paris, Cerf, 1993, p.16. Pour Jésus, ce chemin conduit à Dieu (Jn 14,6). Pour découvrir cette voie, il faut écouter son message, sa vie a donné une forme à ce qu'il enseignait. On sera dès lors à mesure de percevoir la nouveauté et l'originalité de la voie sur laquelle il nous invite à marcher.

[2] MAKANZU Mavumilusa, *Quand Dieu te gène...*, t.2, Wuppertal, VEM, 1985, pp.462-463.

[3] P. CLEMENT, V. LAUZET, G. MARY et al, *op.cit.*, p.112.

signes du salut qu'il apporte »[1]. Qu'on ne confonde pas cette double dimension du seul salut en Jésus-Christ. En dépit de beaucoup de «Centres Miracles » installés ici et là en Afrique, la mort avec son cortège des désordres ne cessent de traumatiser les Africains. Pour cela, leur référence pour l'épanouissement intégral devra naturellement être Jésus-Christ plutôt que la guérison et les miracles.

Si Christ est le sommet de la promotion de l'homme, il s'avère important que son nom soit redit dans toute sa réalité et confessé à la lumière de la Parole inspirée de Dieu, car c'est là que Dieu lui-même s'est «choisi d'avance le nom que porteront les personnes qu'il destine à un grand rôle »[2]. De toute évidence, le grand rôle d'humanisation que Christ joue ici et maintenant donne sens à l'actualisation du questionnement christologique en Afrique noire, à la confession de la contemporanéité avec lui. Le titre «Premier-né d'entre les morts » (Rm 8,28 ; Col 1,18), par exemple, est ici éclairant. Christ est le commencement de la résurrection. Comme l'affirme Lightfoot, «de même qu'il est au commencement de la création, le Fils est aussi au commencement de l'œuvre de la rédemption, dans sa condition de Fils »[3]. De toute évidence, la christologie titrologique néotestamentaire est incontestablement supérieure à la christologie titrologique qui s'élabore actuellement en Afrique noire à cause de lacunes que celle-ci présente. La christologie comparative trouve toute sa justification. En présentant le matériel synoptique, c'est-à-dire des comparatifs qui précisent la supériorité de Jésus, R. Kieffer a bien relevé quelques personnages bibliques qui ont profondément marqué l'histoire du salut. Concrètement Jésus dépasse les préfigurations prophétiques, royales et sacerdotales. Il se révèle pourtant «plus que » ou «supérieur » à Jean-Baptiste par la puissance du Saint-Esprit et par sa préexistence et sa dignité (Mt 4,1-11 ; Jn1,15.27 ; etc.), à Moïse et à Elie par la Transfiguration et par son Esprit (Mt 17,1-9 ; 2Co 3,7-18, etc.), à son ancêtre David à cause de la résurection et glorification, à Salomon par sa sagesse et l'Esprit de Dieu (Mt 13,54 ; Mt 12,28 ; etc.) , à Jonas par sa résurrection (Mt 12,38-41), à Adam par sa *kénose*, son rapport au péché et par la croix (Ph 2,6 ; Rm 5,12s). La résurrection l'élève au-dessus de l'univers[4]. Au fond de cette considération néotestamentaire, se dévoile dans la conscience tourmentée de l'homme africain noir le meilleur de la christologie comparative. Dès lors, l'horizon se ferme de l'autre côté. On comprend justement en quoi Jésus-Christ est confessé en Afrique noire comme réalité toute nouvelle et actuelle. Son autorité et la puissance de son action, sa dignité, sa résurrection d'entre les morts, sa glorification rendent la splendeur d'une figure historique et spirituelle supérieure, il est «plus que » les innombrables ancêtres, héros, esprits et divinités vénérés en Afrique. L'Africain constamment tourmenté doit maintenant se détendre et orienter vers lui toute sa célébration liturgique.

La nouvelle christologie qui s'élabore actuellement en Afrique noire ne rend pas à Christ la totalité de son expression. En effet, la tentative de chercher à établir la relation entre la foi chrétienne et la culture d'un peuple donné est un sujet délicat qu'il faudra aborder avec prudence. On s'interroge, cependant, avec K. Blaser «Quel avenir peut avoir un christianisme qui risque à tout moment d'éclater en christianisme multiples, chacun marqué par sa culture et

---

[1] J. STOTT, *Mission chrétienne dans le monde moderne*, p.116. Pour lui, les miracles de Jésus étaient pour illustrer le salut et non dans l'intension de promettre la sécurité ou la santé.
[2] C. GUIGNEBERT, *Jésus*, Paris, Albin Michel, 1969, p.73.
[3] LIGHTFOOT citée par D. FURTER, *Les épîtres de Paul aux Colossiens et Philémon*, Vaux-sur-Seine, Edifac, 1987, p.105.
[4] R.KIEFFER, art.cit., pp.580-588. Sa supériorité est envisagée dans une double perspective, hiérarchique et d'autorité.

son contexte ? »[1]. Au-delà d'une simple ressemblance ou analogie, l'intention dans ce présent essai de christologie comparative est de souligner le caractère unique du Christ supérieur à toutes les entités ontologiques qui puissent exister. Il importe de relever quelques critères et pistes de recherches dans la perspective d'expressions récentes du Christ en Afrique noire. Selon P. Bühler, Jésus-Christ doit évidemment être présenté au vieil homme d'aujourd'hui, en imaginant de nouveaux titres christologiques, empruntés aux contextes de ce vieil homme moderne. Toutefois, il ne s'agit pas, souligne-t-il, d'imaginer librement ces titres indépendamment du travail théologique réalisé dans le Nouveau Testament. Il faut soumettre ces nouveaux titres à un examen critique semblable à celui que les auteurs néotestamentaires ont fait subir aux titres qu'ils ont choisis. Justement, on ne considérera pas n'importe quel titre comme adéquat[2]. La tâche pour l'élaboration d'une christologie titrologique réanthropologisante se révèle difficile. Car, il ne s'agit pas, pour l'heure, de réfléchir exclusivement sur le sens des titres christologiques néotestamentaires en les interprétant mais d'exposer le mystère du Christ en donnant des noms et titres tirés du terroir culturel négro-africain. On s'en aperçoit, trois critères, selon P. Bühler, s'imposent naturellement notamment l'emprunt de nouveaux noms et titres au contexte culturel, le choix de nouveaux noms et titres et leur examen critique en vue d'une éventuelle évaluation théologique. En raison de cela , le choix devra essentiellement porter sur les noms et titres christologiques qui rendent compte de la continuité entre le Jésus de l'histoire et le Christ de la foi, d'étapes majeures de la carrière du Christ (incarnation, exaltation, retour glorieux) de son altérité irréductible, donc des noms et titres qui interprètent ce qu'il était réellement, ce qu'il est et ce qu'il sera, bref, des noms et titres christologiques qui reflètent le caractère unique de Jésus de la «maison du Père » pour la plénitude de la vie. Les quatre pistes évidemment connues sont les lieux de rencontre avec le ressuscité. La révélation biblique est la première piste. Sa pensée sur Jésus-Christ est quasiment supérieur par rapport à la culture intellectuelle traditionnelle ou contemporaine et à l'intelligence humaine limitée. Jésus-Christ est perçu comme le plérôme de la révélation, il révèle Dieu et l'homme à lui-même, « telle est la grande nouveauté, le Mystère inépuisable dont les écrivains sacrés déploient la splendeur en insistant chacun sur son aspect »[3]. Le langage spécifique de la Bible sur l'identité de Jésus-Christ est ipso facto normatif par rapport au langage existentiel africain, verbal, symbolique et gestuel, limité dans le temps et dans l'espace. A ce propos, J. Mbiti écrit justement : «Le christianisme africain met la Bible au premier plan. Tant que la théologie africaine restera, elle aussi, attachée aux Ecritures, sera signifiante pour la vie de l'Eglise en Afrique et en communion avec la théologie universelle. Mais nos théologiens doivent donner encore plus d'attention à la Parole de Dieu s'ils veulent produire une théologie vivante et qui rende un réel service à l'Eglise universelle »[4]. La deuxième piste est l'anthropologie africaine chrétienne. Au fait, Jésus-Christ, le Verbe incarné qui devient le partenaire compatissant, puissant et étroitement solidaire à notre condition donne bien évidemment la possibilité d'une humanité authentique. Il initie à une anthropologie ouverte. De ce point de vue, Kiazayila Kingengo affirme, «le Christ est, en effet, l'exemple de l'homme qui a vécu jusqu'au bout selon

---

[1] K. BLASER, *Repères pour la mission chrétienne. Cinq siècles. Perspectives œcuméniques*, p.242.
[2] P. BÜHLER, art.cit., p.182.
[3] A. STAGLIANO, «La révélation dans le Nouveau Testament », in *Dictionnaire de théologie fondamentale*, p.1152.
[4] J. MBITI, «La Bible et les courants actuels de la théologie », in *Libération ou adaptation. La théologie africaine s'interroge*, p.116.

la volonté de Dieu en aimant les hommes, ses frères, jusqu'à la mort. Et cela, il constitue donc une réponse à l'âme africaine, une âme tendue d'abord vers la recherche de l'authentique homme selon le plan de Créateur et ensuite désiré de communiquer avec la divinité »[1]. La troisième piste est la mystique africaine chrétienne. Posé maintenant comme critère définitif et norme décisive de passage de la mystique africaine traditionnelle à la mystique africaine chrétienne, le «Christ du centre » élève vers le Père de gloire, dans sa maison, tous ceux qui s'attachent indéfectiblement à lui. Il fait d'eux les fils dans le Fils pour une intimité de relation d'immédiateté réciproque. L'expérience mystique chrétienne reconnue comme l'unique voie par excellence de vivre la présence communielle de Dieu prétend avoir un langage spirituel équilibré sur l'identité du Christ glorifié. On ne peut prétendre embrasser le Christ de la maison du Père, expérimenter une communion d'intimité profonde avec lui sans le reconnaître tel qu'il est réellement. C'est à cause justement de ce langage équilibré de la foi que saint Jean de la Croix a été reconnu comme l'un des maîtres incontestés et les plus influentes de la spiritualité chrétienne. Pour avoir pénétré le mystère du Christ, Jean de la Croix a eu la plus grande audience tant dans le monde intellectuel que religieux. La dernière piste à explorer est la liturgie africaine chrétienne. Comme expression d'une rencontre avec le Dieu-Emmanuel et son cheminement avec l'Africain, le Christ ressuscité est célébré dans la perspective de la primauté universelle et cosmique. On le sait, les hymnes christologiques néotestamentaires connus - Ph 2,6-11 ; 1Tm 3,16 ; Col 1,15-20 ; 1P 3,18-22 - s'articulent dans le langage liturgique intelligible et équilibré sur l'identité de Jésus-Christ. L'accent est mis sur la préexistence, la prééminence, la divinité et l'humanité, sur la relation avec Dieu le Père, son incarnation et son exaltation céleste, le rapprochement du ciel et de la terre, le rôle qu'il assume à l'égard de l'humanité et sa signification pour nous aujourd'hui. Incontestablement, la liturgie chrétienne est une célébration d'un visage unique que le monde ait accueilli, la plénitude personnelle de la révélation. On chante et danse à la gloire de celui qui est assis à la droite de la majesté divine. Il s'agit de la réactualisation de l'événement pascal et du renouvellement de la promesse que Christ est toujours présent à côté de nous pour l'humanisation. De toute évidence, «La liturgie nous fait revivre à chacun personnellement, humainement au temps de l'incarnation, et ce qu'il continue à vivre actuellement comme intercesseur dans la gloire. Elle nous fait contemporains de Jésus-Christ, elle nous place à la fois sur le Calvaire au pied de la croix et dans la gloire devant le trône de l'Agneau comme immolé »[2]. Si la liturgie africaine chrétienne est perçue aujourd'hui comme le lieu spécifique de réinvention christologique, on ne peut se passer de gré ou de force de la révélation biblique normative.

Conclusion

La question de l'identité du Christ que nous venons d'esquisser dans le contexte africain est un sujet complexe. Comment parvenir à une meilleure intelligence de son mystère et le rendre actuellement présent en Afrique pour la plénitude de vie en lui imposant des noms et titres empruntés à la terminologie anthropologique ou à l'ethnologie du milieu ambiant sans qu'on encoure le danger de tomber dans les erreurs théologiques ? En commençant par un état de la question, nous avons voulu rendre compte de l'essentiel des discours théologiques négro-

---

[1] KIAZAYILA Kingengo, *«Groupe de prière » une spiritualité chrétienne en Afrique ?*, Kinshasa, Baobab, 1996, p.27.

[2] M. THURIAN, *L'homme moderne et la vie spirituelle*, Paris, Seuil, 1970, p.136.

africains qui s'articulent autour notamment des trois paradigmes d'interprétation théologique de l'inculturation, de la libération et de la reconstruction dans le contexte actuel de renversement radical suscité par la présence du Christ dans la perspective de la double réalité africaine, existentielle et spirituelle. Tels qu'ils se présentent, ces trois paradigmes gagnent en influence pour la simple raison qu'ils rejoignent de fait la sensibilité de l'homme africain dont l'épanouissement lui a été constamment confisqué. Jésus-Christ est perçu comme une réalité toute nouvelle en Afrique et ainsi cette double réalité trouve en lui un dénouement heureux.

Incontestablement, la mort n'a pas réussi à arracher à Christ le merveilleux projet de Dieu d'humanisation de l'Afrique, projet pour lequel il est le meneur de jeu. De ce fait, rien ne peut maintenant lui échapper concernant justement la libération intégrale d'autant qu'il est, par la puissance de la résurrection, le vainqueur de la mort et de tous ses alliés qui sèment de la terreur en Afrique noire. Il est la vie. Par sa mort et sa résurrection, Christ est perçu au milieu des communautés des peuples d'Afrique, comme l'hôte porteur d'un message de grâce, comme une puissance dynamique et transformatrice. Etant le dernier mot de Dieu le Père, c'est en lui que l'homme africain noir trouve des réponses adéquates aux questions harcelantes de son existence. En lui renaît l'espoir de plénitude de la vie.

De ce qui précède, nous avons pu examiner la réponse que les Africains donnent aujourd'hui dans le contexte de la question du Christ. *Et vous Africains, qui dites-vous que je suis ?* Christ veut, par cette question fondamentale lever le voile de son identité en Afrique. Il était bien évidemment question de nous rendre compte si les efforts des théologiens africains tenants de cette nouvelle christologie authentiquement africaine, confessent toute la réalité de visage du Christ biblique et l'exaltent comme tel devant le peuple africain qui l'accueille. Nous devrions interroger le Nouveau Testament pour voir si cette façon de nommer Christ ou de pénétrer son mystère est adéquate. Le renversement radical suscité par la présence du Christ est une grâce qu'il ne faudra pas négliger au gré des intérêts africains. Ainsi, n'importe quelle figure ne peut prétendre redire adéquatement le nom du Christ, c'est-à-dire découvrir ce qu'est son visage. La nomination africaine du Christ sans un examen critique à la lumière de la Parole de Dieu risque franchement de lui arracher son caractère unique, c'est-à-dire son altérité irréductible. De ce fait, la libération et la plénitude de vie qu'on attend de lui seront loin d'être obtenues.

Pour pénétrer le mystère du Christ, il importe de reconnaître la valeur normative de la révélation biblique qui tient justement un langage intelligible et équilibré au sujet de son identité. La double réalité africaine a besoin d'un Christ constant qui transcende toutes les catégories traditionnelles et les circonstances dans le temps et l'espace. C'est dans la Bible que nous trouvons des critères de référence donnés par Dieu pour une meilleure intelligence du Christ. Ainsi que le fait notamment observer Zola Mululendo, «le retour à la Bible pour un renouveau de nos Eglises est un mouvement très important. Et la considération de la Bible par la théologie africaine affirme que notre théologie accepte la révélation de Dieu en Jésus-Christ. Aucune théologie ne peut conserver son identité chrétienne en marge de l'Ecriture »[1]. Nous espérons reconnaître, grâce à l'action du Saint-Esprit, le vrai visage du Christ ressuscité en Afrique, car «nul ne peut dire : 'Jésus est Seigneur', que sous l'action de l'Esprit Saint » (1Co 12,3).

[1] ZOLA Mululendo, «Eglise Kimbanguiste et théologie africaine. Bilan et perspective », in Théologie africaine Bilan et perspective, p.64.

Troisième partie

POUR UNE MYSTIQUE AFRICAINE PROMOTIONNELLE

Introduction

L'effort déployé dans la première partie du travail a consisté à montrer comment la mystique peut être un lieu herméneutique de la réalité africaine, existentielle et spirituelle. La question de fond était de savoir si ce paradigme en émergence en Afrique noire réussirait seul à jouer proprement ce rôle exclusif d'humanisation qui lui est dévolu. Par là, nous devrions baliser la voie par l'intégration de Jésus-Christ, car son incarnation et le salut «qu'il a opéré par sa mort et sa résurrection sont donc le vrai critère pour juger la réalité temporelle et tout projet qui tend à rendre la vie de l'homme toujours plus humaine »[1]. C'est ainsi que, dans la deuxième partie nous avons reconsidéré le mystère du Christ dans ses expressions récentes en Afrique. L'approche titrrologique qui trouve dans l'attribution de nouveaux noms et titres du corpus culturel africain une meilleure façon d'inculturer le mystère du Christ, s'inscrit dans la perspective de la christologie «d'en bas ». Si, en effet, la mystique d'identification aux catégories spirituelles inférieures, les héros, les ancêtres, les esprits de divers rangs et les divinités, ne permet pas à l'homme africain de réaliser sa promotion, il n'en est pas moins vrai, croyons-nous, de la christologie d'identification aux catégories linguistiques et sociales africaines, chef, ancêtre, initiateur et guérisseur. Pour cela, la troisième partie va au-delà des phénomènes apparents, c'est-à-dire de la mystique de surface orientée expressément vers les catégories spirituelles inférieures. Conséquemment, il s'agit de faire concrètement de la mystique africaine une vertu maïeutique d'humanisation susceptible de reconduire l'homme noir vers le «Christ réel et mystérieux du centre »[2]. De ce fait, notre propos, dans cette partie, est d'indiquer le nouveau lieu dynamique et promotionnel de la mystique africaine, c'est-à-dire de procéder à l'évaluation d'une rencontre possible entre la mystique africaine et le Christ du centre à deux niveaux d'approche, théologico-cosmique et socio-antrhopologique, rencontre considérée de fait comme un terreau d'épanouissement, la voie de la promotion intégrale.

---

[1] JEAN-PAUL II, *Le mystère de l'incarnation. Bulle du Grand Jubilé de l'an 2000*, Kinshasa, Mediaspaul, 1999, p.4.

[2] M. BALLESTER, *op.cit.*, p.96-98. BALLESTER propose donc d'aller au-delà de la zone superficielle séparée du centre où l'on ne présente que des aspects de la réalité du Christ centre de l'expérience contemplative. On le voit dans de nombreux mouvements et représentations populaires à la mode, comme le Christ Révolution, Jésus-Christ Superstar, les cahiers de diffusions sur le Christ de Palestine et les ouvrages modernes de christologie.

Chapitre premier

AU NIVEAU THEOLOGICO-COSMIQUE

L'approche théologico-cosmique entend rendre compte du déplacement de lieu de la mystique africaine. S'inscrivant dans le contexte holistique de l'histoire du salut basé sur l'amour de Dieu, ce déplacement prend, chez Jean, une tournure strictement profonde, celle de la réalisation plénière d'une réalité historique déterminante de la rédemption (cf. Jn 3,16). C'est dans le contexte de l'ordre de la rédemption réalisée par le Christ que nous découvrons le sens profond de ce renversement radical des perspectives temporelles. *Autrefois*, en grec, *potè*, l'époque dont on ne saura mesurer la durée, est caractérisée généralement par le sevrage de l'humain avec le divin dans le monde, on était sans espérance de vie, sans alliance parfaite avec le Dieu créateur, sans projet réel d'humanisation. C'est l'époque de l'esclavage religieux et de l'asservissement aux innombrables divinités ou génies secondaires. La tragédie humano-cosmique d'*autrefois* évoquée clairement en Ephésiens 2,11, par exemple, est analogue à celle de «maintenant » du récit mythique négro-africain. *Mais maintenant*, en grec, *nuni dè*, c'est l'accomplissement des temps de la grâce du Seigneur, caractérisé par le rapprochement de Dieu au monde par Jésus-Christ. Cette rencontre entre l'Afrique et le Christ exige une réorientation théologique qui offre bien évidemment à Christ confessé comme l'autorévélation de Dieu, la centralité de l'espace micro et macrocosmique négro-africain. Dans cette réorientation, il faudra bien voir, irréductiblement, le renversement de la nouvelle approche christologique, c'est-à-dire l'identification du Christ avec les catégories spirituelles inférieures qui s'élabore en Afrique. En devenant réellement l'un de nous, Jésus-Christ est aussi le Tout-Autre, il est Dieu et le seul médiateur entre Dieu et les hommes.

1.1 Réorientation théologique

L'interprétation de Jésus-Christ, la figure unique que le monde ait accueillie, est théologique : à la fois théologie de l'incarnation du Fils et théologie du mystère pascal. A la différence d'autres entités ontologiques vénérées en Afrique noire comme puissances de vie et de promotion, Jésus-Christ, on l'a dit, est l'autorévélation de Dieu, il est Dieu en personne venu à la rencontre de l'homme. De fait, la pensée de saint Bonaventure qui se résume dans la formule «par le Christ au Père », est considérée à la fois comme un théocentrisme et un christocentrisme. Pour lui, Christ est le sujet intégral de la théologie puisque toute la connaissance et toute l'activité de l'homme se réduit à n'être qu'un itinéraire vers celui qui révèle le Père. Jésus-Christ donne à l'homme de pénétrer dans le mystère divin de la Trinité[1]. Par réorientation théologique, nous voudrions ici reconnaître la présence communielle du Dieu incarné récapitulant et transformant la totalité de l'histoire humaine dans ses dimensions, implicite et explicite. Sans doute, Jésus-Christ est-il devenu, dans la perspective de la mystique africaine, le nouveau lieu d'interprétation théologique axée essentiellement sur la totalité de son nom, de sa mort et de sa résurrection. Cette réorientation prend également concrètement le sens de l'identification de l'homme africain noir avec le «mystérieux Christ du centre », le Fils

[1] J. G. BOURGEROL, *Saint Bonaventure et la sagesse chrétienne*, Paris, Seuil, 1963, p55.

Monogènes, «vrai Dieu » et «vrai homme ». Bien qu'il ait des divergences au niveau des conceptions populaires et des théories théologiques, cette perception du Christ paraît être pour l'essentiel le fond de la problématique théologique de la christologie actuelle, ce qui offre fondamentalement aujourd'hui grande matière à la réflexion christologique en théologie africaine[1]. A ce titre, la théologie de la mystique africaine ne peut pas être uniquement «une herméneutique actualisante de la Parole de Dieu »[2] mais aussi et surtout «une intelligence de la foi...des orientations (= sens) nouvelles qu'elle offre à la quête humaine »[3]. Il est maintenant clair et évident que l'on sait vers où il faudra orienter la quête de la promotion humaine en Afrique noire qui a toujours fait figure d'excroissance, de «tumeur périphérique »[4]. C'est en Christ du centre, fondement et substance de la vitalité que la marge, la Périphérie, devient dans la perspective de la mystique négro-africaine le Centre de réintégration, le lieu prioritaire d'humanisation[5]. Aussi la mystique africaine trouve-t-elle dès lors son identité comme mystique africaine chrétienne promotionnelle dans la personne et l'œuvre de Jésus-Christ. Cela implique notamment des conditions de vie[6].

1.1.1 Christ, centre de la mystique chrétienne

Jésus-Christ, source de la foi chrétienne, est le mystère de Dieu. En l'accueillant et en acceptant son témoignage sur Dieu le Père et sur la personne et son œuvre, on entre dans l'intelligence du mystère de l'au-delà, du grand mystère impénétrable de ce Dieu qui a tellement aimé le monde. On le sait, Christ est le mystère du Dieu caché «cherchant tout au long de l'histoire du peuple élu à se faire connaître, aboutit dans l'Incarnation au mystère de Dieu révélé. Dieu prend un corps pour sauver délibérément sa création. Le verbe divin incarné, révélation de la suprême Sagesse accomplit la promesse »[7]. Le terme *mysterion* provient du vocabulaire des religions à mystères d'origine orientale : Egypte, Phrygie, Phénicie, Iran, etc. C'est à partir de l'époque hellénistique que les «mystères » ont pu envahir le monde gréco-romain en tant que religion de salut offrant aux adeptes la garantie de l'immortalité. L'être humain, rassure-t-on, peut connaître une vie d'outre-tombe meilleure et plus heureuse que celle qu'il a menée sur la terre. Les «mystères » nous sont connus grâce aux rares allusions faites par les auteurs grecs et latins ainsi qu'aux renseignements transmis par certains Pères de l'Eglise[8]. Généralement, le terme *mysterion* prend le sens de tout ce qui est inaccessible ou incompréhensible à la raison humaine. A ce titre, l'initiation joue un rôle grandiose car il s'agit de «révéler à la fois la

---

[1] TSHIBANGU Tshishiku, T., *La théologie africaine. Manifeste et programme pour le développement des activités théologiques en Afrique*, Kinshasa, Saint Paul Afrique, 1987, p.68. Car, comme l'indique R.-P. MacBriem, «Le christianisme est seul à proclamer que Jésus de Nazareth est Seigneur, qu'il est 'vrai Dieu né du Vrai Dieu' »

[2] R. KOSSI AMETONU TOSSOU, «Parole de Dieu et théologie africaine », in *Parole de Dieu et langages des hommes. La rencontre de Yaoundé*, septembre 24-28, 1980, p.61.

[3] O. BIMWENYI Kweshi cité par M. MALU Nyimi, art.cit., p.85.

[4] Nous devons l'expression de T. MONOD, «L'Afrique, continent 'marginal' », in *Le monde*, Paris, Présence Africaine, 1950, p.125.

[5] Cf. I. BERTEN, *Christ pour les pauvres. Dieu à la marge de l'histoire*, Paris, Cerf, 1989, pp.23-24. Pour lui, la marge, la périphérie, dans le domaine économique, social, culturel, moral, religieux, etc., est le lieu prioritaire de l'annonce de la bonne nouvelle, elle doit être d'abord à l'œuvre dans une pratique de réintégration.

[6] J. MOLTMANN, *Le Dieu crucifié : la croix du Christ, fondement et critique de la théologie chrétienne* (traduit de l'allemand par Fragneau-Julien), Paris, Cerf-Mame, 1974, p.32.

[7] S. MISSATKINE, «La mystique du Nouveau Testament », in *Encyclopédie des mystiques*, t.1, p.327.

[8] J. BROSSE, op.cit., p.138.

proximité avec le monde divin et la continuité entre la vie et la mort »[1]. L'initiation aux mystères permet à l'homme de pénétrer le secret de la divinité, d'accéder à l'immoralité perdue (déification) au contact du divin. Relevant l'importance de l'initiation, l'hymne homérique qui chante la grandeur des mystères d'Eleusis, par exemple, béatifie l'initié aux mystères : «Bienheureux celui des hommes, vivant sur la terre, qui les a vus ! Celui qui n'a pas la perfection des sacrés, celui qui n'y a pas pris part, n'a jamais une fois mort, un sort pareil sous le couchant obscur »[2]. C'est pourquoi, dans les «Mystères d'Eleusis », Déméter (déesse grecque de la terre féconde) est célébrée comme médiatrice entre les dieux et les hommes, entre le ciel et les entrailles fécondes de la terre, entre la vie et la mort. On sait que, pour le néoplatonicien Plotin (205-270) qui a beaucoup écrit sur l'idée de l'Absolu, «le divin est ineffable et, par conséquent, on ne peut parler à celui qui n'a pas eu le bonheur de le voir »[3]. Ce qui prouve d'ailleurs que les philosophes grecs étaient naturellement initiés aux mystères car, pour eux, la philosophie était considérée comme une initiation à la véritable *télété* (cérémonie initiatique de perfection et d'achèvement) et une transmission des véritables mystères. L'orphisme, croit-on, semble avoir influencé fortement Platon, ce qui a permis à S. Hutin de se demander si le fameux mythe pédagogique et mystique de la caverne dans la *République*, ne retrace-t-il pas une initiation pratiquée par une secte orphique à laquelle il appartenait[4]. Voilà du moins ce qu'on a pu retenir de ces spéculations grecques dans la quête de l'immortalité.

Le terme *mysterion* prend dans le Nouveau Testament le sens de l'économie du salut de Dieu au monde tenue jusqu'ici secrète que le Fils a maintenant le privilège d'en recevoir l'ultime communication (Rm 16,25-26 ; Mc 4,11). Incontestablement, la convergence de ce concept de mystère avec le sens chrétien du salut de Dieu en Jésus-Christ devient chez l'apôtre Paul, une célébration liturgique plus expressive dans ses lettres de la captivité notamment. Ainsi qu'on s'en aperçoit, l'auteur de l'épître aux Colossiens s'en prend, sans doute, dans l'hymne christologique de 1,15-20 à une sorte de syncrétisme qui se répandait à Colosses en essayant de placer Jésus-Christ parmi les entités ontologiques inférieures limitées dans le temps et l'espace. Les Colossiens croyaient à d'autres médiations en vue d'accéder à la plénitude. Notablement différent de ces entités ontologiques, Jésus-Christ qui n'est pas un simple intermédiaire, en lui, habite toute la plénitude. Il est la synthèse du Très-haut et de notre bassesse de l'Absolu et de la matière[5]. La reconsidération de la double interprétation théologique qui se dégage de cet hymne christologique : ascendante (qui s'intéresse à l'incarnation du Fils) et descendante (qui

---

[1] M. ELIADE, *Histoire des croyances et des idées religieuses. De l'âge de la pierre aux mystères d'Eleusis*, t.1, Paris, Payot, 1987, p.312.

[2] L AGATHIAS, artcit, p.103.

[3] Ibid. Voir aussi J. BROSSE, *op.cit.*, pp.147-148. Les mystères d'Eleusis procèdent du mythe de Déméter. La déesse ayant perdu sa fille Koré (Perséphore), enlevée par Pluton (Hades), dieu des Enfers, et ayant appris que Zeus lui-même avait décidé cette union, elle résolu de ne pas regagner l'Olympe. Elle prit l'apparence d'une vieille femme. En s'arrêtant à Eleusis, elle accepta de nourrir le dernier de la reine, Démophon. Pour immortaliser l'enfant et le rendre éternellement jeune, elle le cacha la nuit dans les braises du foyer. L'ayant découvert, la reine s'affola et interrompu ce processus d'immortalisation. En déplorant l'aveuglement des hommes, elle enseignera dans un temple et un autel, ses rites aux humains. Puis, ayant obtenu de Zeus le retour de Perséphore, Démeter regagna l'Olympe, tandis que la terre desséchée reverdissait. Les mystères d'Eleusis auxquels furent initiés toute l'élite grecque ainsi qu'un grand nombre de Romains, promettaient l'immortalité après un long parcours de descente aux enfers et de montée aux cieux.

[4] S. HUTIN, *Les sociétés secrètes*, Paris, PUF, 1960, p.23. Ainsi, pour Platon, précise L. Agathias, art.cit., p.97, le philosophe est celui qui connaît véritablement la science de mourir ; plus tard, il sera le prêtre du culte du Dieu suprême.

[5] H. BLOCHER, *christologie*, fasc.1, p.75.

s'intéresse à la déité, à l'essence divine) permet de repenser correctement le mystère pascal. On peut relever de ce passage de Col 1,15-20 deux parties essentielles : l'œuvre créatrice (15-17) et l'œuvre rédemptrice (18-20). Plusieurs titres ont été attribués au mystérieux Christ du centre, notamment «image du Dieu invisible, premier-né de toute la création (héritier de l'univers créé), toutes choses subsistent en lui, tête du corps de l'Eglise, le commencement, premier-né d'entre les morts, en lui habite toute la plénitude, celui par qui tout est réconcilié, Christ en vous l'espérance de la gloire, en lui habite corporellement toute la plénitude de la divinité, vous avez tout pleinement en lui, le chef de toute domination et de toute autorité »[1]. C'est avec raison qu'Irénée met en lumière Jésus-Christ comme le «mystère central » qui commande le salut de l'homme. Christ est maintenant pour lui le sommet de la promotion de l'homme. Ainsi, dans *Promotion humaine en Jésus-Christ d'après Irénée de Lyon*, H. Lesssiat relève quatre aspects fondamentaux. Il s'agit de la synthèse de différents aspects de la voie de vie offerte par Christ aux hommes : la récapitulation-révélation (Christ révèle le plan salvifique du Père), la récapitulation-rédemption (Christ récapitule l'humanité dans sa propre humanité, il transforme sa vie divine en une source vivifiante et jaillissante), la récapitulation-divinisation (Christ assume l'humanité dans sa divinité) et la médiation universelle du Christ comme Grand prêtre (la divinisation et l'universalité de sa prêtrise éternelle à la droite du Père). Tel est, pour Irénée, l'essentiel de la mission que Christ accomplit délibérément pour le salut de sa création. Christ inaugure en sa faveur la promotion de l'homme, le Verbe de vie donne abondamment la vie au monde[2]. On s'en aperçoit, le mystère pascal révèle au degré le plus profond l'identité de Jésus-Christ qui donne au monde l'image du Dieu invisible et remplit de façon unique et absolue la distance séparant le ciel de la terre, l'invisible du visible. Celui qui est né selon la chair est établi Fils de Dieu selon l'Esprit (Rm 1,3-4), le Verbe incarné fait de l'homme la véritable image du Père. Jésus-Christ est indubitablement désigné comme l'agent de la création, «Premier-né de toute la création » et de la rédemption, «Premier-né d'entre les morts », ce qui fait justement de lui l'objet de l'adoration universelle. Concrètement, le Christ du centre est à la fois image du Père et chef de l'Eglise. C'est ainsi que, pour C. Tresmontant, Christ est «le Principe, et le Terme de toute la création. Il est l'Alpha et l'Omega, le premier et le dernier, il est le Germe et la Tête de l'œuvre de Dieu. C'est de lui que tout procède, par lui que tout est créé, vers lui que tout s'oriente, en lui que tout s'achève et trouve sa plénitude »[3]. Peu importe, en effet, qu'il ait des dieux usurpant l'espace socio-cosmique ; une réalité est incontestable, c'est qu'il n' y a qu'un seul Dieu, le Père, de qui tout vient et vers qui nous allons, un seul Seigneur, Jésus-Christ, par qui tout subsiste, et par qui nous sommes (1Co 8,5-6). Les *kyrioi* grecs et romains (dieux et héros) ou le panthéon des religions à mystères ne sont plus absolus car, face à Jésus-Christ de Nazareth, l'unique *Kyrios* divin préexistant a été littéralement dépouillé et réduite à l'impuissance. C'est à cause de sa mort et de sa glorification auprès du Père que Christ est ainsi célébré comme le seul *Kyrios*, c'est-à-dire l'unique Seigneur et l'unique Roi dont la souveraineté

[1] H.H HALLEY, *op.cit.*, p.698.

[2] H. LESSIAT, *Promotion de l'homme en Jésus-Christ d'après Irénée de Lyon*, Strasbourg, Mame, 1974, pp.283-287. Pour Irénée, le processus de la récapitulation est le suivant : c'est l'homme qui récapitule la terre et c'est le Christ qui récapitule l'homme. Mais en récapitulant l'homme, le Christ, il est vrai, récapitulera aussi la terre parce que, présente dan s le corps des ressuscités, celle-ci sera transfigurée et participera à la gloire des enfants de Dieu. C'est en ce sens précis que toute la création, depuis la terre jusqu'aux anges, sera effectivement récapitulée dans le Fils de Dieu fait homme.

[3] C. TRESMONTANT, *Saint Paul et le mystère du Christ, Paris*, Seuil, 1956, p.49. L'homme apparaît ainsi au terme de l'histoire cosmique et théologique.

acquiert une dimension cosmique. Tout pouvoir m'a été donné, dit-il, dans le ciel et sur la terre (Mt 28,18). Ne faisant pas nombre dans les scenarios mythologiques des divinités, Jésus-Christ est medium, au sens que lui donne saint Bonaventure, c'est-à-dire que Christ est le centre intelligible de Dieu et de son œuvre et le médiateur entre Dieu et la création[1]. Il est de fait la clé de voûte des mystères liés notamment à notre réconciliation pascale : mystère du Christ en nous, mystère du royaume des cieux, mystère de la piété, mystère de la foi ou de l'Evangile. En faisant bien évidemment éclater les structures spirituelles étouffantes et mortifères, Jésus-Christ, on le sait, n'appartient pas aux mystes de la série grecque des grands ou des petits mystères, ni non plus aux époptes limités dans le temps et dans l'espace. A cet égard, il n'est pas étonnant de l'entendre revendiquer la dignité d'être le sauveur du monde, longtemps attendu (Mt 18,11), titre réservé exclusivement au Dieu de l'Ancien Testament et indistinctement à l'empereur dans le monde hellénistique. Luc affirme résolument qu' « il n'y a de salut ailleurs ; car aucun autre nom sous le ciel n'est offert aux hommes, qui soit nécessaire à notre salut » (Ac 4,12). En récapitulant et en transformant l'humanité dans son humanité, Jésus-Christ est l'homme préparé par Dieu à en recevoir la communication salvifique. Il s'agit de la restauration de la communication entre Dieu et ses créatures, rôle ultime que le Christ-Logos et lumière du monde a su jouer, ainsi que l'affirme A. C. Temple :

> L'objectif de la communication de Dieu a toujours été de restaurer le plan initial d'intimité à la création - restaurer la communication, mais aussi de restaurer la communication qui existait entre lui le Créateur et ses créatures. Mais la méthode ultime de la communication de Dieu c'est devenir une personne humaine dans son Fils Jésus-Christ. En Christ, Dieu entre miraculeusement et intimement dans la vie des êtres humains dans le but de restaurer la communication qui existe entre nous et lui. Il a pris la forme humaine, afin de nous enseigner et de nous donner la capacité d'être restauré à l'intimité qu'il partage avec son Père [...]. Ainsi la connaissance de Jésus-Christ est l'unique façon de connaître Dieu et d'être en communication avec lui[2].

La philosophie mystique grecque désignait le Logos à la fois comme la pensée intérieure de l'homme et l'expression extérieure de cette pensée par la parole et le raisonnement. Par contre, s'inspirant du prologue johannique au sujet du Verbe incarné (Jn 1,14), les Pères de l'Eglise ont remarquablement modifié le sens en appliquant cette distinction technique pour expliquer la génération du Verbe de Dieu. Le Logos johannique est considérablement différent du Logos aristotélicien où il s'agit d'interpréter le monde et ses différentiations suivant la Trinité du Timée, Dieu Suprême, Démiurge ou Architecte de l'Univers et Ame du monde[3] et du Logos héraclitien profondément individuel. Toutes ces spéculations ont eu leur temps maintenant révolu. En revenant sur le juste rapport de l'Un, le Dieu, le Tout, avec le multiple, Origène attribue au Logos la fonction médiatrice. Par rapport au monde, le Fils est la Parole, la communication de ce qu'il contemple dans le Père. C'est par le pouvoir éducatif et éclairant du Logos que Dieu s'adapte à l'esprit étroit et obscurci de l'homme pour assurer la véritable réconciliation. Plus qu'un simple *Protogènes*, «le Premier-engendré » ou le cosmos *neôteros*

---

[1] J. G. BOURGEROL, *op.cit.*, p.55.
[2] A. C. TEMPLE, art.cit., p.84.
[3] L. AGATHIAS, art.cit., p.99.

huios, «le fils puîné »[1], selon la spéculation de Philon, le Fils qui se remet au Père, pour reprendre l'expression de saint Bonaventure, «Père je suis sorti de toi et je reviens à toi »[2], est l'Unique-engendré, il est le Verbe de vie et la lumière du monde.

Dès les origines de la tradition chrétienne, la figure du Christ est naturellement perçue, avec au centre la foi de Nicée-Chalcédoine, comme la révélation de la rédemption de Dieu dans l'histoire des hommes. Christ qui renoue parfaitement les deux bouts de la chaîne, c'est-à-dire les deux natures subsistent en lui sans confusion ni mélange, est la réalisation de la plénitude du mystère cachée de Dieu. Il faut, en effet, «tenir fermement les deux bouts de la chaîne, ces deux vérités apparemment contradictoires et pourtant assurés, et, à partir d'elles, s'avancer à la rencontre, poussant aussi loin que le tolèrent les limites de la pensée humaine »[3]. L'opposition apparente dans les deux expressions temporelles connues, «autrefois caché » et « maintenant révélé » déborde incontestablement le cadre historique. Mais, cela implique, bien entendu, un «déjà » et un «pas encore ». Comme le remarque A. Solignac, «même connu, le mystère reste toujours pour une part voilé ; l'esprit de l'homme le pénètre plus ou moins, il peut le pénétrer de plus en plus, il ne le circonscrit jamais »[4]. La dimension cosmique qu'acquiert son œuvre fait évidemment de lui le centre de la mystique chrétienne. De la sorte, il devient la source de la parfaite autonomie de créativité et le parfait centre de réanthropologisation. C'est «maintenant » l'heure du mystère pascal, l'heure à la quelle les cadres étouffants s'éclatent, les vieilles outres se pulvérisent. De fait, ce qu'il faudra tenir le plus grand compte est que, après avoir accompli la mission de la rédemption de l'humanité, Jésus-Christ a reçu de son Père le pouvoir d'envoyer l'Esprit de vérité dans le monde pour l'achèvement du dévoilement de la face du *Deus absconditus*. Dans cette perspective, Christ occupe légitimement la place centrale dans l'histoire de l'humanité.

Les historiens des religions discernent plusieurs sens de symbole du centre. Le centre est l'un des quatre symboles fondamentaux avec le cercle, la croix et le carré. Le symbole du centre est habituellement considéré comme l'axe, le point de jonction ou mieux le point de ralliement autour duquel tout gravite : la montagne sacrée (le mont Meru des Indiens, le mont Garizim des Samaritains, le Golgotha des chrétiens, le mont Thabor en Palestine, de tabur, nombril), le temple (la ziggourat babylonienne, le lieu très saint du temple de Jérusalem), la cité sacrée où passe l'Axis mundi (Babylone, bab-ilâni, «la porte des dieux »), la résidence royale (la capitale du parfait souverain chinois, par exemple, assimilée à la montagne cosmique appelée «la maison du Mont lumineux »), l'arbre cosmique au milieu de l'univers dont les racines plongent jusqu'aux enfers et les branches touchent le ciel, l'arbre de vie dans la Bible, la pierre, le canal de communication (nombril de la terre), l'échelle, le simple poteau, etc. De l'examen profond de ces différents symboles du centre, il ressort que le centre est un champ de puissances et de forces à l'intérieur duquel l'homme se sent protégé et à l'abri des influences mauvaises. Il est le point du commencement absolu où les énergies divines font irruption. C'est aussi le point le plus

---

[1] Cf. M.-E. BOISMARD, *A l'aube du Christianisme. Avant la naissance des dogmes*, Paris, Cerf, 1998, pp.86 et 87.

[2] J.G. BOURGEROL, *op.cit.*, p.55. Sans doute, Christ entrain-t-il avec lui la création tout entière dont l'attente anxieuse a été comblé e par sa venue. Ainsi qu'il déclare lui-même, «Et moi, élevé de terre, j'attirerai tous les hommes à moi » (Jn 12,33).

[3] Propos final sur les *Quatre Fleuves*, p.124.

[4] A. SOLIGNAC, «Mystère », in *Dictionnaire de spiritualité. Ascétisme et mystique. Doctrine et histoire*, t.10, Paris, Beauchesne, 1977, Col.1861.

profond de chaque être humain, le lieu où il peut rencontrer l'Autre[1]. On pourra aussi parler de géographie sacrée ou du salut évoquant le symbolisme paradisiaque et, comme le fait pertinemment observer L. Spiller, «dans les mythes et dans les contes élaborés autour de ce thème, le centre (ou 'nombril du monde') est décrit comme un lieu lointain et inaccessible, objet de longues et pénibles pérégrinations. Ce lieu étant un passage, la porte qui ouvre aux mondes extraterrestres, le carrefour des zones du cosmos, seul celui qui a dépassé la condition humaine et sait se mouvoir peut espérer l'affranchir »[2]. Evidemment, pour les trois mystiques chrétiens, Thérèse d'Avila (l'image du Château intérieur dans Las Madaras), Jean de la Croix (la Montée au Carmel qui décrit l'itinéraire vers le centre de la montagne) et Tauler (la relation entre Dieu et l'homme exprimée par l'idée que le centre de l'âme est un infini puisqu'il conduit à l'abîme de l'amour de Dieu), le centre est le lieu où réside Dieu dans l'homme et où ce dernier peut s'unir à lui[3]. A ce titre, le Dieu omniprésent est perçu comme le centre des centres. Les pôles des sphères coïncident avec Dieu, circonférence et centre, lui qui est partout et nulle part[4]. Il ne s'agit pas d'une simple coïncidence ou coexistence des forces. Car, comme le commentent J. Chevalier et A.Gheerbrant, le centre est un foyer d'intensité dynamique, «d'où partent le mouvement de l'un vers le multiple, de l'intérieur vers l'extérieur, du non-manifesté au manifesté, de l'éternel au temporel, tous les processus d'émanation et de divergence dans leur recherche de l'unité »[5]. Le Dieu-centre ineffable qui est lumière se manifeste aussi comme ténèbres mystérieuses (Ex 14,20 ; Ps 18,20 ; etc.). Selon M. Ballester, les ténèbres symbolisent deux caractères de l'essence divine, la transcendance et l'inaccessibilité[6]. A ce sujet S. Missatkine note : «Le nuage et les ténèbres protègent la gloire de Yahvé, qui réside au sein de ces phénomènes, des regards non purifiés, car qui peut voir Dieu ? Transcendance de l'infini impénétrable du Divin »[7]. C'est ce Dieu tout enveloppé de lumière et des ténèbres qui attire inconditionnellement l'âme, comme autrefois Moïse, «Fais-moi, de grâce, voir ta gloire » (Ex 33,18) en vue d'expérimenter la présence communielle glorieuse, présence qui bannit la crainte et assume la tragédie humano-cosmique.

Dès lors, surviennent des personnes investies de la fonction du centre, en l'occurrence, le Christ-Logos et lumière du monde, l'autorévélation du Père parce qu'il s'agit de la réalisation d'une mission salvifique, de la récapitulation de l'humanité dans son humanité. Ainsi, pour. J. Stott, «toute religion, toute idéologie possède son symbole visuel qui illustre un trait caractéristique de son histoire ou un point particulier de son credo »[8]. Il est évident que la figure symbolique a occupé et continue d'occuper une place importante dans les communautés chrétiennes où il s'agit de synthétiser de façon visuelle quelques principes fondamentaux de la foi chrétienne. L'art ressemblait au Moyen Age, comme le note Lema Gwete, à une profession de foi. Le but primordial était la formation, l'éducation du peuple chrétien et, pour l'artiste, une

---

[1] M. MESLIN, *L'expérience humaine du divin*, pp.226-227. Pour lui, la notion de centre revêt une signification à la fois spirituelle et matérielle. Dès lors, ses valeurs religieuses sont inséparables des notions d'espace et d'intimité.
[2] L. SPILLER, «L'espace cosmique » (traduit de l'italien par P. Michel), in *Encyclopédie des religions*, t.2, p.1617.
[3] M. MESLIN, *L'expression humaine du divin*, pp.230-231.
[4] NICOLAS DE CUSE cité par J. CHEERBRANT, *Dictionnaire des symboles*, t.1, Paris, Seghers, 1973, p.299. Pour H. Trimégiste, Dieu est un sphère dont le centre est partout et la circonférence nulle part.
[5] J. CHEVALIER et A. GHEERBRANT, *op.cit.*, pp.299-300.
[6] M. BALLESTER, *op.cit.*, p.91.
[7] S. MISSATKINE, art.cit., p.217.
[8] J. STOTT, *La croix de Jésus-Christ* (traduction d'A. Doriath), Mulhouse, Grâce et Vérité, 1988, p.5.

contribution de son âme propre[1]. La force du centre symbolisée paraît être très limitée et ne peut voir son dépassement qu'en Christ. Ainsi, pour saint J. Damascène, le fondement de l'icône est christologique. Son propos est, en effet, suggestif quand il dit : «'Puisque l'invisible, s'étant revêtu de la chair, s'est rendu visible, tu peux figurer la ressemblance de Celui qui s'est manifesté »[2]. N'était-ce pas l'image lacérée du Christ, en bois, dans l'église de Fontiveros qui avait fortement marquée la destinée mystique de Jean de la Croix ? Comment ne pas rappeler ici la figuration du *Pressoir mystique* (1550-1560) qui se rattachait à l'iconographie familière à la fois au monde rhénan et à la religion parisienne ? En amalgamant les trois textes où il est question dans le premier, du fouleur d'Esaïe (63, 2-3), dans le second, du Serviteur souffrant broyé à cause de nos crimes (Es 53,5) et dans le troisième, du cavalier blanc de l'Apocalypse qui foule lui-même au pressoir le vin de la fureur (Ap 19,15), l'iconographie chrétienne a de fait privilégié la figure du Christ broyé par la souffrance à cause de nos péchés[3]. Il ressort clairement de ce message du pressoir mystique, symbole de passion et compassion du Christ glorifié, le message de la récapitulation substitutive de l'humain. En effet, tous les mystères dont il est question dans le Nouveau Testament, en rapport avec la rédemption de l'humanité corroborent, il est vrai, cette notion de centralité du Christ-Logos. Confesser la centralité du Christ, c'est reconnaître le renversement des perspectives temporelles à la lumière du mystère pascal. Ainsi, le titre «Fils de David » ayant donné la place au titre «Fils de Dieu », la royauté qui a été donnée à Christ d'inaugurer acquiert désormais une dimension spirituelle incontestablement universelle. La dissolution de la pensée juive d'un royaume terrestre, visible fait justement que Jésus-Christ, Dieu en personne qui prend un corps pour sauver délibérément l'humanité soit le centre de la mystique du nouveau Testament (cf. Mt 6,33). De ce point de vue, S. Missatkine note que «L'annonce du royaume de Dieu efface toute confusion et entraîne sur un plan nouveau. La conception terrestre fait place au mystère ; le Messie révèle au monde le mystère du royaume spirituel. Le Dieu voilé ouvre les portes de son royaume éternel à l'homme déchu, lui en donne enfin l'accès »[4]. Ce royaume impérissable où Jésus-Christ occupe la place centrale, les deux réalités mystiques, le royaume de Dieu et le royaume messianique deviennent un dans le mystère pascal, rendant à la création de façon cohérente et insoupçonnée sa vocation. L'homme dont l'intériorité est transformée se trouve désormais intégré dans le grand projet de Dieu de promotion de l'humanité. Ainsi, le Saint-Esprit qui poursuit l'œuvre réalisée par Jésus-Christ en l'actualisant, prépare l'homme à une vision mystique d'humanisation. Il devient, si

---

[1] LEMA Gwete, «Essai sur la dimension religieuse de l'art négro-africain. Référence à la sculpture traditionnelle au Zaïre », in Art religieux africain, p.73. Pour lui, le christianisme du Moyen Age a favorisé le développement d'un art essentiellement théocentrique, les artistes de cette époque ont investi tout leur talent dans l'interprétation des données du Nouveau et de l'Ancien Testament.

[2] Saint J. DAMASCENE cité par O. CLEMENT, «Bible et icône. De la Parole aux visages », in *Les Quatre fleuves. Cahiers de recherche et de réflexions religieuses*, p.117. Saint T. Studite, abonde dans le même sens quand il dit, « En tant qu'il naît du Père indescriptible, le Christ ne peut avoir d'image… Mais en tant qu'il est né d'une Mère descriptible il a naturellement une image qui correspond à celle de sa Mère. Si l'art ne pouvait le représenter, cela signifierait qu'il est né seulement du Père et ne s'est pas incarné, ce qui contredirait toute la divine économie de notre salut ».

[3] J. DELUMEAU préface sur *Le pressoir mystique*. (Actes du colloque de Recloses, Seine-et-Marne 27 mai 1989), Paris, Cerf, 1990. Il existe beaucoup d'autres composantes qui ont été combinées entre elles au cours des âges pour aboutir à l'image du pressoir mystique notamment Josué et Caleb ramenant la grappe de raisins de Canaan , l'Arbre de Jessé souvent représenté comme un cep aux multiples rinceaux, la Fontaine de vie ou la Croix glorieuse d'où s'échappent les eaux du salut. S'ajoutèrent un peu plus tard, à partir du XIIe siècle, des enrichissements nouveaux : promotion du rouge, couleur de la rédemption, associée au chapeau cardinalice, à des vêtements liturgiques et à la montée du culte eucharistique.

[4] S. MISSATKINE, « La mystique du Nouveau Testament », in *Encyclopédie des mystiques*, t.1, pp.327-328.

l'on veut, le guide par excellence dans le paradis du dedans. L'effet positif qui fait partie intégrante du mystère ou de la mystique est bien la confession de la présence communielle avec Dieu par Jésus-Christ. C'est cela l'œuvre merveilleuse que l'Esprit de vérité accomplit virtuellement en nous : faire habiter dans nos cœurs le «mystérieux Christ du centre », nous enraciner et nous fonder dans son amour qui surpasse toute gnose (Ep 3,16-18 ; cf. Col 1,15-17). Pour cette raison, l'apôtre Paul a su placer la personne du Christ-médiateur et le message de la croix au centre de la foi chrétienne. Car, de «l'idée peu glorieuse, de l'exécution des condamnés de droit commun »[1], la foi chrétienne célèbre la glorification du Christ à la droite du Père associée à l'idée de la victoire de la vie sur la mort. On le voit, le mystère du «mystérieux Christ du centre » se révèle différent des mystères de la Grèce ancienne, les mystères d'Eleusis, par exemple, limités dans le temps et dans l'espace. Par son exaltation cosmique, Jésus-Christ est restauré dans la gloire éternelle dont il était dessaisi dans son abaissement volontaire (Ph 2,6-7). En lui, écrit B. Bobrinskoy, demeure toute la plénitude ecclésiale et cosmique dont il est le centre et l'achèvement ; mais aussi plénitude de la vie divine qui demeure en son corps comme un sanctuaire[2]. Tout est maintenant à Christ et pour le Christ, comme le témoignent les myriades des myriades d'anges réunis autour du trône de la majesté divine en disant : « Digne est l'Agneau égorgé de recevoir la puissance, la richesse, la sagesse, la force, l'honneur, la gloire et la louange » (Ap 5,12 ; Ph2, 7-9).

Il importe de le rappeler, la croix du Christ occupe une place prépondérante dans le grand projet de Dieu d'humanisation du monde. Ainsi, pour J. Stott, la croix était au centre de l'esprit même du Christ et de son programme de la rédemption. Par fidélité, ses disciples se sont fortement rattachés à ce signe. Le seul Jésus authentique, conclut-il, est celui qui est mort sur la croix[3]. En reproduisant la «Face dépouillé de tous les masques du néant, Face pascale où la déréliction 'passe' dans la gloire »[4], la croix devra être perçue comme le véritable signe de ralliement et de convivialité planétaire. De la sorte, la croix du mystérieux Christ du centre fera expressément allusion à sa mort substitutive et à notre identification avec lui. De même, la désignation messianique *en Christ* évoque l'idée de profonde intimité avec le Christ glorifié. Exprimant en premier l'étroite relation avec l'histoire (le passé de Jésus et de son peuple), *en Christ* revêt également une signification eschatologique, ecclésiale et mystique, comme composante historique en est d'une remarquable continuité[5]. Ne relevant pas d'une structure hystérique, *en Christ* ne peut pas non plus être considéré uniquement comme une simple conscience mystique ou un idéal à atteindre. Il est, en réalité, le lieu sacré où le ciel et la terre se rencontrent de façon harmonieuse. L'harmonisation qui n'est pas ici le fait d'un hasard peut se définir en termes de consonance harmonieuse d'amnistie divine, de réconciliation pascale, car «il a plu à Dieu de faire habiter en lui toute plénitude et de tout réconcilier avec lui-même, aussi bien ce qui est sur la terre que ce qui est dans les cieux, en faisant la paix par le sang de la croix » (Col 1,19-20). Le mystérieux Christ du centre est le Christ de la «maison du Père » où est cachée notre vie avec lui en Dieu (Col 3,3) et tout ce qui contribue pratiquement à notre bien-être. Le fait est plus significatif quand on veut bien le comprendre dans la perspective de l'économie christique qui réduit effectivement la surface aux coups, comme l'exprime encore

---

[1] M. GOUGH cité par J. STOTT, *La croix de Jésus-Christ.*, p.6.
[2] B. BOBRINSKY, *Le mystère de la trinité*, Paris, Cerf, 1986, p.127.
[3] J. STOTT, *La croix de Jésus-Christ*, pp.11 et 33.
[4] O. CLEMENT, art.cit., p.117.
[5] M. BOUTTIER, *op.cit.*, p.65.

une fois l'apôtre Paul : «Aussi bien nous ne regardons-nous pas aux choses visibles, mais aux choses invisibles ; les choses visibles en effet n'ont qu'un temps, les invisibles sont éternelles » (2Co 4,18). Les choses d'en bas doivent maintenant dépendre des choses d'en haut, c'est-à-dire de la vie nouvelle en Christ assis à la droite de Dieu le Père. Encore faut-il préciser que l'homme tente vainement de s'émanciper, pour reprendre l'expression de E. Morin, «des cavernes de l'homme », ou mieux «des cavernes de l'intérieur », c'est-à-dire de l'espace du dedans comme lieu de convergence de tout ce qui provoque en lui le désarroi cruel et suscite une profonde désolation. La menace du dedans est plus acerbe car elle trahit l'intériorité, lieu de rencontre béatifiante dans la «maison du Père ». C'est bien là que l'on se retrouve placé à la proximité de Dieu le Père, le centre des centres. C'est dire, en clair, que tout ce qui enserre les cavernes de l'homme produit sur l'homme des cavernes, c'est-à-dire du dehors. A juste titre, C.-A. Keller a pu écrire : «Le Christ est venu dans le monde non pas pour que nous soyons aliénés en nous abandonnant dans le monde, mais pour que nous le suivions, lui, le Christ ; pour que nous partagions sa résurrection en faisant percer en nous sa vie qui est en nous »[1]. Cette nouveauté de vie offre au monde la réalité d'une bonté indicible, expression d'une présence jamais possédée, présence du mystère pascal. Un homme en Christ enlevé dans le paradis, nouvelle demeure éternelle qui ne connaîtra jamais les grisailles, c'est là que l'apôtre Paul entendit des paroles ineffables (2 Co 12,2-4). Etaient-elles des paroles en rapport notamment avec le schéma récapitulation-rédemption de la promotion de l'humanité dans ses dimensions, spirituelle et matérielle ou celles qui ont trait à la célébration glorieuse du mystère pascal ? S'agit-t-il évidemment des visions et révélations à propos des profondeurs insondables de Dieu ? Il est difficile de trancher avec certitude. Le silence ou l'effacement que s'impose l'apôtre Paul, pudeur du mystique, «je ne sais, Dieu le sait », est le seul langage adéquat en raison de l'excellence de ces visions et révélations, c'est encore là, en effet, un mystère qui nous sera révélé dans l'au-delà du temps historique lors de la plénitude de la révélation de l'après ou du pas encore du mystère. A la lumière de la croix du Christ, toutes les autres figurations symboliques trouvent leur sens. Le symbole de l'échelle, par exemple, rappelle la vision de Jacob dans Gn 28. A la suite de Philon, les Pères de l'Eglise ont interprété ce symbole de l'échelle, soit comme l'image de la providence que Dieu exerce sur la terre par le ministère des anges, soit comme une préfiguration de l'incarnation du Verbe, pont mystérieux jeté par Dieu lui-même entre le ciel et la terre. Aujourd'hui encore, l'échelle pointée vers le ciel à Jérusalem se réfère à cette vision de Jacob. Pour la théologie mystique, ce symbole de l'échelle illustre le rapprochement harmonieux du ciel de la terre, réalisé par la présence du Christ dans ce monde. Jésus-Christ se définit clairement ici comme le mystérieux moyen de communication de la fraîcheur promotionnelle de Dieu au monde. En tant que «Fils de l'homme », titre qui exprime le mystère de sa personne et de sa mission, Jésus-Christ, la proximité même du Père, est la véritable échelle soutenue comme par une puissante main invisible en vue de réparation de la tragédie humano-cosmique. Il est la providence du monde. Dans son *Itinerarium Mentis in Deum* (Itinéraire de l'Esprit de Dieu), chef-d'œuvre écrit en 1259, le Franciscain saint Bonaventure élabore trois étapes de l'ascension vers Dieu : en dehors, au-dedans et au-dessus de nous à la lumière de ce symbole de l'échelle. Il explicite :

---

[1] C.-A. KELLER, *op.cit.*, p.238.

> Le monde est une échelle par laquelle nous montons vers Dieu. Nous trouvons certains vestiges de Dieu. Certains sont matériels, d'autres spirituels, certains temporels et d'autres éternels, certains sont hors de nous, d'autres *au-dedans* de nous. Pour arriver à comprendre le Premier Principe, Dieu qui est le plus spirituel et éternel et *au-dessus* de nous, il nous faut pérégriner à travers les vestiges de Dieu qui sont matériels et temporels et *en dehors* de nous. Nous entrons ainsi dans la voie qui mène à Dieu. Il faut ensuite pénétrer dans notre propre esprit, où l'image éternelle et spirituelle de Dieu est présente *au-dedans* de nous. Ici, nous entrons dans la vérité de Dieu. Finalement, nous devons passer dans ce qui est éternel, le plus spirituel *au-dessus* de nous[1].

Il réapparaît dans ce texte, l'idée évoquée précédemment de la complicité intrinsèque promotionnelle existant entre Dieu et ses créatures à partir de son profond intérêt de conciliation ou de solidarité de l'expérience mystique et de l'étude de la nature qui, selon Héraclite, «aime à se cacher »[2]. Pour saint Bonaventure, la sagesse de Dieu se révèle dans les réalités cosmiques. Plus on étudie quelque chose plus, précise-t-il, on pénètre son individualité, et on le comprend mieux en tant que l'être exemplaire situé dans l'esprit de Dieu. M. Eliade a vu dans cet intérêt des Franciscains à la nature une des sources de l'essor des sciences empiriques. On citera, par exemple, le Franciscain R. Bacon reconnu comme précurseur de la science expérimentale. On pensera également au rôle décisif du taoïsme dans le progrès des sciences empiriques en Chine[3]. En plaçant le Christ ressuscité au centre de la contexture théologique de la mystique chrétienne, R. de Haes restitue cinq traits caractéristiques fondamentaux de la mystique chrétienne dans sa communication au cours du colloque de Kinshasa. Premièrement, la mystique chrétienne est christologique et trinitaire. Elle est une expression de Christ, de la totalité de sa vie, et de son message d'amour. La foi chrétienne reconnaît pertinemment que la Trinité et la christologie sont inséparables car le Christ est l'image du Père, dès lors, les deux se révèlent mutuellement par le témoignage du Saint-Esprit. Deuxièmement, elle est une actualisation de façon inouïe du dessein de l'homme, créature merveilleuse de Dieu. La vraie mystique de la ressemblance n'est orientée que vers Dieu. Troisièmement, la mystique chrétienne est une intelligence de la révélation biblique. Tant de grands mystiques parlent du don que Dieu leur a fait de comprendre la Bible qui nourrit l'intelligence et le cœur. Quatrièmement, la mystique chrétienne tient, comme toutes les autres mystiques, au symbolisme qui permet de rendre compte d'une expérience, de dire et d'exprimer le mystère, le symbolisme du mariage spirituel, par exemple. Cinquièmement, vivant au sein de la communauté, elle est ecclésiale puisque l'incarnation se réalise dans l'Eglise les noces du Verbe et de l'humanité[4].

En examinant dans le fond chaque caractéristique, on se rend davantage compte de la place centrale offerte à Jésus-Christ dans la mystique chrétienne focalisée sur la totalité de sa vie et de son message d'amour. Pour cela, nous reviendrons un peu plus loin sur certains aspects marquants, notamment l'amour du Christ en tant que vertu de réanthropologisation, le dessein de Dieu à propos de l'homme en tant que créature merveilleuse, le sens des symboles et leur manipulation, ce qui rend du plus haut intérêt l'étude de la centralité du mystère pascal.

---

[1] M. ELIADE, *Histoire des croyances et des idées religieuses*, t.2, p.202-203.
[2] L. AGATHIAS, art.cit., p.102.
[3] M. ELIADE, *Histoire des croyances et des idées religieuses*, t.2, pp.203-204.
[4] R. DE HAES, «La théologie de l'expérience mystique de la tradition catholique », in *La mystique africaine*, pp.54-57.

1.1.2 Christ, centre de la mystique africaine

Les religions traditionnelles africaines, nous l'avons dit, ont su façonner l'homme africain noir et de déterminé ses conduites, aussi bien ses structures psychiques. C'est d'elles qu'il a pu hériter la civilisation de l'oralité, la spiritualité de tolérance et les vertus d'humanisation (solidarité, respect de la vie humaine, amour, hospitalité, etc.). Quoi qu'il en soit, l'homme africain ne prétend pas avoir eu de révélations surnaturelles. Aucune trace dans sa pensée, comme le fait remarquer F.-M. Lufuluabo, d'un événement historique par lequel Dieu aurait fait une révélation positive. Les êtres de la nature constituent, en effet, une révélation naturelle du Créateur. Il relève de fait la complicité mystico-dynamique avec les mystères de la création[1]. Pratiquement, le système religieux de l'homme africain repose, pour une bonne part, sur l'idée de l'établissement des liens avec les forces mystérieuses supérieures invisibles qui infestent son univers socio-cosmique. Il est évident qu'on vit en Afrique noire, au milieu des symboles et des mystères qui parsèment son univers. De plus, au-delà des préoccupations utilitaires et des grisailles du quotidien, l'homme africain a acquis l'habitude de compter en tout premier lieu, dans sa quête de promotion de la dignité humaine, sur les catégories spirituelles inférieures. Le Dieu transcendant, créateur de tout ce qui existe et révèle la perfection de son nom, n'est pas l'ultime destinataire. Il est «totalement relégué au profit des dieux intermédiaires ; et les prières, les cultes et sacrifices s'adressent de préférence à des divinités de la nature (eau, roche, volcan, animal) ou ancestrales ; car celles-ci seulement sont censées intervenir dans la vie concrète des hommes »[2]. Généralement, l'état théologique en Afrique dans l'effort de la réparation de la tragédie humano-cosmique s'articule, d'après B. Lenoir-Nimy, en deux phases complémentaires. La phase «fétichiste » qui prête aux choses vie et action et la phase anti-scientifique qui confère aux puissances surnaturelles certains traits de la nature humaine (vertu, vices, motivations, etc.)[3]. Il est évident que la spiritualité négro-africaine trouve sa profonde expression de communion anthropo-cosmique dans les images que dans les concepts. Les chercheurs dans ce domaine pensent d'ailleurs que «le signe symbolique permet d'aller plus en profondeur dans la connaissance des êtres et des choses, de passer plus aisément la frontière entre visible et invisible, de conduire plus sûrement l'homme à Dieu »[4]. De là, on essaie de comprendre le caractère fonctionnel et spirituel de la création artistique négro-africaine, si du moins, comme disait E. Leuzinger, «l'art, expression visible de l'invisible et du surnaturel pour le Noir, est particulièrement propre à être incorporé aux divers actes du culte »[5]. La création artistique joue le «rôle particulièrement cathartique »[6], c'est-à-dire qu'elle joue au sein de la tradition, le rôle d'opérateur de transition entre des ordres de valeurs en opposition qu'elle résorbe et par là, elle peut promouvoir l'homme à une perfection supérieure d'être. Elle concilie des mondes opposés, cause et crée la nouveauté culturelle ainsi que l'auto-dépassement humain. La création artistique qui paraît être un projet-d'être-au-monde ne doit être une simple

---

[1] F.-M. LUFULUABO, *Vers une théodicée bantoue*, Louvain, Casterman, 1961, pp.8-10.
[2] A. NDAW, «Caractères généraux des religions africaines », p.1169.
[3] B. LENOIR-NIMY, «L'Eglise et la promotion intégrale de l'homme et de la femme en Afrique », in *Quelle Eglise pour l'Afrique du troisième millénaire ?*, p.279.
[4] J.N. SECK, art.cit., p.153.
[5] E. LEUZINGER cité par LEMA Gwete, art.cit., p.71.
[6] NGHENZI Lonta Mwene Malamba, *De la sorcellerie à la mystique*, p.16.

copie de la nature[1]. C'est, à juste titre, une complicité intrinsèque avec les mystères de la nature cosmique où l'homme africain noir exprime manifestement ses rêves, ses peines et ses espoirs. D'après R. Huyghe, l'homme a des fonctions organiques, mentales et spirituelles qui réclament de s'exercer. La création artistique joue un rôle beaucoup plus significatif de créer la beauté, de donner à l'homme un des plaisirs les plus élevés, de représenter et d'exprimer. Dans cette perspective, la création artistique est faite de la rencontre de trois partenaires, le monde de la réalité visible, le monde de la plastique et le monde des pensées et des sentiments. L'art crée le lien de rencontre, offre la possibilité de communication à la fois l'homme et son univers[2]. Cela va sans dire, la crise de l'être en Afrique noire est pratiquement articulée dans les arts plastiques, dans la musique et dans la littérature. On peut parler, dans la perspective de l'aversion pour le christianisme missionnaire, de l'approche théologique de la littérature et de l'art religieux en Afrique noire où la figure du Christ contemporain occupe une place centrale[3]. C'est pourquoi, le théâtre négro-africain, par exemple, cherche à traduire la totalité des manifestations humaines de la vie[4]. Le temps est dans la construction même, l'expression de l'humain et du cosmos. Pour le culte initiatique du Bwiti, le crâne symbolise un orateur décédé, manifeste l'importance de la parole comme évocation du souffle de l'Etre suprême, de son omni-pouvoir[5]. On admet que la fonction sociale du tatouage et certains ornements féminins est de provoquer, par un langage approprié, la curiosité et le désir masculin en vue d'un rapprochement sexuel. Le tatouage contribue également à incorporer l'individu à sa tribu, à son clan par un signe de reconnaissance, lui donne à lui-même, par un étrange mécanisme mental, sa propre identité au sein de la société à laquelle il appartient. Il en est de même avec les cicatrices rituelles[6]. C'est ainsi que, pour E. Mveng, la création artistique négro-africaine est un langage qui établit un lien permanent entre le destin de l'homme et le destin du cosmos. C'est un langage religieux assurant la permanence du lien entre l'homme, le cosmos et Dieu. C'est précisément un langage anthropologique, cosmologique et liturgique[7]. La vision dramatique de l'existence et du destin de l'homme noir faite de combat entre la vie et la mort, caractérise la création artistique africaine. Ce fait prégnant est symbolisé au Bénin, nous le rappelons, par la représentation cosmique, ciel et terre, de la calebasse fermée sans orifice qui permet à l'homme de se faire l'expérience de l'étouffement existentiel, de l'incompréhensible, du combat pour la survie. Chez les Fon du Bénin, la calebasse est un récipient auquel ils empruntent à la vie courante tout ce qui se rapporte aux relations

---

[1] MUDIJI Malamba Gilombe, «Art africain, développement et quête spirituelle à l'épreuve du rythme », in *Tradition, spiritualité et développement*, pp.249 et 254.

[2] R. HUYGHE cité par R. RAFFIN et L.-M. MORFAUX, *op.cit.*, pp.15 et 16.

[3] G. IWELE, « mystique et christologie en Afrique », pp.188-192. Pour Tchikaya U Tam'si, par exemple, Christ est assimilé à l'homme exploité, opprimé, au colonisé. L'art, croit-on, rend le christianisme africain.

[4] B. TRAORE, op.cit., «Le théâtre négro-africain et ses fonctions sociologiques », in *Premier Congrès des Ecrivains et Artistes Noirs*, p.188. A. NDAW, *op.cit.*, pp.105 et 106.

[5] A. NDAW, *op.cit.*, pp.105 et 106.

[6] J. LANTIER, *op.cit.*, pp.190 et 191. Il s'essaie ici d'expliquer les cicatrices rituelles que portait la jeune fille mère d'Inonga au Congo : une sorte d'étoile entre les seins indique le nom caché de l'ancêtre-fondateur, un V très élaboré montre celui de la tribu. Le nom officiel du clan est figuré au-dessous par plusieurs points. La période de naissance et le signe personnel sont indiqués sur le nombril, centre de toile d'araignée cachant d'un trait d'ombre l'endroit de l'affut. Tous les autres signes autour du nombril expliquent un langage ésotérique entre les esprits des ancêtres appelés à la fonder. Les traits horizontaux à l'intérieur des cuisses expriment la chaleur de l'amour. Les tatouages du bras gauche indiquent le nom et les qualités du mari ; ceux du bras droit les noms des deux enfants qu'elle avait déjà eus.

[7] E. MVENG, «L'art d'Afrique noire, liturgie cosmique et langage religieux », p.99. Pour lui, tout rite, toute danse, toute musique, toute œuvre d'art plastique est une célébration de la victoire de la vie sur la mort. C'est une véritable liturgie cosmique.

humaines et à leur complexité. Cela fait justement penser au caractère dramatique de l'existence et du destin de l'homme. Prenons l'exemple des deux proverbes de calebasse formulés, d'après Faïk-Nzuji, soit en un seul vers, soit en distique en forme de dialogue qui ont été recueillis à Abomey par M. Dujarier auprès du graveur A. Agida en 1965[1]. Le premier est le proverbe en distique de la première calebasse, *Dan wlii bèsé* (quand un serpent attrape un crapaud), *aliyito na sindo* (un passant arrive toujours à propos) nous permet de reconnaître l'intervention d'une puissance supérieure toujours efficace dans des situations difficiles qu'endure le faible. On trouve trois signes figurants : le serpent symbolise toute force supérieure nuisible au bien-être. Le crapaud représente ici l'être faible, l'homme que cette force prétendument supérieur nuisible menace de détruire. L'oiseau est ce passant dont l'arrivée fait fuir le serpent et sauve le crapaud. Il symbolise ici l'attention ou la vigilance de Dieu sur ces créatures. Le deuxième est le proverbe en distique de la deuxième calebasse : *Lênklênsên we xhùn dô sô dôkpô kpa* (deux serpents se battent sur la colline), *kujên na da* (seul la mort de l'un peut les calmer) privilégie le courage et la ténacité dans l'action promotionnelle de l'homme africain. Le proverbe s'articule en deux signes figuratifs : un cône représentant une colline, et les deux serpents qui se battent, symbolisent toute personne volontaire ou têtue qui ne veut en aucun cas lâcher une entreprise commencée ou qui veut vaincre à tout prix.

Encore une fois, nous sommes d'accord que, si la mystique africaine est jusqu'ici peu explorée, elle reste dans le fond un bosquet luxuriant, une mine inépuisable. C'est un trésor enfoui. La communion anthropo-cosmique qu'il expérimente ne se limite pas seulement au niveau de la création artistique. Il existe des lieux sacrés et des pratiques rituelles perçus comme des centres promotionnels et de vitalité. Les «bois sacrés », les «grottes sacrées », les «arbres sacrées », les «maelströms sacrés », les «maisonnettes sacrées », bref, les êtres et les choses ou les choses-dieux qui surabondent en Afrique noire dans les eaux et les brousses. Ces lieux réputés mystérieux ne sont habituellement fréquentés que par les initiés aux mystères. C'est bien là que trône ostensiblement cette communion avec les mystères de la nature. Prenons quelques exemples. D'après V. Delene et C. Atatah, les forêts sacrées sont des superficies réservées et protégées dans la forêt danse pour des raisons essentiellement ethnoculturelles. Leur origine très ancienne remonte, dans la plupart des contrées, à l'établissement de l'ancêtre fondateur du clan ou du village. Elles sont considérées comme le berceau des ancêtres, le chantre des dieux dont les arbres constituent la demeure. L'accès y est interdit sauf aux personnalités initiées par des rituels fétichistes ou magico-religieux[2]. *Pak'Ibanja*, qui signifie littéralement «or de Dieu » ou «diamant de Dieu » ou précisément «enclos ou parc paradisiaque », est une vaste étendue de la brousse présumée sacrée par les Ngombe de Bolomba (Congo). Les initiés y perçoivent confusément tout ce qui constitue le bonheur paradisiaque : avions, bateaux, véhicules, maisons lambrissées, routes asphaltées, usines, etc. Sans doute, une foule grouillante d'habitants de cette contrée visite-t-elle ce lieu devenu le centre de l'utopie paradisiaque. Le paradoxe dans cette pansée audacieuse, c'est le fait que les utopistes Ngombe reviennent à s'appuyer sur les

---

[1] C. M. FAÏK-NZUJI, *La beauté des signes*, pp.48-50. On s'en aperçoit, l'art en Afrique noire ne recherche pas seulement le beau, l'esthétique, il transmet aussi le message à travers la parole (proverbes, maximes, fables, contes) et les objets utilisés couramment dans la société traditionnelle qui baigne dans l'oralité (bois, pierres, m étal, ivoire, argile, etc.)

[2] V. DELENE et C. ATATAH, «Sommet des leaders d'Afrique centrale sur les forêts », in *Bulletin d'information trimestriel*, publié par le Réseau Africain Action Forestière, n°008, mai-juin-juillet 1999, p.5. On croit que ces bois ont été plantés par les premiers ancêtres. Le but était de bénéficier de fonctions écologiques et de mener les activités socioculturelles. Nous encourageons que l'exploration soit faite pour découvrir ce qu'il y a de promotionnel.

Américains. Le leitmotiv *Amilika hu u* signifie qu'avec l'arrivée imminente des Américains, croit-on fermement, cette forêt dite sacrée deviendrait un véritable lieu de promotion humaine, car, en raison de leur grandeur, les Américains sont censés changer les conditions de vie aujourd'hui déshumanisantes en projet d'humanisation. Ce qu'on ignore cependant, c'est le fait que les utopies qui jouent le rôle pertinent d'éveiller les pouvoirs de la conscience et de pousser à une action réelle dans le monde, est un moyen non une fin en soi. Ce qui importe pour l'heure, c'est la «manipulation des symboles », c'est-à-dire faire du non-lieu de l'imaginaire africain une véritable ressource de l'humain et de l'espoir. Comme le précise G. Defaux, «en plaçant en mer utopienne le mythe platonicien de la Cité idéale, More a donné à l'homme conscience de ses pouvoirs sur le monde et lui a offert des raisons d'espérer. Composée il y a plus de quatre siècles, l'*Utopie* reste une œuvre étonnement ouverte sur le futur[1]. Les Mongo de Befale (Congo) expérimentent la mystique d'*Inina* qui prend strictement le sens de lieu de la vendetta. C'est l'étang sacré perçu comme le lieu de règlement de compte. On se rend naturellement nu pour prendre une quantité de son eau qu'on versera au bout du village. Le présumé sorcier mourra tout d'un coup, affirme-t-on, dès qu'il quitte sa maison sous la pluie. On se rend aussi dans cet étang sacré pour pouvoir se prémunir contre toutes les puissances polymorphes de destruction après un plongeon de purification. Les mystérieux maelströms parsèment toutes les côtes africaines. Pour s'attirer des faveurs matérielles et acquérir les pouvoirs de domination, on rend hommage aux innombrables génies aquatiques, en l'occurrence, les sirènes communément appelées *Mami Wata* (de water, l'eau). Le Faro, par exemple, est chez les Bambara une figure originale. C'est une divinité aquatique, mi-albinos, androgyne. On se la représente comme une sorte de sirène, avec une tête de femme blanche, deux nageoires pour oreilles, les mains et la queue palmées. Il consomme le sang, la tomate et la bouillie de mil. L'albinos et le cuivre lui sont réservés[2]. Il existe également des pratiques rituelles chez les peuples riverains, les Mongo et les Ngombe notamment, le *kembi*, par exemple. C'est un rite de transfert des pouvoirs occultes à la mort de celui qui en était le détenteur. Avant son enterrement, l'on place le cercueil du défunt dans la pirogue. Le successeur désigné s'accroupit dans la pirogue devant tout le monde. On place dans sa bouche soit une feuille de l'arbre connu des initiateurs aux mystères, soit une plume rouge du perroquet. Il a le balaie dans sa main gauche pendant que sa main droite tape sur le lokolé au rythme du tam-tam. Une corde le relie au cercueil placé dans la pirogue. Il reste, en effet, les yeux attentivement fixés dans les eaux. On suppose qu'il serait en train de contempler les mystères de ce qui fera de lui, après toutes les cérémonies rituelles, le mystique-protecteur ou bienfaiteur du clan. On fait pratiquement sept tours le long de la rivière ou du fleuve. Généralement, les eaux et les brousses africaines sont les lieux de transaction magico-religieuse interclanique. C'est là que se décide et s'exécute, nous semble-t-il, le destin de l'homme africain noir. C'est là également qu'on réalise manifestement la complicité intrinsèque avec les merveilles de la création. L'homme blanc a pratiquement fait preuve d'une force vitale en dépassant de loin tout ce que l'homme noir avait connu jusque-là. Il a réussi à ériger des ponts et à construire des ports dans certains endroits réputés mystérieux. Les missionnaires, notamment, ont construit des églises dans des forêts présumées «maudites ». Selon l'attente de la population de Mbata, par exemple, ces missionnaires devaient mourir dans quatre jours. Cette période

---

1 G. DEFAUX, « More (Thomas) 1477 ou 1478-1535 », in *Encyclopaedia Universalis*, Corpus 15, Paris, 1992, p.757.

2 H. DESCHAMPS, *op.cit.*, pp.30-31.

passé, comme l'indique C. Achebe, ce peuple n'a pas tardé d'y trouver une explication dans le fétiche de l'homme blanc qui avait d'incroyables pouvoirs. Pour cette population de Mbata, le blanc portait des verres sur les yeux de sorte qu'il pouvait voir les esprits du mal et leur parler[1]. C'est dire que l'homme blanc s'est investi à dompter certains points d'eau et certaines parties des forêts donc, les génies gardiens de ces endroits. Au lieu de profiter des influences ou des retombées éventuellement promotionnelles, l'homme noir compte dès lors pertinemment sur la présence communielle avec les puissances surnaturelles inférieures, d'innombrables génies et divinités des eaux et des brousses africaines. A la lumière du mystère pascal l'apôtre Paul dévoile dans le baptême le sens nouveau de la victoire de la vie sur la mort et ses alliés, en l'occurrence, les génies aquatiques. Le baptême est pour l'heure une méthode efficace du mystère du salut que Dieu offre au monde et un symbole fort d'un attachement indéfectible à la personne même du Christ glorifié car, «de par son immersion dans l'eau, le chrétien est désormais lié à la personne du Christ jusque dans l'événement de sa mort et de sa résurrection (Rm 6,1-11) »[2]. M. Eliade l'exprime clairement en parlant de symbolisme aquatique. Les eaux sont perçues comme le réservoir de toutes les virtualités. Le symbolisme des eaux implique aussi bien la mort que la renaissance. Le contact avec l'eau comporte toujours une régénération, la dissolution est suivie d'une nouvelle naissance et l'immersion fertilise et multiplie le potentiel de vie, en exploitant certaines valeurs préchrétiennes et universelles du symbolisme aquatique, les Pères de l'Eglise les ont enrichies de significations nouvelles se rapportant à l'existence historique du Christ, il y a valorisation du baptême comme descente dans l'abîme des eaux pour un duel avec le monde marin et répétition du déluge[3].

L'analyse descriptive de cette dimension religieuse dans la perspective de la mystique permet à l'homme noir qui a vécu, lui aussi, le drame du salut ineffable de Dieu autour de la personne de Jésus-Christ, de se défaire de cet insidieux cercle vicieux. Parler de l'accueil de Jésus-Christ en Afrique, c'est reconnaître non seulement que les religions traditionnelles africaines y ont su façonner l'homme dans ses structures socio-religieuses et psychiques et déterminer ses conduites, mais aussi le christianisme où l'incognito Christ-Logos est présenté au monde comme l'unique Fils du Père venu pour la récapitulation de l'humanité dans son humanité. Dans cette optique, E. Mveng a trouvé la nécessité d'exprimer le mystère christique à partir des éléments de l'anthropologie négro-africaine. Le mystère de l'incarnation n'est pas seulement le mystère du Verbe fait chair, mais bien plutôt du Fils de Dieu se faisant Fils de l'homme. De la théologie de l'incarnation du Fils de Dieu à la théologie du mystère pascal, il est dès lors question pour Mveng, d'humanisation ou d'humanification. Christ assume concrètement la réalité de l'humanité dans son humanité et la totalité du cosmos ; il réalise une création nouvelle, avec une humanité nouvelle[4]. Si, à travers les deux phases de l'état théologique l'homme africain noir prétend s'identifier avec les catégories spirituelles inférieures, on présumerait qu'on est «déjà en passe de la troisième phase de l'état théologique où la nouvelle

---

[1] U. A. UMEZINWA, « A la recherche du sens des objets magiques dans le roman africain », in *Cahiers des Religions Africaines*, vol. 23, n°45-46, 1989, p.11. Selon C. Achebe, les missionnaires conquirent un peu de temps des conversions. C'est après les pourparlers avec les autochtones que doivent entreprendre les travaux.

[2] C. PARROT, « Le dévoilement de l'identité de Jésus », in *Encyclopédie des religions*, t.1, p.395.

[3] M. ELIADE, *Le sacré et le profane*, Hambourg, Gallimard, 1965, p.111. Etant perçues comme réservoir de toutes les virtualités, elles procèdent toute forme et supportent toute création. De fait, l'immersion symbolise la régression dans le préformel, la réintégration dans le monde indifférencié de la préexistence, répète le geste cosmogonique de la manifestation formelle. Elle équivaut à une dissolution des formes.

[4] E. MVENG, «L'art d'Afrique noire, liturgie cosmique et langage religieux », pp.101-102.

christologie de l'identification du Christ avec les catégories linguistiques et sociales africaines qui s'élabore, présente un Christ qui semble être ontologiquement et théologiquement différent du «Christ réel et mystérieux du centre », du Christ *homoousien* de Nicée et des *alpha privantia* de Chalcédoine. Il en est donc question dans ce troisième stade d'articulation théologique, de Christ du genre l'«Afrique aussi » car, dit-on, «avec la filiation divine du sauveur, le christianisme est appelé à renouer avec des représentations païennes et extrêmement répandues »[1]. Il résultera en Afrique, il est vrai, des christs sans analogie avec le Christ du centre. C'est pourquoi, après avoir parlé de la procédure d'accueil d'un étranger dans la tradition africaine, Bimwenyi Kweshi tire la conclusion suivante : «Mais qu'il soit 'plus qu'un prophète' et qu'en lui Dieu lui-même soit en visite, 'en chair et en os', auprès des mortels, ce sera la chose la plus étonnante, la 'plus étrange', celle qui pour les fidèles (ceux qui adhèrent) constitue la grande nouveauté, dans l'horizon négro-africain de sens »[2]. De toute évidence, Jésus-Christ est plus qu'un prophète, plus même que le Prophète (Moïse notamment) parce qu'en fait, il est le Fils et le Verbe, titres qui impliquent la divinité même, il est le Dieu au-dessus de tous[3]. La brillante confession du catéchiste Aloni Budimbu (Bas-Congo), âgé de 102 ans à la veille de l'indépendance de son pays, est à ce propos révélateur.

> Il n'y a plus de beau ni de plus rassurant à la vie et à la mort que de croire en Jésus-Christ. Il est notre frère aîné. Il nous a précédés dans l'autre monde, où il est assis à la droite du Père pour intercéder en notre faveur. Il est ressuscité des morts pour que je ressuscite aussi avec lui au dernier jour. Si quelqu'un me demandait d'abandonner Jésus parce qu'il n'est pas Africain, je préférerais mourir dans les bras de cet homme de Nazareth plutôt que de ceux qui possèdent d'autres dieux et d'autres divinités[4].

Ce texte qui révèle le «réel et mystérieux Christ du centre », n'est pas une simple envolée verbale et lyrique, il n'est pas non plus une simple expression répétitive. Faisant partie intégrante de la profonde confession de foi, comme dit H. Küng : «La foi chrétienne n'est pas une foi muette. Elle reconnaît ce qu'elle croit et confesse ce qu'elle reconnaît. Pas d'acte de foi (fides qua creditur) sans aucun contenu déterminé de la foi (fides quae creditur »[5]. Ce texte est un résumé récapitulatif restituant l'essentiel de la foi chrétienne à savoir Jésus-Christ crucifié. Il est, en réalité, le résultat d'une vie profondément renouvelée et transformée, d'une vie toute pleine d'espérance par la foi au mystérieux Christ du centre. C'est l'expression même de la présence communielle avec celui qui donne le sens à la vie «il est notre frère aîné », disait-il. Ainsi, la lutte permanente entre le mystère de la vie et le mystère de la mort trouve en Jésus-Christ, mort et ressuscité, un dénouement heureux. En Christ, la vie ou la mort, tout est beau pour lui parce que dès lors, la gloire du Vainqueur de la mort en est proprement devenue la tienne. Le mystère pascal est pour l'heure la source et la norme de la vie nouvelle abondante (Jn 10,10), le point de départ de l'histoire véritable du salut de l'humanité. Assis à la droite de Dieu le Père, Christ assure la médiation universelle. Une question de fond qui se poserait est celle de savoir si Jésus-

[1] DREWERMANN, *De la naissance des dieux à la naissance du Christ* (traduit de l'allemand par J. Feisthauer), Paris, Seuil, 1991, p.39.
[2] O. BIMWERNYI Kweshi, *Discours théologique négro-africain*, p.53.
[3] H. BLOCHER, *Christologie*, fasc.2, Vaux-sur-Seine, Fasc Etude, 1986, pp.306-308.
[4] ALONI Budimbu cité par MASAMBA ma Mpolo, «Pour les bantous, qui est Jésus-Christ », in *Terre Nouvelle*, n°34, (s.d), p.10.
[5] H. KÜNG, *Le christianisme. Ce qu'il est et ce qu'il est devenu dans l'histoire*, p.88.

Christ qui se reconnaît exclusivement Fils unique de Dieu le Père, créateur de toutes choses, peut être réellement repérable dans les registres de panthéons africains. L'approche remythologisante que R. Moloney fait figurer parmi les christologies de l'inculturation serait une tentative de revalorisation des mythes africains préchrétiens. Ainsi, d'après Iwele, les tenants de cette nouvelle approche christologique poursuivent une double finalité : proposer à l'Africain de la société traditionnelle le langage qui lui est familier, situer et interpréter l'œuvre du Christ dans ce qui représentait le nœud même du discours mythique, la réconciliation du divin et de l'humain dans la perspective historique. A ce propos, Iwele écrit :

> Dans son effort pour expliquer la condition historique et temporelle le mythe fait retourner au 'temps' préhistorique, en tâchant de proposer une explication de la déchéance et du passage du temps divin (Zamani) au temps profane (Sasa), de la condition divine à la condition humaine, historique. C'est la raison pour laquelle, dans cette approche le Christ prend place au rang des héros des mythes africains. Comme eux, il trouvera sa pertinence dans la mesure où il assume et réalise le défi auquel s'affrontèrent sans succès tous les héros des mythes africains[1].

On croit grappiller à travers ces mythes de l'Afrique traditionnelle les traits de la figure du Christ et trouver ainsi le point de départ pour percer et repenser son mystère. C'est dans sa communication au cours du colloque de Kinshasa sur la mystique africaine qu'Iwele s'est servi de trois exemples des tenants à ce projet christologique en élaboration[2]. J. Mbiti qui aborde explicitement, selon Iwele, la question christologique en Afrique dans son «Some African Concepts of Christology » s'en prend au courant christologique occidental né du processus de démythologisation systématique. Il appelle son approche, la *spirit christology*, car son discours christologique est placé non sur le Christ de l'histoire mais sur la présence géographique cosmique du Christ. Le Christ des Africains est, pour lui, mythique et mystique. De ce point de vue, Christ sera présenté comme celui qui donne aux mythes une dimension toute neuve, comme celui qui vient établir le lien rompu entre le *Zamani* (proximité de Dieu) et le *Sasa* (condition actuelle due à l'éloignement de Dieu). Iwele note qu'à la base d'une telle approche christologique se cache une approche an (ti) -historique de la personne et de l'œuvre du Christ. Le but est de faire que l'action rédemptrice du Christ ne soit pas réduite à une histoire particulière. Il prétend universaliser la portée de l'œuvre et de la personne du Christ. De là, ressort le portrait de Jésus comme le *Christus Victor*. C'est également à travers la mythologie africaine que l'image du Christ atteint, selon K. Appiah-Kubi, la chair du chrétien africain. Il propose cependant que les thèmes qui ont des affinités avec les récits bibliques, la naissance virginale entre autres soient contés et expliqués à la lumière de certains mythes en vue de l'intégration réelle du Christ dans les communautés des peuples d'Afrique. Il s'intéresse également à l'approche titrologique qui, estime-t-il, est un véritable apport de l'Afrique à la recherche christologique universelle. De son côté, Penoukou découvre un lien christologique dans le mythe africain. Partant de la donnée anthropologique vie-mort-vie, Penoukou fait état dans la mythologie *éwé-mina* du Sud-Togo et du Sud-Benin, d'un personnage mystérieux appelé *Bomènon* à qui *Mawu*, l'Etre suprême créateur aurait confié le soin d'introduire les hommes dans le monde terrestre : c'est un langage symbolique qui vise à présenter la vie et la condition

---

[1] G. IWELE, «Mystique et christologie en Afrique », p.169.
[2] Cf. Ibid, p.169-174.

humaines comme un processus d'hominisation, un projet existentiel dynamique[1]. A ce titre, il applique au Christ, en sublimant, cette fonction d'intermédiaire de la divinité *Bomènon*. Proche de Dieu, des hommes et du cosmos, par sa mort et sa résurrection, Jésus-Christ accompli à un degré supérieur, la figure de ce personnage mythique.

Il importe de rappeler ici trois exemples des mythes préchrétiens tirés du corpus de la mythologie africaine pour lesquels on prétend retrouver les traits qui permettent de repenser le mystère du Christ en Afrique. On raconte chez les Ngbaka (Congo), le mythe du miracle de concombre. Après la manducation de ce fruit, une jeune fille s'était trouvée enceinte sans le concours d'un homme. Le fils-sauveur qui était né s'appelait *Mako*. Les bandits l'ont tué. Enterré, il fut ressuscité le troisième jour. Après avoir prêché, il fut monté au ciel et se montre dès lors aux vivants chaque soir par l'étoile de la Croix du Sud. A partit de ce mythe, croit-on, les Ngbaka commencèrent à mettre de la nourriture dans les cercueils pour assurer la résurrection et l'ascension de leurs morts[2]. Voici un bel exemple de la naissance virginale. Bien qu'on tente de déceler ici le rapprochement avec le récit biblique, il paraît donc évident que le mystère du Christ dépasse ce que peuvent dire les mythes africains. Le récit du fils-sauveur *Mako* ne restitue pas, on le voit, toute la réalité du mystérieux Christ du centre. Jésus-Christ, le sauveur de l'humanité tout entière est né certes d'une vierge mais plutôt par l'action du Saint-Esprit que par la manducation d'un simple concombre. Mort et ressuscité, Jésus-Christ est au ciel à la droite du Père. Il est notre grand Dieu et sauveur (Tt 2,13) et nous vivons dans l'attente de son retour glorieux. Il ne peut en aucune manière ressembler à une constellation.

Le mystère de la réconciliation était un rite qui se pratiquait en Afrique traditionnelle. Chez les Bomboma, Ekonda et Mongo (Congo), *Ekonyi* (victime pour tout le monde), esclave-sauveur, beau et intelligent, était désigné comme bouc émissaire pour essayer d'arrêter par ses souffrances les guerres et les péchés. Il devait être conduit devant le plus haut arbre de la forêt où ses jambes et sa main gauche étaient brisées. Après cela, on le montait au haut de l'arbre et on le déposait dans la hutte construite au sommet. Pendant qu'*Ekonyi* souffrait, personne n'avait envie de commettre le péché. La victime morte, ses os tombaient. Les gens se disaient : «Malheur à nous, car le sauveur a pourri, celui qui veut commencer la guerre pour défendre le clan peut maintenant le faire »[3]. Un dernier rite très horrible de la réconciliation qui se pratique cette fois chez les Ngombe est le *mondungbo*. Un esclave jeune, beau à voir et docile, d'une bonne réputation était désigné comme une victime expiatoire. Placé devant les deux groupes en perpétuel conflit, une lance lui était introduite lentement de l'anus jusqu'à la gorge dans un lieu de peur que le sang qui coulera ne puisse souiller leur sol. On lui coupera ensuite la tête. Après quoi, un repas de communion fraternelle sera offert symbolisant la fin du conflit. Cependant, le *libeci* avait remplacé le mondugbo où un animal domestique remplacera le jeune homme-esclave[4]. Il s'agit d'un bouc qu'on égorgera dans un autel de bois par un jeune homme fils aîné

---

[1] Cf. E.-J. PENOUKOU, *Eglise d'Afrique*, pp.89-90. Pour ce mythe, les hommes existeraient déjà dans un univers prénatal, prêts à être lâchés sur l'orbite de l'histoire existentielle. Ce faisant, Bamènon placerait l'homme sous forme réduite (évi-petit-enfant) dans le ventre de la femme, qui le prend en charge et le prépare à affronter l'épreuve de la vie. L'enfant naît, grandit, se développe, mûrit et devient vraiment «homme » (unsu) au terme de son itinéraire terrestre. Ce langage symbolique vise à présenter la vie et la condition humaines comme un processus d'hominisation, un projet existentiel dynamique.

[2] MAKANZU Mavumilusa, *La puissance de la croix au Zaïre*, Kinshasa, JAPEMAK, 1978, p.37.

[3] *Ibid.*, p.38.

[4]Cf. A. BOKUNDOA bo-Likabe, «Hosea and Caanite. A History Study with Reference to Contemporary African Theology", these de doctorat à l'University of Sheffield, août 1996, pp.160-163.

désigné auparavant par les notables du clan pour ce grand événement. Après cela, c'est la grande fête. Les pratiques rituelles d'*Ekonyi* et de *mondungbo* développent certes l'idée de repos en termes de réconciliation. Mais au regard du christianisme, ce propos est pratiquement limité. C'est dire qu'une simple comparaison entre ces pratiques rituelles et l'œuvre réconciliatrice du Christ est presque insupportable. Il fallait la présence du Christ, réalité plus puissante, dynamique et restauratrice car le repos qu'il offre paraît être radicalement supérieur. Le repas communiel nous rappelle celui du Seigneur invitant instamment l'homme qui le prend à devenir ce qu'il reçoit. En ce sens, «l'événement pascal, auquel se rattache le repas du Seigneur, est animé du mouvement unique, celui du Fils qui passe de ce monde à son Père, avec toute son humanité, avec sa chair, en offrant sa vie pour ceux qu'il aime »[1].

Cette façon de repenser le mystère du Christ en le rendant activement présent dans le vécu quotidien de l'homme africain, mérite toute notre considération. Car il s'agit bien là d'une tentative de retrouver le véritable chemin de retour à la proximité du Dieu créateur. Par ailleurs, le résultat d'un tel saut d'une figure mythique au vrai visage du Christ de l'histoire fait, selon toute vraisemblance, piètre figure. D. Nothomb n'avait-t-il pas reconnu justement que le héros mythique Ly-Muzimu et sa religion sont, en regard du christianisme, moralement et ontologiquement décevants ? D. Colombo s'oppose à l'approche remythologisante car, pour lui, le Christ Homme-Dieu est un personnage incompréhensible, embarrassant. On cherchera en vain, insiste-t-il, les traits christiques dans l'héritage culturel religieux africain[2]. Evidemment, cette approche recourt à la théologie des pierres d'attente qui accuse un manque de large apport à la théologie proprement scientifique. De fait, le grave défaut de la théologie des pierres d'attente est bien le concordisme qui consiste à confondre la révélation chrétienne avec les systèmes de pensée qui ont servi historiquement à l'exprimer[3]. Le Nouveau Testament autorise-t-il les tenants de cette approche de remettre Jésus-Christ dans la crèche de la mythologie africaine ? Iwele n'hésite, pas lui, aussi d'exprimer sa crainte à l'égard de cette approche qui tire rationnellement la substance de son discours de l'univers traditionnel quasi-défunt. Les résultats d'une démarche exégétique en perspective ne peuvent pas aider pratiquement l'Afrique à l'élaboration d'une théologie adéquate :

> On peut craindre cependant que le langage et l'univers du mythe n'appartiennent plus qu'à un univers traditionnel quasi-défunt, dans lequel les générations africaines actuelles se sentiraient aussi étrangères que dans l'univers culturel occidental ou asiatique. Quel apport l'exégèse moderne représente-t-elle pour la pratique théologique d'une approche qui tire le plus clair de ses intuitions du discours mythique ? Le passage est-il toujours évident, d'une figure mythique au Christ véritable (historique en Jésus de Nazareth) ?[4]

---

[1] *Jésus-Christ pain rompu pour un monde nouveau.* (Document théologique de base pour le congrès eucharistique international, juillet 1981, Paris, Centurion, 1980, p.33. D'après ce document, toute l'histoire de l'alliance ne se limite pas à la passion et la mort de Jésus. Elle englobe le mystère du Christ dans son unité : le mystère du Verbe incarné qui vient du Père, à travers sa mort, sa résurrection et son ascension et qui, sans cesser d'être avec eux, envoie son Esprit à ses apôtres pour la construction de son corps.
[2] Cf. G. IWELE, «Mystique et christologie en Afrique », p.168.
[3] NGINDU Mushete, «La théologie africaine. De la polémique à l'irénisme critique », in *Bulletin de Théologie Africaine*, vol. 1, n°1, janvier-décembre 1970, p.88.
[4] G. IWELE, «Mystique et christologique en Afrique », p.174.

La rencontre entre l'homme africain et le mystérieux Christ du centre est une chance providentielle qui redonne le souffle de la fraîcheur divine. Ainsi, l'instauration de ce nouveau système d'existence place le mystère pascal au centre de la réalité africaine. Jésus-Christ est maintenant présenté en Afrique comme le télos avec bien entendu la notion de perfection et d'accomplissement, le tout nouveau point de départ.

De fait, Christ transcende l'ordre mythique traditionnel. Sous cet angle, l'ordre de la rédemption est bien supérieur à l'ordre mythique où presque toujours les héros et les ancêtres nous sont présentés confusément comme des êtres mi-humains ou mi-animaux. Par contre, Jésus-Christ qui révèle le Père à l'humanité, est le Verbe fait chair. Il est Dieu et homme à la fois sans restriction. Il est dès lors possible de remonter au-delà des scénarios de l'univers mythique traditionnel, c'est-à-dire au mystère des origines du monde et de l'homme. Jésus-Christ, source de vie et de plénitude, transforme la distance mythique en proximité. C'est ainsi que pour le chrétien, fait observer M. Eliade, Jésus-Christ n'est pas un personnage mythique mais historique. Sa grandeur même trouve son appui dans cette historicité absolue. A ce titre, l'expérience religieuse du chrétien se fonde sur la répétition liturgique de la vie, de la mort et de la résurrection du Seigneur, célébration de sa contemporanéité avec lui[1]. Jésus était-il un mystique ? Il importe donc de rappeler que l'historicité des états visionnaires et d'initiations successives aux mystères les plus cachés qu'on rapporte habituellement à son sujet n'est pas garantie. Pour Jésus, explicite H. Küng, le monde n'était pas une futilité dont il se retirerait en s'immergeant dans l'Absolu. Il est encore moins question de son identification purement et simplement avec l'Absolu. Christ demande plutôt l'amour de Dieu et de son prochain. Il est en effet dans la ligne des prophètes de l'Ancien Testament et non de celle des mystiques indiens et la phrase «Moi et mon Père nous sommes un » exprime plutôt une unité de volonté, d'action et de révélation, mais non une unité dans la perspective mystique[2]. Cela est vrai d'autant plus que, élevé au ciel dans la maison du Père, Christ attire maintenant expressément tous les hommes vers lui (Jn 12,32). «Ainsi, la Croix elle-même n'est que la révélation déconcertante de ce qui fut dès le commencement : Jésus est un avec le Père, un Père qui n'a pas d'autre transcendance pour nous que la vulnérabilité de son amour »[3].

1.2 Elan théologico-cosmique

On exprime en Afrique noire la croyance en un Dieu suprême à la fois un *Deus otiosus* et un *Deus absconditus* notamment, mais ontologiquement distingué de ses créatures et de la multitude d'esprits et de divinités qui infestent la nature cosmique africaine. La nature cosmique négro-africaine est-elle un réseau de complexité de transaction entre le monde visible et le monde invisible. Nous ne saurons trop le répéter car, nous l'avons dit lorsque nous avons exploré l'idée de réincarnation dans la première partie de notre étude comme faisant partie

[1] M. ELIADE, *Mythes, rêves et mystères*, p.29. Pour lui, le Christ non seulement s'est fait homme, 'homme en général' mais il a accepté la condition historique du peuple au sein duquel il a choisi de naître ; et il n'a recours à aucun miracle pour se soustraire à cette historicité, bien qu'il ait assez de miracles pour modifier la 'situation historique' des autres (en guérissant le paralytique, en ressuscitant Lazare, etc.).

[2] H. KÜNG, *Le christianisme. Ce qu'il est et ce qu'il est devenu dans l'histoire*, p.611. «Celui qui m'a vu a vu le Père », fait qu'on voit en lui l'Envoyé, celui qui montre le chemin dans un esprit prophétique, un homme passionnément saisi par Dieu, l'Oint de Dieu. C'est un appel à la conversion non à une technique psychique. Christ proclame un amour de participation personnelle qui inclut tous ceux qui souffrent, les opprimés, les malades, etc.

[3] J.-N. BEZANCON, *Le Christ de Dieu. Fils de Dieu. Comment réaffirmer sa divinité. Un chemin pour aujourd'hui*, Desclée de Brouwer, 1980, p.74.

intégrante de la mystique d'identification et de communication avec les esprits de divers rangs et divinités. Il est évident que toutes ces entités spirituelles secondaires perçues comme puissances de vie et de promotion ne jouissent pas d'un même statut ontologique[1]. Cette question a été également abordée dans la perspective de la création artistique négro-africaine. Se présentant comme «la répétition ou la commémoration de l'acte créateur de l'Etre suprême »[2], la création artistique paraît être une expression presque fondamentale de la vie spirituelle du Négro-africain révélant ainsi sa conception profonde sur la réalité du monde. Ce point de vue est clairement exprimé par Mulamba Mutatayi dans son propos sur la statuaire kuba :

> L'existence des statues et des masques en société kuba dont la destination et l'orientation visaient à capter des êtres immatériels ou des forces de la nature qui ne tombent sous le sens, révèle une conception profonde sur la réalité du monde. Il en résulte une dualité ; il y a d'une part le monde visible et de l'autre le mode invisible. Il se développe ainsi une cosmogonie et une cosmologie qui nous donnent prise sur la pensée de l'homme kuba, l'origine de l'univers, les êtres qui l'habitent et le sens de la vie[3].

Il en est résulté une religion qui imprime un traumatisme ne permettant pas toujours de surmonter l'angoisse de l'être et de réaliser la liberté d'action féconde dans le monde. Ce défi pour l'homme africain provoque en lui des remous qui écument profondément sa conscience. Il suscite en lui la résistance contre l'histoire de la spiritualité présente déshumanisante. Il attise en lui, si l'on veut, la nostalgie de renouer avec le bon vieux temps dans son combat pour la victoire de la vie sur la mort. De fait, l'univers socio-cosmique que l'homme africain noir a eu en partage est un précieux don entre ses mains. En tant que créature à l'image de Dieu, il doit en faire l'inventaire et le mettre bien en place, c'est-à-dire le mettre en valeur, le transformer afin d'améliorer le bien-être du prochain et la condition des hommes sur la terre[4]. L'intégralité du salut produite par la présence du Christ touche également la nature cosmique négro-africaine. Cela paraît être un défi que lance l'expérience religieuse africaine à tout chercheur dans ce domaine car, d'après A.T. Sanon, on ne peut ne pas penser à la réponse donnée à Moïse dans son expérience du buisson ardent : «ôte tes sandales, signe d'un avoir, d'une sécurité ou d'une supériorité, car la terre africaine et ses religions est, elle aussi, une terre sacrée. Nos ancêtres l'ont reçue comme telle du Créateur qui y a déposé la vie ; certes il leur est arrivé de la souiller mais ils sont toujours revenus pour réparer, expier »[5]. Iwele renchérit en disant : «Moïse doit se déchausser, c'est-à-dire renoncer à lui-même, se laisser 'déporter' (hors de lui-même), permettre l'échappée mystique »[6]. Il s'agit, en effet, de répondre adéquatement à l'impérieuse vocation d'humanisation du continent noir. C'est, en fait, se proposer de mettre en

---

[1] Cf. A. NDAW, «Caractères généraux des religions d'Afrique noire », in *Encyclopédie des religions*, t.1, p.1171. C'est ainsi que, pour lui, « Toute la vie du Négro-africain, jusqu'à moindre geste, est éclairée et commandée par la croyance en une force divine qui, résidant en toutes choses, est susceptible, suivant les rapports que l'on entretient avec elle, d'attirer sur soi la bienveillance ou la sévérité de celui qui est à la fois la source et la récapitulation, le Dieu suprême inconnu et invisible, mais présent par l'intermédiaire de toutes les forces ou dieux secondaires dont il nourrit le monde ».

[2] LEMA Gwete, art.cit., p.74.

[3] MULUMBA Mutatayi, « Regard sur la statuaire kuba », in Art religieux africain, p.115.

[4] C.-A KELLER, op.cit., p.267.

[5] . A.T. SANON, art.cit. pp.37-38.

[6] G. IWELE, «Mystique et christologie en Afrique », p.193.

évidence le fait de l'élan créateur, une envolée affectueuse de l'univers socio-cosmique africain pour une anthropologie ouverte. C'est «un idéal d'intégration avec lequel il se sent lié dans le plan du salut universel. Ce 'nous ne sommes pas sauvés seuls' de Péguy, est une réalité qui devient conscience amoureuse »[1]. Certes, la nature cosmique partagera-t-elle la même destinée que l'homme (Rm 8,19). Cela nous renvoie clairement au sens que nous entendons donner au fait de l'élan théologico-cosmique, c'est-à-dire de promouvoir une vague d'assaut décisif à l'égard de la mystique africaine éparpillée, ce qui offre expressément la possibilité de triomphe de la vie sur la mort et son cortège des désordres. Promouvoir une vague d'assaut promotionnel, c'est redonner à l'*homo africanus* la possibilité d'élaguer la houle impétueuse de la spiritualité éparpillée qui endort le dynamisme de créativité et étouffe le déploiement de la conscience amoureuse cosmique. Il va de soi, la question de fond ici que pose le fait de l'élan théologico-cosmique est à la fois théologique et techno-scientifique car, la nature cosmique, si l'on veut, n'est pas ce qu'elle est dans la pensée du créateur. De fait, l'élan théologico-cosmique n'est pas, pour nous, une formule fétiche où l'on pourrait éventuellement s'appuyer comme solution à tout ce qui entrave l'éclosion de la vie et de l'humain en Afrique noire. Pour S. Weil, «Il n'y a que par l'entrée dans le transcendant, le surnaturel, le spirituel authentique que l'homme devient supérieur au social »[2]. C'est dans l'amour de Dieu car «Dieu a tant aimé le monde », le monde de l'humanité, aussi bien de la nature cosmique que l'homme aperçoit et contemple affectueusement la beauté micro et macroscopique. L'amour, dira aussi S. Weil, est l'âme du monde[3]. Cela exige, on s'en aperçoit, de remonter jusqu'à la source jaillissante de cet amour incommensurable, aussi bien du «mouvement, de la vie et de l'être », ou mieux, jusqu'au Dieu créateur qui agit efficacement par Jésus-Christ en vue de la création d'une humanité nouvelle. C'est une invitation à l'intégration objective et rationnelle dans le grand projet d'humanisation qui doit, de toute évidence, passer intrépidement par les affres du sacrifice. Il est évident, en effet, que le Pater est une réponse au défi que relève le «fait promotionnel », car la proximité de Dieu par Jésus-Christ perçu dès lors comme centre de la mystique chrétienne africaine, offre à l'homme africain une nouvelle vision dynamique et promotionnelle, une conception profondément équilibrée et harmonieuse de la nature cosmique négro-africaine. Dans la Grèce classique, *harmonia*, «jointure » ou «lien » était la norme régulatrice de l'ordre cosmique, une force cohésive qui liait microcosmes et macrocosmes (l'homme-esprit et corps, la société et tout l'univers). Il s'agissait aussi pratiquement d'un pacte d'alliance entre les hommes et les dieux. A ce titre, l'*Harmonia* était un être suprahumain[4]. Dans la perspective de l'élan théologico-cosmique, l'apôtre Paul expose remarquablement l'excellence de la primauté ontologique du mystérieux Christ du centre dans un double ordre de la création naturelle et de la création surnaturelle (la rédemption), «Il est avant toutes choses et tout subsiste en lui » (Col 1,17). L'auteur ne célèbre-t-il pas ici l'œuvre parfaitement réussi du merveilleux créateur ? L'ordre et l'harmonie pour lesquels le mystérieux Christ du centre est «médiateur et ordonnateur »[5] sont, à juste titre, le réel centre d'intégration, de relation dialoguée tripolaire cosmothéandrique. Envisagé sous cet angle, il s'agit de la célébration du plérôme de la victoire glorieuse cosmique du Christ et de la contemplation de la beauté

[1] M. BALLESTER, op.cit., p.14. S.
[2] S.WEIL cité par F. RAFFIN et L.-M. MORFAUX, *op.cit.*, p.12.
[3] S.WEIL cite par M. MESLIN, *L'expérience humaine du divin*, p.382.
[4] L. SPILLER, « L'ordre du monde », in *Encyclopédie des religions*, t.2, p.1630.
[5] S. WEIL cité par F. RAFFIN et L.-M. MORFAUX, *op.cit.*, p.12.

libératrice de son trône massianique : la croix. C'est pourquoi la clef de contemplation pour saint Bonaventure est «une triple intelligence, celle du Verbe incréé, par lequel toutes choses sont produites, celle du Verbe incarné, par lequel toutes choses sont réparées, celle du Verbe inspiré par lequel toutes choses sont révélées ».[1] En considérant dans un élan théologico-cosmique et l'ensemble du créé comme «maison de Dieu » car, affirme Iwele, le firmament et ses astres, la terre, la mer jusqu'aux plantes et aux simples herbes racontent la gloire de Dieu, le ciel et la terre sont remplis de sa gloire[2], il est légitime de dire que la voie écologique de la mystique africaine fait partie intégrante de l'élan théologico-cosmique. A propos de la nature cosmique rendue au rang d'habitation de Dieu, C.-A. Keller écrit pertinemment :

> Selon lui, tous les phénomènes du ciel et de la terre, les choses visibles et invisibles, ne 'subsistent', n'ont leur expérience et leur cohésion que 'dans le Seigneur'. Tout est crée en Christ, par le Christ, et pour le Christ. Ce Christ est avant toutes choses, et rien ne peut se maintenir en dehors de lui. La nature étant ainsi enveloppé, animée et rendue signifiante par le Christ, on est presque tenté de la considération comme une sorte de corps du Christ, tellement c'est là le lieu qu'il habite, où il se manifeste ; mais l'apôtre réserve cette image de 'corps du Christ' à l'Eglise[3].

En Christ, la complicité intrinsèque avec les merveilles de la création acquiert une dimension fondamentalement promotionnelle. L'Afrique noire réalise maintenant une humanité et une nature cosmique restaurées et sanctifiées. Mais, il faut admettre avec S. Weil que «nous sommes devenus le plus souvent insensibles à cette beauté parce que des écrans nous la masquent, soit les laideurs des fabrications humaines, soit la laideur de notre âme propre »[4]. En effet, du point de vue du caractère écologique de l'anthropologie africaine, l'élan théologico-cosmique qui éveille la conscience amoureuse cosmique, ainsi que l'entonne saint Jean de la Croix dans son Cantique spirituel, «Mon Bien-Aimé, les montagnes, les vallées, les îles...les fleuves... les vents... la nuit... l'aurore... la musique silencieuse, la solitude harmonieuse »[5], c'est sur la base de récapitulation et de transformation de la réalité africaine, existentielle et spirituelle, que la nature cosmique négro-africaine acquiert une valeur réellement absolue. Il faudra le rappeler. L'univers socio-cosmique que la présence active du Christ enrichit de symboles de vie et de survie, de l'humain et de l'espoir, célèbre dans un silence mystérieux la gloire de Dieu. Le psalmiste en tient des propos qui prennent des airs célèbres et dithyrambiques à ce sujet : «Les cieux racontent la gloire de Dieu, le firmament proclame l'œuvre de ses mains. Le jour en prodigue au jour le récit, la nuit en donne connaissance à la nuit. Ce n'est pas un récit, il n'y a pas de mots, leur voix ne s'entend pas. Leur harmonie éclate sur toute la terre et leur langage jusqu'au bout du monde » (Ps 19, 2-5). Au centre de l'élan théologico-cosmique se trouve le mystérieux Christ du centre, le langage articulé propre du Père. Dès lors, l'expérience mystique en Afrique noire embrasse une toute autre dimension beaucoup plus réelle : Jésus-Christ l'homme en qui Dieu réalise par le Saint-Esprit son merveilleux projet d'humanisation. Elle est christologique. C'est la célébration de la

---

[1] J.C. BOURGEROL, *op.cit.*, p.56.
[2] G.IWELE, «Mystique et christologie en Afrique », p.193.
[3] C.-A. KELLER, op.cit., p.269. M. BALLISTER, *op.cit.*, p.14.
[4] S. WEIL cite par F. RAFFIN et L.-M. MORFAUX, *op.cit.*, p.12.
[5] M. BALLISTER, *op.cit.*, p.14.

totalité de son œuvre salvifique de récapitulation et de transformation dans son humanité de l'humanité et de la nature cosmique. Christ donne, certes, en spectacle, à la face de l'univers socio-cosmique négro-africain, les innombrables génies et divinités qui usurpaient frauduleusement «le merveilleux et la gloire de la création »[1]. A ce titre, la présence active du Christ glorifié donne à l'homme africain noir la force de savoir maintenant aimer ses collines et montagnes, ses plaines et vallées, ses savanes et brousses, ses arbres et grottes, ses étangs d'eau, ses ruisseaux et rivières, ses lacs et fleuves, ses animaux, l'odeur de ses forêts, etc. Dans la perspective de notre contemporanéité avec lui, l'homme africain noir y voit constamment le Christ glorifié et prononçant des béatitudes présentes sur ses collines et montagnes. Il le voit toujours présent dans ses barques et pirogues où il endure les traversées agitées en train de menacer les vents et les longues houles intempestives. Alors que bois et guérets des forêts et brousses africaines sont profondément dépouillées de leurs attraits, c'est-à-dire les grisailles du quotidien, les affres d'injustices, les génocides, la violation flagrante des droits de dignité humaine, etc., Christ, la perle de l'humanité et le trésor dynamique du ciel garde toute sa parure. Il est, comme l'entonne Delcasso, notre «Beau sapin, roi des forêts » et des brousses africaines. Alors que les Occidentaux et les vassaux africains perdent manifestement leurs attraits à cause notamment de la tyrannie et de déceptions qu'ils causent et que l'univers socio-cosmique négro-africaine est agité par les alliés de la mort et ne fait pas la joie de vivre, Christ, lui, demeure le point de jonction et de référence ultime. En lui se joue la communication permanente et réelle avec le ciel. Planté expressément dans le continent noir, ses verts sommets offrent un doux ombrage. L'homme africain trouve en Christ la référence ultime pour une destinée restaurée et transformée. En ce sens, il est invité à regarder au-delà des humbles lis des forêts et brousses africaines. Il s'agit de l'intérêt qu'il porterait à l'ensemble de potentialités que Dieu a gracieusement mises à sa disposition en y percevant le merveilleux et la gloire de son univers socio-cosmique. Il comptera sur l'intervention gracieuse de Dieu. Pourquoi Dieu ne lui ouvrira-t-il pas les yeux pour savoir contempler affectueusement les béatitudes du puits qu'il a reçu en partage et y réaliser le grand projet de la promotion de dignité humaine ? L'expérience mystique d'Agar avec son fils Ismaël racontée dans Gn 21,18-20 est ici interpellante. Loin de la face d'Abraham, grâce à l'intervention divine, les yeux d'Agar se sont dessillés. Elle perçut le puits de l'héritage gracieux de son fils et remplit l'outre de son eau. C'est là que l'errance et les clameurs plaintives cessèrent immédiatement. Il importe de rappeler aussi que, pour guérir les disciples d'une myopie calculatrice et matérialisée, Jésus-Christ les invite à regarder les humbles lis des champs car, dit-il, «Salomon, en toute sa gloire n'a pas été vêtu comme l'un deux » (Mt 6,28-29). Pour M. Ballester, Jésus a perçu en ces humbles lis quelque chose qui accroissait de beaucoup leur valeur et leur beauté. Ce quelque chose, est aussi perçu par ceux qui, à la vue de la terre entonnent un chant d'amour fraternel, car ils n'y voient que l'amour du Créateur et le Créateur même en ses créatures[2]. Même si la nature reste muette, affirme C.-A. Keller, la Parole de Dieu, éclairée par le Saint-Esprit fait preuve d'éloquence. La nature devient transparente, elle change d'aspect quand les yeux de l'homme change. Un nouveau regard pour une nouvelle perspective. C'est alors que les productions jusqu'aux plus modestes de la nature prennent une signification profonde, les

[1] H. H. HALLEY, *op.cit.*, p.283.
[2] M. BALLESTER, *op.cit.*, p.19.

données les plus quotidiennes, les plus banales, se muent en paradigmes[1]. Ainsi, l'extase mystique qu'il tiendra premièrement en compte est celle qui élabore des projets réanthropologisants. Cela exige donc une oraison profonde affective où il s'agit d'expérimenter l'épanchement à Dieu, l'élévation contemplative prospective de restauration du continent noir, ce qui offre de nouvelles orientations imprégnées de la bonne volonté de restauration de l'Afrique.

En parlant de résultats contradictoires de la modernité, H. Küng déplore le fait que l'énergie spirituelle n'a pas réussi à contrôler les risques de la technologie qui se font sentir[2]. Conséquemment, la spiritualité africaine qui prend pleinement en compte le «fait promotionnel », s'opposera à ce qui menace de détruire la vie et la nature cosmique. Partant de plusieurs constats et en tenant compte de ce monde en mutation, le mouvement œcuménique Justice, Paix et Sauvegarde de la Création condamne entre autres les inégalités et les injustices qui structurent les rapports entre les humains, le cycle infernal de violence, fruit de nombreux conflits, le dopage de l'écosystème par l'économie de marché fondé sur la course au profit. Le mouvement soutient le fait de la promotion de dignité humaine[3].

In illo tempore, la voix de Dieu qui se promenait dans le jardin à la *ruah* du jour, permettait certes la vie à l'homme et tous les êtres, animés ou inanimés (Gn 3,8). Il ne nous est donc pas interdit de croire avec Bimwenyi Kweshi que le Muntu expérimente espérance qui fait de lui l'être de prédilection. Outre l'expression du *Bunàtootu* précédemment évoquée, celle du Kânyi, expression luba qui signifie, un colis bien ficelé dont le contenu fait haleter, baver, est un atout entre les mains des siens pour l'avenir. Appliqué à l'homme, l'adage célèbre celui-ci comme une chance pour sa famille, pour son peuple, un atout entre les mains des siens pour l'avenir. Il s'agit de quelqu'un sur qui l'on compte, dont on attend beaucoup. Il est celui qui suscite l'espoir, le grain de l'univers ou grain en train de devenir baobab en réponse ontologique et éthico-sociale à l'appel de la voix fondatrice qui retentit en toutes choses sans appartenir en propre à aucune. C'est sur cette base que repose l'optimisme des Africains[4]. Christ est venu comme chez les siens en Afrique noire. Accueilli avec empressement, il est bien ce quelqu'un sur qui l'on compte, il est ce *maintenant* dont attend beaucoup la restauration de l'Afrique. Il est ce mystérieux baobab de la vie, de l'humain et de l'espoir pour quiconque s'approche de lui et l'étreint indéfectible. En dévoilant le contenu déshumanisant comme dans un livre scellé de l'histoire et de la spiritualité du continent noir (cf. Ap 5), Christ promet la réhabilitation. Etant aussi l'échelle soutenue comme par une main invisible, le pont jeté entre le ciel et la terre pour la fraîcheur divine, Christ permet à la volonté de Dieu de s'accomplir pleinement dans l'univers négro-africain en lutte pour la plénitude de vie (Jn 1,52). Face aux menaces persistantes de l'univers négro-africain, il est plus que souhaitable de pouvoir organiser une nouvelle évangélisation qui porterait sur le thème : «La perte d'actualité d'innombrables génies ou divinités tribales »[5]. Les dieux des Yorubas du Nigeria ont déjà perdu

---

[1] C .A. KELLER, *op.cit.*, p.268.

[2] H. KÜNG, *Le Christianisme. Ce qu'il est et ce qu'il est devenu dans l'histoire*, p.1025.

[33] R. GMÜNDER et M.-P. NGUEUGAM, *L'évangile en action. Justice, paix et sauvegarde de la création dans l'Ouest-Cameroun*, Bafousam, CIPCRE, 2002, p.23.

[4] O. BIMWENYI Kweshi, «L'expérience religieuse négro-africaine traditionnelle », pp.38-39. L'ouverture progressive de ce petit colis bien ficelé, révèle, promis émerveillement à cause du fond sans fond.

[5]On trouve dans Les religions de l'Afrique noire de H. DESCAMPS, d'E. DAMMANN et de L.-V. THOMAS et R. LUNEAU les innombrables divinités ou génies tribaux figurant dans le registre négro-africain des divinités

leur actualité, aurait constaté E. Nida, car ils ne leur font plus confiance. En conséquence, ils sont maintenant à la merci des sorciers auxquels ils n'ont plus aucune protection. Leurs dieux ont été détrônés, mais la magie demeure aussi forte que jamais[1]. Qui dit perte d'actualité dit, en un certain sens, le commencement de la fin de ces innombrables génies et divinités ; on le sait, «il y a même dans la théologie la fin de certains dieux, des 'morts de dieux', l'intronisation de Mardouk est la fin des dieux anciens ; Zeus signifie la mort de Cronos ; la tragédie raconte la fin du courroux des Erinnyes et la promotion d'Apollon, dieu de la lumière [...] »[2]. Car Christ seul, qui a réussi à livrer en spectacle à la face du monde, les innombrables principautés et puissances qui usurpaient le plérôme de la primauté du créateur dans l'esprit de l'homme le traînant dans son cortège triomphal (Col 2, 15), rend activement présent, la restauration de l'Afrique noire.

Du reste donc, on s'accorde aujourd'hui pour déplorer le résultat contradiction qui trahit la crédibilité de la présence salutaire du Christ en Afrique noire. La religiosité éparpillée ou le syncrétisme religieux où l'image du Dieu maintenant apprivoisé se donne comme dans le prisme, paraît être le résultat de l'évaluation d'une approche critique de la présence du Christ en Afrique, faite par Mazinga Mashin dans son article sur «Image de Dieu et de l'homme » paru dans les Actes de la XIIIe Semaine philosophique de Kinshasa en 1992 :

> Nous avons l'impression aujourd'hui que le Dieu de nos pères a vieilli, de toute sa puissance, de toute sa terreur, il ne reste plus que les vertus mystiques liées à la parole, le pouvoir de guérison, la production de miracles... Le Dieu vieillard n'effraie plus personne, on lui préfère Jésus-Christ, son fils et notre frère, au nom de qui reviennent en force toutes les incantations de jadis. Dans les églises tout comme dans les bras et sur les places publiques, on crie à longueur de journées et de nuits : Au nom de Jésus [...]. Chacun a désormais son morceau de Dieu en poche, sous l'aisselle ou entre les doigts de la main, là où se loge justement sa petite bible, son nouveau testament, son livre de prière [...]. Il n'y a plus de distance entre le ciel et la terre, depuis que Jésus-Christ s'est fait homme et qu'il a habité parmi nous. Aussi les bars deviennent-ils des lieux de prière. On y chante la même mélodie, on y danse au même rythme. La barrière entre le profane et le sacré a été rompue, ou presque [...]. Il s'agit également du rite de commande, *Dieu a été apprivoisé* ; il avait commis l'erreur de laisser son Fils s'humilier jusqu'à prendre la condition d'homme[3].

Avec un Dieu apprivoisé qui perd ses caractères célestes et divins, qu'on manipule au gré de ses intérêts, il n'est pas étonnant qu'il soit devenu un Dieu sans visage. Il n'en serait pas seulement avec son Fils dont on pense qu'il déplore aujourd'hui sa présence en Afrique. En optant pour une religiosité éparpillée, on s'interroge sur le modèle de société à construire qui serait le symbole d'épanouissement intégral. Eu égard à toutes ces considérations, ce mythe que nous venons d'examiner est une exigence pour l'homme noir de pouvoir harmoniser, dès maintenant, ses relations avec son créateur selon la logique du Christ. Car, n'ayant pas su décoder le mystère caché derrière ce mythe africain qui raconte Dieu éloigné de son univers, il

---

secondaires chargées des affaires terrestres. On se rend compte de l'inanité de leur intervention, de leur action promotionnelle toujours éphémère.

[1] E. A. NIDA, *op.cit.*, p.194.

[2] P. RICOEUR, «Mythe : l'interprétation philosophique », in *Encyclopaedia Universalis*, p.1046.

[3] MAZANGA Mashin, «Image de Dieu et devenir de l'homme », in *Tradition, spiritualité et développement*, p.287.

est totalement tombé en porte-à-faux et continue à sangloter à travers des croyances et pratiques rituelles sans qu'un monde de plénitude surgisse, sans que le temps paradisiaque apparaisse. Qu'il s'agisse de possession ou d'inhabitation par les esprits (mystique des intermédiaires) et de transpersonnalisation (mystique de Ly-Muzimu), c'est une même réalité de cette dimension de la vie mystique en Afrique noire. De la possession à la transpersonnalisation, on assiste pour ainsi dire à une sorte d'épidémie de possession sous toutes ses formes, «le possédé par un esprit, un dieu, un génie, est considéré par sa société comme la monture du dieu qui le chevauche, ou comme son épouse »[1]. Il oublie après tout son expérience ponctuelle. Deux questions de fond reviennent immédiatement à l'esprit. L'Afrique noire peut-elle réellement réussir à sortir de l'impasse qui l'enserre, uniquement par le biais des pratiques rituelles divinatoires et initiatiques baignant naturellement dans une mystique d'identification ambiguë qui aveugle la conscience et endort l'autonomie de créativité ? Pourquoi l'homme noir ne laissera-t-il pas dès lors exercer son élan vital et sa divination intuitive ou inductive sous la mouvance de la *ruah elohim*, le *Geist Gottes*, l'«esprit de Dieu » de M. Buber[2], principe vital et créateur, salvifique et dynamique qui indique à l'homme la directivité dans son effort de décryptage des mystères de la création ? Evidemment, l'Esprit de Dieu qui est, selon H. Küng, «le Dieu proche de l'histoire et du monde comme puissance et force qui saisit sans être saisi, qui s'offre sans qu'on puisse en disposer, qui crée la vie mais aussi se porte juge »[3] n'est pas enchaîne-t-il en disant en substance, «une sorte de fluide magique, substantiel, mystérieux et surnaturel donnant du dynamisme ou semblable à un être magique du genre animiste »[4], il est sans doute ontologiquement différent du *mana*, force impersonnelle qui peut être perçue comme «l'essence même de la divinité résidant dans un être animé ou dans un objet » ou du *wakan*, «force magique qui fonctionne au profit ou au détriment de l'homme qui l'utilise ou le subit »[5]. Le *Geist Gottes* guide l'homme vers une finalité qui lui est proche. Il est de fait la présence même du Dieu créateur, produisant le renouveau au sein de la création. Tenu pour dispensateur des qualités ou des vertus extraordinaires, la *ruah elohim* «pousse l'esprit humain à sortir de soi »[6] en vue de permettre à l'homme de surmonter les ambiguïtés de la vie. La portée religieuse et artistique de l'action pneumatique de Dieu est clairement schématisée dans Exode 31,3-6 où, lors de la construction du tabernacle, Dieu demanda à Moïse de désigner pour cette œuvre grandiose des hommes remplis de la sagesse, de l'intelligence, de la connaissance scientifique, du savoir-faire universel pour concevoir des projets ; des hommes investis d'une

---

[1] C. RIVIERE, *op.cit.*, p.110.

[2] M. BUBER, cité par R. HORTWITZ, « La conception du langage chez Hamann et Rosenzweig », in *Revue de l'Histoire des Religions*, t.213, fasc.4, octobre-décembre 1996, p.514. Au début M. Buber traduisit la ruah elohim par « esprit de Dieu » (cf. Gn 1,2). Après, «esprit » fut remplacé par « souffle » sous l'insistance de Rosenweig. Il s'appuie finalement sur Hirsch qui traduisit par Gottes Odem, «haleine de Dieu ».

[3] H. KÜNG, *Etre chrétien*, p.805.

[4] H. KÜNG, *Dieu existe-t-il ? Réponse à la question de Dieu dans les temps modernes*, (traduit de l'allemand par J.-L. Sechelegel et J. Walter), Paris, Seuil, 1981, p.805.

[5] M. MESLIN, «Connaissance et richesse des religions des sociétés traditionnelles », in *Revue Mission de l'Eglise*, supplément du n°130, janvier 2001, p.6. Il est aussi ontologiquement différent du dya, du pépo et du nyama négro-africains.

[6] P. TILLCIH cité par D. MÜLLER, «Spiritualité et théologie protestante aujourd'hui », in *Encyclopédie du protestantisme,* p.1490. Dans la vie dans l'Esprit, il reconnaît dès lors que l'Esprit de Dieu ne résiste pas dans l'esprit humain, mais le pousse à sortir de soi.

certaine habilité technique[1]. C'est pourquoi, pour S. Weil, «tout véritable artiste a eu contact réel, direct, immédiat avec la beauté du monde, ce contact qui est quelque chose comme un sacrement. Dieu a inspiré toute œuvre d'art de premier ordre, le sujet en fût-il mille fois profane ; il n'a inspiré aucune des autres »[2]. L'action pneumatique de Dieu qui réduit les entraves à l'épanouissement de l'homme africain noir, le caractère anthropo-cosmique, l'aptitude cosmomorphique, les structures socio-religieuses et économico-politiques, est proprement utile pour la construction de l'Afrique. On aura compris, une mystique qui prétend être promotionnelle sans se référer aux exigences de l'ordre théonomique ne saurait répondre adéquatement aux aspirations et attentes du continent noir. La théonomie, le *nomos* (la loi) effective offre, comme l'indique P. Tillich, la directivité de l'autocréation de la vie sous la dimension de l'Esprit vers ce qui est ultime en être et en signification. Il s'agit de l'autonomie ouverte. L'Esprit de Dieu est révolutionnaire. Ainsi, toute conscience supérieure qu'il confère brise les vieilles outres et fait éclater les cadres et les limites dans lesquels l'on se réfugie et recherche la sécurité. L'Esprit de Dieu libère et permet dans cette perspective le dépassement de la réalité africaine menaçante.

Si la mystique initiatique du *korè* précédemment exploré paraît être une trace retrouvée comme possibilité de «manipulation des symboles », voire de la victoire de la vie sur la mort, cet effort de l'ennoblissement de l'homme noir, de la conquête du privilège de Dieu est à explorer. L'initié s'apparente à Dieu, il devient partenaire de Dieu, son vizir pour un apport fécond dans le monde. On comprend pourquoi l'homme noir s'évertue de déchiffrer la trame de la complexité intrinsèque des relations du monde visible et invisible pour recréer à son échelle, à partir de la connaissance de soi, base de toute vie mystique, l'histoire de son environnement socio-cosmique désorganisé et déshumanisé. Sous cet angle, l'Esprit de Dieu qui joue le rôle fondamental de recréation, préservera l'homme noir de l'exil spirituel, endiguera le flot proéminent de l'afro-pessimiste fataliste en transformant l'être paupérisé en un être qui, d'un seul bond, se saisit du sens de la grâce de la création continuée. C'est alors que l'homme noir s'essaiera de trouver la réponse sur la question de savoir ce qu'il a réellement fait de son espace vital, de son avoir, de son pouvoir et de son devoir d'humanisation, bref, du mandat divin (cf. Gn 1,12.26 ; 2,15).

---

[1] Pour G. VAHANIAN, «Technique. Enjeux : la technique entre l'homme et la nature », in *Encyclopédie du protestantisme*, p.1513, le mot technique prend le sens de vocation de l'homme à l'humanisation de ce qui lui est étranger, à commencer par l'homme lui-même.

[2] S. WEIL cité par F. RAFFIN et L.-M. MORFAUX, *op.cit.*, p.12.

Chapitre 2

AU NIVEAU SOCIO-ANTHROPOLOGIQUE

Les propositions inquiétantes de la misère de l'être plongent le continent noir dans des conditions de précarité aiguë. Les graves conséquences qui en découlent, perceptibles sur les plans économique, socio-politique, écologique, éducatif, culturel et spirituel ne favorisent pas l'élan socio-anthropologique. Les médias et les témoignages ne cessent d'interpeller intensément la conscience de l'homme africain sur la gravité de cette misère qui sape le destin de la promotion du continent noir. J.-M. Ela stigmatise dans ses écrits, en dépit de menaces de mort qui l'ont forcé à l'exil, les conséquences de cette misère qu'endure, pour lui, exclusivement le «monde d'en-bas », c'est-à-dire les groupes anonymes et les marges de la société où se construit, en réalité, la modernité africaine au quotidien[1]. Dans *Le temps propice pour le changement. Quelle espérance dans une Afrique en crise ?*, J.B. Chipenda et A. Karamaga relèvent les manifestations, les causes et les conséquences de cette misère qui amenuise incontestablement l'apport de l'action salutaire de l'homme noir dans le monde : détérioration des infrastructures, ravages criminels, dégradation de l'environnement, vices de l'intolérance et de la discrimination, révolte contre Dieu ou mépris de la vie, manque d'unité[2]. De fait, pour oxygéner son espace vital, l'homme africain se forge de nouvelles perspectives qui paraissent être une véritable béquille d'émancipation de la société africaine en pleine dérive. On confond aujourd'hui en Afrique noire l'anthropologie ouverte et l'autonomie d'innovation ou de créativité, bien que, pour J.-M. Ela, la débrouillardise et l'exercice de petits métiers semblent être des réponses que les «gens d'en-bas » apportent aux problèmes qui les menacent. De là, découle le souci qu'exprime ce deuxième niveau d'approche de redynamiser l'élan vital intégratif dans le grand projet de Dieu d'humanisation de la société africaine grâce justement à la présence du mystérieux Christ du centre, partenaire puissant et compatissant. C'est bien cette présence qui, naturellement, endigue le flot des contentieux dramatiques et traumatisants. Elle recrée la mentalité et l'esprit d'autonomie de créativité et d'humanisation. Il s'agit concrètement dans ce nouveau partenariat de faire bénéficier l'homme noir de tous les droits et devoirs de créature de Dieu en vue de jouir du destin réellement promotionnel.

Notre propos dans ce chapitre s'articulera en deux points essentiels. Le premier consistera à reconnaître en l'homme africain, le chef-d'œuvre de Dieu capable de réaliser son destin de créature à l'image de Dieu. S'intéressant au fait de l'élan socio-anthropologique, le deuxième point relèvera à partir de la logique de Jésus quelques vertus d'humanisation.

2.1 Réorientation anthropologique

L'anthropologie est l'étude de l'homme, de ses activités et de son comportement. Elle envisage l'homme dans sa totalité[3]. Ou précisément comme le perçoit J.-C. Breton, l'«anthropologie est une méthode d'intégration permettant à l'homme de comprendre un peu ce

---

[1] Cf. Y. ASSOGBA, *Jean-Marc Ela. Le sociologue et théologien africain en boubou*, pp.95-97.

[2] Cf. J. B. CHIPENDA et A. KARAMAGA, *Le temps propice pour le changement. Quelle espérance dans une Afrique en crise ?*, Nairobi, CETA, 1991, pp.5-14.

[3] Cf. L. J. LUZBERTAK cité par MUSUVAHO Paluku, *op.cit.*, p.41.

qu'il devient et de choisir les moyens les plus aptes à assurer sa permanence et son progrès »[1]. Il apparaît cependant clairement que le bilan des discours sur l'anthropologie africaine est décevant. Bien que, comme le note J.-M. Ela, L. Lévy-Bruth ait remis en cause tout le corpus d'idées et de théories, de croyances et de préjugés qui traînent dans les poubelles de l'histoire, on en sait un peu plus, les postulats évolutionnistes opposent en permanence, dans certaines consciences africaines, d'un côté l'homme moderne, le blanc, rationaliste, logique, scientifique, créateur et de l'autre, le non blanc, primitif, instinctif, mystique et condamné par la science à rester dans cet état[2]. L'homme africain noir recalé de la construction rationnelle du monde a fondamentalement perdu le sentiment d'être une créature merveilleuse. Se laissant encroûter dans des préjugés déshumanisants, il n'est pas dès lors compris comme destinée. Sa vocation sur terre d'assurer la victoire de la vie sur la mort n'est généralement qu'un leitmotiv lyrique et verbeux. Cela se concrétise, on s'en aperçoit, «par le mépris, le rejet et le reniement de soi et de ses origines, et par l'aspiration tenace à l'identification au maître colonisateur »[3]. Ce sentiment se manifeste également par l'aspiration toujours tenace à l'identification aux entités ontologiques spirituelles inférieures qui ne favorisent pas, on en a assez dit, la véritable révolution et transformation des sociétés africaines. L'anthropologie africaine apparaît être une anthropologie fermée, une anthropologie de la tragédie humaine. Il faudra bien le rappeler. Les services religieux auxquels assistait A. Schweitzer ont dirigé ses rêves d'enfant vers les horizons lointains. Sur le Champ-de-Mars de Colmar notamment, Baltholdi a su sculpter dans la pierre un nègre qui a été, pour lui, l'une des plus émouvantes créations de son ciseau : une figure herculéenne, au visage triste et méditatif. A. Schweitzer était profondément préoccupé de ce pauvre nègre. Son front lui parlait des souffrances du continent noir[4]. Cette perception de l'homme noir provoqua, à coup sûr, de sérieux malentendus dans l'œuvre missionnaire. A. schweitzer était-il soumis aux préjugés et aux clichés de la société coloniale de son époque ? D'après Kä Mana, «Ce qu'il fait clamer haut et fort c'est le fait qu'Albert Schweitzer a vu en son temps que l'enjeu de l'évangélisation était le salut intégral de la personne humaine et de la société. Un salut qui l'a interpellé par lequel il a donné le meilleur de lui-même »[5]. Quoi qu'il en soit, ce front triste et méditatif nimbé d'un halo des misères et des souffrances fait indistinctement la une de l'infécondité de l'esprit de l'homme africain noir. L'anthropologie biblique cependant, comme l'affirme L.F. Ladaria, est une anthropologie de dépassement. Elle propose une transformation de l'être humain qui l'amène au-delà de lui-même. Elle respecte la nature humaine de la souffrance et de la mort[6]. Dans cette perspective, par la réorientation anthropologique on entend donc réaliser un nouvel élan réanthropologisant. Il s'agit de recréer à travers Jésus-Christ accueilli en Afrique noire comme partenaire puissant et compatissant, la possibilité d'une anthropologie ouverte donc, promotionnelle.

[1] J.-C. BRETON, *op.cit.*, p.21.
[2] J.-M. ELA, *Innovations sociales et renaissances de l'Afrique noire. Les défis du monde d'en-bas*, Paris, L'Hamattan, 1998, p.87.
[3] KITA Kyankenge Masandi, *op.cit.*, p.11.
[4] G. CESBRON, *Albert Schweitzer. Souvenirs de mon enfance suivi des tilleuls de Gunbash*, Paris, J'ai lu, 1995, pp.43-44. Fils d'un pasteur, A. schweitzer est philosophe, théologien, docteur en médecine et en missiologie. Il a été missionnaire à Lambaréné au Gabon.
[5] KÄ MANA, *La nouvelle évangélisation en Afrique*, p.141.
[6] L.F. LADARIA, art.cit., p.36.

2.1.1 Homme africain, chef-d'œuvre de Dieu

Ho Logos sarx egeneto = la Parole a été faite chair. Un déplacement d'accent particulier qui s'était produit dans le monde hellénistique au cours des trois premiers siècles de l'histoire de l'Eglise est l'ontologisation croissante de la pensée chrétienne. Les chrétiens ont eu le sentiment qu'il y a des degrés de l'Etre. Ils ont cherché à comprendre le rapport entre Dieu et le Logos, entre le Logos et Jésus. L'Etre suprême est totalement immuable. A ce titre, le Verbe incarné perçu comme «deuxième Dieu » le révèle dans son être. C'est dans ce rapport ontologique des choses qu'on faisait appartenir au IIe siècle le Messie à l'autre éon en rapport avec la création de toutes choses. Ce déplacement d'accent comme expression récente du Christ dans le contexte de pensée hellénistique reconnaît justement que le Verbe incarné est bien la manifestation visible de Dieu invisible. Il est, de toute évidence, la présence même de Dieu dans l'histoire et dans la nature humaine. L'idée du Christ-révélation du Père est centrale à l'anthropologie biblique. Pratiquement, il aurait été mieux de confesser Jésus-Christ plutôt en termes de «deuxième personne » de la Trinité que de «deuxième Dieu » car, on le sait, c'est l'enhypostasie de la Parole qui devient une figure historique en la personne de Jésus. Ainsi, la réduction du Christ en un simple Eon-Démiurge par émanation à partir de l'Un fera certes de lui un instrument de Dieu pour la création.

La théologie de la mystique africaine reconnaît que l'homme a été créé à l'image de Dieu et que Jésus-Christ est l'image de Dieu. En Christ, Dieu s'est vraiment fait homme en respectant la nature et l'histoire humaines. L'expression image de Dieu, *tselem elohim*, dévoile la véritable identification ou intimité ontologique d'être fils dans le Fils. En outre, elle marque fondamentalement la relation de présence sociale et de correspondance pour une humanité restaurée. Il est pratiquement clair, l'homme «n'est ni le jouet ni le 'clone' de Dieu »[1], il n'est pas une copie qu'il faudra ciseler ou modeler à son propre gré, mais une image ressemblante de Dieu, «privilège de l'humanité »[2]. L'homme n'est pas non plus fait, comme l'a bien suggéré l'épopée babylonienne Gilgamès à «l'image d'un dieu, lui-même conçu à l'image de l'homme, mais à l'image de Dieu inconnaissable, invisible, et qui cependant donne son image à l'homme et vit avec lui une vie familière »[3]. Dans cette perspective, le Logos johannique est absolument pour l'homme africain noir le même que le Jésus de l'histoire et le Christ de la foi qui vient en Afrique communiquer la liberté d'action et la plénitude de vie. En lui, se dégage le dynamisme d'une humanité nouvelle. Le Christ glorifié devient vraiment semblable à lui l'homme africain noir, sa chair et son os, ce qui lui inspire naturellement confiance et indéfectible attachement. Communiant dans l'amour de Dieu, Jésus-Christ l'événement-dialogue initie à une anthropologie ouverte. Devenu dès lors plus qu'un centre d'intégration promotionnelle, le mystérieux Christ du centre propose justement une humanité et une sociabilité selon le critère et l'esprit de Jésus de donner la vie et de laisser être. En Christ, l'homme africain noir se reconnaît lui aussi comme une créature à l'image de Dieu.

Au regard de deux ordres prioritaires solidaires, la création naturelle et la création surnaturelle, l'anthropologie chrétienne s'efforce de déterminer en quoi l'homme est une créature à l'image de Dieu. Genèse 2,7 précise clairement que l'homme est une créature de

---

[1] R. REMOND, *Les grandes inventions du christianisme*, Paris, Bayard, 1999, p.211.
[2] H. BLOCHER, *Révélation des origines. Le début de la Genèse*, Lausanne, PBU, 1979, p.76.
[3] S. MISSATKINE, art.cit., p.193.

Dieu : par le don de l'haleine de vie, la *neshama* c'est le souffle même de Dieu, l'homme devint un être vivant, une créature de prédilection. L'apôtre Paul n'a pas hésité de reprendre en son compte l'expression en disant : «Adam devint une âme vivante » (1Co 15,45). Et, H. Blocher de renchérir, «L'homme est une image de Dieu, lui seul, et cette singularité le désigne comme la créature d'élection »[1]. Tout est désormais beau pour l'homme, quelle que soit sa position, au centre de la création divine (cf. Gn 1,1-2a et Gn 2.4b-25). L'image de Dieu ne consiste en rien, pour K. Barth, «de ce que l'homme est et fait. L'existence même de l'homme comme créature de Dieu la constitue. L'homme ne serait pas l'homme s'il n'était pas l'image de Dieu. Il est cette image en étant l'homme »[2]. D'après le Ps 8, l'homme créé à peine moindre qu'un Dieu est désormais le couronnement de gloire et de magnificence de toute la création. Il est de fait doté de personnalité, de raison, de sens moral, de dynamisme d'autonomie de créativité et d'humanisation. Il reçoit de Dieu son bienfaisant Créateur, ainsi que le rappelle H. W. Wolff, «de graves responsabilités et des compétences discrétionnaires au sein de la création (2, 18-23) »[3]. Il en devient le chantre de la création. A ce propos, P.P. Barbarin précise : «Roi de la création, l'homme a reçu aussi une mission de service à son égard. Il travaille et le met en valeur, il fait naître à elle-même et porte le souci, comme on veille à la croissance de son enfant. Placé au centre de la création, c'est lui qui la fait chanter (comme un liturge) et qui donne leurs noms aux animaux (comme un prophète) »[4]. Bien plus, créé à son ombre, l'homme a reçu de Dieu une aide adéquate parce qu'il n'était pas bon qu'il soit seul. En trouvant ici le noyau d'une profonde anthropologie, L. F. Ladaria écrit : «L'homme est appelé à se servir de la création et à dominer, et c'est un être éminemment social, fait pour être en communion avec les autres. D'autre part, il vivra seulement s'il conserve la relation avec celui qui l'a crée et lui a communiqué sa propre vie et s'il est fidèle à ses commandements (Gn 2,6) »[5].

L'anthropologie rabbinique repose également sur le même principe fondamental : l'être humain est une créature à l'image de Dieu. Ainsi, la primauté de l'homme sur l'œuvre créatrice marque le point culminant. L'accent est mis sur la nature de l'homme. Formé de la poussière du sol et doté de l'âme, l'homme est apparenté à Dieu. Attentif à ce précieux don, la vie de l'homme subira l'influence de la volonté divine et de la beauté céleste. Le corps humain représente pour les rabbins le chef-d'œuvre de Dieu. En contemplant l'homme, on tombe dans l'admiration de l'infinie sagesse du Dieu Créateur. Il frappe chaque individu d'après le type du premier sans qu'aucun ne ressemble à n'importe quel autre. A trois égards, précisent les rabbins, la voix, la physionomie et l'esprit, l'individu se distingue des autres. Dans l'économie de l'univers, les rabbins relèvent davantage l'importance suprême de l'Adam, du genre humain. La suppression d'une seule existence équivaut à la destruction du monde entier. Il en est de même avec le salut d'une seule existence[6]. C'est pourquoi aussi, dans la perspective de la foi chrétienne, le salut d'une seule existence qui se repent fait réjouir le ciel tout pleinement (Lc 15,7).

---

[1] H. BLOCHER, *Révélation des origines*, p.76.

[2] K. BARTH cité par C. WESTERMANN, *Théologie de l'Ancien Testament* (traduit de l'allemand par L. Jeanneret), Genève, Labor et Fidès, 1985, p.119. De fait, pour faire de l'homme partenaire de Dieu on ne peut s'empêcher de voir en lui quelques dispositions spirituelles ou forces psychiques.

[3] H. W. WOLFF, *Anthropologie de l'Ancien Testament*, Genève, Labor et Fidès, 1974, p.139.

[4] P.P. BARBARIN, «La question de l'écologie. Approche théologique », in *Aspects du christianisme à Madagascar*, t.6, n°7, janvier-septembre 1996, p.323.

[5] L. F. LADARIA, art.cit., p.39.

[6] A. COHEN, *Le Talmud*, Paris, Payot, 1983, pp. 113-123.

En interprétant Gn 2,7, le traité *Sanhédrin du Talmud* développe une réflexion qui présuppose l'universalité du genre humain. Il insiste sur le fait que la poussière avec laquelle l'homme a été façonné fut prélevée dans toutes les régions du monde. Cela pour qu'aucun peuple ne puisse revendiquer l'exclusivité de l'humain. Il s'agit aussi de relever l'égalité absolue des hommes dans toutes leurs diversités[1]. Cette conception quasi mythique, bien entendu, a quelque chose de positif ; l'humain a une origine unique. Il se dégage ici, théologiquement, un statut ontologique naturellement identique et le principe de l'unité de la race humaine. De ce point de vue, aucun peuple ne s'arrogerait les prétentions hégémoniques car, à plusieurs endroits de la Bible, Dieu montre clairement qu'il est lui-même meneur de l'histoire et de nature humaines et comment il invite instamment l'homme à pouvoir s'inscrire dans le grand projet d'humanisation qu'il a établi sur lui. Aucun peuple ne peut prétendre être au sommet, d'être une race pure. Chaque être humain est sacré et a une place, une mission et un rôle dans l'économie du cosmos. L'homme est, certes, le chef-d'œuvre, mystère de Dieu sur la terre. Le cerveau humain par exemple, est la plus grande merveille de toute la création, fait observer S. Pfeifer. Cet organe de 1.500 grammes contient plus de cellules qu'il n'y a plus d'hommes sur la terre : plus de dix milliards. Chaque cellule nerveuse est reliée aux autres par des petites ramifications. Les informations constamment inchangées à l'intérieur du cerveau sont plus nombreuses que les communications téléphoniques dans une grande agglomération. Le nombre de connexions téléphoniques dans un cerveau dépasse celui des étoiles d'une galaxie. Il y en aurait plus de mille milliards. Il n'existe au monde, conclut-il, aucun ordinateur ni aucun central téléphonique qui soit en mesure de stocker et d'échanger autant d'informations dans un si petit volume[2]. Il importe donc de soigner le cerveau en le laissant entièrement à la disposition de son artisan par excellence.

«Dieu souffre dans 'ses entrailles' des infidélités de l'homme »[3]. Cette phrase fait plus explicitement écho de la tragédie humaine et indique l'état hallucinant de la dépravation dans lequel l'homme est tombé. Il a réussit à trahir le mystérieux souffle de la Bonne Nouvelle, à brouiller la passion de Dieu pour l'humanité et à bafouer la dignité d'être une créature à l'image de Dieu. Il se pose, du coup, le problème de responsabilité morale de l'homme qui agit indépendamment de sa nature limitée[4]. Cela nous pousse à l'observation rigoureuse du sixième commandement de Moïse, «Tu ne tueras pas » (Ex 20,13). Il nous exige, bien au contraire, de contribuer à préserver la santé de la vie d'autrui ; la vie doit être entretenue et protégée. D'aucuns estiment que le meurtre est le plus grave péché que l'on puisse commettre sous le soleil. L'homme devenant ainsi le loup d'un autre homme, Dieu est directement offensé. Les médias et les publications scientifiques nous rendent quotidiennement conscients du lourd tribut que l'humanité paie injustement au fait de la violation flagrante de la promotion des droits de la dignité humains. Ainsi que l'affirme H. Küng, «les grandes victoires et les plus grandes catastrophes de la technique se côtoient ainsi dans une proximité terrifiante »[5]. C'est ainsi que, pour J. Stott, ce commandement ne condamne pas seulement le meurtre caractérisé. Nos colères, nos comportements, nos fureurs soudaines, nos ressentiments et nos soifs de vengeance, précise-t-il, sont autant de meurtres. Nous pouvons tuer par médisance. Nous

---

[1] S. TRIGANO, «Judaïsme : l'homme crée à l'image de Dieu », in *Encyclopédie des religions*, t.2, p.1652.
[2] Informations fournies par S. PFEIFER dans le calendrier *La Bonne Semence* 1994.
[3] R. REMOND, *op.cit.*, p.211.
[4] Cf. F. SCHAEFFER, *op.cit.*, p.34.
[5] H. KÜNG, *Le Christianisme. Ce qu'il est devenu dans l'histoire*, p.1029.

pouvons tuer par négligence consciente, par cruauté, par dépit ou par jalousie[1]. On s'en aperçoit, l'ennemi à tuer n'est pas l'homme créature à l'image de Dieu mais plutôt les choses négatives qui se nichent dans son cœur. Nous paraissons tous coupables. Nous ne voulons pas ici minimiser la gravité de ce péché pour lequel l'homme camoufle sa faiblesse en s'élevant au niveau du Créateur qui a seul le droit de reprendre le *néphesch*, principe vital qui est dans la gorge ou dans le sang, il prend la fin quand vient la mort, pour le reprendre plus tard. Nous ne voulons pas non plus distraire les caïnistes africains ou occidentaux en les encourageant de continuer à se complaire dans leurs mésaventures et bavures contre l'humanité. L'incrédulité, cependant, qui culmine au refus d'être fils dans le Fils, grâce au témoignage efficace du Saint-Esprit, il s'agit, précisément, de repenser le mystère de la bonne volonté de Dieu pour l'homme d'être transformé «en image de Jésus par l'acceptation, au moyen de la foi, de la révélation du Christ et du salut que celui-ci lui offre (cf. 2Co 3,18) »[2]. C'est à l'aune de Christ notamment que se mesure la grandeur de l'homme.

En dépit de divers récits mythiques sur les origines de l'être humain, l'anthropologie négro-africaine reconnaît également que l'homme a son origine en Dieu, il est une créature de Dieu. C'est justement «Dieu qui 'engendre' et qui 'donne l'existence' »[3]. En s'unissant au corps, l'âme est le principe, la force, l'entité ou l'essence qui lui donne son caractère humain. «Dieu existe, donc l'homme existe : tel est le noyau de la foi africaine »[4]. Faut-il encore rappeler, pour être plus complet ici, que l'anthropologie négro-africaine met surtout l'accent sur la destinée de la personne humaine et le cadre de vie du peuple africain. L'homme comme destinée, l'homme en tant qu'homme, l'homme concret est une tension permanente dramatique entre deux pôles opposés, entre la vie et la mort qui trouve son sens précisément dans la victoire de la vie sur la mort. Cette victoire de la vie dans l'homme est aussi celle de la victoire de la vie dans le cosmos. Cela va sans dire, il y a unité et continuité entre la destinée de l'homme et du cosmos[5]. On peut désormais affirmer que «l'Africain est pleinement conscient de la totalité et de la cohésion de toute création de Dieu, dans laquelle l'action réciproque est la seule façon d'exister »[6]. Il importe de rappeler aussi que, dans l'anthropologie africaine, l'homme n'est pas seulement dilemme vie-mort et victoire de la vie sur la mort mais, d'après E. Mveng, l'homme est histoire et société. C'est en tant que dyade (homme-femme), en tant que triade (père-mère-enfant), en tant que communauté et foule que l'homme se constitue comme personne. La dimension communautaire de l'homme, ajoute-t-il, n'est pas seulement horizontale, s'étendant aux contemporains elle plonge ses racines dans l'humus des générations[7]. En tant que dyade, le terme générique Adam désigne aussi bien l'homme que la femme (Gn 1,27). L'âme négro-africaine devra reconnaître en Christ, l'identité de l'Africain avec l'être même de Dieu. Ce faisant, l'homme africain est convié à manifester la ferme volonté d'assumer objectivement à la lumière de l'anthropologie biblique et de l'anthropologie rabbinique son africanité au sens de projet et d'action concrète de dépassement. B. Dadié est l'une des rares voix africaines qui se contente de son statut ontologique. C'est une articulation claire de reconnaissance à Dieu qui

---

[1] J. STOTT, *L'essentiel du christianisme* (traduit de l'anglais par GBU. et LLB.), Lausanne, G.B.U., 1986, p.77.
[2] L.F. LADARIA, art.cit., p.44.
[3] A. SIDHOM, «Evaluation théologique de l'homme », in *Pour une théologie africaine*, p.140.
[4] Ibid.
[5] E. MVENG, «Théologie et langages », pp.196-197.
[6] A. SIDHOM, art.cit., p.145.
[7] E. MVENG, «Théologie et langages », p.197.

l'à créé Noir : «Je vous remercie, mon Dieu, de m'avoir créé Noir »[1]. Avec ce poème, Dadié voudrait assumer la mélanité identifiée au maléfique et au négatif. Ainsi, en présence communielle de Dieu, la pigmentation mélanique, source de préjugés est maintenant en Christ la source de réanthropologisation. Evidemment, créé à l'image de Dieu, l'homme africain noir est un être social, communautaire. Comme on peut le constater, l'homme occupe substantiellement une place importante dans l'anthropologie et la cosmologie africaines qui vont nécessairement ensemble. Apparaissant comme un microcosme au sein du macrocosme, l'homme est la dimension vivante, pensante, priante du cosmos. A l'image de l'homme, le cosmos est un vaste champ de bataille où la vie et la mort sont en permanente confrontation. Tout, dans le cosmos, est ou allié de la vie ou allié de la mort[2]. Dans cette lutte sacrée pour la plénitude de vie, la menace de mort continue à agir en force de désagrégation bien que l'homme africain noir est maintenant capable de discerner dans le grand livre de son univers socio-cosmique l'allié puissant et compatissant. La victoire du Christ sur la mort par la puissance de la résurrection offre une feuille de route promotionnelle. Dès lors, les longues houles intempestives qui agitent les traversées africaines s'évanouissent au pied de la croix victorieuse du Christ. C'est ainsi que Christ, «le second Adam engage l'univers cosmique dans le processus de libération. Il est l'accomplissement de la relation cosmothéandrique. Le salut en Christ se fait libération de tout ce qui déforme et détruit les expériences qui habitent son cœur. La réalité africaine peut trouver son salut en Jésus-Christ mort et ressuscité »[3]. De toute évidence, Christ mort et glorifié aidera les communautés des peuples d'Afrique noire à engager de l'intérieur une lutte vraiment soutenue contre tout système économique et politique qui secrète la mort de la dignité humaine[4]. Il pourra également les aider à contrarier les actions négatives, mortifères et toutes les prophéties de malheur qui sombrent les projets d'humanisation. En lui, l'équilibre est perçu dans la perspective de nouvelles relations salutaires que l'homme africain noir, l'être éminemment social, doit maintenant entretenir pour sa survie, avec Dieu son créateur, son univers socio-cosmique et son prochain. De fait, il résulte que «deux principes semblent être à la base de toutes les relations complexes dans lesquelles l'homme est engagé : l'habitation d'un être chez un autre, et l'action réciproque »[5]. L'un reçoit

---

[1] B. DADIE, *Légendes africaines*, Paris, Seghers, 1973, pp.260-261. Voici ce poème :

Je vous remercie, mon Dieu, de m'avoir créé Noir,
d'avoir fait de moi
la somme de toutes les douleurs,
mis sur ma tête,
le Monde.
j'ai la livrée du centaure
et je porte le Monde depuis le premier matin.
Le blanc est une couleur de circonstance
le noir, la couleur de tous les jours
et je porte le monde depuis le premier soir.
je suis content
de la forme de mon nez
qui doit humer tout le vent du Monde,
heureux de la forme de mes jambes
prêtes à courir toutes les étapes du Monde.

Je vous remercie, mon Dieu, de m'avoir créé Noir,
d'avoir fait de moi
la somme de toutes les douleurs.
trente-six épées ont transpercée mon corps.
Trente-six brasiers ont brûlé mon corps.
et mon sang à tous les levants a rougi la nature.

je suis quand même
content de porter le Monde,
content de mes bras courts,
de mes bras longs
de l'épaisseur de mes lèvres.
je vous remercie, mon Dieu, de m'avoir créé Noir,
je porte le Monde depuis l'aube des temps
Et mon rire sur le Monde,
dans la nuit/crée le jour.

[2] E. MVENG, « Théologie et langage », p.196.

[3] E.-J. PENOUKOU, «Réalité africaine et salut en Jésus-Christ », p.376.

[4] Ibid.

[5] E. SEDHOM, art.cit., p.143.

l'autre et l'étreint ardemment dans l'amour indéfectible. En anthropologie moderne athée, par exemple, «l'homme est seul le secret de son être et de son avenir, il est seul responsable de son destin »[1]. Père de l'humanisme athée moderne, L. Feuerbach (1806-1872) écrit : «Ce n'est pas l'homme qui est créé à l'image de Dieu, mais c'est Dieu que l'homme a créé à son image en projetant hors de lui, dans un être mythique, le meilleur de lui-même »[2]. L'anthropologie africaine, cependant, n'apprécie pas cela de la même aune. Apparentée à l'anthropologie chrétienne, l'anthropologie africaine fait justement renaître l'espoir de l'homme africain noir dans sa lutte pour la conjuration de la mort et de ses alliés. L'homme africain, lui aussi créature merveilleuse, a son origine en Dieu. La condition d'être l'image de Dieu fait que la vie humaine en Afrique noire soit sacrée (cf. Gn 9,6). Il est de fait rendu capable d'entrer en relation personnelle avec Dieu son créateur. En réalité, c'est grâce au mystère de la rédemption que l'homme africain peut se réaliser lui aussi comme créature à l'image de Dieu. Christ, la *morphè* de Dieu, était fait homme en vue de réparer la situation dramatique qui empêtre les prérogatives d'être homme (2Co 4,4 ; Col 1,15 ; He 1,2 ; Ph 2,6). Pour dire vrai, «le mystère de l'homme ne s'éclaire que dans le mystère du Verbe incarné. Parce qu'Adam, le premier homme, était la figure de celui qui devrait venir (cf. Rm 5,14), c'est-à-dire le Christ notre Seigneur »[3]. L'humanité, expression de l'amour de Dieu et du prochain, Christ est «l'homme pour Dieu et l'homme pour le prochain (Mt 22,37-39) »[4]. Ainsi, d'après la réinterprétation christologique du thème de l'image, la valeur est donc intrinsèque, l'homme est appelé à être transformé par la foi à l'image du Christ. A ce propos, L. F. Ladaria explicite :

> Le destin de l'homme est, par conséquent, de passer de l'état d'image du premier Adam à celui du second [...] cet appel à se conformer au Christ et à revêtir son image constitue le fond même de son être [...]. En somme, il n'est pas risqué d'affirmer que, si l'homme est orienté vers le Christ comme but final de son existence, cet ordre doit d'une manière ou d'une autre, exister depuis les origines. C'est une conviction générale du NT que l'ordre de la création et celui du salut se trouvent en relation profonde : tout a été fait par l'intermédiaire du Christ et tout est en marche vers lui (cf. 1Co 8,6 ; Ep 1,3-10 ; He 1,3) ; Jésus est l'Alpha et l'Omega, le principe et la fin de tout (cf. Ap 1,8 ; 21,6 ; 22,13)[5].

Sans doute, dans cet effort de réorientation anthropologique, l'homme africain noir en tant qu'homme, l'homme concret dans une réalité profonde, s'estime-t-il revalorisé dans ce continent où il a perdu complètement pied devant le déchaînement des forces matérielles de l'éclosion de la technologie et où il n'a pas suffisamment d'espace dans la mondialisation de l'économie en perspective. Pour l'heure, il s'agit, dans cette réorientation, d'élaborer l'anthropologie africaine à partir de la christologie. C'est en Christ que l'homme africain, nous l'avons dit, trouve la force nécessaire de déminer son chemin et de court-circuiter la mort qui semble l'écraser car, transformé à l'image du Christ, la gloire de la position de l'homme

---

[1] A. BERNARD, *L'homme chez Nietzsche et Teilhard de Chardin. Une interpellation pour l'intellectuel africain ?*, Kinshasa, Saint Paul Afrique, 1984, p.12. Pour K. BOCKMÜLL, art.cit., p.32, le centre de gravité de l'humanité se trouve en dehors de l'homme, donc en Dieu et dans le prochain et non dans la promotion du «moi » de Nietzsche.

[2] L. FEUERBACH cité, ibid., p.7.

[3] L. F. LADARIA, art.cit., p.41.

[4] K. BOCKMÜLL, art.cit., p.32.

[5] L.F. LADARIA, art.cit., p.40.

africain trouve sa plénitude. Au fait, ce que dit W. Nee interpelle davantage ceux qui s'aventurent de saper les droits et la dignité promotionnelle de l'homme :

> Quand vous arrivez à bien comprendre la parole de Dieu, vous réalisez que le terme enfants de Dieu n'est pas aussi important que le terme homme, et vous réalisez aussi que le choix et l'élection de Dieu ont pour but un seul corps glorifié. Quand vous considérez la place que l'homme occupe dans le dessein de Dieu, au centre de toutes ses pensées, quand vous voyez Dieu Lui-même devenu homme, vous apprenez à reconnaître la valeur de l'humanité[1].

Si nous devrions comprendre le fond de cette merveilleuse pensée de W. Nee, le non-respect des droits et de la dignité de l'homme, c'est-à-dire tous les crimes et bavures politiques contre l'humanité dont on déplore aujourd'hui les conséquences dramatiques n'auront plus de place en Afrique noire. Grâce à la prodigieuse vitalité africaine maintenant redynamisée par la rencontre de l'homme africain noir avec Jésus-Christ, homme-Dieu, il s'offre la possibilité de l'épanouissement intégral. De fait, les discours et réflexions scientifiques sur l'anthropologie négro-africaine devront porter essentiellement sur la promotion des prérogatives, des droits et devoirs et de la dignité intrinsèques de l'homme africain noir, chef-d'œuvre de Dieu. Ce qui pourra résolument l'aider à juguler diverses maladies qui rendent méconnaissables l'Afrique noire notamment la dispsychopathie[2], la pauvreté de l'être, l'afro-pessimisme, la pauvreté matérielle, etc. cependant, le Christ que l'homme africain accueille et laisse déployer sa tente est le critère suprême et la juste réponse de Dieu à toutes ses attentes. Comme l'affirme P. Kiazayila Kingengo, «le Christ est, en effet, l'exemple de l'homme qui a vécu jusqu'au bout selon la volonté de Dieu en aimant les hommes, ses frères, jusqu'à la mort. En cela, il constitue donc une réponse à l'âme africaine, une âme tendue d'abord vers la recherche de l'authentique homme selon le plan du Créateur et ensuite désirée de communier avec la divinité »[3]. Epuisé physiquement et moralement, Christ seul, qu'il soit le «Christ doux » ou le «Christ amer »[4] , le déchargera de toutes les peines et échardes qui l'assaillent (cf. Mt 11,28). En lui, l'ombre du Dieu créateur, partenaire de l'homme plane effectivement en Afrique noire. L'exacerbation de la cruauté et les clichés négatifs qu'affichent les médias perdent carrément leur pertinence. Ainsi que l'a bien perçu E. Mveng en insistant, aucun système philosophique, aucune science et technologie ne saura déprimer le fameux dilemme mort-vie[5]. Jésus-Christ, vainqueur de la mort et géniteur de la vie en abondance en a été universellement rendu digne. Doté maintenant en Christ de tout ce qui contribue aux meilleures conditions de l'existence humaine : l'haleine-vie, la personnalité, le sens moral, l'intelligence, l'autonomie de créativité, etc., ce que dit I. Baba Kaké est interpellant : «Penser noir, loin de susciter le sourire, doit mériter toute notre sympathie. Penser noir ne signifie pas haine du Blanc, mais connaissance de soi et respect de

---

[1] W. NEE, *Le vrai serviteur de Dieu*, La Bégude de Mazenc, La Croisade du Livre Chrétien, 1978, p.29.

[2] D'après MUSHILA Nyamakank, «Fondements théologique et ethnique des droits humains », in *RCTP*, n°14-15, p.18, «calquée sur le grec disposchoc (néologisme forgé vers la fin du premier siècle de l'ère chrétienne par un érudit chrétien - Jc 1,8 ; 4,8), dipsychopatie qui désigne une affection mentale, entame des relations interpersonnelles, s'incruste dans des structures et des institutions sociales, en provoquant des déséquilibres de tous genres ».

[3] P. KIAZAYILA Kingengo, *op.cit.*, p.27.

[4] W. P ACKULL, «Thomas Müntzer : le Christ mystique et militant », in *Jésus-Christ aux marges de la Réforme*, Paris, Desclée, 1992, pp.33-36. Dans la lutte de libération, Müntzer trouve consolation dans le Christ doux. La condamnation de la loi doit procéder la bonne nouvelle du pardon et de la miséricorde.

[5] E. MVENG, «Théologie et langages », p.197.

soi. Quand le Noir cessera de se mépriser, les autres le respecteront, et à partir de ce moment il pourra nouer des alliances avec les libéraux des autres races. Et c'est là où l'Afrique indépendante doit jouer un certain rôle »[1]. C'est en devenant fondamentalement «en Jésus-Christ, Fils et Image, c'est à notre humanité que nous sommes rendus, images véridiques de notre Créateur, et plus qu'images : fils dans le Fils, par le lien d'une Alliance nouvelle »[2], que l'homme africain noir cessera de se mépriser et de légitimer le mythe de l'infécondité d'esprit de créativité. Il aspirera à l'élaboration et à la redynamisation d'une anthropologie ouverte.

2.1.2 Homme africain, «manipulateur des symboles »

L'homme africain est une créature merveilleuse de Dieu. Il est homme, partenaire de Dieu. Correctement comprise, nous devrions être pleinement conscients de la priorité de cette affirmation authentiquement vraie qui balise le chemin d'humanisation. Intègré dans le grand projet de Dieu d'humanisation, l'homme africain se déploie librement, en présence communielle du Dieu créateur, pour une liberté d'action féconde dans le monde. C'est dans la perspective de ce nouveau partenariat dynamique qu'il s'essaie de déceler à partir de ce qui l'entoure, le cosmos et l'ensemble du créé, la complicité intrinsèque promotionnelle. Mais, que signifie proprement, l'homme, partenaire de Dieu ? L'expression est à comprendre à la lumière de celle de créature à l'image ressemblante de Dieu qui lui correspond. Etroitement solidaires, ces deux expressions théologiques et socio-anthropologiques qui placent généralement l'homme en présence communielle du Dieu créateur fait évidemment de lui son correspondant immédiat. Dans la perspective de légitimation de développement social intégral susceptible d'épanouir les valeurs humaines traditionnelles et d'assumer le progrès de la modernité, E.-J. Penoukou pose les fondements théologiques et anthropologiques qui consolident un tel rapport. Premièrement, dans la dynamique de sa création, Dieu fait de l'homme son partenaire, procréateur à son image (Gn 1,27-28 ; 9,6 ; Sg 2,23). Dieu s'engage dans l'histoire de l'homme, il se lie à son destin. Ainsi, Dieu se tient toujours à ses côtés, chaque fois que celui-ci aspire à être plus homme. Deuxièmement, l'homme est partenaire de Dieu dans son désir de le laisser vivre pleinement. La vocation de l'homme créé à l'image de Dieu, c'est de participer à la plénitude de la vie en Dieu. C'est Dieu qui est au départ, au-dedans et au terme de son être-homme, de son être au monde. Troisièmement, avec l'avènement de Jésus-Christ, apparaissent la vraie portée et la vraie signification de la vocation de l'homme, appelé à développer son humanité et assumer sa responsabilité de frère envers l'homme. En Jésus-Christ, Dieu se fait efficacement solidaire de l'homme et, est, de fait, rendu fils dans le Fils[3].

Eu égard à ce qui précède, il serait donc désinvolte de chercher à comprendre ou à explorer la notion de partenariat de l'homme avec Dieu en dehors de celle de l'homme créature à l'image de Dieu. De fait, dans l'optique de l'anthropologie néotestamentaire justement, l'image est, d'après R. P. Weiland, une « représentation dynamique, rayonnante, progressive, eschatologique et exprimée par l'idée de la gloire»[4]. Saint Augustin a bien voulu situer cette

[1] I. BABA KAKE, *Les noirs de la diaspora*, Libreville, Lion, 1978, pp.183-184.
[2] H. BLOCHER, *Révélation des origines*, p.88.
[3] Cf. E.-J. PENOUKOU, *Eglise d'Afrique. Propositions pour l'avenir*, pp.83-87.
[4] R.P. WEILAND, art.cit., p.96.

image dans la pensée, *in mente*[1], pensée comme vue de l'esprit sur la réalité. Bien que cette perception ne rend que partiellement la réalité de la dimension psychique de l'homme, ce rappel concerne inconditionnellement l'homme africain en l'invitant à se souvenir de ce qu'il est réellement, une réalité concrète, capable d'explorer la beauté du monde. Evidemment, pour L. S. Senghor, «la technique est du domaine de l'esprit. Elle est certes une sorte d'instrument, mais instrument d'autant plus précis et plus puissant qu'il est moins matériel »[2]. En tant que personne humaine, sujet existant et «roseau pensant »[3], il ne devra se plier ni craquer devant tout ce qui l'agite et étouffe son épanouissement sans pour autant renoncer ou fléchir complètement, parce qu'en fait, il est soutenu par l'action pneumatique de Dieu qui pousse, nous l'avons dit, l'esprit humain à sortir de soi, l'homme noir est appelé à retrouver de nouvelles possibilités de transformation en réalité, des images abstraites qui seront mises à son service et au service de ses contemporains. Partenaire de Dieu, il paraît être celui qui s'essaie toujours de transformer ses rêves et désirs en réalité apparente. Les rêves et désirs sont le domaine de créativité et d'inventivité, lieu où se concrétise naturellement des visions transformantes promotionnelles. C'est là, le sens que porte, en effet, la manipulation ou l'interprétation des symboles. En réalisant le rapport avec les merveilles de la création dans son activité quotidienne, son alimentation ou ses découvertes, fait observer H. W. Wolff, l'homme le fait toujours objectivement en rapport avec Dieu qui les a créées et qui les lui a confiées[4]. A ce titre, il fait intégralement partie de ceux qui ont le bonheur et le privilège de réaliser harmonieusement l'alliage entre la vie mystique et la mécanique, d'entretenir le dialogue fécond entre la pauvreté anthropologique et les acquis de l'expérience mystique négro-africaine. De fait, en cherchant à guérir ses disciples de la myopie calculatrice et matérialiste, Jésus les invite à observer les lis des champs (Mt 6,28-29) dans lesquels il perçoit quelque chose de beaucoup de valeur et la beauté. Il s'agit de voir au-delà des prérogatives matérielles de Salomon, l'amour et la beauté du Créateur, le Créateur même et ses créatures[5]. C'est autant inviter le mystique négro-africain à bien regarder derrière son héritage dont l'action féconde relève fondamentalement de l'autonomie de l'esprit de créativité. Appelé à transformer ses rêves en réalité palpable, rien n'est moins sûr que l'homme africain noir partenaire de Dieu a de l'esprit qui lui permet d'exercer adéquatement cette autonomie de créativité. «Un monde de symboles vit en nous »[6], dira J. Chevalier. Mais il faudra savoir, particulièrement l'homme de la civilisation de l'oralité, retrouver les symboles les mieux appropriés traduisant adéquatement l'effort de déceler les virtualités promotionnelles que camouflent les énigmes qui nous entourent. Car, on le sait, «le symbole se livre et s'enfuit : à mesure qu'il s'éclaire, il se

---

[1] Saint AUGUSTIN cite par E. GILSON, *Christianisme et philosophie*, Paris, Librairie Philosophique J. Vrin, 1986, p.144. Il est ici question, comme l'indique H. Blocher, *Révélation des origines*, p.73, de l'interprétation majoritaire qui remonte à Philon et au livre judéo-grec de la Sagesse (2,23), qui réfère l'image à la spiritualité. L'homme a part à l'esprit comme Dieu lui-même.

[2] L. S. SENGHOR, «Subir ou choisir », in *Le monde noir*, Paris, Présence Africaine, 1950, p.438.

[3] PASCAL cité par F. DIAWARA, *op.cit.*, p.103. Tout le Moyen Age, fait-il observer, était une loue gestation des efforts de redressement de l'homme après le knocked down initial infligé par la nature. Il est du reste facile de se rendre compte du relèvement de l'homme qui n'a pas été complètement plié ni écrasé.

[4] H. W. WOLF, *op.cit.*, p.140.

[5] M. BALLESTER, *op.cit.*, p.19.

[6] J. CHEVALIER, *Dictionnaire des symboles. Mythes, rêves, coutumes, gestes, formes, figures, couleurs, nombres*, t.1, Paris, Seghers, p.

dissimule »[1]. Et, selon le mot célèbre de G. Gurvitch, «les symboles révèlent en voilant et voilent en révélant »[2]. C'est ainsi que dans ses *Etymologies*, I. de Séville définit, au début du VIIe siècle, le symbole comme «un signe très particulier, qui donne accès à une connaissance au-delà du sensible »[3]. En reconsidérant les données linguistiques, le préfixe grec *sun* indique une action de rassemblement. Le verbe *ballein*, «jeter ou lancer au hasard », qu'il précède, indique un mouvement de reprise unifiante. Ainsi, le terme *sun-balon* servira de signe de référence et de connaissance. Il a été rendu plus tard au sens de signe d'appartenance dans les cultes à mystères et chez les chrétiens des premiers siècles[4]. Etant aujourd'hui au centre, au cœur même de la vie imaginative voire de l'inventivité et de la créativité, les symboles «révèlent les secrets de l'inconscient, conduisent aux ressorts les plus cachés de l'action, ouvrent l'esprit sur l'inconnu et l'infini »[5]. L'on pourra assigner avec précision les résultats à obtenir.

En évoquant l'importance des symboles qui relèvent de l'exercice notable de l'esprit ou de la pensée, notre propos ici n'est donc pas de procéder à la réinvention de nouvelles théories qui seront pour l'Afrique mélanique les béquilles d'autonomie de créativité. Concrètement, il s'agit d'investir inconditionnellement l'homme africain noir des possibilités de reconquérir en réactualisant hic et nunc, les symboles de vie et de survie qui sont virtuellement en lui. Car, d'après Alain, le monde est devenu pour l'homme le lieu de l'indifférence. Il n'a rien à attendre du monde. Il est seul et nu sur sa planète voyageuse. Cette indifférence du monde envers l'homme est la condition de l'action féconde. Ainsi, l'homme fait son destin à chaque moment ; mauvais destin s'il s'abandonne ; bon destin aussitôt, dès qu'il se reprend. Faire effort, c'est espérer, c'est vouloir explorer le monde comme un domaine[6]. C'est, de toute évidence, une franche remise en relief de la conscience amoureuse cosmique ou de l'«ouverture cosmothéologique »[7] et la réactualisation de la «vocation d'ordre politique » (la vocation fondamentale de l'homme est de se procréer en société, s'organiser en communautés humaines, développer et transformer le monde donc de travailler pour son bien-être propre et pour celui de son prochain)[8] qui l'empoignent naturellement. C'est renvoyer l'homme africain noir aux fondements de l'action féconde dans le monde en se servant, en principe, de ce qu'il a reçu en partage en vue notamment d'une traversée concurrente et rassurante. Rien ne sert à continuer à arroser le mur de lamentations ni de continuer à grossir la liste de boucs émissaires. Dieu n'avait-il pas demandé à Moïse devant la mer Rouge de cesser de faire monter vers lui des clameurs plaintives ? Par contre, il dit à Moïse, «Toi, lève ton bâton, étends ta main sur la mer et fonds-là en deux, que les enfants d'Israël puissent pénétrer au pied sec dans son lit » (Ex

[1] R. LACK, «L'image symbolique littéraire dans la Bible », in *Symbolisme et théologie*, Sacramentum 2, Rome, Anselmiana, 1974, p.138.G. GURVITCH cité par R. LACK, op.cit., p.138.
[2] G. GURVITCH cité par R. LACK, *op.cit.*, p.138.I. DE SEVILLE cité par Y. TARDAN-MASQUELIER, «Langage symbolique », in *Dictionnaire des religions*, t.1, p.2176.
[3] I. DE SEVILLE cité par Y. TARDAN-MASQUELIER, «Langage symbolique », in *Dictionnaire des religions*, t.1, p.2176.
[4] Y. TARDAN-MASQUELIER, art.cit., p.2176.
[5] J. CHEVALIER, *op.cit.*, p.XI.
[6] Cf. F. RAFFIN et L.-M. MORFAUX, *op.cit.*, pp.6et7.
[7] M. LIBAMBU Muaso, art.cit., p.257. Qu'on le veuille ou pas, précise-t-il, l'orant communie toujours, quoique de manière différente, à la nature environnante. Le chrétien n'y fait pas exception.
[8] E.- J. PENOUKOU, *Eglises d'Afrique. Propositions pour l'avenir*, p.62. Il s'agit exclusivement de préparer l'avènement d'un ciel nouveau et d'une terre nouvelle où règne la justice (2P 3,13). En effet, l'engagement politique est ici défini comme volonté d'inventer et de réaliser les modes et les conditions nécessaires à l'épanouissement humain qui s'inscrit ainsi en droite ligne dans la dynamique de l'acte créateur.

14,16). En regard de la réalité africaine toujours menaçante, le bâton sacré ou le «bâton de Dieu » à lever pour la démystification des préjugés écumants est bien l'esprit qui apparente l'homme africain noir à Dieu. Il s'agit également du bâton de transformation par le renouvellement de l'intelligence (Rm 12,2) et de changement profond de mentalité. Ce qui exige une perception experte objective des symboles. Comme l'affirme Paul VI, «l'homme est ainsi appelé à se développer, c'est-à-dire à investir son intelligence et sa liberté, aux fins de continuer l'œuvre du Créateur, de mûrir en lui les germes de vie divine, de réaliser sa vocation d'image de Dieu »[1]. L'effort de manipulation ou d'interprétation des symboles - il s'agit de «déchiffrer le sens caché dans le sens apparent, de déployer les niveaux de significations impliquées dans la signification littérale »[2] - intéresse plusieurs domaines : l'histoire des religions, l'anthropologie, la médecine, l'art, la politique, etc. En mettant en exergue leur rôle éminent dans le contexte actuel de notre hypothèse sur le «fait promotionnel », l'homme africain noir, on en a assez dit, il s'agit de reconnaître la beauté d'être partenaire de Dieu. En délectant ainsi les prérogatives et sa dignité de créature merveilleuse, l'homme africain agira, bien entendu, sous la mouvance de la *ruah elohim* qui confère l'autonomie responsable et lui indique, si l'on veut, la directivité dans son action au monde. C'est dans ce cadre précis que l'Africain prétend devenir un véritable «*homo oecunomicus* de type africain qui est aussi appelé *homo socialis* parce qu'il tend à baser ses actes sur des choix sociaux »[3]. Ainsi, pour S. Weil, «Il n'y a que par l'entrée dans le transcendant, le surnaturel, le spirituel authentique que l'homme devient supérieur au social »[4].

Peut-on retrouver quelques traces vivantes de «manipulation des symboles » à travers l'Afrique noire ? La mystique initiatique du *korè* a été considérée, dans les pages précédentes, comme une trace retrouvée d'humanisation. L'effort d'ennoblissement que déploie l'homme africain noir l'apparente à Dieu, partenaire de l'homme. Il s'agit de reconsidérer son vaste programme initiatique équilibré d'enseignement et d'éducation dans le but de faire de l'homme africain noir un *homo socialis*, fonction qui vise à rompre avec la vie animale et l'irresponsabilité pour l'épanouissement intégral de sa société. Ne fallait-il pas éviter les méandres complexes des réincarnations sans fin qui le laissent dans une perplexité inouïe ? Nous avions parlé de l'attitude cosmomorphique et reconnu le fait que l'homme africain s'affirme comme maître de ce qui l'entoure ; il commande aux végétaux et aux animaux, il exerce son autorité sur la marche du temps, il oblige les nouages à laisser tomber la pluie, il somme la foudre de s'éloigner. On pensera également à la pharmacopée traditionnelle où s'opèrent diverses guérisons. En effet, L. S. Béhanzin déplore le fait que les civilisations africaines n'ont pu laisser que peu de traces vivantes. Séquestrées dans le cimetière des musées, c'est là, insiste-t-il, l'effroyable rançon qu'elles ont dû payer à leur caractère religieux ésotérique et initiatique[5]. C'est en prenant conscience de son humanité et de sa sociabilité par l'ablation des structures mentales rétrogrades récurrentes et par l'exorcisme des forces du mal

---

[1] PAUL VI cité par E.-J. PENOUKOU, *Eglises d'Afrique. Propositions pour l'avenir*, p.85.

[2] P. RICOEUR cité par MULUMBA Mutatayi, art.cit., p.114. Comme dans tout le problème herméneutique, précise-t-il, il est question de rendre proche ce qui est lointain et résister à l'effort d'appréhension.

[3] M.-C. GEUNEAU cité par Y. ASSOGBA, op.cit., p.97.

[4] S. WEIL cité par M. MESLIN, op.cit., p.382.

[5] L. S. BEANZIN, art.cit., p.72. C'est ainsi que pour MALANDA Dem, *op.cit.*, p.33, parmi les éléments qui comportent la mentalité africaine, il y a la loi du secret qui ne permet pas à ceux qui savent de divulguer leur science au grand public. Ils sont toujours une minorité, ceux qui savent ainsi. Il se demande si dans une mentalité pareille l'on peut avoir la liberté de créer. Y. ASSOGBA, *op.cit.*, p.99.

que l'homme africain noir réussira à réarranger les images abstraites en vue de leur transformation en réalités apparentes rassurantes.

2.2 Elan socio-anthropologique

On parle généralement de deux sœurs[1]. L'anthropologie et la sociologie ont théoriquement et pratiquement un rapport très étroit. Une évidence se dégage, l'anthropologie ne peut s'identifier qu'à la société dans laquelle elle s'épanouit. Les enquêtes échantillonnées révèlent une profonde corrélation en Afrique noire où notamment l'anthropologie et la société sont généralement caractérisées par la paupérisation matérielle, la prédation, la clochardisation de l'être, etc. La théologie elanienne née des réalités rurales et qui s'y enracine en retour dans le but de libérer les paysanneries africaines de l'exploitation et de l'oppression, est praxis, c'est-à-dire à la fois réflexions et pratiques sociales[2]. Il concilie sa «sociologie par le bas » et sa «théologie sous l'arbre ». De fait, une situation quasi-explosive s'était produite au lendemain des obsèques de Mveng assassiné en avril 1995. La relecture de ce meurtre à partir de certains textes empruntés à la Bible a permis à J.-M. Ela de stigmatiser les dimensions du mal. Pour lui, la parabole du bon Samaritain (Lc 10,25-37) trouve son actualité dans la vie de l'Afrique contemporaine. Beaucoup de gens meurent facilement aujourd'hui, surtout lorsqu'ils sont pauvres. Ils sont dépouillés injustement de leurs biens, victimes des violences exercées par l'armée et la police, et du brigandage de ceux qui dirigent le Cameroun. En relisant également le récit du meurtre d'Abel par son frère Caïn (Gn 4,1-16), il s'agit d'inviter à réfléchir sur les assassinats exécrables et les rapports de conflit entre les frères d'un même pays. Aussi, dénonce-t-il, les classes au pouvoir qui pactisent avec le diable[3]. Qu'on en juge par cette relecture révélatrice, ce que dit J.-M. Ela ici, trouve l'écho à travers la réalité africaine. Ainsi que l'ont bien vu J.B. Chipenda et A. Karamaga, on notera, à propos de la crise socio-anthropologique qui frappe l'Afrique noire, la désintégration des foyers, la détérioration des infrastructures, la faillite des institutions financières, les ravages criminels auprès des populations paysannes (plan économique), l'échec des idéologies ou opinions politiques importées, le capitalisme et le communisme précisément, du fait de leur inadaptation aux réalités africaines (plan socio-politique), la dégradation de l'environnement et le pillage éhonté du patrimoine africain (plan écologique), la perte de diverses catégories des valeurs africaines et la crise d'identité (plan éducatif et culturel), concubinage religieux brisant l'unité de la foi vécue dans une communauté d'espérance (plan spirituel)[4]. Cela ne veut pas dire qu'il faille renoncer à vivre dans l'espérance d'innovations et de renaissance de l'Afrique noire. Dès lors, tout l'effort devra être essentiellement orienté vers le Christ, vers son esprit qui, incontestablement, donne la vie et laisse être. Christ insufflera à l'homme africain les meilleures structures d'intégration socio-anthropologique, symboles de mécanisme d'auto-création et de véritable révolution.

---

[1] Cf. C. RIVIERE, «Anthropologie et sociologie », in *Dictionnaire de sociologie*, p.9. Etendue au sens restreint d'anthropologie sociale et culturelle, dont le mot ethnologie est synonyme en France l'anthropologie s'est constituée en rapport étroit avec sa sœur, la sociologie.
[2] Y. ASSOGBA, *op.cit.*, p.99.
[3] Y. ASSOGBA, *op.cit.*, p.19.
[4] Cf. J. B. CHIPENDA et A. KARAMAGA, *op.cit.*, pp.5-12.

L'«'Esprit de Jésus' : donner la vie et laisser être », tel était le titre de la contribution de L. Ntezimana à l'occasion de l'accension à l'éméritat du professeur A. Vanneste. Cette expression pleine de vitalité était la meilleure façon de caractériser adéquatement ce à quoi Vanneste avait semblé passer son temps dans la Faculté de Théologie Catholique de Kinshasa. A travers lui, plusieurs traits fondamentaux ont permis de repérer tous ceux qui sont naturellement animés de l'«esprit de Jésus », c'est-à-dire de sa logique pour la fécondité de leur action dans le monde : le manger et le boire, le manque de peur de l'autre sexe, la sensibilité à la misère d'autrui, l'absence de ressentiment, la haine du mensonge et de l'hypocrisie, la capacité de fermeté et savoir mourir comme un homme. Ntezimana croit d'ailleurs que toutes ses caractéristiques de l'«esprit de Jésus », il est vrai, ne sont l'apanage de personne. A ce propos, il écrit : «Aucun peuple, aucune sagesse, aucune religion, ne peut prétendre le monopoliser. Il constitue 'le plus que nécessaire' (Ballet) pour que l'homme naisse à son humanité. Le reste (religions, morales, idéologies, philosophies...), s'il ne conduit pas à acquérir, à conserver ou à renforcer cet esprit, n'est que 'croyance égarante et aliénante', comme dirait Eboussi Boulaga »[1].

Il ne fait aucun doute que l'« esprit de Jésus », c'est en perspective, l'esprit de service, de partage et de responsabilité socio-anthropologique. Les sept caractéristiques susmentionnées en dépendent naturellement. La logique de service, de partage et de responsabilité, c'est au fond, «donner la vie et laisser être », la vie et l'être étant évidemment les meilleurs dons que Dieu offre à l'humanité. Jésus-Christ, maître de la vie et de l'existence, est lui-même le parfait modèle. Deux exemples suffisent. Jésus lave les pieds de ses disciples (Jn 13,1-17). Ce geste qui marque le caractère hospitalier - expression de relation dialoguée - préfigure le salut de l'humanité basé fondamentalement sur le service, le partage et la prise de conscience de responsabilité. En renversant expressément les rôles naturels, Jésus-Christ s'oppose ostensiblement aux chefs et aux grands de ce monde qui asservissent ceux qu'ils gouvernent (cf. Mt 20,25). En réponse à la demande de la mère des fils de Zébédée, comme deuxième exemple, Jésus s'oppose encore une fois à la passion égocentrique. Concrètement, le Fils de l'homme est venu non pour être servi, mais pour servir et donner sa vie en rançon pour une multitude (Mt 20,28). Servir jusqu'au prix de sa propre vie, telle est la substantifique moelle de la logique de Jésus. Il semble donc évident que «l'Eglise a souffert tout au long des siècles parce que tant de ses chefs ont été consumés par la passion d'être grands et importants. Des puissantes organisations et de hautes fonctions ont été créées pour satisfaire les ambitions égoïstes et mondaines des hommes. Les grands hommes d'Eglise, au lieu de servir humblement Christ, ont utilisé son nom pour se servir eux-mêmes »[2]. Il est vrai que l'Afrique noire a souffert tout au long de son histoire et continue à souffrir intensément de l'impopularité des idéologies et régimes affreux. Servir, c'est être animé de l'esprit de pardon et de réconciliation pour le salut du continent noir déchiré par des conflits interethniques. Dans une Afrique blessée et fatiguée de plusieurs guerres et maladies, on est loin de maîtriser son destin. L'anthropologie ouverte expérimentée en Jésus-Christ, garant de l'unité et de la vie, pour le surgissement de la vie en abondance reste aujourd'hui quasi convalescente. Entretenant le regard de l'autre, le tribalisme est un virus qui gèle les rapports interpersonnels et menace de détruire le festin de la

[1] L. NTEZIMANA, « 'Esprit de Jésus' : donner la vie et laisser être », in *Théologie et culture. Mélanges offerts à Mgr Alfred Vanneste*, Louvain-la-Neuve, Noraf, 1988, p.36.
[2] H. HALLEY, *op.cit.*, p.613.

vie et de l'être en Afrique noire. L'altérité interpersonnelle est réduite en termes d'infériorité. L'autre, c'est un ensemble d'autonomie-communion, c'est le reconnaître dans la totalité de ses dimensions[1]. Ainsi, R. Gmünder et J. B. Kenmogne avancent des raisons psychologiques influencées de l'intérieur. Elles peuvent expliquer en partie le développement du tribalisme en Afrique noire à savoir les stéréotypes et préjugés, les généralisations abusives, les boucs émissaires et le sentiment de persécution[2]. De son côté, J. Gatu évoque deux autres raisons provenant cette fois de l'extérieur. La première est le fait que telle tribu a été considérée comme supérieure ou meilleure à telle autre. Les églises qui se sont recrutées sur une base tribale n'ont pas contribué à améliorer la situation. Il existe, fait-il observer, des inégalités dans l'instruction et les possibilités de travail, des considérations sociales et politiques. Les possibilités d'emploi étaient meilleures et les taux de naissance dans cette région-là. La seconde raison relève essentiellement de l'alignement des partis politiques sur une fidélité tribale au lieu d'une tendance politique[3]. Si les causes des conflits sont en nous, il est un fait indéniable qu'il «existe en chaque personne des prédispositions et des tendances à être tribaliste. Le tribalisme n'est donc pas une réalité 'tombée du ciel'. Ce n'est pas le fruit du hasard ni de forces mystérieuses, contre lesquelles nous ne pourrions rien faire. Les racines du tribalisme sont en nous. C'est là qu'il nous faut les comprendre et les combattre en premier lieu »[4]. Les impératifs historiques et socio-culturels hérités, transmis d'une génération à l'autre, favorisent ces raisons influencées de l'intérieur et de l'extérieur. Au lieu de renforcer cette mentalité récurrente des masses, l'on devra plutôt légitimement préconiser une approche intégrant la logique de Jésus et les structures socio-anthropologiques. Cela favoriserait, à coup sûr, un autre type de comportement celui de «donner la vie et de laisser être ». Car, on le sait, le tribalisme «cause la mort des innocents, chasse les faibles de leur terre ou de leurs pays et démolit la dignité inhérente à tout être humain »[5]. C'est un danger et un poids pour l'Afrique. Servir, c'est aussi se sentir imprégné de sens de partage de la vie dans l'amour. Notre amour a besoin d'être élargi comme dans la parabole du bon Samaritain, c'est-à-dire vivre en prochain véritable qui, toujours, «donne la vie et laisse être ». «Va, et toit aussi, fais de même » (Lc 10,37), recommandation exigeant un amour «pratico-pratique » qui régénère la vie, refonde l'anthropologie et la société africaines. Jésus-Christ qui a su aimer jusqu'à la croix, est un parfait modèle à imiter. Dans son commentaire sur 1Co 13, G. Campbell-Morgan invite à «un amour débordant jusque sur le

---

[1] A. MONGILLO, « Altérité et pardon dans le vécu des expériences quotidiennes », in *Altérité, Vivre ensemble différent. Approches pluridisciplinaires.* (Actes du colloque pluridisciplinaire tenu à l'occasion du 75e anniversaire du colloque du collège dominicain de philosophie et de théologie, Ottawa, 4-5-6 octobre 1984), Montréal/Bellarmin, Paris, Cerf, 1986, p.304. Cette question de l'altérité suppose que la personne est enracinée dans un quadruple réseau de relation qui qualifie son existence : L'autre, c'est chaque homme et chaque femme. L'autre, c'est la communauté des peuples constituée par toutes les personnes autonomes et unies. L'autre, c'est encore l'origine et le but ultime de chacun de nous et toute la famille humaine. L'autre, enfin, c'est la réalité cosmique. Bref, le reconnaître dans l'identité autonome de son en-soi et dans les liens qu'il l'unissent à tous les autres.

[2] R. GMÜNDER et J.-B. KENMOGNE, *Pour vaincre le tribalisme. Principes, réflexions et perspectives, Bafoussam*, CIPCRE, 2002, pp.25-30.

[3] J. GATU, «Conflit tribal », in *Face aux nouveaux défis*, Berne, Copy Quick, 1980, p.322. Cela proviendra quelquefois de manipulation de ceux qui sont maîtres en matière d'intrigues et d'agissements cyniques pour l'accès au pouvoir.

[4] R. GMÜNDER et J. B. KENMOGNE, *Pour vaincre le tribalisme. Principes, réflexions et pistes d'actions*, Bafoussam, CIPCRE, 2002, p.25.

[5] J. B. CHIPENDA et A. KARAMAGA, *op.cit.*, p.19. On se souviendra de la tragédie humaine sur les conflits interethniques entre les Tutsi et les Hutu (Burundi er Ruanda), entre les Lendu et les Hema (Est de R.D.C), entre les Kikuyu et les Massais (Kenya).

voisin, jusque sur l'inconnu au-delà de la muraille »[1]. Tout ce qui empêche une liberté d'approche et d'action bienfaisantes envers le prochain, c'est là le mal à déposer au pied de la croix du Christ. Incontestablement, le thème central de l'Evangile, c'est la réconciliation de l'homme avec Dieu et de l'homme avec son prochain. Pour A. Madinier, «l'amour ne détruit pas l'altérité, il l'intensifie au contraire, mais en la transformant [...]. L'amour implique une certaine altérité, non pas une altérité de l'ordre du lui qui est l'exclusion, mais du toi, qui est réciprocité de présence »[2]. De là, se dévoile le plus grand commandement, «Tu aimeras le Seigneur ton Dieu, et ton prochain comme toi-même ». «C'est seulement avec ce présupposé que l'amour de l'ennemi cesse d'être une utopie »[3] car, en Christ, Dieu a voulu faire des deux un seul peuple, il a supprimé en sa chair la haine, l'inimitié (Ep 2,13-14). En Christ, les gens des tributs différentes sont appelés à s'accepter et à vivre dans l'intimité d'immédiateté réciproque. Les chrétiens vivront de telle manière que leur exemple soit un défi contre tous ceux qui avancent dans leurs discours des hypothèses tribales incendiaires. La crise de l'amour vrai est un manquement grave pour les communautés des peuples d'Afrique noire. Ainsi que le fait observer A. M. Kibwila-Yala, «à cause de notre manque d'amour vrai, c'est-à-dire qui soit nourri de l'Amour divin, nous nous sommes détruits nous-mêmes ainsi que nos familles et la nation »[4]. Il ne suffit pas de tailler les branches mais de découvrir les racines et les extraire. Dans «Solidarité africaine et coresponsabilité chrétienne à la lumière de Vatican II », Mulango gwa Cikala revient sur le principe solidarité des communautés traditionnelles, solidarité basée sur la communion-participation vitale, clef de voûte de toute la vie et de ses manifestations. Ce qui, pour lui, unit les membres d'une communauté, c'est, en premier lieu, le sang, c'est-à-dire l'unité de sang, l'unité de vie (l'élément principal et primordial). Dans l'esprit communautaire, les relations interpersonnelles sont importantes, indispensables et nécessaires pour sa vie. La vie d'un individu est une cellule de la vie d'un corps social. Il se dégage une interdépendance des hommes, une interconnexion dans l'être et l'agir. Il s'agit, en second lieu, de communauté de propriété[5]. Cette double réalité fondamentale, à savoir la communion-participation vitale et le droit à la propriété foncière au sens africain traditionnel trouve en Jésus-Christ son dynamisme. En lui, l'homme africain bénéficie de la plénitude de vie et de propriété foncière qu'il a eues en partage. C'est en lui qu'il chante la joie d'être une créature merveilleuse, «unifié avec Dieu et avec ses semblables par une communication de l'unité de Dieu »[6]. Et, Mulago gwa Cikala de préciser, «et cette unité de vie que Christ rend plus intime et plus complète exige de chacun de partager avec ses voisins, de travailler au renforcement, au prolongement et à la

---

[1] G. CAMPBELL-MORGAN, *La première épître aux Corinthiens*, Saint-Légir, Emmaüs, (s.d.), p.170.

[2] G. MADINIER cité par A. MONGILLO, art.cit., p.304. Le propre de l'amour est d'amener à reconnaître l'autre en tant qu'autre, à cesser de vouloir se l'approprier ou se le subordonner, à se laisser reconnaître par lui, à se reconnaître mutuellement. Ainsi, les justes sont des personnes qui vivent ensemble différent, dans la communauté humaine.

[3] P. TILLICH, *Dogmatique*, p.285. Pour lui, le protestantisme qui retourne à l'attitude juive et synoptique, reconnaît de toute personne, de quiconque a «visage humain », la préservation de son droit et la garantie de sa dignité.

[4] A. M. KIBWILA-YALA, «A l'école de prière une pastorale initiatique de la mystique évangélique », in *La prière africaine*, p.53. Pour lui, seul donc l'apprentissage du vrai amour qui est vie et force pourra sauver et nos vies et nos familles et notre pays. Cela, les petits de cœur et d'esprit le comprennent fort bien et sans peine : ils sont confrontés chaque jour à des innombrables problèmes dus au manque d'amour entre les hommes à quelque niveau qu'ils soient.

[5] MULAGO gwa Cikala, «Solidarité africaine et coresponsabilité chrétienne à la lumière de Vatican II », in *Foi chrétienne et langage humain.* Actes de la septième semaine théologique de Kinshasa (24-29 juillet 1972), Kinshasa, FTC, 1978, pp.86 et 120.

[6] P. MARCH cité ibid., p.123.

perpétuation du trésor commun, et de contribuer ainsi à procurer les moyens vitaux, à accroître la propriété »[1]. La crise de l'être en Afrique noire se manifeste également par le manque accru du sens de responsabilité. Une conséquence fondamentale d'être créé à l'image de Dieu, comme le rappelle. J.M. Boïce, est que nous sommes des forces morales responsables dans l'univers de Dieu[2]. Servir signifie aussi une profonde prise de conscience de responsabilité en ces quatre directions. Le service lui-même est une responsabilité. C'est pour avoir ignoré cette noble tâche que l'Afrique noire est aujourd'hui devenue un lieu des holocaustes : l'holocauste de la faim (la sous-alimentation), l'holocauste sanitaire (l'espérance de la vie est sensiblement réduite)[3]. Elle est bien plus devenue un lieu privilégié d'insécurité et de malversations. Il est urgent qu'on accorde une importance toujours renouvelée à l'«esprit de Jésus » pour le bien-être et le plus-être en Afrique noire ici et maintenant.

L'anthropologie africaine «affirme la nécessité pour l'homme de construire et de constituer son humanité, en investissant toutes ses possibilités aussi bien matérielles que spirituelles »[4]. Conséquemment, la prodigieuse vitalité africaine redynamisée par la présence du Christ offre à l'homme africain le courage d'assumer son statut ontologique au sens de projet et d'action concrète de réanthropologisation. Il s'agit de reconnaître la beauté de tout ce qu'il a reçu du Créateur en vue d'une autonomie de créativité basée sur la logique christique, de service, de partage et de responsabilité.

Tout notre effort dans cette partie du travail était d'indiquer à l'homme africain le nouveau lieu de redynamisation de la conscience amoureuse cosmique en vue de son intégration dans le grand projet d'humanisation. Concrètement, il s'agit de réaliser une rencontre dialoguée promotionnelle entre la mystique africaine et le mystérieux Christ du centre. En prenant en compte les deux niveaux d'approche, théologico-cosmique et socio-anthropologique, nous voulions élaborer pour l'homme africain les perspectives d'un nouveau partenariat dynamique. Il est évident qu'en réalisant la promotion de l'humanité dans son humanité, Christ fait jouir l'homme africain de la plénitude de la présence communielle glorieuse de Dieu. En lui offrant dès lors un espace vital de rencontre dialoguée, c'est bien là que l'homme africain prétend percer la complicité intrinsèque promotionnelle existant naturellement entre Dieu et ses créatures. On s'en aperçoit, il s'agit d'une invitation, pour l'homme africain, de concrétiser le mandat d'humanisation de son environnement socio-cosmique. Jouant le rôle étonnement ouvert sur le futur, les utopies africaines devront éveiller les pouvoirs de la conscience en poussant l'homme africain à l'action féconde dans le monde.

---

[1] Ibid., p.86.

[2] Cf. J. M. BOICE, *Le Dieu souverain*, (traduit de l'anglais par M. H. Evrad), Saint-Légier, Emmaüs, 1981, pp.181-185. Ces responsabilités sont manifestes sous quatre directions notamment envers Dieu, envers les autres, envers la nature et envers soi-même

[3] E.-J. PENOUKOU, *Eglise d'Afrique. Propositions pour l'avenir*, p.92.

[4] Ibid., p.91.

CONCLUSION

Le dessein de cette thèse était de proposer l'intégration du Christ dans la mystique africaine. Cela a recréé l'espace d'un nouveau partenariat dynamique et d'intimité réciproque. C'est dans cette perspective que Christ est devenu le centre de la mystique chrétienne africaine et l'acteur principal du grand projet de Dieu d'humanisation du continent noir. On peut présumer que ce nouveau partenariat activement solidaire commande résolument l'option préférentielle pour le projet et l'action promotionnelle. Dès lors, l'homme africain relève courageusement les défis existentiels et spirituels qui étouffent son épanouissement. C'était aussi un devoir sacré de reconnaître que la mystique africaine, existentielle et spirituelle, est un trésor enfoui, le creuset d'une tradition dynamique inépuisable. Avec son émergence, la réalité africaine entre pleinement dans une phase éminemment promotionnelle. Cette recherche s'est articulée autour de trois parties essentielles dont la première est la plus longue.

Une longue analyse descriptive de la réalité mystique en Afrique était nécessaire pour montrer comment celle-ci est censée être un meilleur projet d'humanisation. C'est cette hypothèse d'essence promotionnelle qui s'était présentée à l'esprit. Il est aisé donc de reconnaître que les résultats obtenus comportent des implications pratiques et existentielles promotionnelles. De fait, l'exposé de l'état de la question de trois essais marquants dans le premier chapitre, les deux colloques de Strasbourg et de Kinshasa et la thèse doctorale de David Ngondo Dishono Kalala, avait pris en compte la spécificité de la mystique africaine ; ce qui nous a permis de retrouver les traces d'une tradition vitale promotionnelle. Tout semble bien indiqué que la mystique africaine est un lieu herméneutique de la réalité africaine, de régulation des instances fragilisées et le support des projets de développement intégral et solidaire de l'humanité. En tant que «projet et action », la mystique africaine relève les défis existentiels et spirituels. Les trois essais ont débroussaillé le terrain de prospection par l'analyse d'un certain nombre de notions religieuses dont le contenu a été mal perçu. C'est dans cette perspective qu'on a toujours indistinctement offert à la mystique africaine de la réincarnation l'espace d'une hypothèse thérapeutique de l'homme noir et de sa situation dramatique. Faisant partie intégrante de la mystique africaine d'identification, la réincarnation réelle ou symbolique, a été aussi perçue comme mystique de communication et mystique médiumnique. Telle qu'elle est aujourd'hui conçue et vécue, la réincarnation n'a pas jusqu'ici réussi à jeter des bases promotionnelles éclairantes des structures socio-religieuses et anthropologiques des sociétés africaines. On se demande pour savoir jusqu'à quel point l'homme africain parviendra à bout des questions paradoxales et complexes que suscite sa réalité sociale. Il est vrai, la réincarnation n'octroie pas la liberté d'action et d'autonomie de créativité. Elle ne consolide pas les communautés des peuples d'Afrique et ne fait pas la cohésion nationale. Pour le dire d'un mot, en regard à notre hypothèse sur le «fait promotionnel », il est tentant de reconsidérer la mystique réincarnationnelle comme une piste prospective, un projet de solidarité ouverte à condition que celle-ci reste objectivement basée sur l'idée qui permet d'anticiper sur un avenir promotionnel. Concrètement, il s'agit de manifester le désir de l'immortalisation au sens fonctionnel d'un certain nombre d'ancêtres qui parlent au cœur des générations africaines et revendiquent pertinemment la contemporanéité. L'idéal serait de s'investir de leur logique promotionnelle de «donner la vie et de laisser être », la logique de N. Mandela, par exemple. Pour avoir su assumer les épreuves de la vie, leur action de renouveau devra être respectée comme source d'inspiration à l'échelle continentale. Le colloque international de Kinshasa nous a aidé dans ce sens. La confrontation envisagée entre la mystique africaine et saint Jean de la Croix a constitué le lien de convergence des constituants fondamentaux d'humanisation en sorte que soient élucidées les similitudes et les différences. Cette rencontre pour une chance réciproque permet d'oxygéner l'espace d'universalité de la mystique africaine et d'initier à l'élaboration du grand projet d'une Afrique de vie, de l'humain et de l'espoir. Il en va pareillement pour la thèse doctorale de David Ngondo Dishono Kalala qui a bien mis en évidence Jésus-Christ comme médiateur par excellence et l'unique révélateur de l'authenticité de la rencontre entre le christianisme et l'Afrique. Pour cette raison, l'auteur de la thèse souhaite que Christ y trouve la place centrale si l'on veut faire de la mystique africaine, une mystique chrétienne. Ce qui permet de déceler les paramètres d'humanisation de la mystique chrétienne africaine reposant notamment sur la volonté de Dieu. Il faut le rappeler, l'identification avec le Christ est fondamentalement le point de départ, «Jésus-Christ, l'homme-Dieu, Dieu, le règne de Dieu, constitue aussi un point de départ en étant l'*auctoritas*, l'auteur du sujet, le pilote de ce processus »[1].

Il s'est posé le problème de sens et du contenu de la mystique africaine dans ce travail pour une approche objective et rationnelle. En vue de marquer la différence essentielle, il fallait éviter d'être entraîné loin de la finalité de cette présente dissertation. Pour cette raison, nous nous sommes proposé, en rapport surtout avec notre méthode et notre hypothèse sur le «fait promotionnel », une définition qui puisse favoriser la participation réelle de l'homme africain à l'économie de son univers socio-cosmique. La mystique africaine comme mystique de présence communielle, de se sentir en communion des volontés avec Dieu et les uns avec les autres pour une vie de solidarité et de convivialité, répond mieux aux attentes et aspirations de l'homme noir. Présence, comme l'indique R. Troisfontaines, «n'est pas du tout la 'proximité' spatiale dont l'image s'impose fallacieusement à notre conscience. C'est le lien spirituel entre deux (ou plusieurs) libertés dont chacune participe effectivement d'autrui. L'être qui m'est présent me tient à cœur, me tient à l'être, même s'il n'est pas proche dans l'espace et dans le temps »[2]. Il est vrai, l'Africain est un être qui veut toujours vivre en présence d'immédiateté et de fidélité réciproque qui n'annihile pas l'altérité. Cette définition fait de la mystique africaine un terreau d'épanouissement en vue de sortir l'Afrique noire de l'enlisement social et spirituel. On peut dès lors présumer que le *Pater* qui est une reprise de souffle, le ressourcement par excellence de dynamisme d'action et d'élan émotif, permet de jeter de nouvelles bases éclairantes d'humanisation. Quant à la question fondamentale du contenu, nous l'avions clairement relevé, on ne peut réussir à démêler l'écheveau inextricable qui relie la mystique africaine aux circonstances historiques et au système religieux dans lesquels elle fait son émergence. C'est dire au fait que nous nous sommes exclusivement penché sur l'histoire du continent noir caractérisée par la misère anthropologique et matérielle et sur les menaces de son environnement socio-cosmique infesté de forces du mal et de pouvoirs occultes. C'est par le

[1] K. BOCKMÜLL, art.cit., p.22.
[2] R. TROISFONTAINES, « Proximité ou puissance », *Anthropologie*, (6e secondaire), p.236.

biais de ces deux institutions sociales, l'histoire et la religion qui constituent le terroir sur lequel fleurit la vie mystique en Afrique, que l'homme noir s'assure légitimement sa destinée.

Le deuxième chapitre a examiné à fond les traces retrouvées d'une tradition vitale susceptible d'élaborer des projets promotionnels. Le mythe qui raconte Dieu absent de l'univers socio-cosmique négro-africain fait certes figure d'un véritable âge d'or, d'une époque paradisiaque. Au regard du grand projet de Dieu sur lui-même et sur son univers, ce mythe incite résolument l'homme africain noir à pouvoir amorcer hic et nunc une véritable révolution pour sortir l'Afrique de l'alcôve de la misère à dimensions multiples. Entaché de nombreuses irrégularités, le mythe en question plonge incontestablement l'homme noir dans une sorte de pessimisme fataliste, ce qui déconcerte les efforts d'autodétermination et de promotion intégrales. C'est dire que l'homme noir continue à gérer de gré ou de force l'agonie de l'être ou la tragédie humano-cosmique au lieu de la combattre, ce qui paraît être une négligence coupable. Il prétend vivre dans un réseau de relations dialoguées avec les êtres visibles et invisibles de la nature qui ne lui permettent pas de se déployer complètement. Il s'agit également de rapprochement d'un univers où il se trouve désemparé en faveur de l'homme blanc qu'il accuse constamment de l'avoir recalé de la construction rationnelle du monde. C'est ce qui expliquerait en partie le fait que l'Africain, après avoir chassé Dieu de sa sphère de vie, n'arrive pas à se développer. Des croyances et pratiques religieuses qui prétendent s'assurer d'un espace vital, l'actualisent notamment, la mystique d'identification et de communication avec les entités surnaturelles secondes (esprits, héros, divinités), la mystique médiumnique, la mentalité *sorcelleresque* ou la rationalité maraboutique. Au lieu de continuer à déplorer la plénitude fâcheusement perdue à la suite d'un événement mythique, l'homme africain a été solennellement convié à investir son intelligence et sa liberté d'action. La relecture existentielle de ce mythe lui redonnerait la force de réinventer des institutions et des structures véritablement promotionnelles. Nous devrions chercher à comprendre comment le mythe était un lieu de promotion humaine pour d'autres peuples. La faveur nouvelle que connaissent aujourd'hui les religions traditionnelles africaines, en dépit de profondes mutations du monde actuel, n'arrange guère les choses. Reposant naturellement sur les bases plus ou moins vulnérables, les religions traditionnelles africaines sont au rendez-vous de leur déchéance. C'est cela qui justifie l'adhésion massive des Africains noirs en quête de promotion spirituelle et matérielle aux traditions mystiques orientales. En offrant à Christ un espace d'action salvifique et promotionnel, l'homme africain s'essaiera de contourner le danger majeur d'aliénation qui guète tout à nouveau l'Afrique noire.

Dans la première partie nous avons démontré comment la mystique africaine était à la fois «projet et action » d'humanisation. Une question de fond cependant était celle de savoir si celle-ci pourrait réaliser seule ce grand projet de Dieu de restauration du continent noir. Perçu lui-même comme projet et action pour le salut de Dieu au monde, Christ est le critère ultime d'humanisation. C'est dans ce contexte que se pose la question de son identité dans un continent en quête de plénitude. Ce qui, du coup, nous a permis d'explorer, après une approche critique et réflexive de la double réalité africaine, les trois courants d'interprétation théologique d'inculturation, de libération et de reconstruction. Relevant du même processus unique, les trois prétendent démanteler les icebergs et baliser le chemin conduisant vers la symphonie humaine. Face à la tragédie humano-cosmique persistante, la personnalité de Jésus-Christ se présente à l'homme noir comme celle qui revêt la dignité et la puissance de changer le destin du continent noir. La restauration intégrale de l'homme africain est naturellement la mission que Jésus-Christ accomplit parfaitement aujourd'hui en Afrique noire. Il est dans cette perspective le tout nouveau point de départ. La nouvelle christologie qui s'élabore actuellement est un essai de réponse au fait de son intégration dans les systèmes des croyances et de pensée négro-africains pour l'élaboration d'une christologie favorable au grand projet d'humanisation. On le sait, le bilan de débats christologiques fait clairement ressortir les efforts que déploie chaque génération pour la compréhension du Christ. En effet, l'élaboration d'une christologie comparative ou de supériorité est un dépassement des christologies qui nous offrent tour à tour le visage d'un Christ fluctuant, étrangement ressemblant à l'artiste qui l'a composé. Disons que les expressions récentes du Christ en Afrique ne jouent pas le rôle prépondérant de promotion intégrale de l'homme africain plongé dans un traumatisme délirant. Le «mystérieux Christ du centre » est en effet une figure unique exigeant un «surplus », il est «plus que » telle ou telle figure. C'est pour sauver l'identité de créature à l'image de Dieu menacée par les préjugés réductionnistes et les indignités que Christ répond adéquatement à l'impérieuse vocation d'en haut et d'en bas, de l'intérieur et de l'extérieur.

Remettant en cause la mystique d'identification de l'homme africain aux catégories spirituelles inférieures et celle d'identification du Christ aux catégories linguistiques et sociales africaines, la troisième partie a bien voulu répondre à la question fondamentale de déplacement du centre de la réalité mystique africaine. S'inscrivant dans le contexte holistique de l'histoire du salut, il s'agit d'indiquer le nouveau lieu dynamique et promotionnel de la mystique africaine. Il s'agit concrètement de conduire l'homme africain vers le «mystère central » donc, vers le «mystérieux Christ du centre », sommet de la promotion humaine. Il apparaît clairement que Christ n'a pas été accueilli en Afrique comme un simple remplaçant potentiel des catégories spirituelles inférieures mais le commandeur et l'acteur principal du salut de l'humanité dans son humanité. Confessé généralement comme le centre de la mystique chrétienne, il est, de facto, grâce à son intégration promotionnelle, le centre de la mystique chrétienne africaine. Les résultats relativement satisfaisants ont été obtenus. Il s'agit en premier lieu de l'élan théologico-cosmique comme invitation à l'intégration objective et rationnelle dans le grand projet de Dieu en vue de la création d'une humanité nouvelle. C'est le résultat de la nouvelle perspective de la mystique africaine où l'homme africain reconnaît la présence communielle de Dieu incarné récapitulant et transformant la totalité de l'histoire humaine. Par l'acte d'incorporation sociologique, le Christ centre de la mystique, devient en faveur de l'homme africain et de son univers cosmique le centre ultime de la mystique chrétienne africaine. L'Africain y perçoit et contemple maintenant affectueusement la beauté micro et macrocosmique. Et, en deuxième lieu, la réorientation anthropologique remet à l'homme africain noir le nouveau souffle de créature à l'image de Dieu et de sa vocation sur terre d'assurer la victoire de la vie sur la mort. En tant qu'homme, l'homme concret, l'Africain s'estime revalorisé. Ainsi, par élan socio-anthropologique, l'homme africain partenaire de Dieu, se fraie un espace promotionnel. En recevant solennellement la centralité de l'espace micro et macrocosmique, Christ, l'autorévélation de Dieu insuffle dès lors à l'homme noir les meilleures structures d'intégration socio-anthropologique pour une auto-création et une révolution promotionnelle théologico-cosmique. Sa présence recrée la mentalité et l'esprit d'anthropologie ouverte et positive d'humanisation.

En abordant le thème de mystique africaine, nous voulions relever l'influence positive que joue la mystique au point que l'homme africain noir n'en fasse abstraction, ni dans sa pensée, ni dans la façon de vivre et d'agir. En prenant en compte le «fait promotionnel », la mystique africaine s'oppose pleinement à tout ce qui menace de détruire la vie humaine et la nature cosmique africaine. L'intérêt porté à cette vertu maïeutique d'humanisation d'une plus haute actualité repose fondamentalement sur plusieurs raisons : l'existence de la réalité mystique en Afrique comme vecteur principal de relation dialoguée, la perte de pertinence des pistes thérapeutiques élaborées jusqu'ici, le début de la déchéance perceptible des systèmes religieux traditionnels et l'apport objectivement positif, grâce à son alliage avec la mécanique. La différence essentielle de ce paradigme pour l'autonomie de créativité en Afrique noire se trouve en Christ. L'éclosion de son esprit de service, de partage et de responsabilité, nous a permis de faire une analyse promotionnelle de la réalité africaine qui s'agite en marge de la trame de l'être humain africain. La congruence de l'esprit du Christ redonne aux mystiques africains la force d'accomplir intelligemment et consciencieusement la tâche noble mais complexe de communiquer la vie et le mieux-être en Afrique. Le souci majeur que nous avions ressenti dans ce travail était celui de légitimer et d'approfondir la mystique africaine, c'est-à-dire de réaliser une sorte d'approche objective et rationnelle en vue de parvenir à la connaissance effective de soi, au respect de soi, bref, à la reconquête de son identité. Il était évidemment question de voir s'installer en Afrique un ordre nouveau d'existence pour un écho parfait à l'ordre de la rédemption où Christ réalise la «relation cosmothéandrique : relation tripolaire spécifique entre l'homme, l'univers socio-cosmique et l'Etre Suprême »[1]. Christ a cette puissance de démanteler toutes les racines nourricières de l'hostilité qui perturbent ce contact tripolaire.

Nous ne prétendons pas avoir épuisé toutes les idées-forces que regorge la mystique chrétienne africaine relevant de grand projet d'humanisation. Celle-ci reste incontestablement une mine ouverte. Le travail de fouille qui ne fait que commencer devra se poursuivre en vue de l'extraction des perles enfouies pour une promotion effective du continent noir. Relavons donc deux pistes fondamentalement prospectives pour la promotion de la mystique africaine.

La lacune documentaire, on l'a bien relevé, ne permet pas toujours de repenser correctement la vie mystique en Afrique. Beaucoup de réalités africaines promotionnelles sont en train de s'effacer sensiblement, elles disparaissent avec ceux qui les détiennent. Cette difficulté évidente n'est pas impossible à assumer et à surmonter. De fait, l'absence des monographies biographiques et des expériences religieuses détaillées ne remet pas en honneur l'histoire de la vie mystique en Afrique noire. Les recherches dans le domaine de la mystique devront se poursuivre dans ce sens. Ce qui nous fournirait un corpus de quelques figures marquantes des mystiques africains. Il s'agit dans ce corpus de leur vie, de leur expérience religieuse, de leur doctrine, de l'élan anthropo-cosmique ou attitude cosmomorphique, de leur philosophie de rencontre et sage pédagogie de relation pour y découvrir le rôle spécifique qu'ils ont su jouer suivant l'appel qu'ils avaient reçu de Dieu. Ce qui répondra sans doute efficacement en s'en inspirant, à ces cœurs dociles qui attendent patiemment la restauration du continent africain. Cet ouvrage devra inspirer les chercheurs en vue de découvrir en Afrique noire ceux qui ont ressenti au plus profond de leur cœur un appel si impérieux d'associer la vie mystique à l'action en vue de refaire la vie d'avant et d'envisager celle d'un avenir florissant.

---

[1] E.-J. PENOUKOU, «Réalité africaine et salut en Jésus-Christ », in *Spiritus*, n°89, 1982, pp.385-387.

On n'est longtemps resté en Afrique à l'état de balbutiement de l'élan technoscientifique. Sans doute, on confond aujourd'hui en Afrique noire l'anthropologie ouverte ou l'autonomie de créativité et l'humanisation à la débrouillardise et l'exercice de petits métiers. La mystique africaine perçue comme « projet et action » lance à l'homme africain un défi avec un ton relativement sévère. Rappelons-le en insistant, l'Afrique de demain dépend des «manipulateurs des symboles ». Telle est en substance la finalité que nous visons dans ce travail. Evidemment, les recherches doivent se poursuivre dans ce sens en vue de parfaire les traces retrouvées des symboles manipulés comme «projet et action » d'humanisation amorcés auparavant par les ancêtres de cœur pour les Africains. Grâce aux traces retrouvées l'on pourra déceler les virtualités et potentialités pour un retentissement promotionnel. La mystique d'identification à la divinité chez les Bambara est un exemple parlant. De telles traces d'humanisation peuvent être retrouvées dans différents domaines : épistémologique, philosophique, artistique, écologique, ethnique et religieux.

BIBLIOGRAPHIE

1. Sources primaires

1.1 Ouvrages

DAMMANN, E., *Les religions de l'Afrique* (traduit de l'allemand par L. Jospin), Paris, Payot, 1978.

DESCHAMPS, H., *Les religions d'Afrique noire*, Paris, PUF, 1954.

DIALEMBOKEBI Diebo Makani-Ma-Nsi, *Le droit de l'homme à l'existence. Au regard de la métaphysique négro-africaine*, Kinshasa, Lokole, 1978.

FAÏK-NZUJI, C. M., *La puissance du sacré. L'homme, la nature et l'art en Afrique noire*, Bruxelles, La Renaissance du Livre, 1993.

FAÏK-NZUJI, C. M., *La beauté des signes. Pistes et clés pour la pratique des symboles*, Louvain, Ciltade, 1996.

KABASELE Lumbala, *Le Christianisme et l'Afrique. Une chance réciproque*, Paris, Karthala, 1993.

MABIKA Kalanda, *Révélation du Tiakani*, Kinshasa, Lask, 1992.

MESSI METOGO, E., *Dieu peut-il mourir en Afrique ? Essai sur l'indifférence religieuse et l'incroyance en Afrique noire*, Paris, Karthala, 1997.

MULAGO gwa Cikala, *La religion traditionnelle des bantu et leur vision du monde*, Kinshasa, Société Missionnaire Saint Paul, 1980.

NGENZHI Lonta Mwene Malamba, *De la sorcellerie à la mystique*, Lubumbashi, Loyola, 1987.

NGENZHI Lonta Mwene Malamba, *Former les hommes supérieurs ou les surhommes ? La manière des anciens*, Lubumbashi, Loyola, 1989.

THOMAS, L.-V., LUNEAU, R. et DONEUX, J.-L., *Les religions d'Afrique noire. Textes et traditions sacrés*, Paris, Fayard, 1969.

ZAHAN, D., *Religion, Spiritualité et pensée africaine*, Paris, Payot, 1972.

1.2 Articles

AGUESSY, H., «Les dimensions spirituelles : religions traditionnelles africaine», in *Présence Africaine*, n°117/118, 1981, pp.138-148.

ATAL Sa Angang, «Adresse de bienvenue», in *L'Afrique et ses formes de vie Spirituelle.* (Actes du deuxième colloque international de Kinshasa, 21-27/11/1983), Kinshasa, FCK, 1990, pp.9-12.

BASTIDE, R., «Préface», in ZAHAN, D. (s.dir.), *Réincarnation et vie mystique en Afrique noire. Colloque de Strasbourg (16-18 mai 1963)*, Paris, PUF, 1965, pp.1-13.

BASTIDE, R., «La théorie de la réincarnation chez les Afro-américains», in ZAHAN, D. (s.dir.), *Réincarnation et vie mystique en Afrique noire. Colloque de Strasbourg (16-18 mai 1963)*, Paris, PUF, 1965, pp.9-27.

BILOLO Mubengayi, «La religion africaine face au défi du christianisme et de la techno-science », in *Présence Africaine*, n°119, 1981, pp.29-46.

BAUMANN, H., «Les idées de réincarnation chez les Africains», in ZAHAN, D. (s.dir.), *Réincarnation et vie mystique en Afrique. Colloque de Strasbourg (16-18 mai 1963)*, Paris, PUF, 1965, pp.31-52.

BIMWENYI Kweshi, O., «L'expérience religieuse négro-africaine traditionnelle», in KALONGA Kabatuswile, J. (s.dir.), *Inculturation de la vie consacrée en Afrique à l'aube du troisième millénaire.* (Actes du colloque international), Kinshasa, Carmel Afrique, 1998, pp.33-44.

BOULANGER, A., «Religions d'Afrique noire», in POUPARD., P. (s.dir.), *Dictionnaire des religions*, Paris, PUF, 1984, pp.11-15.

BUASSA Mbandu, M., «De rationalité maraboutique ou la raison dans la mouvance du maraboutisme», in *'Philosophie africaine : Rationalité et rationalités'. Actes de la XIVe Semaine Philosophique de Kinshasa du 05 au 11 avril 1992*, Kinshasa, FCK, 1996, pp.267-289.

BUKASA Kabongo, J., « Jean de la Croix sous le regard d'un croyant d'aujourd'hui», in ZUAZUA, D. (s.dir.), *La mystique africaine.* (Actes du colloque international à l'occasion du Vie centenaire de la mort de Saint Jean de la Croix), Kinshasa, Baobab, 1993, pp. 234-240.

BUREAU, R., «Sorcellerie africaine», in POUPARD., P. (s.dir.), *Dictionnaire des religions*, Paris, PUF, 1984, pp.1608-1609.

CENYANGE, Lubula, «L'originalité de Lyangombe d'après les Bashi», in *Lyangombe, mythe et rites.* (Actes du 2e colloque du CERUKI du 10 au 12 mai 1976), Bukavu, CERUKI, 1979, pp.129-131.

Commission Evangélique d'Action Apostolique de Lomé, «Dimensions spirituelles des peuples noirs comme communauté de civilisation », in *Présence Africaine*, n°117/118, 1987, pp.154-164.

Commission Théologique Internationale : La foi et inculturation», in Revue Africaine de Théologie, n°26, 1986, pp.245-263.

DICKSON, K., «Les cultes ancestraux et la communion des saints», in DICKOSON, K. et ELLINGWORTH, P. (éd.), *Pour une théologie africaine. Rencontre de théologiens africains Ibadan*, Yaoundé, Clé, 1969, pp.257-730.

DIETERLEN, G., «La réincarnation chez les Dogon», in ZAHAN, D. (s.dir.), *Réincarnation et vie mystique en Afrique. Colloque de Strasbourg (16-18 mai 1963)*, Paris, PUF, 1965, pp.53-68.

DIRVEN, E., «Actualité de la 'Vive Flamme d'Amour'», in ZUAZUA, D. (s.dir.), *La mystique africaine.* (Actes du colloque international à l'occasion du Ive centenaire de la mort de Saint Jean de la Croix), Kinshasa, Baobab, 1992, pp.283-300.

ETSOU, F. (Cardinal), «Jean de la Croix, un guide toujours actuel», in ZUAZUA, D. (s.dir.), *La mystique Africaine.* (Actes du colloque international à l'occasion du Vie centenaire de la mort de Saint Jean de la Croix), Kinshasa, Baobab, 1992, pp.17-26.

ETSOU, F. (Cardinal), «Apprendre à prier», in ZUAZUA, D. (s.dir.), *La mystique Africaine.* (Actes du colloque international à l'occasion du Vie centenaire de la mort de Saint Jean de la Croix), Kinshasa, Baobab, 1992, pp.11-32.

GAHIGI, G., «Lyangombe et la société», in *Lyangombe, mythe et rites.* (Actes du 2e colloque du CERUKI du 10 au 12 mai 1976), Bukavu, CERUKI, 1979, pp.115-120.

GOLLNHOFER, G. et SILANS, R., «Recherche sur le mysticisme des Mitsogo, peuples des montagnards du Gabon central (Afrique équatoriale)», in ZAHAN, D (s.dir.), *Réincarnation et vie mystique en Afrique noire. Colloque de Strasbourg (16-18 mai 1963),* Paris, PUF, 1965, pp.143-173.

GROTTANELL, V.L., «La mort et l'au-delà dans les croyances des Nzina», in ZAHAN, D. (s.dir.), *Réincarnation et vie mystique en Afrique noire. Colloque de Strasbourg (16-18 mai 1963),* Paris, PUF, 1965, pp.69-86.

GUTIERREZ, M. «Le Cantique Spirituel : analyse structurale et théologique», in ZUAZUA, D. (s.dir.), *La mystique africaine.* (Actes du colloque international à l'occasion du IVe centenaire de la mort de Saint Jean de la Croix), Kinshasa, Baobab, 1992, pp.263-282.

HEBGA, H.P., «Interprétation des mouvements mystiques», in *L'Afrique et ses formes de vie spirituelle.* (Actes du deuxième colloque international de Kinshasa, 21-27/11/1983), Kinshasa, FCK, 1990, pp.69-81.

IWELE, G., « Mystique et christologie en Afrique», in ZUAZUA, D. (s.dir.), *La mystique africaine.* (Actes du colloque international à l'occasion du IVe centenaire de la mort de Saint Jean de la Croix), Kinshasa, Baobab, 1992, pp.159-202.

KABASELE Lumbala, F., «L'expérience mystique de nos communautés chrétiennes au Kasayi», in ZUAZUA, D. (s.dir.), *La mystique africaine.* (Actes du colloque international à l'occasion du IVe centenaire de la mort de Saint Jean de la Croix), Kinshasa, Baobab, 1992, pp.129-143.

KABASELE Lumbala, F., «La mystique dans la sémiologie africaine», in ZUAZUA, D. (s.dir.), *La mystique africaine.* (Actes du colloque international à l'occasion du IVe centenaire de la mort de Saint Jean de la Croix), Kinshasa, Baobab, 1992, pp.117-128.

KAGAME, A., «Historicité de Lyangombe, chef des 'Immandwa'», in *Lyangombe, mythe et rites.* (Actes du 2e colloque du CERUKI du 10 au 12 mai1976), Bukavu, CERUKI, 1979, pp.17-28.

KALONGA Kabatuswile, J., «Le substrat anthropologique de l'expérience religieuse, comme fondement de la culture négro-africaine», in KALONGA Kabatuswile, J. (s.dir.), *Inculturation de la vie consacrée à l'aube du troisième millénaire.* (Actes du cinquième colloque international), Kinshasa, Carmel Afrique, 1998, pp.33-44.

KASTELOOT, L., «L'ancêtre dans les systèmes de pensée africaines», in LENOIR, F. et TARDAN-MASQUELIER, Y, (s.dir.), *Encyclopédie des religions. Histoires,* t.1, Nouvelle édition, Leck, Bayard, 2000, pp.1976-1971.

KASTELOOT, L., «La religion traditionnelle des Dogon», in LENOIR, F et TARDAN-MASQUELIER, Y, (s.dir.), *Encyclopédie des religions. Histoires,* t.1, Nouvelle édition, Leck, Bayard, 2000, pp.1178-1180.

KIBWILA-YALA, A.M, «A l'école de prière une pastorale de la mystique évangélique», in *La prière africaine.* (Actes du deuxième colloque international du 10 au 12 janvier 1994), Kinshasa, Baobab, 1994, pp.45-70.

LALEYE, L.-P., «De la quête spirituelle de l'Afrique contemporaine. Repérage de fondement pour une évaluation critique», in *L'Afrique et ses formes de vie spirituelle.* (Actes du deuxième colloque international de Kinshasa, 21-27/11/1983), Paris, FCK, 1990, pp.55-68.

LEMA Gwele, «Essai sur la dimension religieuse de l'art négro-africaine. Référence à la sculpture traditionnelle au Zaïre», in *Art religieuse africain*, Kinshasa, FCK, 1983, pp.71-111.

LIBAMBU Muaso, M.W., «Le langage de l'expérience mystique. De l'inspiration augustinienne à l'originalité sanjuaniste», in ZUAZUA, D. (s.dir.), *La mystique africaine.* (Actes du colloque international à l'occasion du IVe centenaire de la mort de Saint Jean de la Croix), Kinshasa, Baobab, 1992, pp.218-230.

LOPASIC, A., «Le panthéon 'Bini' vu à travers les masques du culte d''Ekpo'», in ZAHAN, D. (s.dir.), *Réincarnation et vie mystique en Afrique noire. Colloque de Strasbourg (16-18 mai 1963)*, Paris, PUF, 1965, pp.101-106.

LUDIONGO Ndombasi, E., «La spiritualité des chefs investis chez les Kongo», in ZUAZUA, D. (s.dir.), *La mystique africaine.* (Actes du colloque international à l'occasion du IVe centenaire de la mort de Saint Jean de la Croix), Kinshasa, Baobab, 1992, pp.97-116.

LUYEYE Luboloko, F., «Les mystiques de 'Bilenge ya Mwinda'», in ZUAZUA, D. (s.dir.), *La mystique africaine.* (Actes du colloque international à l'occasion du IVe centenaire de la mort de Saint Jean de la Croix), Kinshasa, Baobab, 1992, pp.145-158.

MAES, K., «La spiritualité mystique de la Croix et de la Passion», in ZUAZUA, D. (s.dir.), *La mystique africaine.* (Actes du colloque international à l'occasion du IVe centenaire de la mort de Saint Jean de la Croix), Kinshasa, Baobab, 1992, pp.25-216.

MALU Nyimi, M., «La spiritualité en mystique africaine. 'Contemplation de Dieu et libération de l'homme», in *La prière africaine.* (Actes du dixième colloque international du 10 au 12 janvier 1994), Kinshasa, Baobab, 1994, pp.85-97.

MAKOLO Muswaswa, B., «Le cadre africain et le fétichisme maraboutique : lecture de deux romans sénégalais», in *Tradition, spiritualité et développement.* (Actes de la XIIe Semaine Philosophique de Kinshasa du 05 au 11 avril 1992), Kinshasa, FCK, 1993, pp.227-247.

MARY, A., «Le bwiti d'Afrique équatoriale», in LENOIR, F et TARDAN-MASQUELIER, Y, (s.dir.), *Encyclopédie des religions. Histoires*, t.1, Nouvelle édition, Leck, Bayard, 2000, pp.1192-1199.

MATYABO Asakila, «Aspect initiatique du rituel de Lyangombe : son rôle dans l'intégration sociale», in *Lyangombe, mythe et rites.* (Actes du 2e colloque du CERUKI du 10 au 12 mai1976), Bukavu, CERUKI, 1979, pp.139-171.

MASUMBUKU Bunyas Wenduku, «La langue de Lyangombe et le jargon de 'Immandwa' chez les Bashi», in *Lyangombe, mythe et rites.* (Actes du 2e colloque du CERUKI du 10 au 12 mai1976), Bukavu, CERUKI, 1979, pp.77-100.

MOLET, L., «Vie mystique et réincarnation de l'âme chez les Dogon», in Réincarnation et vie mystique en Afrique noire. ZAHAN, D. (s.dir.), *Réincarnation et vie mystique en Afrique noire. Colloque de Strasbourg (16-18 mai 1963)*, Paris, PUF, 1965, pp.107-125.

MONSENGO Pasinya, L., «Inculturation dans les Actes Apôtres», in *Revue de Théologie Africaine*, vol.13, n°25, avril 1989, pp.31-40.

MULAGO gwa Cikala, V., «La participation vitale. Principe de la cohésion de la communauté bantu», in DICKSON, K et ELLINGWORTH, P. (s.dir.), *Pour une théologie Africaine. Rencontre de théologiens africains Ibadan,* Yaoundé, Clé, 1960, pp.191-216.

MULAGO gwa Cikala, V., «Initiation africaine et initiation chrétienne» in *Lyangombe, mythe et rites.* (Actes du 2e colloque du CERUKI du 10 au 12 mai1976), Bukavu, CERUKI, 1979, pp.29-75.

MUKUAMA Lukombo, «Recension sur Chemins de la christologie africaine» in *Revue de Théologie Africaine*, vol.13, n°25, avril 1989, pp.127-129.

MUKUMA Mutamba, P., «L'itinéraire de la vie consacrée en Afrique noire» in *Inculturation de la vie consacrée en Afrique à l'aube du troisième millénaire.* (Actes du colloque international), Kinshasa, Carmel Afrique, 1998, pp.229-238.

MVENG, E., «La voix initiatique de Saint Jean de la Croix», in ZUAZUA, D. (s.dir.), *La mystique africaine.* (Actes du colloque international à l'occasion du IVe centenaire de la mort de Saint Jean de la Croix), Kinshasa, Baobab, 1992, pp.321-346.

NDAW, A., «Caractères généraux des religions africaines», in LENOIR, F. et TARDAN-MASQUELIER, Y, (s.dir.), *Encyclopédie des religions. Histoires*, t.1, Nouvelle édition, Leck, Allemagne, 2000.

NEDONCELLE, M., «Ouverture du colloque», in ZAHAN, D. (s.dir.), *Réincarnation et vie mystique en Afrique noire. Colloque de Strasbourg (16-18 mai 1963),* Paris, PUF, 1965, pp.5-8.

NGIMBI Nseka, «Mystique et spiritualité comme âme du développement», in *Tradition, spiritualité et développement.* (Actes de la XIIIe Semaine Philosophique de Kinshasa du 05 au 11 avril 1992), Kinshasa, FCK, 1993, pp.289-300.

NGIMBI Nseka, «Expérience de soi et religion traditionnelle en Afrique», in ZUAZUA, D. (s.dir.), *La prière africaine.* (Actes du colloque international à l'occasion du IVe centenaire de la mort de Saint Jean de la Croix), Kinshasa, Baobab, 1992, pp.85-96.

NGWEY Ngond'a Ndenge, «Le spirituel dans la culture traditionnelle africaine», in *Tradition, spiritualité et développement.* (Actes de la XIIIe Semaine Philosophique de Kinshasa du 05 au 11 avril 1992), Kinshasa, FCK, 1993, pp.257-266.

NOTHOMB, D., «Signification religieuse des récits et des rites de Lyangombe», in *Lyangombe, mythe et rites. Actes du 2me colloque du CERUKI du 10 au 12 mai1976*, Bukavu, CERUKI, 1979, pp.105-114.

NTEDIKA Konde, «La foi chrétienne en dialogue avec la religion africaine», in *Quelle Eglise pour l'Afrique du troisième millénaire ? Contribution des évêques pour l'Afrique. Actes de la Dix-huitième Semaine Théologique de Kinshasa du 21 au 27 avril 1991*, Kinshasa, FCK, 1991, pp.155-163.

NZUZI Bibaki, «Approche africaine de sorcellerie», in *Revue de Spiritualité Africaine*, n°4, 1998, pp.87-102.

PARRENDER, G., «Le mysticisme des médiums en Afrique occidentale», in ZAHAN, D. (s.dir.), *Réincarnation et vie mystique en Afrique noire. Colloque de Strasbourg (16-18 mai 1963),* Paris, PUF, 1965, pp. 131-137.

POIROT, D., «La grâce baptismale et les étapes de la vie spirituelle chez Saint Jean de la Croix. Le baptême est une alliance avec Dieu», in ZUAZUA, D. (s.dir.), *La prière africaine. Actes du colloque international à l'occasion du IVe centenaire de la mort de Saint Jean de la Croix*, Kinshasa, Baobab, 1992, pp.245-262.

RAKOTAMALALA, M.M, «La religion malgache», in LENOIR, F et TARDAN-MASQUELIER, Y, (s.dir.), *Encyclopédie des religions. Histoires*, t.1, Nouvelle édition, Leck, Allemagne, 2000, pp.1205-1208.

RODRIGUEZ, J.V., «La mystique sanjuaniste : protagonisme de Dieu et protagonisme de l'homme», in ZUAZUA, D. (s.dir.), *La prière africaine. Actes du colloque international à l'occasion du IVe centenaire de la mort de Saint Jean de la Croix*, Kinshasa, Baobab, 1992, pp.301-320.

SAMB, A., «Dimension socio-culturelles et religieuses», in *Présence Africaine*, n°117/118, 1981, pp.130-137.

SANON, A.T., «Quête spirituelle de l'Afrique contemporaine et mouvements mystiques», in *L'Afrique et ses formes de vie spirituelle*. (Actes du deuxième colloque international de Kinshasa, 21-27/11/1983), Kinshasa, FCK, 1990, pp.37-54.

SECK, J.N., «Dimension mondiales de la communauté des peuples noirs», in Présence Africaine, n°117/118, 1981, pp.149-153.

TASSA Okombe Lukumba, «Liminaire», in *Lyangombe, mythe et rites*. (Actes du 2e colloque du CERUKI du 10 au 12 mai1976), Bukavu, CERUKI, 1979, pp.5-6.

TSHIBANGU Tshishiku, T., «Existence humaine et spiritualité», in *L'Afrique et ses formes de vie spirituelle*. (Actes du deuxième colloque international de Kinshasa, 21-27/11/1983), Kinshasa, FCK, 1990, pp.25-34.

TSHIBANGU Tshishiku, T., «Saint Jean de la Croix, un messager de la vie mystique et religieuse pour notre temps», in ZUAZUA, D. (s.dir.), *La prière africaine*. (Actes du colloque international à l'occasion du IVe centenaire de la mort de Saint Jean de la Croix), Kinshasa, Baobab, 1992, pp.347-352.

ZAHAN, D., «Aspects de la réincarnation et la vie mystique chez les Bambara », in ZAHAN, D. (s.dir.), *Réincarnation et vie mystique en Afrique noire. Colloque de Strasbourg (16-18 mai 1963)*, Paris, PUF, 1965, pp.175-187.

ZUAZUA, D., «Liminaire» in ZUAZUA, D. (s.dir.), *La prière africaine. Actes du colloque international à l'occasion du IVe centenaire de la mort de Saint Jean de la Croix*, Kinshasa, Baobab, 1992, pp.9-11.

ZUAZUA, D., «Saint Jean de la Croix, mystique universel», in ZUAZUA, D. (s.dir.), *La mystique africaine*. (Actes du colloque international à l'occasion du IVe

centenaire de la mort de Saint Jean de la Croix), Kinshasa, Baobab, 1992, pp.27-46.

1.3 Inédit

NGONDO Dishono Kalala, D., «La mystique africaine et mystique de Saint Jean de la Croix». Relecture du colloque international de Kinshasa 13-16 janvier 1992. Thèse de doctorat à l'université Laval, septembre 1999.

2. Sources secondaires

2.1 Ouvrages

ADEYEMO, T., *Salvation in African Tradition*, Nairobi, Evangel Publishing House, 1979.

AGOSSOU, J.-M., *Christianisme africain*, Paris, Karthala, 1987.

ALEXANDRE-BIDON, D., *Le pressoir mystique.* (Actes du colloque de Recloses 27 mai 1989), Paris, Cerf, 1990.

ARCHER, G.L., *Introduction à l'Ancien Testament*, Saint-Légier, Emmaüs, 1978.

ASSOGBA, Y., *Jean-Marc Ela, le sociologue et théologien africain en boubou*, Paris, L'Harmattan, 1995.

AZAMBO, S et MEYOGO, P., *Précis de philosophie pour l'Afrique*, Paris, Ferand Nathan, 1981.

BABA KAKE, I., *Les noirs de la diaspora*, Libreville, Lion, 1978.

BALLESTER, M., *La prière qui transforme la vie. Un chemin d'intégration*, Kinshasa, Saint Paul, 1985.

BERNARD, A., *L'homme et son accomplissement. Essai d'anthropologie philosophique avec quelques prolongements théologiques*, Kinshasa, Saint Paul Afrique, 1987.

BERTEN, I., *Christ pour les pauvres. Dieu à la marge de l'histoire*, Paris, Cerf, 1989.

BEZANÇON, J.-N., *Le Christ de Dieu. Jésus Fils de Dieu. Comment réaffirmer sa divinité. Un chemin*, Desclée de Brouwer, 1980.

BIMWENYI Kweshi, O., *Discours théologique négro-africain. Problème des fondements*, Paris, Présence Africaine, 1981.

BLASER, K., *La théologie au XXe siècle. Histoire-défis-enjeux,* Lausanne, L'âge d'Homme, 1995.

BLASER, K., (s.dir.), *Repères pour la mission chrétienne. Cinq siècles de tradition missionnaire. Perspectives œcuméniques*, Paris, Cerf, 2000.

BLOCHER, H., *Christologie*, t.1 et t.2, Vaux-sur-Seine, Fac etude, 1981.

BLOCHER, H., *Révélation des origines. Le début de la Genèse*, Lausanne, PBU, 1979.

BOICE, J.M, *Le Dieu souverain* (traduit de l'anglais par M. H. Eward), Saint-Légier Emmaüs, 1981.

BOBRINSKOY, B., *Le mystère de la trinité*, Paris, Cerf, 1986.

BOISMARD, M.-E., *A l'aube du christianisme. Avant la naissance des dogmes*, Paris, Cerf, 1998.

BOUDON, R., BERNARD, P., CHERKAOUI, M et al., *Dictionnaire de sociologie*, Paris, Club France Loisirs, 2001.

BOUGEROL, J.B, *Saint Bonaventure et sagesse chrétienne*, Paris, Seuil, 1963.
BOUTTIER, M., *Du Christ de l'histoire au Jésus des Evangiles*, Paris, Cerf, 1969.
BRETON, J.-C., *Approche contemporaine de la vie spirituelle*, Québec, Bellarmin, 1990.
BROSSE, J., *Les maîtres spirituels*, Paris, Bordas S.A, 1988.
BUBER, M., *JE et TU* (traduit de l'allemand par G. Bianquis), Paris, Aubier Montaigne, 1969.
BUJO, B., *Dieu devient homme en Afrique noire*, Kinshasa, Paulines, 1996.
CAMPBBELL-MORGAN, G., *La première épître de Paul aux Corinthiens*, Saint-Légier, Emmaüs, (s.d).
CERFAUX, L., *Le Christ dans la théologie de Saint Paul*, Paris, Cerf, 1954.
CESBRON, G., *Albert Schweitzer. Souvenirs de mon enfance suivis des tilleuls de Gumbasch*, Paris, J'ai lu, 1995.
CHAMPION, F et HERVIEU-LEGER, D. (s.dir), *De l'émotion en religion Renouveaux et traditions*, Pari, Centurion, 1990.
CHENU, B., *Théologies africaines des tiers mondes. Latino-américaine. Noire américaine. Noire sud-africaine. Asiatique*, Paris, Le Centurion, 1987.
CHEVALIER, J. (s.dir), *Le dictionnaire du savoir moderne. Les religions*, Paris, Centre d'Etude et de Promotion de la Lecture, 1972.
CHEVALIER, J. et GHEERBRANT, A., (s.dir.), *Dictionnaire des symboles. Mythes, rêves, gestes, formes, figures, couleurs, nombres*, t.1, Paris, Seghers, 1973.
CHIPENDA, J.B., KARAMAGA, A., MUGAMBI, J.N.K et al (réd.), *L'Eglise d'Afrique. Pour une théologie de la reconstruction*, Nairobi, CETA, 1990.
CHIPENDA, J.B., KARAMAGA, A., *Le temps propice pour le changement. Quelle espérance dans une Afrique en crise ?*, Nairobi, CETA, 1991.
CLEMENT, P., LEMZET, V., MARY, G. et al., *De la Parole aux actes*, Paris, Farel, 1983.
COHEN, A., *Le Talmud*, Paris, Payot, 1983.
CONE, J, H., *La noirceur de Dieu* (traduit de l'anglais par M. Jean et H.Philbert), Genève, Labor et Fides, 1989.
CONZELMANN, H., *Théologie du Nouveau Testament* (traduit de l'allemand par E. Payer), Genève, Labor et Fides, 1969.
CULLMANN, O., *Le salut dans l'histoire. L'existence chrétienne selon le Nouveau Testament*, (traduit de l'allemand par M. Kolher), Neuchâtel, Delachaux et Niestlé, 1966.
CULLMANN, O., *Christologie du Nouveau Testament*, Neuchâtel, Delachaux et Nistlé, 1968.
DADIE, B., *Légendes africaines*, Paris, Seghers, 1973.
DANIELOU, R., *Introduction au christianisme*, Kinshasa, Saint Paul, (s.d).
DELUMEAU, J et MELCHIOR-BONNET, S., *Des religions et des hommes*, Paris, Desclée de Brouwer, 1997.
DE MEESTER, P., *Où va l'Eglise d'Afrique ? En marge des centenaires de l'évangélisation*, Paris, Cerf, 1980.
DESCAMPS, A., *Jésus et l'Eglise. Etude d'exégèse et de théologie*, Louvain, PUL, 1986.
DE TILLESSE, G.M., *Le secret messianique dans l'Evangile de Marc*, Paris, Cerf, 1968.
DIAWARA, F., *Le manifeste de l'homme primitif*, Paris, Bernard Grasset, 1972.
DREWERMANN, E., *De la naissance des dieux à la naissance du Christ* (traduit de l'allemand par J. Feisthauser), Paris, Seuil, 1991.
DUQUOC, C., *Jésus homme libre*, Paris, Cerf, 1973.

ELA, J.-M, *Innovations sociales et renaissance de l'Afrique noire. Les défis du 'monde d'en-bas'*, Paris, L'Harmattan, 1998.

ELIADE, M., *Images et symboles. Essais sur le symbolisme magico-religieux*, Paris, Gallimard, 1952.

ELIADE, M., *Mythes, rêves et mystères*, Paris, Gallimard, 1957.

ELIADE, M., *Le sacré et le profane*, Paris, Gallimard, 1965.

ELIADE, M., *Histoire des croyances et des idées religieuses. De Gautama Bouddha au triomphe du christianisme*, t.2, Paris, Payot, 1987.

ELIADE, M., *Histoire des croyances et des idées religieuses. De Mahomet à l'âge des Réformes*, t.3, Paris, Payot, 1987.

ELIADE, M., *Histoire des croyances et des idées religieuses. De l'âge de la pierre aux mystères d'Eleusis*, t.1, Paris, Payot, 1987.

ENGELHARD, P., *Dictionnaire de citations chrétiennes*, Paris, Cerf, 1987.

FARELLY, M., *Africains d'hier et de demain*, Neuchâtel, Delachaux et Niestlé, 1967.

FLORIS, E., *Sous le Christ Jésus. Méthode d'analyse référentielle appliquée aux Evangiles*, Paris, Flammarion, 1987.

FRANKLIN, J.H., *De l'esclavage à la liberté. Histoire des Afro-américains,* (traduit de l'anglais par C. Kieffer), Paris, Caribéennes, 1984.

FROBENIUS, L., Histoire de la civilisation *africaine*, Paris, Gallimard, 1952.

FURTER, D., *Les épîtres de Paul aux Colossiens et Philémon*, Vaux-sur-Seine, Edifac, 1987.

GILSON, E., *Christianisme et philosophie*, Paris, Librairie Philosophique J. Vrin, 1936.

GOFFAUX, J., *Problèmes de développement. Quêtes de chimères, voies de lucidité*, CRP, (s.1.), 1986.

GUIGNEBERT, C., *Le Christ*, Paris, Albin Michel, 1969.

GÜMNDER, R et KENMOGNE, J.-B., *Pour vaincre le tribalisme. Principes, réflexions et perspectives*, Bafoussam, CIPCRE, 2002.

GÜMNDER, R et NGUENGAM, M.-P., *L'évangélisation en action. Justice, paix et sauvegarde de la création dans l'Ouest-Cameroun*, Bafoussam, CIPCRE, 2002.

GUTIERREZ, G., *La théologie de la libération. Perspectives* (traduit de l'espagnol par F. Malley), Bruxelles, Lumen Vitae, 1974.

HAHN, F., *The Titles of Jesus in Christology. Their History in Early Christianisty* (traduit de l'allemand par H. Knight et G. Og), London, Lutterworth Press, 1969.

HALLEY, H. H., *Manuel biblique de Halley*, Miami, Florida, Vida, 1988.

HUTIN, S., *Les sociétés secrètes*, Paris, PUF, 1960.

IMBOLOKALA Imbuli, *La thérapeutique philosophique : mythe ou réalité* ?, Kinshasa, FCK, 1996.

IWELE, G., *Mgr Monsengwo acteur et témoin de l'histoire*, Louvain-La-Neuve, Duculot, 1995.

JASPERS, K., *Introduction à la philosophie* (traduit de l'allemand par J. Hersch), Paris, Librairie Plon, 1987.

JEAN PAUL II, *Fides et Ratio. Lettre encyclique aux évêques de l'Eglise catholique sur les rapports entre Foi et Raison*, Kinshasa, MedisPaul, (s.d.).

JEAN PAUL II, *Le mystère de l'incarnation. Bulle du grand jubilé de l'an 2000*, Kinshasa, MediasPaul, 1999.

Jésus-Christ pain rompu pour un monde nouveau. (Document théologique de base pour le congrès eucharistique internationale, juillet 1981), Paris, Centurions, 1980.

KABASELE Lumbala, F. DORE, J. A. T. SANON et al., *Chemins de la christologie africaine*, Paris, Desclée, 1986.

KAGAME, A., «La place de Dieu et de l'homme dans la religion des bantu », in *La philosophie comparée*, Paris, Présence Africaine, 1976.

KÄ MANA, *Christ d'Afrique. Enjeux éthiques de la foi chrétienne en Jésus-Christ*, Paris, Karthala, 1994.

KÄ MANA, *La nouvelle évangélisation en Afrique*, Paris,Karthala, 2000.

KATO, B., *Pièges théologique en Afrique* (traduit de l'anglais par N. de Mestral-Demole), Abidjan, Centre de Publications Evangéliques, 1981.

KELLER, C.-A., *Communication avec l'Ultime,* Genève, Labor et Fides, 1987.

KIALUTA, D., *L'engagement politique du chrétien*, Kinshasa, l'Epiphanie, 1993.

KITA Kyankenge Masandi, *Colonisation et enseignement. Cas du Zaïre avant 1960*, Bukavu, CERUKI, 1982.

KIAZAYILA Kingengo, *'Groupe de prière' une spiritualité chrétienne en Afrique* ?, Kinshasa, Baobab, 1996.

KORSE, P., LIKIYO Inkenju, MONDJULU Lokonga et al., *Sorcellerie, maladie et chasseur de sorciers chez les Mongo (Rép. Du Zaïre)*, Bandundu, CEEBA, 1989.

KÜNG, H., *Dieu existe-t-il ? Réponse à la question de Dieu dans le temps modernes* (traduit de l'allemand par J.-L. Schlegel et J. Walter), Paris, Seuil, 1981.

KÜNG, H., *Le christianisme. Ce qu'il est et ce qu'il est devenu dans l'histoire* (traduit de l'allemand par J. Feisthauser), Paris, Seuil, 1999.

KÜNG, H., *Etre chrétien* (traduit de l'allemand par H. Rollais et A. Metzeger), Paris, Seuil, 1978.

KÜNG, H., *Le christianisme et les religions du monde. Islam, hindouisme, bouddhisme* (traduit de l'allemand par J. Feisthauer), Paris, Seuil, 1986.

LAFONT, G., *Peut-on connaître Dieu en Jésus-Christ ?*, Paris, Cerf, 1998.

LANTIER, J., *Magie et sexualité en Afrique noire. La cité magique*, Paris, Cerf, 1972.

LALOY, J., MAROU, H.-I., MASLIN, M. et al. (s.dir.), *Les quatre fleuves. Cahiers de recherche et de réflexion religieuse*, Paris, Seuil, 1974.

LATOURELLE, M. et FISICHELLA, R. (s.dir), Dictionnaire de théologie fondamentale, Paris, Cerf, 1992.

LASSIAT, H., *Promotion de l'homme en Jésus-Christ d'après Irénée de Lyon*, Mame, Strasbourg, 1974.

LENOIR, F. et TARDAN-MASQUELLIER, Y. (s.dir), *Encyclopédie des religions. Histoire*, t.1, Nouvelle édition, Leck (Allemagne), 2000.

LIENHARD, M., «Note sur un texte christologique du jeune Luther», in *Revue d'Histoire et de Philosophie Religieuse*, n°4, 1969, pp.331-340.

LOEW, J et MESLIN, M. (s.dir), *Histoire de l'Eglise par elle-même*, Paris, Librairie Arthème-Fayard, 1978.

LOSSKY, V., *Essai sur la théologie mystique de l'Eglise d'Orient*, Paris, Cerf, 1990.

LUFULUABO, F-M., *Vers une théodicée bantoue*, Louvain, Casterman, 1961.

MAILLOT, A., *L'épître aux Romains. Epître de l'œcuménique et théologie de l'histoire*, Paris, Centurion 1984.

MAKANZU Mavumilusa, *Quand Dieu te gêne...*, t.1 et 2, Wuppertal, VEM, 1985.

MAKANZU Mavumilusa, *La puissance de la Croix au Zaïre*, Kinshasa, JAPEMAK, 1979.

MALANDA Dem, *La mentalité africaine et l'avenir de la science*, Kisangani, B.A.S.E., 1977.

MARCEL, L., *La sagesse africaine. Ouverture sur les Evangiles*, Paris, Seuil, 1983.

MARTEY, E., *African Thelogy : Inculturation and Liberation*, New York, Orbis Books, 1993.

MENDRAS, H., *Eléments de sociologie*, 4e édition, Paris, Armand Colin, 1996.

MESLIN, M., *L'expérience du divin. Fondement d'une anthropologie religieuse,* Paris, Cerf, 1988.

MESSI METOGO, E., *Théologie africaine et ethnophilosophie*, Paris, L'Harmattan, 1985.

MOLTMANN, J., *Le Dieu crucifié : la croix de Christ, fondement et critique de la théologie chrétienne* (traduit de l'allemand par B. Fragneau-Julien), Paris, Cerf-Mame, 1974.

MUBENGAYI Lwakale Mukundi, *La sorcellerie existe-t-elle ?*, Kinshasa Centre d'Etudes Pastorales, 1983.

MUSEKA Ntumba, L., *La nomination africaine de Jésus-Christ : quelle christologie ?,* Thèse de doctorat en Théologie, Louvain-la-Neuve, Noraf, 1988.

MÜLLER, D., *Réincarnation et foi chrétienne*, Genève, Labor et Fides, 1993.

MUSUVAHO Paluku, *La théologie africaine face au syncrétisme*, Louvain-la-Neuve, Noraf, 1990.

NANTET, B., *Dictionnaire d'histoire et civilisation africaines*, Paris, Larousse Bordas/HER, 1999.

NDAW, A., *La pensée africaine. Recherches sur les fondements de la pensée négro-africaine*, Dakar, Les Nouvelles Editions Africaines, 1983.

NEE, W., *Le vrai serviteur de Dieu*, La Bégude de Mazenc, La Croissance du Livre Chrétien, 1978.

NEE, W., *La vie chrétienne normale,* Fontaney-sous-Bois, Farel, 1983.

NGILI Bofeka Batsu, L.-A., *Jésus dans le collimateur ancestral. La christologie de paradigme ancestral et ses implications ecclésiastiques dans les Eglises africaines*, Kinshasa, Cedi, 1996.

NGUVULU, A., *L'univers négro-africain face au développement*, Kinshasa, Okapi, 1971.

N DOMIKOLAYI Massaki, *De quelle race Dieu est-il ?* Kinshasa, Cedi, 1973.

NIDA, E. A., *Coutumes et cultures. Anthropologie pour missions chrétiennes*, 2e édition (traduit de l'anglais par E. Somerville), Neuchâtel, Groupes Missionnaires, 1976.

NYAMITI, C., *Christ our Ancestor : Christology an African Perspective*, Gweru-Harare, Mambo Press, 1984.

NZANDA-Buana Kalemba, M., *Economie zaïroise de demain: pas de navigation à vue. Essai Nécessité d'un modèle économique intégré*, Kinshasa, ProSDé, 1995.

PACKER, J. et HOWARD, T., *Le Christ et l'humanisme moderne*, Mery-sur-Oise, Sator, 1990.

PANNENBERG, W., *Esquisse d'une christologie* (traduit de l'allemand par A. Liefooghe), Paris, Cerf, 1974.

PENOUKOU, E.-J., *Eglises d'Afrique. Propositions pour l'Afrique*, Paris, Karthala, 1984.

PERDON, Y., «Pour une histoire des religions africaines», in *L'invention religieuse en Afrique. Histoire et religion en Afrique noire*, Paris, Karthala, 1993.

PERRIRAZ, L., *Histoire de la théologie protestante au IXe siècle. Le problème de christologie*, t.3, Neuchâtel, H. Messeiller, 1956.

RAFFIN, F. et MORFAUX, L.-M., *L'homme et le monde*, Paris, Armand Colin, 1977.

RAHNER, K. et VOGRIMMLER, H., *Petit dictionnaire de théologie catholique*, (traduit de l'allemand par P. Demann et M. Vidal), Paris, Seuil, 1954.

RATZINGER, J., *La foi chrétienne hier et aujourd'hui*, Paris, Cerf, 1985.

REICH, R., *L'économie mondialisée* (traduit de l'anglais par D. Teman), Paris, Dumod, 1993.

REMOND, R., *Les grandes inventions du christianisme*, Paris, Bayard, 1999.

REY, B., *Jésus le Christ. Dieu se donne un visage*, Paris, Le Centurion, 1988.

REY, B., *Jésus l'aujourd'hui de Dieu*, Paris, Cerf, 1993.

RIVIERE, C., *Socio-anthropologie des religions*, Paris, Armand Colin/Masson, 1997.

RUNIA, K., «Le débat christologique contemporain », in *Hokhma*, n°17, 1981.

SABOURIN, L., *La christologie à partir des textes clés*, Paris, Cerf, 1986.

SCHAAF, Y et KENMOGNE, J.-B., *Communiquer en Afrique noire*, Bafoussam, CIPCRE, 2002.

SCHAEFFER, F. A., *Dieu-ni silencieux ni lointain. Une philosophie chrétienne*, Rhein, Trobish, 1979.

SCHILLEBEECKX, E., *La politique n'est pas tout* (traduit du néerlandais par G. Passelecq) Paris, Cerf, 1988.

SCHILSON, A. et KASPER, W., *Théologie du Christ aujourd'hui* (traduit de l'allemand par R. Givord), Paris, Desclée, 1978.

SCHWEITZER, A., *Le secret historique de la vie de Jésus* (traduit e l'allemand par A. Anex-Heimbrod), Paris, Albin Michel, 1961.

SENGHOR, L. S., *Liberté 3 : Négritude et civilisation de l'univers*, Paris, Seuil, 1985.

SESBOÜE, B., *Jésus-Christ, l'unique médiateur. Essai sur la rédemption et le salut. Problématique et relecture doctrinale*, t.1, Paris, Desclée, 1988.

SESBOÜE, B., *Pédagogie du Christ. Eléments de christologie fondamentale*, Paris, Cerf, 1995.

STOTT, J., *Mission chrétienne dans le monde moderne,* (traduit de l'anglais par S. Dupertuis), Lausanne, Groupes Missionnaires, 1977.

STOTT, J., *L'essentiel du christianisme* (traduit de l'anglais), La Bégude de Magenc, Groupe Biblique Universitaire, 1986.

STOTT, J., *La croix de Jésus-Christ* (traduit de l'anglais d'A. Doriath), Mulhouse, Grâce et Vérité, 1988.

STUDER, B., *Dieu sauveur. La rédemption dans la foi de l'Eglise ancienne*, (traduit de l'allemand par J. Hoffmann), Paris, Cerf, 1989.

Théologies de la libération. Documents et débats, Paris, Centurion, 1985.

THEIL, J.F., *La situation religieuse des Mbiem, Bandundu*, Centre d'Etudes Ethnologiques, 1972.

THURIAN, M., *L'homme moderne et la vie spirituelle*, Paris, Seuil, 1970.

TILLICH, P., *Le courage d'être* (traduit de l'allemand par F. Chapey), Paris, Casterman, 1956.

TILLICH, P., *Théologie systématique. La vie et l'Esprit*, t.4 (traduit de l'anglais par J. M. Saint), Genève, Labor et Fides, 1991.

TILLICH, P., *Dogmatique* (traduit de l'anglais par P. Asselin et L. Pelletier), Paris, Cerf, 1997.

TIMMER, J., *Le salut de Genèse à l'Apocalypse*, Kalamazoo S.E, Kerygme, 1983.

TRESMONTANT, C., *Saint Paul et le mystère du Christ*, Paris, Seuil, 1956.

TSHIBANGU Tshishiku, *La théologie africaine. Manifeste et programme pour le développement des activités théologiques en Afrique*, Kinshasa, Saint Paul Afrique, 1987.

TUTU, D., *J'ai aussi le droit d'exister* (traduit de l'anglais par M. et R. Bezençon), Lausanne, Soc, 1982.

UMEZINWA, W. A., *La religion dans la littérature africaine. Etude sur Mongo Beti Benjamin Matip et Ferdinad Oyono*, Kinshasa, PUF, 1975.

VAHANIAN, G., *La mort de Dieu. La culture de notre ère post-chrétienne*, Paris, Buchet/Chastel, 1962.

VERNETTE, J., *Jésus dans la nouvelle religiosité,* Paris, Desclée, 1987.

VON ALLEM, J.J., «Baptême», in *Vocabulaire biblique*, Neuchâtel, Delachaux et Niestlé, 1954.

WALDENFELS, H., *Manuel de théologie fondamentale*, (traduit de l'allemand par O. Depré), Paris, Cerf, 1990.

WALLERSTEIN, I., *L'Afrique et l'indépendance*, Paris, Présence Africaine, 1966.

WESTERMANN, C., *Théologie de l'Ancien Testament* (traduit de l'allemand par L. Jeanneret), Genève, Labor et Fides, 1985.

WOLFF, H.W., *Anthropologie de l'Ancien Testament*, Genève, Labor et Fides, 1974.

ZUMSTEN, J., *Notre Père. La prière de Jésus au cœur de notre vie*, Paris, Desclée, 2001.

2.2 Articles

ABEGA, P., «Eglise et libération culturelle», in *Revue de Théologie Africaine*, n°12, 1984, pp.253-257.

AGATHIAS, L., «La mystique grecque», DAVY, M.M (s.dir.), *Encyclopédie des mystiques…*

ALEXANDRE, P., « Dieu », in POUPARD, P. (s.dir.), *Dictionnaire des civilisations africaines*, Paris, PUF, 1984, pp.129-130.

AMATO, A., «christologie en perspective», in LATOURELLE, R. (s.dir.), *Dictionnaire de Théologie fondamentale*, Paris, Cerf, 1996, pp.180-183.

BARBARIN, P.P., «La question de l'écologie. Approche théologique», in *Aspects du christianisme à Madagascar*, t.6, n°7, janvier-septembre 1996, pp.232-334.

BEAUDE, P.M., «Mythe», in LACOSTE, J.-Y, (s.dir.), *Dictionnaire critique de théologie*, Paris, PUF, 1998, pp.780-781.

BEHAZIN, L.S., «Responsabilités d'Afrique noire en fait de culture scientifique», in *Présence Africaine*, n°16, octobre-novembre 1957, pp.70-79.

BENOLO, P., «Le Synode et l'inculturation selon Ecclésia en Africa», in *Aspect du christianisme à Madagascar*, t.5, n°7, juillet-septembre 1996, pp.291-296.

BERGSON, H., «L'évolution créatrice», in *L'évolution créatrice de Henri Bergson. Prix Nobel de littérature 1927*, Rombadi, (s.d.), pp.41-340.

BIMWENYI Kweshi, O., «Le Christ, pôle d'attraction de toutes choses», in *Revue du Congrès Africain*, t.XXV, n°1, janvier 1970, pp.3-9.

BIMWENYI Kweshi, O., «Inculturation en Afrique et attitude des agents de l'évangélisation», in *Bulletin de Théologie Africaine*, n°5, 1981, pp.5-17.

BIMWENYI Kweshi, O., «L'émergence, à l'aurore du christianisme africain», in *Bulletin de Théologie Africaine*, vol.3, n°5, janvier 1981, pp.195-203.

BLASER, K., « Théologie africaines », in GISEL, P. et MOLLA, S. (s.dir.), *Encyclopédie du protestantisme*, Paris, Cerf, 1995, p.1551.

BOCKMÜHL, K., «Le Royaume de Dieu et l'humanisme», in *Hokhma*, n°4, 1977, pp.18-37.

BOKA di Mpasi Londi, «Un jalon sur la vie de l'inculturation», in *Revue Africaine de Théologie*, n°10, 1981, pp.240-245.

BOLAJI Idowu, «Dieu», in DICKSON, K. et ELLINGWORTH, P. (éd.), *Pour une théologie africaine. Rencontre de théologiens africains Ibadan*, Yaoundé, Clé, 1969, pp.23-37.

BROWN, C., «La recherche du Jésus historique», in *Hokhma*, n°1, 1976, pp.38-53.

BRITO, E., « Jésus-Christ universel. Cosmique de christologie », in *Revue de Théologie de Louvain*, 26e année, fasc.3, 1995, pp.326-342.

BÜHLER, P., «Jésus-Christ le thérapeute. Réflexions théologiques d'inspiration psychologique», in *Etudes Théologiques et Religieuses*, n°2, 1983, pp.87-106.

BUJO, B., «Nos ancêtres, ces saints inconnus», in *Bulletin de Théologie Africaine*, vol.1, n°2, juillet-décembre 1979, pp.165-179.

BUJO, B., «Pour une éthique africano-chrsitocentrique», in *Bulletin de Théologie Africaine*, vol, n°3, n°5, janvier-juin, 1981, pp.165-179.

BUKASA Tulu Kia Mpasu , «L'impact de la religion africaine sur l'Afrique d'aujourd'hui : latence et pertinence», in *Religions africaines et christianisme*. (Colloque international de Kinshasa 9-11 janvier 1978), Kinshasa, FCK, 1979, pp.21-32.

CARRIER, H., «Inculturation de l'Evangile», in LATOURELLE, R. (s.dir.), *Dictionnaire de théologie fondamentale*, Paris, Cerf, 1996, pp.624-629.

CAMARA LAYE, «Et demain», in *Premier Congrès des Ecrivains et Artistes Noirs*, Présence Africaine, n°XIV-XV, juin-septembre 1957, pp.290-295.

CHIPENDA, J.B., «Les divers aspects du contexte africain», in *L'Eglise d'Afrique. Pour une théologie de reconstruction*, Nairobi, CETA, 1990, pp.3-16.

CHIPPO, M., La nouvelle évangélisation en Africaine, in *Revue Mission de l'Eglise*, (supplément du n°130), janvier 2001, pp.72-73.

CLEMENT, O., «Bible et icône. De la parole aux visages», in *Les quatre fleuves. Cahiers et de recherche et de réflexions religieuses*, n°4, 1974, pp.115-121.

COMAN, J., «La présence du Christ dans la nouvelle création», in *Revue d'Histoire et de Philosophie Religieuses*, n°2, 1968, pp.125-150.

DADIE, B., «Le rôle de la légende dans la culture populaire», in *Premier Congrès des Ecrivains et Artistes Noirs*, Présence Africaine, n° XIV-XV, juin-septembre 1957, pp.165-174.

DAVY, M.-M., «Préface», in LENOIR, F et TARDAN-MASQUELIER, Y, (s.dir.), *Encyclopédie des religions. Histoires*, t.1, Nouvelle édition, Leck, Beyard, 2000, pp.VI-XXI.

DEBUYST, F., «Défis de la mondialisation», in *Bulletin d'Entraide et Fraternité*, novembre-décembre 2001, p.1.

DEC. AZEVODO, M., «Inculturation : Problématique», in LATOURELLE, R. (s.dir.), *Dictionnaire de théologie fondamentale*, Paris, Cerf, 1996, pp.612-642.

DEFAUX, G., «Thomas More», in *Encyclopaedia Universalis*, Corpus 15, Paris, 1992, pp.755-757.

DE HAES, R., «Les sectes chrétiennes africaines face au développement», in *Tradition, spiritualité et développement.* (Actes de la XIIIe Semaine Philosophique de Kinshasa du 05 au 11 avril 1992), Kinshasa, FCK, 1993, pp.278-284.

DELENE, V et ATATAH, C., «Sommet des leaders d'Afrique Centrale sur les forêts», in *Bulletin d'Information Trimestriel* (publié par le Réseau Africain Action Forestière), n°008, mai-juin 1999, p.5.

DE LUZE, B., «Les Eglises protestantes d'Afrique face à de nouveaux défis», in *Petit atlas des Eglises africaines pour comprendre l'enjeu du christianisme en Afrique*, Villeurbanne, Golias, 1994, pp.47-49.

DIAMANDJA Eluy'a Kondo, «'Sapere Aube' ou les enjeux de la revue 'Les Nouvelles Rationalités'», in *Philosophie africaine : Rationalité et rationalités.* (Actes de la XIVe Semaine Philosophique de Kinshasa, du 24 au 30 avril 1994), Kinshasa, FCK, 1994, pp.505-507.

DIATTA, N., «Jésus-Christ : initié et initiateur», in *Théologie africaine. Bilan et Perspectives.* (Actes de la Dix-septième Semaine Théologique de Kinshasa 2-8avril 1989), Kinshasa, FCK, 1989, pp.137-154.

DJONGONGELE Otsudi, «La récupération épistémologique de la tradition : un préalable pour le développement de l'Afrique», in *Tradition, spiritualité et développement.* (Actes de la XIIIe Semaine Philosophique de Kinshasa du 05 au 11 avril 1992), Kinshasa, FCK, 1993, pp.103-111.

DORE, J., «Salut-rédemption», in POUPARD, P. (s.dir.), *Dictionnaire des civilisations africaines*, Paris, PUF, 1984, pp.1515.

EBOUSSI BOULAGA, F., «L'Africain chrétien à la recherche de son identité», in *Concilium*, n°126, 1977, pp.39-48.

EKOFO Bonyeku, «La Christologie africaine, quel contenu», in *RZTA*, n°6, 1992, pp.45-51.

EZEANYA, S.N., «Dieu, les esprits et le monde des esprits», in *Pour une théologie africaine. Rencontre de théologiens Ibadan*, Yaoundé, Clé, 1969, pp.47-67.

FISICHELLA, R., «Christologie fondamentale», in LATOURELLE, R. et FISICHELLA, R. (s.dir.), *Dictionnaire de théologie fondamentale*, Paris, Cerf, 1996, pp.151-157.

GALOT, J., «Le Christ notre ancêtre », in *Telema*, n°53, 1988, pp.31-34.

GATU, J., «Conflit tribal», in *Face aux nouveaux défis*, Berne, Copy Quick, 1980, pp.322-326.

GRELOT, P., «La traduction et l'interprétation de Ph2, 6-8. Quelques éléments d'enquête patristique», in *Nouvelle Revue Théologique*, 103e année, t.93, n°9, novembre 1971, pp.897-922.

GRIN, E., «La christologie de Dietrich Bonhoeffer», in *Etudes Théologiques et Religieuses*, 36e année, n°2, 1961, pp.115-139.

GROB, F., «L'image du corps et la tête dans l'épître aux Ephésiens», in *Etudes Théologiques et Religieuses*, n°4, 1983, pp.491-500.

HASSON, R. C. P., «Sorcellerie, chimère dangereuse», in *Bulletin de Théologie Africaine*, n°4, juillet-décembre 1980, p.269.

HENRY, P., «Kénose», in *Dictionnaire de la Bible*, t.5, Paris, Letourey et Ané, 1972, Cols 7-38.

HORTWITZ, R., «La conception du langage chez Hamann et Rosenzweig», in *Revue de l'Histoire des Religions*, t.213, fasc.4, octobre-décembre 1996, pp.501-534.

HERNANDEZ BUENO, L., «Adresse de bienvenue», in *Inculturation de la vie consacrée en Afrique à l'aube du troisième millénaire.* (Actes du cinquième colloque international), Kinshasa, Carmel Afrique, 1998, pp.7-10.

KABASELE Lumbala, F., «Sagesse africaine dans la liturgie de la Parole», in *Quelle Eglise pour l'Afrique du troisième millénaire ? Contribution au Synode Spécial des évêques pour l'Afrique.* (Actes de la Dix-huitième Semaine Théologique de Kinshasa du 21 au 27 avril 1991), pp.223-236.

KABASELE Lumbala, F., «Le Christ comme Chef » in BUKASA Kabongo, HITIMANA, J., KABASELA Lumbala, F. et al., *Chemins de la christologie africaine*, Paris, Desclée, 1986, pp.109-125.

KABASELE Lumbala, F., «Préface », in KÄ MANA, *La nouvelle évangélisation en Afrique*, Paris, Karthala, 2000, pp.11-12.

KABASELE Lumbala, F., «Le Christ comme Ancêtre et Aîné» in BUKASA Kabongo, HITIMANA, J., KABASELA Lumbala, F. et al., *Chemins de la christologie africaine*, Paris, Desclée, 1986, pp.127-141.

KAGAME, A., «La place de Dieu et de l'homme dans la religion des bantu», in La philosophie comparée, Paris, Présence Africaine, 1976, pp.153-302.

KÄ MANA, «L'Afrique des liens et Evangile de la vie », in *Pour la Vie en abondance. L'expression du Cercle International pour la Promotion de la Création (CIPCRE)*, CIPCRE, Bafoussam, 2002, pp.37-41.

KÄ MANA, «Préface», in SCHAAF, Y. et KENMOGN, J.-B., *Communiquer en Afrique*, CIPCRE, Bafoussam, 2002, pp.7-12.

KANGUDI Kabwatila, «Inculturation et libération en théologie africaine», in *Théologie africaine. Bilan et perspectives.* (Actes de la Dix-septième Semaine Théologique de Kinshasa 2-8avril 1989), Kinshasa, FCK, 1989, pp.199-209.

KARAMAGA, A., «La théologie chrétienne en Afrique», in CHIPENDA, J.B., KARAMAGA, A., MUGAMBI, J. N. K. et al., (réd), *L'Eglise d'Afrique. Pour une théologie de la reconstruction*, Nairobi, CETA, 1990, pp.17-29.

KIEFFER, R., «Christologie de supériorité dans les synoptiques», in *Etudes Théologiques et Religieuses*, 54e année, n°4, 1979, pp.579-592.

KI-ZERBO, J., «Une migration sans enracinement», in *Anthologie* (Classe de 6e secondaire), Kinshasa, Commission Episcopale de l'Edition Chrétienne, 1985, pp.302-305.

KOLIE, C., «Jésus Guérisseurs», in BUKASA Kabongo, HITIMANA, J., KABASELA Lumbala, F. et al., *Chemins de la christologie africaine*, Paris, Desclée, 1986, pp.167-199.

KOSSOU, B., «L'identité culturelle africaine», in *L'affirmation culturelle et la formation de la conscience nationale dans l'Afrique contemporaine*, Vendôme, PUF, 1986, pp.118-132.

KUETE Nyimi Bemuna, «Tradition et libération» in *Tradition, spiritualité et développement.* (Actes de la XIIIe Semaine Philosophique de Kinshasa du 05 au 11 avril 1992), Kinshasa, FCK, 1993, pp.217-226.

LACK, R., «L'image symbolique littéraire dans la Bible», in *Symbolisme et théologie*, Sacrementum2, Rome, Anselmiana, 1974, pp.137-149.

LADARIA, L.F., «Anthropologie chrétienne», in LATOURELLE, R. et FISICHELLA, R. (s.dir.), *Dictionnaire de théologie fondamentale*, Paris, Cerf, 1996, pp.38-45.

LATOURELLE, R., «La révélation : La révélation dans le Nouveau Testament», in LATOURELLE, R. et FISICHELLA, R. (s.dir.), *Dictionnaire de théologie fondamentale*, Paris, Cerf, 1996, pp.1134-1189.

LENGELO Muyangandu, «Foi chrétienne et promotion humaine», in *Ethique chrétienne et sociétés africaines.* (Actes de la Seizième Semaine Théologique de Kinshasa 26 avril-2 mai 1987), Kinshasa, FCK, 1987, pp.157-176.

LENOIR-NIMY, G.B., «L'Afrique et la promotion intégrale de l'homme et de la femme en Afrique», in *Quelle Eglise pour l'Afrique du troisième millénaire ? Contribution au Synode Spécial des évêques pour l'Afrique.* (Actes de la Dix-huitième Semaine Théologique de Kinshasa du 21 au 27 avril 1991), pp.275-288.

LESETRE, H., «La vie cachée de Jésus», in *Dictionnaire de la Bible*, t.1, Paris, Letouzey et Ané, 1921, Col.1445.

LIBAMBU Muaso, «Médiation orientales et prière chrétienne en Afrique. Problème d'intégration», in *La prière africaine.* (Actes du deuxième colloque international du 10 au 12 janvier 1994, Kinshasa), Baobab, 1994, pp.247-264.

LIEBAERT, J., «La christologie du Père Christian Duquoc», in *Les quatre fleuves. Cahiers de recherche et de réflexion religieuse*, n°4, 1974, pp.104-108.

LIENHARD, M., «Note sur un texte christologique du jeune Luther», in *Revue d'Histoire et de Philosophie Religieuse*, n°4, 1969, pp.331-340.

LUFULUABO, F.-M., «Mentalité religieuse africaine et christianisme», in *'Dieu de nos pères'. Bible-Théodicée-Mentalité bantoue-Ethique-Psychologie-Conception moderne.* (Troisième semaine théologique organisée par la Faculté Théologique de l'Université Louvanium, juillet 1996), Inkisi, mai-juillet, 1967, pp.88-111.

LUYEYE Luboloko, F., «Le Christ initiateur : une proposition méthodologique», in *Théologie africaine. Bilan et perspectives.* (Actes de la Dix-septième Semaine Théologique de Kinshasa 2-8avril 1989), Kinshasa, FCK, 1989, pp.155-160.

MABASA Makabwana, M., «Les vrais enjeux d'un dialogue entre tradition scientifique et tradition mystique» in *'Philosophie africaine : Rationalité et rationalités'.* (Actes de la XIVe Semaine Philosophique de Kinshasa du 24 au 30 avril 1994), Kinshasa, FCK, 1994, pp.479-487.

MABILLE, G., «Lebello contre Stylographe : le conflit de la coutume et des influences extérieures », in *Le monde noir*, Paris, Présence Africaine, 1950, pp.425-435.

MADIDI Sumb'a Mundedi, «Le concept de 'l'homme créateur' chez L.S. Senghor», in *Revue philosophique de Kinshasa*, vol. IV, n°6, 1990, pp.17-32.

MASAMBA ma Mpolo, «Le problème de sorcellerie (point de vue d'un chrétien) », in *Cahiers des Religions Africaines*, vol.7, n°14, juillet 1978, pp.247-269.

MASAMBA ma Mpolo, «Pour les bantous, qui est Jésus-Christ ?», in *Terre Nouvelle*, n°34, (s.d.), pp.10-11.

MAZINGA Mashin, «Image de Dieu et devenir de l'homme», in *Tradition, spiritualité et développement*. (Actes de la XIIIe Semaine Philosophique de Kinshasa du 05 au 11 avril 1992), Kinshasa, FCK, 1993, pp.285-288.

MCDERMOTT, D., «Jésus-Christ dans la foi et la théologie d'aujourd'hui » (traduit de l'anglais par A. Divault), in *Concilium*, n°173, mars 1982, pp.13-23.

MESLIN, M., «Connaissance et richesse des religions des sociétés traditionnelles», in *Revue Mission de l'Eglise* (supplément du n°130), janvier 2001, pp.4-7.

MESLIN, M., «Le christianisme antique (IIe-Ve siècle) », in LENOIR, F et TARDAN-MASQUELIER, Y, (s.dir.), *Encyclopédie des religions. Histoires*, t.1, Nouvelle édition, Leck, Beyard, 2000, pp.399-431.

MISSATKINE, S., «La mystique du Nouveau Testament», in DAVY, M.-M. (s.dir.), *Encyclopédie des mystiques. Chamanisme, grecs, juifs, gnose, christianisme, primitif*, t.1, Paris, Seghers, 1977, pp.326-357.

MBITI, J., «L'Evangile et culture», in *Tous ensemble dans un même lieu*, Kehl, Trobish, 1979, p.112.

MBITI, J., «La Bible et les courants actuels de la théologie», in *Libération ou adaptation. La théologie africaine s'interroge. Colloque d'Accra*, 17-23 décembre 1977, Paris, L'Harmattan, 1979, pp.104-116.

MIETH, D, «Mystique», in *Dictionnaire de théologie*, Paris, Cerf, 1989, pp.444-449.

MILBANK, J., «Théologie de la libération », in LACOSTE, J.-Y. (s.dir.), *Dictionnaire critique de théologie*, Paris, PUF, 1998, pp.650-651.

MILHAU, R., «Philosophie de dialogue», in *Encyclopaedia Universalis*, n°25, 1989, pp.3-40.

MOLTAMANN, J., «Utopie», in *Encyclopédie du protestantisme*, pp.1588-1592.

MONGILLO, A., «Altérité et pardon dans le vécu des expériences quotidiennes», in GOURGUES, M. et MAILHIOT, G.-D. (s.dir.), *L'altérité vivre ensemble différents. Approches pluridisciplinaires*. (Actes du colloque pluridisciplinaire tenu à l'occasion du 75e anniversaire du colloque du collège dominicain de philosophie et de théologie, Ottawa, 4-5-6 octobre 1989), Paris, Cerf, 1986, pp.301-323.

MONOD, T., «L'Afrique continent 'marginal'», in *Le monde*, Paris, Présence Africaine, 1950, p.25.

MONSENGWO Pasinya, L., « L'inculturation dans le livre des Actes », in *Revue Africaine de Théologie*, n°25, 1989, pp.30-40.

MUDIJI Malamba Gilombo, «Art africain, développement et quête spirituelle à l'épreuve du rythme», in *Tradition, spiritualité et développement*. (Actes de la XIIIe Semaine Philosophique de Kinshasa du 05 au 11 avril 1992), Kinshasa, FCK, 1993, pp.249-255.

MUGAMBI, J. N. K., «L'avenir de l'Eglise et l'Eglise de l'avenir», in CHIPENDA, J.B., KARAMAGA, A., MUGAMBI, J. N. K. et al. (réd), *L'Eglise d'Afrique. Pour une théologie de la reconstruction*, Nairobi, CETA, 1990, pp.30-51.

MUULAGO gwa Cikala, «Solidarité africaine et coresponsabilité chrétienne à la lumière de Vatican II», in *Foi chrétienne et langage humain.* (Actes de la Septième Semaine Théologique de Kinshasa 24-29 juillet 1972), Kinshasa, FTCK, 1978, pp.86-134.

MULAMBA Mutatayi, «Regard sur le statuaire kuba», in *Art religieux africain*, Kinshasa, FCK, 1981, pp.113-133.

MÜLLER, D., «Spiritualité», in GISEL, P. et MOLLA, S., *Encyclopédie du protestantisme*, Paris, Cerf, 1995, pp.1487-1490.

MUKENJI Mbandakulu, «Dialogue et interaction. Recherche de conditions pour un nouvel ordre social», in *'Philosophie africaine : Rationalité et rationalités'*. (Actes de la XIVe Semaine Philosophique de Kinshasa du 24 au 30 avril 1994), Kinshasa, FCK, 1994, pp.83-94.

MUNDAYA Baeta, «Tradition, rationalité et développement», in *Tradition, spiritualité et développement.* (Actes de la XIIIe Semaine Philosophique de Kinshasa du 05 au 11 avril 1992), Kinshasa, FCK, 1993, pp.119-128.

MUSHILA Nyamankank, «La mystique comme lieu de rencontre et de redéfinition d'une nouvelle convivialité planétaire», in MUDIJI, T. (s.dir.), *Religion africaine et mondialisation : enjeux identitaires et religions transculturalités.* (Actes du VIIe colloque international du CERA), Kinshasa, FCK, 2004, pp.110-122.

MUSHILA Nyamankank, «Fondements théologique et éthique des droits humains», in *RCTP*, n°14-15, 2001-2002, pp.275-288.

MVENG, E., «L'art d'Afrique noire, liturgie cosmique et langage religieux», in *Bulletin de Théologie Africaine*, vol.1, n°1, 1979, pp.99-103.

MVENG, E., «Théologie et langage», in *Revue Africaine de Théologie*, n°20, octobre 1986, pp.191-208.

NGALLY, J., «La libération d'Egypte», in *Bulletin de Théologie Africaine*, vol.1, n°12, janvier-décembre 1984, pp.303-307.

NGIMBI Nseka, «Kimpa Vita entre mystique et politique», in *Cahiers des Religions Africaines*, vol.30, n°60, 1996, pp.107-118.

NGINDU Mushete, «La théologie africaine. De la polémique à l'irénisme critique », in *Bulletin de Théologie Africaine*, vol.1, n°1, janvier-décembre 1970, pp.69-98.

NGINDU Mushete, «La théologie africaine. De la polémique à l'irénisme critique», in *Bulletin de Théologie Africaine*, vol.1, n°1, janvier-décembre 1979, pp.69-98.

NGINDU Mushete, «Courants actuels de la théologie en Afrique», in *Bulletin de Théologie Africaine*, vol.6, n°12, juillet-décembre 1984, pp.247-252.

NGINDU Mushete, «Eléments d'une spiritualité libératrice», in MVENG, E. (s.dir.), *Spiritualité et libération en Afrique*, Paris, L'Harmattan, 1987, pp.53-55.

NGOMA-BINDA, «Culture traditionnelle et sous-développement de l'Afrique. La position viciée d'une question de pouvoir», in *Tradition, spiritualité et développement.* (Actes de la XIIIe Semaine Philosophique de Kinshasa du 05 au 11 avril 1992), Kinshasa, FCK, 1993, pp.81-12.

NGWEY Ngond'a Ndenge, «Editorial», in *Revue de Philosophie de Kinshasa*, vol. IV, n°6, juillet-décembre 1990, pp.3-7.

NTEZIMANA, L., «L' 'Esprit de Jésus' : donner la vie et laisser être», in *Théologie et culture. Mélanges offert à Mgr Alfred Vanneste*, Louvain-la-Neuve, Noraf, 1988, pp.29-38.

NYAMITI, C., «Vues sur la théologie africaine», in *Théologie du Tiers-Monde. Du conformisme à l'indépendance*, Paris, L'Harmattan, 1977, pp.126-128.

ODAIN, B. B. A., «Catégories structurales des religions africaines traditionnelles dans l'œuvre dramatique de Guy Menga», in *Art religieux africain*, Kinshasa, FCK, 1981, pp.39-63.

ODUYOYE, M. A., «Valeurs des croyances et des pratiques religieuses africaines», in *Libération ou adaptation ? La théologie africaine s'interroge. Colloque d'Accra*, Paris, L'Harmattan 1979, pp.134-141.

OHLING, R.-H., « What is Christology? », in *Thelogy Digest*, vol.43, n°1, 1996, pp.15-20.

PACKULL, W., «Thomas Müntzer: le Christ mystique et militant» (traduit de l'anglais par N. Blough), in BLOUGH, N. *Jésus-Christ aux marges de la Réforme*, Paris, Desclée, 1992, pp.27-50.

PANNENBERG, W., *Esquisse d'une christologie* (traduit de l'allemand par A. Liefooghe), Paris, Cerf, 1971.

PENOUKOU, E.-J., «Réalité africaine et salut en Jésus-Christ», in Spiritus , n°89, 1982, pp.374-392.

PENOUKOU, E.-J., «Inculturation», in LACOSTE, J.-Y. (s.dir.), *Dictionnaire critique de théologie*, Paris, PUF, 1998, pp.565-568.

PERROT, C., «Le dévoilement de l'identité de Jésus», in LENOIR, F et TARDAN-MASQUELIER, Y, (s.dir.), *Encyclopédie des religions. Histoires*, t.1, Nouvelle édition, Leck, Beyard, 2000, pp.390-398.

RAHNER, K., «En guise de conclusion. La christologie aujourd'hui» (traduit de l'allemand par R. Givord), in *Concilium*, n°137, 1982, pp.119-125.

RASAFINTASALAMA, A., «Les ancêtres au cœur de la vie et de la sagesse : jalon pour une théologie en terre malgache», in Telema, n°53, 1988, pp.11-27.

RENWALT, R., «Jésus-Christ aujourd'hui», in *Nouvelle Revue Théologique*, 109e année, t.99, n°2, mars-avril 1977, pp.209-248.

RICOEUR, P., «Mythe : l'interprétation philosophique», in *Encyclopaedia Universalis*, Corpus 12, Paris, 1985, pp.883-890.

RIVIERE, C., «Anthropologie et sociologie», in BOUDON, R, BESNARD, P., CHERKAOUL, M. et at., Dictionnaire de sociologie, Paris, Club France Loisirs, 1998, pp.9-10.

RUNIA, K., «Le débat christologique contemporain», in *Hokhma*, n°17, 1981, pp.2-31.

SANCHEZ, J.-J., «Mot d'accueil », in *La prière africaine*. (Actes du deuxième colloque international du 10 au 12 janvier 1994), Kinshasa, Baobab, 1994, pp.5-10.

SANON, A. T., «Jésus, Maître d'initiation», in BUKASA Kabongo, HITIMANA, J., KABASELA Lumbala, F. et al., *Chemins de la christologie africaine*, Paris, Desclée, 1986, pp.143-166.

SANTEDI, L., «Les défis de l'évangélisation dans l'Afrique contemporaine», in KALONGA Kabatuswile, J. (s.dir.), *Inculturation de la vie consacrée à l'aube du troisième millénaire*. (Actes du cinquième colloque international), Kinshasa, Carmel Afrique, 1998, pp.187-199.

SENGHOR, L. S., «Subir ou choisir», in *Le monde noir*, Paris, Présence Africaine, 1950, pp.438-443.

SMET, A. J., «La philosophie africaine. Un héritage colonial ?», in *Revue Philosophique de Kinshasa*, vol1, n°2, juillet-décembre 1983, pp.11-22.

SOBRINO, J., «La foi dans le Fils de Dieu chez un peuple crucifié» (traduit de l'espagnol par J. Dumont), in *Concilium*, n°173, 1982, pp.45-53.

SOLIGNAC, A., «Mystère», in *Dictionnaire de spiritualité. Ascétisme et mystique. Doctrine et histoire*, t.1, Paris, Beauchesne, 1977, Cols 1861-1874.

SOUNDJOCK, E., «Affirmation de l'identité culturelle», in *L'affirmation de l'identité culturelle et la formation de la conscience nationale dans l'Afrique contemporaine*, Vendôme, PUF, 1981, pp.175-182.

SPILLER, L., «L'espace cosmique», in LENOIR, F et TARDAN-MASQUELIER, Y, (s.dir.), *Encyclopédie des religions. Histoires*, t.2, Nouvelle édition, Leck, Beyard, 2000, pp.1617-1624.

SPILLER, L., «L'ordre du monde», in LENOIR, F et TARDAN-MASQUELIER, Y, (s.dir.), *Encyclopédie des religions. Histoires*, t.2, Nouvelle édition, Leck, Beyard, 2000, pp.1627-1637.

SPENETO, N., «Le mythe» (traduit de l'italien par P. Michel), in LENOIR, F et TARDAN-MASQUELIER, Y, (s.dir.), *Encyclopédie des religions. Histoires*, t.1, Nouvelle édition, Leck, Beyard, 2000, pp.2193-2212.

TARDAN-MASQUELIER, Y., «Langage symbolique», in LENOIR, F et TARDAN-MASQUELIER, Y, (s.dir.), *Encyclopédie des religions. Histoires*, t.1, Nouvelle édition, Leck, Beyard, 2000, pp.2175-2191.

TAVERNIE, M., «Bilan et tâches de la christologie», in *Qui dites-vous que je suis ? De Saint Marc à Bonhoeffer*, Paris, Cerf, 1969, pp.71-81.

TEMPLE, A. C., «Pertinence théologique de communication», in *Défi africain : Revue de Théologie de Toute l'Afrique*, vol.1, n°1, janvier, 2001, pp.82-89.

THYSTERE-TCHICAYA, J.-P., «De l'identité culturelle», in *L'Affirmation de l'identité culturelle et la formation de la conscience nationale dans l'Afrique contemporaine*, Vendôme, PUF, 1986, pp.207-212.

TOSSU, R. K. A., «Parole de Dieu et théologie africaine», in *Parole de Dieu et langages des hommes*. (La rencontre de Yaoundé, septembre 24-28), Association œcuménique des théologiens africains, 1980, pp.25-36.

TRAORE, B., «Le théâtre négro-africain et ses fonctions sociologiques», in *Premier Congrès des Ecrivains et Artistes Noirs*, Présence Africaine, n°XIV-XV, juin-septembre 1957, pp.180-201.

TRIGANO, S., «Judaïsme : L'homme crée à l'image de Dieu», in LENOIR, F et TARDAN-MASQUELIER, Y, (s.dir.), *Encyclopédie des religions. Histoires*, t.2, Nouvelle édition, Leck, Beyard, 2000, pp.1651-1654.

TROCME, E., «Un christianisme sans Jésus-Christ ?» in *New Testament Studies*, vol.38, n°3, juillet 1992.

UMEZIMWA, W. A., «A la recherche du sens des objets magiques dans le roman africain», in *Cahiers des Religions Africaines*, vol.23, n°45-46, 1989, pp.5-16.

VAHANIAN, G., «Technique» in LATOURELLE, R. et FISICHELLA, R. (s.dir.), *Encyclopédie du protestantisme*, Paris, Cerf, 1996, pp.1512-1514.

VANDERSTRAETEN, S., «Prière intégrale», in *La prière africaine*. (Actes du deuxième colloque international du 10 au 12 janvier 1994), Kinshasa, Baobab, 1994, pp.21-32.

VAN PARYS, J.-M., «Foi chrétienne et développement », in *Tradition, spiritualité et développement*. (Actes de la XIIIe Semaine Philosophique de Kinshasa du 05 au 11 avril 1992), Kinshasa, FCK, 1993, pp.57-64.

VON ALLMEN, J.J., «Baptême», in VON ALLMEN, J. J. (s.dir.), *Vocabulaire biblique*, 2e édition, Neuchâtel, Delachaux et Niestlé, 1954, pp.34-36.

WEILAND, R. P., «La notion de Dieu dans le Nouveau Testament», in *Dieu, idoles et sorcellerie dans la région Kwango Bas-Kwilu*. (Rapport et compte rendu de la IIe semaine ethno-pastorale/Bandundu 1966), série1, vol.1, PCEE, Bandundu, 1968, pp.93-99.

WENJO Okitakandjeka, «Réflexion sans titre sur le sort de l'Afrique et des Africains», in *Les Nouvelles Rationalités Africaines*, vol.4, n°13, janvier-mars 1989, pp.2-4.

ZOE-OBIANGA, R., «Les africaines et la libération de l'Afrique », in *Bulletin de Théologie Africaine*, vol.6, n°12, 1984, pp.314-323.

ZOLA Mululendo, «Eglise Kimbanguiste et théologie africaine. Bilan et perspectives», in *Théologie africaine. Bilan et perspectives*. (Actes de la Dix-septième Semaine Théologique de Kinshasa 2-8 avril 1989), Kinshasa, FCK, 1989, pp.57-64.

2.3 Inédits

BOKUNDOA bo-Likabe, Hose and Caanite. A Historie Study with Reference to Contemporary African Theology, thèse de doctorat à l'University of Sheffield, Août 1996.

CABY, PH., Eglises indépendantes et sectes en Afrique noire.

OLIMWENGU Vuvimbano, Réflexions sur les écrits de Charles RICHET, *Race noire, race inférieure*, in Cours de Sociologie africaine, GIII, ISTB, 1984.

TABLE DES MATIERES